БЛАГО ЦАРА РАДОВАНА / ЈУТРА СА ЛЕУТАРА

БЛАГО ЦАРА РАДОВАНА / ЈУТРА СА ЛЕУТАРА

Јован Дучић

Globland Books

БЛАГО ЦАРА РАДОВАНА
књига о судбини

УВОД

Цар Радован је цар царева, владар судбине, господар свемира. Он носи златну секиру на рамену, јаше коња који је бео и висок као брдо под снегом, и на руци држи буљину са огњеним очима како би могао ноћу видети пред собом. О њему говоре у мојој земљи само људи који су полудели. Али су затим у њега поверовали и сви мудраци. Цар Радован има круну од хартије и по плашту лудачке прапорце. Има ноге и руке зелене као трава, јер живи на копну и води. Нико не памти његово порекло, ни име његове породице, нити зна за његове пријатеље и непријатеље. Он пролази кроз небески простор као црни облак пун грмљавине, и по водама као брод који гори. Нико не зна његове битке ни тријумфе, јер његова моћ није над војскама, ни његова слава у бојним подвизима. Он царствује у миру своје величине и сунча се на сунцу своје снаге и лепоте. Он се крије од сваког, а ипак свако има његову слику у очима и његов глас у ушима. Где су његове палате и његови вртови? И где су његове беле жене, и његови брзи коњи, и његова свилена стада, и његови љути пси за стадима? Чувају ли његова врата људи или змајеви? Само лудаци, чији је он једини цар и господар, самодржац и покровитељ, знају путеве који воде у његово царство, и знају где су мостови преко којих се прелази у његове покрајине пуне сјаја и пуне музике. Јер је људски ум ограничен на оно што је видео и чуо, а лудило је једино безгранично слободно од свих ледених закона свести и сазнања. Слобода, то је лудило; и само лудаци су слободни.

Цар Радован је цар лудака који су увек добри. Он зато плива у људској крви само кад је отрована, и пребива у њиховом уму тек кад је већ помрчао, и зато су га само они који су изгубили све путеве нашли на својим тамним беспућима. Њега познају само лудаци који више никог другог не препознају; и с њим говоре само они чије речи више нико не разуме; и за њим вапе једино они који су се већ одрекли свега земаљског и људског. Сви људи имају истоветне среће и несреће откад су постали, а само лудаци имају сваки своју сопствену срећу. Само они нису једнаки самом себи, него се обнављају увек нови. Сви људи виде ствари скоро подједнако, а само лудаци имају своја лична мишљења. Велика мудрост се налази на дну мрачног понора; и само су најлуђи људи говорили најдубље речи.

Цар Радован није постојао другде него у очима које су изгубиле свој поглед. Само лудаци говоре о благу тог цара, и зато копају ноћу и на припеци, пробијају лед и буше студену Земљину кору. Сву су земљу безброј пута испреметали. По самотним виноградима, заборављеним црквинама, по дворцима порушеним и пуним трња, свуд су копали, бушили, обарали, превртали. Безбројне војске лудих копале су с краја до накрај по мојој земљи. Свуда су прошле те црне чете изгубљених за живот, бивши људи који су се одрекли сваког додира с нама. Они од памтивека траже благо цара Радована; копају железом и каменом, и грањем, и ноктима, и зубима; копају док не попадају мртви! Читава поколења полуделих људи тражила су благо царево, закопано негде неизмерно дубоко, ко зна где, у нашим пољима. Допирали су често до у саму утробу Земље, бушећи без сна и одмора; али је то благо тонуло све дубље, и мамило све свирепије. Тако ће трајати докле буде сунца и месеца.

И увек ће копати, а никад двојица заједно. Јер је царев наследник само онај који буде најдубље копао, и који умре копајући, и који не би казао и када би најзад његовашов одиста ударио у црна врата подземне палате у којој је благо цара Радована, цара свих царева, и владара свих судбина. Увек копати, док други не дође да копа! Јер само други сметају да нађемо срећу где хоћемо. Лудаци то знају боље од мудрих. Али знају то и мудри.

Нису само лудаци који копају за благом цара Радована. Сви људи знају да има у животу још увек једно закопано благо за сваког од њих. Сви људи копају: сви људи од акције, од полета, од силе, од вере у живот и у циљ, и од вере у невероватно и у немогућно. Једни копају у пољу и у шуми; други у идеји, у идеалу, у химери; трећи у интриги и у злочину. Сви траже и вапе за царем тог вечног неспокојства и вечног трагања. Свет би нестао да нема тог цара, и ослепео би да не сија у помрчини његово наслућено благо, и очајавао би да нема његове маније и опсесије. Јер сваки човек нешто тражи; свако је упро свој поглед безумља и себичности у неко место где мисли да стоји закопано благо цара Радована. Нема никог ко не верује да нема још нешто његово које треба пронаћи. И свако верује да своје благо треба кришом тражити, кришом и од најближих и од најмилијих. Сви су лудаци. Сви су људи омађијани и отровани. Јер цареве палате су високе до изнад Сунца дању, и до изнад звезда у мраку када седам Влашића пролазе мирно све границе немира и очајања. Сви су људи лудаци.

Царево благо је отров овог света. О њему сањају Песници, који живе у вечном неспокојству да објасне божанство кроз његова дела, и да га посведоче својим сопственим стварањем.

О њему сањају и Хероји, јер мисле како само они треба да себе баце у огањ па да сутрадан буде добро свима, и да затим сви људи нађу своје благо.

О њему сањају и Пророци, који, у свом лудилу, проричу увек неку нову срећу и нову обећану земљу.

И најзад, о њему сањају Краљеви, што хоће да владају силом љубави или силом мржње.

О њему је сањао Мојсије кад је ишао за огњеним стубом, и Цезар кад је прешао Рубикон, и Колумбо кад је своје једро поверио ветру који га је водио у земљу о којој није знао ни шта је ни где је. То благо царево тражи и звездар који гледа маглу на звездама; и ботаничар који тражи сву тајну плођења у срцу једног цветића; и свештеник који враћа веру у окорело срце неверних. Сви људи траже јер су сви луди! Крв свију је отровао цар који пролази небом као облак пун грмљавине, и морем као брод који пламти у пожару.

Цар лудака, али и цар свију људи од акције и идеала! Цар оних који у лудилу срца или у лудилу мозга верују у невероватно и остварују немогућно! Цар Радован је цар царева, силнији него херој Агамемнон, богатији него Мида, дубљи него пророк Језекиљ, и мудрији него цар Соломон. Све очи овог света упрте су у њега.

О СРЕЋИ

1.

Свака је филозофија тужна. Ако говорите дуже о срећи, ви ћете се напослетку осећати помало несрећним. Нема ниједне велике истине човекове о којој се сме до краја мислити без опасности за своју мисао: ни о религији, ни о љубави, ни о смрти. Све што је дубоко, изгледа на дну тамно и невесело; и ни у један се понор не даје дуго гледати без вртоглавице и ужаса. Колико више размишљате о животу, све се више отварају његове заседе и проказују његова беспућа. Зато ако много говорите о несрећама у животу, најзад више не видите живот него несреће. Одиста, човек живи целог века у небројеним опасностима, али ипак се догађа да велики број људи проживи цео живот не дочекавши никакве нарочите несреће. Чак многим људима протече живот као лепа река Аретуза, која је најпре имала свој извор на Пелопонезу, а затим несметано пронела своје слатке воде кроз цело море до Сицилије, да исто тако слатка избије онамо из новог извора. Ужаси живота постану једним делом наше судбине само ако се у њих нарочито удубљујемо. Има блаженог света који не верује у зло, а има и других људи који нису никад веровали ни у несрећу; међутим, ни једни ни други нису тиме изгубили више него они који су сва зла премерили и све несреће пребројали. Напротив, многе несреће не бисмо можда ни избегли да смо на њих дуго мислили, као што је случај да човек добије баш ону болест на коју највише мисли. Многи се људи туже да им прође цео век тражећи животу његов смисао, који, ако уопште постоји, и није другде него у самом тражењу. Ко смисао живота није тражио, тај није живео; али ко га је тражио, тај никад није био довољно срећан.

Срећа, дакле, није идеја него илузија, пошто срећа није ствар разума, него ствар уображења. Зато човек верује да је срећан и кад није срећан. Али и несрећа је тако исто утопија као и срећа, јер на стотину несрећа има извесно половину измишљених и уображених. Зато се може говорити само о том шта може бити предмет среће или несреће, али се не даје говорити о том ко је срећан а ко несрећан. Ко мисли да је срећан, он је одиста срећан. Немогуће би неком било доказивати да није срећан само формулама или доктринама о срећи. Међутим, измишљена срећа или уображена несрећа, то су ипак потпуне стварности: јер могу трајати целог живота, и јер је сваки човек уверен у оно што осећа и кад није уверен у оно што мисли.

Најмање су срећни они људи који би имали све разлоге да буду срећни. Има људи који су господари златних рудника, а не осећају се срећним; а има људи који се не осећају несрећним ни после каквог случаја који би други сматрали катастрофом људског живота. Значи да је срећа једна ствар мишљења, и да сама за себе ништа не представља. Срећа, то је ипак само једна фикција. А ако срећа постоји, онда је она само у жељама, јер је жеља покрет и акција, значи једини живот и једина права радост. Неоспорно, има и људи који не умеју бити срећни ни са ма каквим врлинама, или ма коликим богатством. Има и људи рођених за несрећу, као што су други рођени за музику. Треба имати некакав таленат за срећу, као што треба имати душу да се буде истински несрећан. Мали људи могу бити срећни, али мали људи не умеју бити несрећни.

Богатство није главни услов за срећу, ма колико изгледало да јесте. На лепим сребрним монетама Фокеје и Митилене, стајали су рељефи богиње Афродите и песникиње Сапфо, као да је тиме речено да изнад среће у богатству стоји ненадмашна срећа у љубави и лепоти. Али лепота и љубав, то су среће које нису довољне бедном човеку, јер је он уплашен и престрављен животом откад је почео да ходи по сунцу. Зато је увек и мислио да је злато једини извор сигурности за његов живот. Извор сигурности, али не и среће. У природи је човека да кад мисли, он мисли само упоређујући, и не постоји мисао друкчије него према аналогији. А материјално богатство је баш нешто што се најлакше упоређује с другим богатствима, али и које у тим поређењима само губи. Зато материјално богатство не може никад бити пуном срећом. Само срећа усамљена, недељива, неупоредива, и срећа која стоји по страни свих других човекових благодети, то је срећа свих срећа, средишни нерв наше љубави за живот, права човекова илузија о судбини. Таква недељива срећа јесу геније, храброст, част. Недељива и неупоредива срећа јесте само слава.

Све су велике среће случајне, и нема човека који је измислио једну срећу. Није тачно речено да је сваки човек ковач своје среће; тачно је, напротив, да је човек увек сâм ковач своје несреће. Јер од хиљаду несрећа има само једна која нас сналази од Бога, а то је смрт, иако смрт није несрећа, или бар не највећа. Све друге беде су дело човеково, чак и сама његова болест. Зато ако су среће случајне, несреће нису случајне. За сваку нашу несрећу крива је или наша лакоумност, или наша гордељивост, или наша глупост, или наш порок. И за физичке болести су криве само наше духовне болести, нездраве и порочне мисли. За несреће новчане крива је или наша лакоумност или наша сензуалност. Чак и човек који је прегажен на улици може најпре да криви себе а тек онда да криви другог. Зато човек кроз цео живот чини себи самом више зла него добра. Што успемо својом памећу, покваримо својом ћуди; а што успемо својом добротом, упропастимо својим пороцима; и најзад, што постигнемо својом мудрошћу, изгубимо својим темпераментом. Јер има нешто јаче и пресудније од свих наших сила, а то су наше слабости. И антички свет је знао за непријатељство човека према себи самом. Лукреције, велики песник, говори на једном месту о нередима у души човека, којих набраја пет: охолост, разврат, раздражљивост, раскош, леност. Одиста, сва мудрост човекова треба да служи само томе да са̂м себи не прави зло. Треба се чувати више себе него свих својих злотвора. Човек који за своје несреће криви другог, већ тиме показује да је или малоуман или кривоуман; чак и рђав. Наука о том како треба мислити, логика, и наука како треба бити добар, морал, и нису стварно ништа друго него учење како да човек са̂м себи не искива несреће и не ствара непријатеље.

2.

Одувек су људи сматрали да су среће, велике и несразмерне човеку, божанског порекла, а да су и велике несреће само казне Провиђења. Једино су мале среће сматране за дело човеково, а и мале несреће су сматране само човековим сопственим погрешкама. Јер у дну сваког великог случаја лежи једно чудо, а ниједно право чудо није човек умео да припише самом себи. Ни несрећа не иде на сваког човека, као што болест не иде на сваку крв. Затим, мада је врло мало људи истински срећних, исто је тако мало људи који се сматрају истински несрећним. Изгледало би као да се цео живот и не састоји једино од срећа и несрећа, него као да по средини има још једно нарочито стање које човека подиже изнад свих срећа и изнад свих несрећа. Јер је несумњиво: нема ниједне велике среће без једне велике обмане.

Оријенталци иду за судбином, а западњаци за идеалом. Али је сваки човек, без разлике, уверен да не може избећи својој судбини, било да њу приписује само случају, као фаталисте, или вољи божјој, као људи који верују у Провиђење. Сваки човек може да увиди како треба да се одрекне хиљаду малих срећа па да дође до једне велике среће. Као да је срце човеково створено за један велики ударац; јер, неоспорно, има само једна велика срећа у животу. Сваки човек може наћи један једини свој дан када је одиста осетио највишу срећу коју човек икад може доживети. За велике духове и за велике душе нема среће без величине; али нема ни величине без свог сопственог дела. Свака срећа без нашег дела, то је само велико чудо, и то божје а не човеково. Је ли икад било силнијег крика обичне људске среће него крик Ксенофонтових војника: „Море! Море!". Али нарочито је ли било потпунијег усклика једне више среће него узвик Колумбових морнара: „Земља! Земља!".

Злато и таленат не могу се сматрати срећама у човековом животу; јер је злато често било повод за несреће многих богаташа, за извор многих њихових злочина; а и човеку је његов таленат често учинио исто толико зла колико и добра. Чак је било неколико великих талената у историји који су били права несрећа за човечанство. Свакако, човек носи све своје у себи, што је била још и римска идеја. Катон је оставио поносним стоицима ову сјајну и горду изреку: „Оно што немаш, зајми самом себи".

Човек и не зна шта је права срећа ни права несрећа. Свако о срећи има различито мишљење, према добима живота, према својој култури, или према свом сталежу; а несреће су опет толико неизбројне да ниједан човек није у стању да их замисли све уједно. Човек зна само за дубину и горчину несреће коју је са̂м преболео, али нико не зна несреће ни болести које други подносе. Дарвин је говорио да човек не би имао ниједан дан задовољства кад би знао шта је смрт, толико би идеја смрти била поражавајући ужас за људску памет и срце. Могло би се рећи и да човек не би имао ниједан дан среће кад би знао за све несреће какве постоје око њега и од којих пате други људи. За мене је највећа слика несреће један човек истовремено стар, болестан и сиромашан. Старост и болест и сиротиња, уједињене, то су неоспорно највећа и коначна катастрофа једне људске судбине.

Нико не би могао класификовати све несреће. Има здравих људи који су несрећни због болести својих ближњих; а има затим људи одиста вечно убогих и вечно запостављених, и људи који слабо или никако не остваре у животу оно што хоће. Има и огроман број света који целог живота ради само за друге, било за туђинце или за своје, и то ради више него што има снаге и здравља. Постоје и вечито болесни, и вечито прогањани. Постоје, најзад, и жртве својих сопствених порока: претеране амбиције, огорчене сујете, крволочне зависти, безумне љубоморе, одвратне ћуди, и нарави сваком досадне. Две овакве несреће у животу једног човека, то је већ читав пакао на земљи. Жена има да, и поред свог евентуалног зла, поднесе још и тиранију мужа; и још теже, тиранију деце, чак кад су та деца и најмудрија и најлепша. Све књиге на свету требало би да буду књиге утехе, толико има несрећних на земљи. Осим стварних несрећника, постоје и несрећници само по темпераменту; а то су меланхолици, који су многобројни. Стари су говорили да је меланхолија особина великих духова. Аристотел каже да су Сократ, Платон и Лисандар били меланхолици.

3.

Ми смо истински добри само кад смо истински срећни. Несрећа квари срца и руши карактере. Ретко је било људи који су одолели отровима несреће и продужили да воле друге људе. Нарочито онај коме су други учинили несрећу, омрзне и недужне. Могу да не постану човекомрсцима само они несретници који своје беде не сматрају кривицом других људи, него само вољом божјом, што опет значи кривицом својом сопственом. Сиротиња је највећа несрећа зато што отрује човека таквим мржњама; а једна велика напаст човекова, то је што у несрећи добије рђаво мишљење о људима и погуби пријатеље. Неоспорно, нико не може поверовати да је он сâм узрок својој беди, а да су сви други заслужили добра која имају. И у средњем веку су сиромаси веровали у својим убогим предграђима да су им богаташи слали епидемије, што значи да ни у те побожне векове нису људи веровали да свако зло долази с неба. Само се у сасвим примитивном добу и на Истоку блажено веровало да је неко богат само зато што је рођен под срећном звездом, и да заслужује пажњу и уважење само зато што је на њега изливена божја милост пре него на неког другог. У нашем добу се верује да је богаташ своју срећу отео од сиромаха, и да је зато срећа једних направљена од несреће других. Човек по једној слабости и сујети, све своје среће приписује само себи, а своје несреће приписује само другом: али што свако сматра као нарочиту неправду према себи, то је да се радује срећама других људи. У Риму се сваком новоизабраном папи понављају старе речи: *non videbis annos Petri*, што има стварно овај пакосни смисао: нећеш живети двадесет пет година. Мали људи не знају да треба бити великодушан не само према несрећним него и према срећним.

Извор несреће човекове лежи у његовом егоизму: у том што хоће да увек други ради за њега. Бежање од рада и напора, то је највећи мотив борбе у људском друштву. Не мучити се сâм, а зарадити богатство; и постићи велико богатство, да би тиме постигао највећу сигурност; и то пре свега сигурност да ни доцније неће морати да прави напор, пошто је напор највећа горчина људске судбине! Мржња међу људима је увек последица ове борбе ко ће кога потчинити, како би један радио а други уживао од туђих напора. У овој исконској борби изграде се црте карактера друкче код богаташа, а друкче код сиромаха. Богаташ је добар из побожности и из частољубља. Богаташ је духовно храбрији, а сиромах је храбрији физички. Богаташ нема интензивних радости као сиромах, јер живи без великих очекивања и снова; нема изненађења, живи без довољно идеализма, често блазиран и пасиван. Богаташ је перверзнији, а сиромах чеднији, јер перверзија долази од пресићености и лености, а чедност долази од рада који је велики морализатор живота. Има сиромаха заљубљених у поштење већма него других у злато, а многи чак изгледају манијаци частољубља. Поштењу се уче богаташи од сиромаха, јер се само на сиромаху може да види како поштење и срећа стоје независно од злата. Завист је особина убогих, а сплетка високог стила је особина богаташа. Ружне речи и груби начини су сиромашног порекла, али дубоке злоће и мрачне освете су богаташке. Сиромах је убог и у свима средствима борбе, као у свачем другом. Највећу равнотежу карактера и највише витешке врлине давали су људи из славних историјских породица. Марко Брут и Катон Утички носили су имена двојице великих предака из краљевског и републиканског доба. Скоро сви велики људи царства били су потомци великих предака. Аристотел је дао о племству ову дефиницију: племство значи наследство богатства и честитости.

Људи могу да несебично воле, али ретко несебично мрзе. Свака мржња је страх или завист. Мржња је најчешће страх, јер човек не мрзи, него само оног кога се боји. Човек одиста храбар не мрзи него презире. У осећању мржње има унижења за нас саме, а у презирању има поноса и уверења да смо бољи и виши од оног кога презиремо, и да можемо без њега, и да смемо против њега. Никад мржња не долази из разлике уверења, ни из разлике моралних принципа. Прави виши човек не мрзи чак ни оног кога се боји. Мрзети веће од себе, то је осећање слуге према господару, а не господара према слузи; а мрзети слабије од себе, то је болест или пометеност. Мржња је, као и губа, болест убогих.

4.

По средини, између отровне мржње и хладног презирања, има антипатија. Она је мирна, равнодушна, неизмењива. Она је, као и симпатија, ствар пре свега физичка; нема везе с разумом, а врло мало и са укусом. Антипатија је мрачна и инстинктивна мржња, а не разумна; и зато је јача од нас, и нико јој не може одолети. Кад такво осећање постоји између два човека, онда су посреди или дубока расна мржња, или непроходна разлика свих елемената у карактеру; она је онда неодољива и свирепа као нетрпељивост између две зоолошке расе, можда и јаче. Најдубља непријатељства долазе од антипатије, која је несвесна и зато бесавесна. Нетрпељивост је у природи, и то не само у природи људи него и у природи биљака, чак и у природи камења. Видео сам у Египту да су стари скулптори метали своје ствари од алабастра у нише од ћерпича, јер је алабастер брзо пропадао ако је био у ниши од камена. А зна се да има и извесног цвећа које се не може ставити поред другог цвећа јер оба брзо увену. Много мање има у животу разумних мржњи, него мржњи инстинктивних.

Људи добри и културни боре се да никад не дају маха овим нагонским силама; а рђави и малодушни људи, напротив, робују највише овим инстинктивним мржњама, постајући неваљалци у ситним пороцима, или јунаци у крупним злочинима. Има људи који живе због тих инстинктивних антипатија у крвавом непријатељству с другим људима, и кад су духовно и морално упућени на заједницу с њима. Анализирајте сваку своју мржњу, па ћете је уништити самим тим што сте јој погледали право у очи.

Ми смо увек неправедни кад мислимо и говоримо о другим људима, јер једне улепшамо својим симпатијама, а друге поружњамо својом антипатијом, а обе су подједнако инстинктивне и слепе. Најбеднији је човек који живи у мржњама на друге људе; тај се први исече ножевима које је сâм изоштрио. Мржње расту као пролетње воде. Нико не може задржати поплаву мржње ако човек пусти на вољу не само машти него и најмудријем размишљању о човеку којег мрзи. Људство је мрзело вековима и у име саме религије (која увек проповеда само љубав), и о којој се највише говорило и најдубље размишљало. Император Вителије говорио је да ништа не мирише на сунцу као леш непријатеља. Овакве мржње су биле ретке код старих Грка. Платон је говорио: „Љубав умирује људе и стишава буре на мору; љубав успављује ветрове". Мудрац нема мржње. Наше мржње шкоде нам више него нашем противнику. Говорите рђаво о неком човеку пола сата, и ви сте после тога несрећни и отровани; а говорите пола сата о њему веома добро, и кад то не заслужује, и ви постанете мирни и блажени, чак и поносни на лепоту својих осећања, или бар на лепоту својих речи. Један услов среће, то је сугерисати себи љубав према непријатељу. Човек, истина, не може претворити своју мржњу према неком у своју љубав, али је може ублажити. Ако вам је неко учинио зло, сачувајте се да га не омрзнете, јер ће вас мржња стати још једног новог губитка и новог неспокојства, и од непријатеља тренутног и случајног можете направити злотвора сталног и убеђеног. Укрстите мачеве и побијте се, али не из мржње према непријатељу, него из поштовања према себи. Љубав за непријатеља, то је врлина велика колико и само частољубље. Ако је она и против природе, спасоносна је, јер не даје мржњи да нам одузме очи, и да нас поведе у још веће зло. Кад буду људи више размишљали о својим мржњама, онда ће увидети да се и правим путевима може ићи ка срећи, и да свака тријумфална кола не морају ићи преко згажених. Живот нас учи да су људи много мање рђави него што се мисли, али да су и много глупљи него што је могуће и уобразити. Ако човек својим непријатељима опрашта само њихову глупост, тиме је опростио највећи део њихове злоће. Нема непријатељства разумног и племенитог, него само глупог и ружног. Људи који мрзе, то су најпре глупаци, а затим кукавице, али никад хероји.

Ужасан је случај што има много људи који не могу бити потпуно срећни, ни осећати се великим, без истовремено и нечије несреће. Та мрачна потреба човекове мржње према другом, била је ушла чак и у царске церемоније. Тит, за време прославе свог оца цара Веспазијана, бацио је зверовима у цирку три хиљаде Јевреја за ручак. Тацит прича да се деветнаест хиљада људи поубијало међу собом на језеру Фуцину кличући Цезару: *morituri te salutant*, и примајући пљесак публике.

То нагонско тражење забаве и задовољства у несрећи и крви других, види се и из старих верских обреда. Херодот прича како су краљеви у Скитији, после годишњице своје смрти, добијали као посмртне жртве педесет младих коња и педесет пробраних робова, поубијаних около њиховог гроба. Хомер опева људске жртве које је Ахил на гробу принео другу Патроклу, убивши неколико тројанских младића. Људи су, дакле, дотле ишли да су веровали како ни њихови мртви не могу бити мирни без несреће других људи.

Има тренутака када се човек више плаши живота него смрти. То је најгрозније осећање које се може имати. То је врхунац очајања са којег се пада или у смрт или у злочин. Али ово значи и да је потребно више храбрости за живот, него што је потребно за смрт. Знам да су религиозне кризе за побожног човека поразни моменти, када човек пада у прашину и рида. Али је још страшнија криза једног карактера, у којој човек осети сопствену непоузданост. Не веровати више у Бога, у којег се дотле веровало свим срцем, то је одиста ужас; али не веровати више у себе, то је још болније; јер то искључује и Бога и човека у нашој судбини.

5.

Срећа, то је осећање да човек има што му је најпотребније. Неки су мудраци сматрали срећом само суфицит човековог благостања. Човекова срећа, међутим, не може никад бити потпуна ако и сваки свој прохтев узме за потребу; а то је баш најчешћи случај. Сваки успех и сваки добитак значи радост, али ни срећа није у сталним успесима, него само у остварењу једне централне намере. Зато није чудо што је скромност сматрана за срећу већ откад људи постоје. Симпатични писац Абе Прево је говорио да му је довољно за срећан живот да има један врт, једну краву и две кокоши. Слично су говорили и стари Грци: да је Диоген срећнији од Александра, јер му овај силник нити може што дати, нити шта одузети.

Умереност, која је ишла до самоодрицања, била је златна врлина за грчке мудраце. Атински беседник Фокион одбио је да прими дарове свог обожаваоца Александра, и осећао се ипак срећнији него његов друг са трибине, Демад, који их је редовно примао. Сократ је предавао бесплатно своју науку, чак и богаташима као што су били његови ученици Алкибијад и Критија, а одбио је македонском краљу Архелају да живи на његовом двору, изговарајући се да не може примити доброчинство осим оно које и са̂м може другом учинити. Римљани су чак сматрали да човек врши превару, ако од неког прими услугу коју му није у стању вратити. Безусловно, највећи је део среће у самоодрицању. Када би људи разумели колико мало је потребно да се буде срећан, избегли би тиме најгорче дане у животу. Несрећа је што нико не мери срећу према себи и својим потребама, него према другом, и то према најсрећнијем. Манија свих људи је да усвајају туђа мерила и за свој сопствени живот. Права срећа човекова биће ако постигне своје ослобођење од других људи; а ослободити се, то је најпре одвојити своју судбину од пресије туђих примера, дајући свом животу печат своје сопствене природе и својих укуса. Тада бисмо разумели да срећа за Петра не мора бити што и срећа за Павла.

Сваки човек има у свом животу много планова, али нема него један циљ. Ко размисли тај ће лако тај циљ наћи, јер је он у нашој страсти и нашој вољи врло изражен, иако често замагљен и неразговетан. Тај циљ, то је сва судбина човекова на свету. Као човек који се из дома кренуо у град, тако се човек из ништавила кренуо у живот за својим циљем сасвим јасним. Тим циљем стварно почиње човеков живот и њиме свршава, скоро у прецизан сат. Док год циљ није остварен, човек постоји, јер је сав у сили и акцији; а кад је најзад циљ постигнут, човек престаје да буде сила и акција, и постаје са̂м непотребан, чак често и штетан своме делу. Велики човек чак и умире у такве дане. Циљ и судбина су неразлучни, и обоје су божанског порекла. Ретко је кад човеков циљ зао; могу бити зла само средства. Човеку који јасно разазна куд хоће, све његове унутарње силе исти час крену истим правцем, и многим таквим људима моћне воље не може се ништа одупрети. Само по сугестији туђој или по поремећености инстинкта, човек изгуби тај смисао циља или побрка права средства за његово остварење. Иначе, постоји један апсолутни однос између онога што хоћемо и што можемо. Нико не пожели оборити лава, као Херакле; нити трчати као тркач са Маратона; ни постати император, као Наполеон; ни свирати као Паганини. Свако зна унапред колики терет може дићи, и колико стопа далеко може скочити, јер постоји један динамичан однос између нас и циља. Нико, осим поремећени духови, не жели апсурдуме. Човек који види циљ, најјасније, тај је човек најсилнији. *Homo unis ideae*, јесте најјачи човек, јер је сав концентрисан, неодољив, непобедан. То су често велики завојевачи, али такви су и велики артисти, обоје деца сунца и славе. Једно лице у Ибзеновој драми каже да има људи који нешто хоће толиком силом да им се ништа не може одупрети; а за мене то нешто јесте циљ циљева, који је централна сила у човеку. Великим људима њихови велики циљеви никад не изгледају немогућни, и они их одиста постижу са истом лакоћом с којом и мали људи постижу своје мале циљеве.

Једна од великих срећа човекових била би у том да брзо уочи циљ, и одмах брзо нађе и сигурне путеве у тврђаву где га очекује све благо цара Радована. А несрећни су они који не уоче свој прави циљ, или промаше права средства. Даровити Бенжамен Констан, писац и политичар, говорио је за себе да је сва његова катастрофа била у томе што никад није знао шта хоће. Велика је несрећа другог опет у том што никад није знао шта може. Највећи број људи не зна шта хоће, а велики број људи не зна колико може. Најређи је случај човека који зна и шта хоће и колико може.

Живот је једна неизмерна логика и хармонија, а пошто су природа и живот једно исто, не постоје ни у животу апсурдуми и аномалије. Све је на свету везано једно за друго, па су везане и срећа и несрећа у људској судбини. Као из корпе румених трешања што се не да извући само једна трешња, а да се прстом не закачи и извуче одједном више њих, тако иду и среће и несреће увек у серијама — трешње здраве и трешње отроване, стављене заједно у једној кобној корпи. Сваки је човек по неколико пута у животу добијао осећање коначне пропасти, као да су га изневерили тло под ногама, крма на броду, узде на бесним коњима. Али се сваки уверио у то да је после серије срећа долазила серија несрећа, и обрнуто. У самим моментима очајања, човек не мисли да поред његове несреће скоро у корак иде и срећа. Среће и несреће, то су бели и црни коњи који трче у истом правцу, блиско и напоредо, тако да час промакну бели поред црних, а час црни поред белих. Тако иде целог живота, који је сав саздан од такве утакмице белог и црног. Зато човек истовремено преживљује срећу и несрећу, и онда кад за то и не зна. Нема апсолутне несреће ни апсолутне среће, и зато их обе истовремено проживљујемо.

Због овог су, и у највећој беди, могући утеха и охрабрење. Ако си сиромах, теши се што си млад; ако си болестан, теши се што си частан и поштован; ако си ружан, теши се што си уман; ако си изгубио новац, теши се што ниси изгубио здравље и част. Ово је начин да се све несреће умање и презру. Али и у великој срећи треба све несреће поновити у памети, како бисмо се очеличили за дане кад једном црни коњи измакну испред белих. Треба овде рећи: ако сам мудар, нисам млад и леп; ако сам богат, нисам здрав; а ако сам и мудар и здрав, нисам богат. Постоји дакле начин да се човек никад у невољи не осети изгубљен, као ни у срећи претерано горд. Неоспорно, човек, и кад мисли да је коначно пропао, не зна да има још један неоткривен златан рудник у свом животу. Нико нема права да буде очајник; очајање није никакво уверење, него само физичка немоћ, болест или најчешће глупост. Несрећа нам изгледа много мања кад о њој ћутимо него кад о њој говоримо. Говорећи о несрећи, она само постаје све дубља и све црња. Ко о њој говори сто пута, он је тим само повећао за сто пута. Ћутање је најбољи лек против несреће; оно је и најдостојанственији човеков отпор и одмазда судбини.

Често је смешно шта многи људи називају срећом. Уосталом, сваки то чини више по туђем мерилу него по сопственом осећању. Мецена је имао генија да буде велики беседник, али се задовољио да буде само богат куртизан; међутим, Сенека је био исто тако богат, али се сматрао срећан само што је био филозоф. Катон је био велики богаташ, али није уживао у раскоши него у врлини, за коју је уосталом и умро. Многи људи нису ни живот сматрали главном срећом. Епиктет прича како је Веспазијан поручио једном сенатору стоику да ће га убити ако оде тај дан у Сенат и буде тамо беседио. Овај му је одговорио да ће ипак отићи тај дан у Сенат и говорити, додавши: „Твоје је да ме убијеш, а моје је да умрем без страха". Стоицизам је доктрина филозофа Зенона, али је, као осећање, та доктрина Сократова. Овај божанствени човек, осуђен на смрт, рекао је пре пресуде за своје тужитеље глумце и софисте: „Анит и Мелет ме могу убити, али ми не могу нашкодити".

Две су праве и највеће човекове несреће: немати здравља и немати пријатеља. Међутим, и из једног и другог има излаза: човек или прездрави или умре, а с пријатељима или се измири или добије нове пријатеље. Част је најтеже поново задобити ако се једном изгуби. Зато су сви други губици само лични, а овај погађа породицу и земљу, а ако је посреди велики човек, онда погађа и његову идеју. Сократа су после пресуде хтели да откупе ученици, или да му помогну да побегне, али је он радије испио отров, говорећи своје последње побожне речи: „Треба жртвовати једног петла Ескулапу". Другим речима: смрт је оздрављење.

Што је најчудније: млади се људи осећају несрећнијим него старији. Младићко је очајање нагло и огорчено, јер не знају колико после првих пораза остаје у животу још нових путева среће и победе; зато је и највише самоубистава међу младима. Младим људима је тешко бити срећан и засићен, јер је њихов живот претерано богатији у жељама него у средствима. Чак када врше и самоубиства, они то чешће чине из неразумне сујете и романтичке параде него из очајања, јер је очајање и тако неразумљиво код младих и здравих. Млади не знају шта имају и зато потцењују живот. Шекспир ставља у уста младог Ромеа ове речи: „Обесите вашу филозофију ако она не може да направи једну Јулију, и премести један град с неког места на друго место..." Код многих људи је идеја о животу већа него живот. Свакако, прости духови све упросте, а интелигентни све компликују; истина је по среди и за средње.

Храброст је један велики услов среће; без храбрости се не може бити срећан. За сваку акцију треба храбрости, и што човек има више храбрости, утолико је шира и потпунија његова акција. Храбар човек подноси мирно своје болове, и сличан је само великом мудрацу. Храброст се огледа најпре у мерама човековим према самом себи: неенергичан човек и кукавица пре би осудио Рим на пожар, и цео један народ на смрт, него себи причинио какав тежак случај. Човек који није храбар не може бити ни поштен, јер за поштење су потребне жртве какве кукавица не уме да поднесе; и потребна је великодушност, коју он не може ни разумети. Кукавиштво је чак и крволочно: највећи тирани и убице били су плашљивци. Само је херој храбар, а само је разбојник плашљив; јер је херој духовно чист, а злочинац духовно поремећен. Храброст се не огледа само у крупним питањима части и опстанка, него и у врло ситним односима, и где се год тражи несебичност и доброта. Тврдице су обично велики плашљивци. Тврдице нису тврде само у питању новца него и у питању пријатељства и доброте. Оне су ситничари и завидљивци; и као што тешко некоме пруже златну монету, исто су тако уздржљиве и да другима учине услугу, макар и речју. Човек тврдица, то је инкарнација не само једног порока, него је то збир неколико порока, од којих је његова шкртост само њихова највиднија манифестација.

За цео наш унутрашњи живот треба да постоји нешто што је ван покрета и промене, нешто стално, и решено, и централно. Живот се не да друкче замислити него као затворен круг, ни човек друкчије него као средишна тачка у том кругу. Али и у самом човеку има опет један круг унутрашњег збивања с нечим усред тога круга које је централно: било једно централно осећање, или централна страст или централни догађај, или централна навика. А то централно у нама, то је човекова целокупна природа и повест; и ко то нема, он је неодређен, без личности, луталица. Он се губи у хиљаду противуречних мисли и осећања и догађаја, као човек без карактера, без намере, без мисије. Храбри људи имају ту централну силу изванредно изражену, и зато увек погађају пут којим иду; кукавице увек иду странпутицом.

6.

Сваки човек има онолико памети колико је потребно да буде срећан, чак и да своју срећу сâм оствари. Већ је Декарт говорио да је од свега на свету памет још најправилније подељена међу људима, јер се, вели, људи разликују више по њиховом памћењу и углађености, него по њиховом здравом разуму. Није нормално да се буде несрећан. Док је човек млад, увек је довољно леп, а кад остари, увек је искуством довољно паметан. Није зато нормално, него сасвим ретко, ни да се буде ружан и глуп. Несумњиво, људству највише несреће праве глупаци. Највећа је беда што глупак не зна да је глуп, као што ни рђав не зна колико је рђав; а свет би можда био спасен када би глупаци знали каква су несрећа за човечанство. Глупост је несумњиво у основи сваког порока и злочина. Треба најзад глупог лечити клинички као опасног болесника. Велика је несрећа друштва и државе што пороци долазе одозго, а глупост одоздо. Од рђавих се можемо одбранити, али глупак је једини злочинац који нас унапред обезоружава. Кад је Атина престала бити Сократова и Периклова, и постала Атина демагога и простака, град Клеона, Писандра и Клеофана, онда је Платон проповедао култ интелектуализма као спасење друштва, а Аристотел култ племства као спасење друштва. Али су простаци и глупаци већ били узели маха, и руља је конфузно посматрала пропаст државе и катастрофу мудрости. Савременици старог Катона су, напротив, сматрали претерано филозофисање у Грчкој као главне узроке њене пропасти. Један од разлога што је војнички Рим увек мрзео филозофију, било је то црно искуство Грчке. У другом веку пре наше ере, римски је Сенат наредио да се изгоре књиге краља Нуме, зато што су сенатори били нашли да у њима има филозофије. Исти Сенат је мало доцније протерао филозофе из Рима, сматрајући филозофију за перверзију, донесену са стране; а Каракала је протерао филозофе из Александрије, новог филозофског средишта, да ту перверзију коначно истреби. Та мржња на атинску мудрост трајала је вековима. У шестом веку хришћанском, Јустинијан је укинуо указом предавање филозофије у Атини, и конфисковао велика имања филозофа платониста, који су затим побегли у Персију.

Има људи који целог живота не рекну ниједну глупост, али их ураде хиљаду; а има људи који све што рекну, празно је, а све што ураде, мудро је. Човек лен воли да говори, а човек од акције воли да ћути, и не даје речима никакву цену. Реч је непријатељ замаха и полета. Довољно је да једну своју намеру двапут неком изговорите, па да она одмах за половину ослаби. Велике снаге су ћутљиве у човеку, као и у природи. Наполеон је, углавном, био ћуталица.

Више човеку загорчавају живот несреће којих се боји да не дођу, него оне које су већ дошле и од којих пати. Од свих несрећа човек се највише плаши сиротиње, која је, међутим, најмање човеково зло. Ми целог живота нешто чекамо, а надати се, то је помало очајавати. Зато су стари мудраци проповедали, као услов среће, ништа не чекати. Један од твораца стоицизма, Стилпон, учитељ Зенонов, говорио је да је највеће добро бити индиферентан и неосетљив. *Summum bonum animus impatienis*, каже Сенека.

Јеванђеље проповеда да треба волети непријатеља колико и пријатеља; а хришћанска теорија о мученишту учи да човеково издржавање неправде јесте најбољи доказ његове љубави за правду. Грци су већ истицали да је казна један део правде, и презирали су бол, чак и најразумљивији. Римљани су подносили праведну казну с мање достојанства него неправду: прави кривци су умирали кукавички, а праведници боговски. Сенека је био у изгнанству на Корзици, и оданде слао писма другима у Рим, тешећи их за оно што је требало да они теше њега. И победилац краља македонског Персеја, славни П. Емилијан, којем су баш у месецу његовог тријумфа умрла два сина, сам држи погребни говор тешећи Римљане за оно исто што су они њега оплакивали. Али ипак није знао страдати као хришћанин, којег је сама вера учила да је страдање на овом свету једино искупљење за онај свет.

Има људи који могу да несрећу трпе целог живота, и да се не осећају несрећним, као што други подлегну под првим несрећама. Највише страдају сујетни и рђави, а добри и искрени лако подносе бол. Страдање је ствар физичка и ствар темперамента; али је страдање и ствар духовна: питање смисла о животу и срећи. Треба се већ из детињства учити шта је срећа и несрећа, као што се учи шта је дан и ноћ, јер се из великих примера у историји види да има у срећама сићушности, а у несрећама величине. Антички мудраци су се бавили многим изворима људског страдања. Епикур је говорио да је извор наше људске несреће у две ствари: у страху од смрти и у страху од Бога. И зато је покушао да докаже да се ни смрти ни Бога не треба бојати, пошто не постоји ни смрт ни Бог друкче него у човековом мрачном уображењу. Према овом, присуство божје мудрости није било ни потребно при стварању космоса. А пошто не постоји судија, не постоји, учаше Епикур, ни страшни суд, тај отров људске мисли и живота на овом свету. Стоици су исто овако били слабо религиозни, јер нису веровали у бесмртност душе, нити у ма какву врсту живота с ону страну смрти. Платон је говорио да се бол не да избећи, али се страдање dâ сузбити, говорећи свакој својој беди: „Догодине нећу мислити на тебе, јер те више неће бити". Платон додаје да то исто треба рећи и свакој радости. Истина, ово води стању у којем не би било ни праве среће, ни праве несреће; али у томе баш и јесте, мисли Платон, циљ мудрости: укинути сувишак и једног и другог.

7.

Велики успех у животу имају ћуталице. Они уливају поверење људима с којима раде, јер многи људи у ћутању другог виде и своју сигурност. Човек може да нашкоди другом човеку или промишљеним рђавим делом или непромишљеном речју; а ћуталица се сматра бар као човек који не шкоди својом неопрезном речју. Затим ћуталица не тражи ни од другог човека бријантну конверзацију, нити нарочиту расипност духа, и зато је он за друге одморан, због чега изгледа и добар. Људи који много говоре, шкоде и себи и другом; кад су и најсјајнији козери, они су сами ипак прва жртва тог свог талента. Јер им једни завиде на том духу, други их омрзну зато што су од те њихове духовитости остали заслепљени и ошамућени; а трећи се чак боје те духовитости да их најзад не погоди и не посече. Ово је сасвим разумљиво. Јер одиста, људи духовити не могу изгледати много блистави ако само говоре о идејама и стварима; напротив, духовитост се храни највише отровом личних мржњи, више неголи медом личних љубави. Ћуталица, и кад је неинтелигентан, не изгледа глуп, јер изгледа бар замишљен; а простом свету изгледа и мислилац. Јер ако ћуталица не каже мудрости, не каже ни глупости, или их бар не каже у великом броју. Ћуталица изгледа и човек позитиван и реалан. Блистави људи који вас подигну својом духовитошћу у висине, ни сами не изгледају другом да су на земљи, него увек у облацима, значи изнад свакидашњих човекових мисли и брига, а изван реалности од којих је живот углавном сачињен. Због тога просечним људима такав човек неминовно постане досадан, али изгледа и опасан. Људи се боје човека који ћути, али презиру човека који много говори. Човек који ћути изгледа увек завереник и мизантроп, али човек који много говори, изгледа ветрогоња. И пошто људи не цене него оног кога се боје, поштовање иде за ћуталицу. Јер, безусловно, има мудрих ћутања која вреде више него и најмудрије речи. Људи зато воле да се забављају с човеком који лепо говори, али воле да раде само с човеком који уме да лепо ћути. Проверите у свом животу да ли су вам више добра донеле ваше најблиставије речи, или кад сте у извесном моменту прибегли ћутању.

Никад човек не може да каже онолико мудрости колико може да прећути лудости, чак и глупости. Једино ћутање може да прикрије код човека страсти које су најнасртљивије и најштетније: сујету, лакомост, мрзовољу, осетљивост, мизантропију. Једино ћутање може да сачува човека од последица које могу да му нанесу тренутна и несмотрена расположења, и нагле и непромишљене импулсије. Човек који пусти увек један размак у времену између питања које му се постави и одговора који треба да дадне, једини је који може да размишљено каже шта хоће. Он је већ тим одмерио колико један минут може да садржи памети и глупости, доброте и злоће. Само такав уздржљив човек избегне највећи број несрећа, несрећа које долазе од наше неспособности да увек будемо присебни, и да никад не будемо глупи. И ученици Питагоре су морали да ћуте. Духовити Атињани су се дивили и такозваном лаконском изражавању, којим су се служили људи из Спарте. Католички ред калуђера кармелита има тако исто пропис да говори само четвртком. Кад би сви људи и жене говорили само четвртком, на свету би било много мање глупости и много мање зла; јер човек другом човеку увек више шкоди речима него делом. Неке животиње кушају једна другу само тиме што приближе ноздрве, и што се омиришу, одлазећи свака на своју страну, а да имају способност говора, растргле би једна другу. У речима увек има више лажи него истине, и више злоће него љубави; јер људи најчешће не знају ни сами шта кажу, ни зашто су нешто рекли. Реч доводи до више неспоразума, него што би било неспоразума да речи уопште не постоје.

8.

Међутим, људи одиста нису могли у свом горком животу да измене много самим мудровањем. Ни грчка мудрост није била свемоћна, као ни вера хришћанска, која је још дубља. Зато су у античко доба људи употребљавали за своја олакшања и друга средства осим филозофије. Употребљавали су утеху као лек за тугу; чак су узимали и неке траве и неке сокове. Још стари Хомер помиње некакав сок *nepentes* против туге. Али је ипак све код њих било бар везано за филозофију, као данас код нас за физику и хемију. Цицерон говори како је филозофија била класификовала болове у разне категорије, а затим сврстала категорије утеха према сваком болу посебно. Сва је мудрост античка већ тад била отишла у практичне уџбенике. Филозоф Митаикос написао је систем о начину кувања, а славни филозоф Демокрит писао је и о војној тактици. И песник Софокле је писао уџбеник о режији позоришта, као што је филозоф Симон написао књигу о лечењу коња. Нарочито су уџбеници о утехи били многобројни. Филозоф Кантор, платониста, био је славан због једне златне књиге која је садржавала цело дотадашње мудровање о томе како треба људе с успехом тешити. Постојала је и класа људи који су били лекари душа, а на својим вратима имали су написано своје специјално знање, као наши лекари за лечење очију или кожних болести, или наши лекари за зубе. Тако су ови утешитељи примали слепце, рањаве, кљасте, убоге, престареле, и робове. Одиста, никакав лек није био толико чувен колико су биле мудре речи; а и данас се, очевидно, људи враћају тим разним аутосугестијама и психоанализи. Грчка религија је била физика, грчка уметност је била филозофија, а грчка мудрост је била хигијена духа. Било је у свим временима писаца који су били утешитељи, и не може се спорити да су песници највећи утешитељи несрећних и самотних. Данте је у свом прогонству читао две књиге од којих је прва била *О утехи* од Боетија, римског писца из петог века, који је то дело написао док је и сâм био у заточењу у Павији. Друга је његова лектира била познато дело Цицероново *О пријатељству*. Обе су ове књиге биле за велику утеху Дантеу, као што су биле истовремено и од великог утицаја на његово филозофско опредељење.

Стари Грци су говорили да бог Ескулап лечи тело, а да песник Платон лечи душе.

Стара је идеја да човек не може знати да ли је срећан све до дана смрти, јер нико не зна како још може завршити свој век, а позната је и Ксенофонтова прича о Крезу и Солону која се на ово односи. Већ у старом Хесиоду се види вечна човекова потреба да дефинише живот, и да разазна шта је заправо срећа на свету. Нарочито је ово било омиљено учење у Сократово доба. Људска судбина је одувек била главна основа људског страха, и никог нема који се не боји живота колико и смрти. Судбину или Мојре, Хесиод зове „ћеркама ноћи", значи нешто неразумљиво и мрачно; Питагора судбину зове мером и принципом ствари; а само је Платон назива провиђењем и добротом божјом, као што је доцније звао и хришћанство. О принципима среће говорило се од времена Питагоре и Сократа, па све до киника и хедониста, и до доба епикурејаца и стоика. Један од великих случајева грчког морала био је то што је свака од ових филозофских школа проповедала да се принципи морала морају доказивати личним примером. Одиста, примерима личним су своје принципе доказали Сократ и Фокион, као доцније Христос и мученици. Сократова срећа, то је био живот у чистоти, а чистота је у самоодрицању. Сократ је и по рођењу и по животу био пуки сиромах; за седамдесет једну годину, колико је живео, није изишао из зидова Атине да види други свет, или бар другу покрајину. Ово је сасвим противно од других филозофа, од којих су многи допирали до у најдаље крајеве азијске и афричке. Сократ је највећи пример античког самоодрицања.

Диоген из Лаерте, биограф многих мудраца, говори да је Антистен из Кирене, оснивач школе киника, корачао дневно четрдесет стадиона од Пиреја до Атине да чује свог учитеља Сократа. Да сте га срели тад на једној улици атинској, ви бисте по његовом спољашњем изгледу имали тачно мишљење о томе каквим се парадоксима и онда говорило о судбини човековој. Антистен је био обучен у бедан огртач, и босоног, некад необријан и неошишан, с празном торбом на рамену, с тољагом у руци. „Атињани", говорио је он, „вратите човеку његову слободу да живи по законима природе, јер је то једина срећа. Ставите поштење изнад свега; презрите уживања како не бисте зависили ни од кога и ни од чега. Човек без потреба, то је Бог. Не треба ништа учити; знати читати, то је одрећи се природе и циља; човек који размишља, то је покварена животиња. Човек је довољан сâм себи, и не дугује ништа друштву. Не постоји породица, ни друштво, ни држава." У истом тренутку док је Антистен говорио, искрснуо би на улици и легендарни филозоф Диоген из Синопе, славан са свога бурета. То је бивши ковач лажног новца и банкар, истеран из свог града. И он је босоног, нечист, и физички одвратан. Тражи по улицама атинским да му дадну да једе, сâм узевши за пример псето; он грди и каља оног ко му ту помоћ ускрати. Често преспи кишну зимску ноћ у капији Зевсовог храма, који и данас постоји, гладан и полузамрзао. Прости од статуа, туче се с децом на улици, свађа се са шкртим женама. Као и његов учитељ Антистен, и Диоген говори гомили насред улице: „Атињани, знате ли шта је несрећа за човека? Несрећа, то је носити терет непотребних ствари: имање, углађеност, умереност, науку, јер су то највећи непријатељи човекови. Највећма треба презрети богатство, а затим лепоту, господско порекло, и славу. Религију и све законе измислили су политичари, стварајући државу само за своју корист. Највећа злоупотреба, коју треба искоренити, то су брак и имање. У природи је све заједничко: имање, жене и деца. Богови располажу свим, а мудрац је пријатељ богова; и зато мудрацима све припада." И Џон Лок је доцније веровао да је постојало стање природе у погледу развитка човековог. Русо је говорио да није, и да је Бог већ одмах дао човеку разум како би познао његову вољу. Антистен и Диоген, то је реакција на учење Аристипа, који је, напротив, проповедао да је срећа само у уживању, због чега се и наука његова зове хедонизам. Према њему, треба слушати инстинкте, јер је телесно уживање највеће уживање. Нема уживања добрих и рђавих; свако је уживање добро по себи, говораше Аристип.

9.

Стоици су истицали две своје познате максиме: мудрац је срећан и све припада мудром — истичући тип мудраца као пример свима људима. Али сва стоичка мудрост и сва срећа јесте у идеји о дужности. Највеће добро јесте част; част нам нико не може отети, а све друго није наше. Стоик сматра да кад изгубимо имање и породицу, ми смо их само вратили Богу; а једино наше имање, то је врлина, част за коју треба живети и умрети. Стоицизам је морал без Бога, и не признаје бесмртност душе, нити верује да ишта друго треба чекати од Бога. Бог стоика је Провиђење, душа света, Јупитер који је Бог-Све, који није персоналан, него фаталност хладна и немилосрдна. Стоици су били човекољубиви; и Епиктет говори о љубави према непријатељу, као да је одиста хришћанин. Али ово је стварно једна религија господе, сујетне на свој понос и идеал, који су били далеки и неприступачни гомили, и нико није ишао да ту доктрину шири и неуким намеће. Чак и Епиктет, који је био роб, пише о малим људима: „Ко је икад мислио да се забавља с магаретом, и да с њиме пасе траву". Стоицизам је био филозофија само за филозофе и обраћала се само памети, противно хришћанству, које се обраћало нечем вишем: срцу, и зато је победило. Стоицизам је хладан и прек, сводећи целу мудрост на чување достојанства. Стоици су проповедали самоубиство као средство да се изиђе из живота неокаљан. Плутарх каже да је љубав за живот срамна болест. Он с презирањем говори о последњем македонском краљу Персеју који, побеђен од Римљана, није хтео да изврши самоубиство. Цео стоицизам тврди једино да је срећа само у части човековој, али ништа више.

Сократ говори у *Критону*: прво, не чини неправду ни у којем смислу; друго, не чини неправду ни оном који ти је неправду учинио; и најзад, треће, никад не враћај зло за зло. Има огромне разлике између ових потпуно хришћанских идеја и себичног частољубља стоичког. Уосталом, стоици су говорили о частољубљу и о дужности као о једном добру, али не као о човековој обавези. Схоластика Томе Аквинског дели врлине и пороке, али ни она не зна за дужност. Први је Кант направио теорију о дужности, као идеју о притиску разума на вољу. То је његов славни категорички императив. Кант је морал ставио изнад религије; он је од дужности направио нешто силније од свега: вољу која заповеда и која изискује да јој се све покорава као закону природе. Та дужност, то је Бог, а тај морал, то је религија. Из морала излази Бог, пошто сâм морал тражи да Бог постоји. Ово је Кантов доказ да и Бог одиста постоји. За Канта је дужност-Бог средиште људског живота; али Бог постоји и у природи као творац највишег добра, а то је као творац хармоније врлине и среће. Тако је, према овом филозофу, морал и теодисеја једно исто. Извесно, антички мудраци који су толико говорили о добру и врлини, никад не би лако разумели овакву нашу идеју о дужности. Они нису Бога доказивали, јер нису били теолози; али немачка философија осамнаестог века, која је стварно била толико теолошка, направила је на овај начин религију непотребном, ставивши морал изнад догме.

Епикурова идеја о срећи, то је идеја да је људска срећа само у уживању. Задовољити треба све жеље, велике и мале, истовремено; јер, како епикурејци говораху, ако једна жеља није задовољена, то је довољно да душа тугује. Међутим, они су говорили и да постоји једна хијерархија уживања, пошто има уживања која треба избећи како бисмо избегли несрећу, а има болова које треба примити да бисмо тако дошли до једне више среће. Физичка задовољства постају уживањима само ако дају истовремено и духовну срећу, јер су свагда душевна уживања виша. Највеће уживање јесу врлина и частољубље. Важна врлина за Епикура, то је избегавање властољубља, пошто је највећа срећа у животу мир без узбурканости, такозвана атараксија. Епикур проповеда умереност, јер ко има комадић јечменог хлеба и воде, раван је Јупитеру. Па ипак, сама реч уживање, избачена као принцип живота, направила је неспоразум у питању Епикурове науке. Тај сјајни Атињанин је мислио само на уживања духовна и душевна, а после се под епикурејством подразумевало само вулгарно уживање у физичким сластима. Епикурејци, то је значило свет паразита који проповедају доктрину сладострасника. Међутим, ово је скроз погрешно. Сâм Епикур је изгледао не само као најобичнији човек у Атини него и најсиромашнији човек у његовом селу Гаргети, близу Атине. Зна се да је живео хранећи се само хлебом и сиром. Зачудо, епикурејство одиста није избацило никаквог великог човека, нити икакав велики покрет и пример. Истина, Касије је био епикурејац, чак и велики песник Лукреције. Али је ипак стоицизам био једина доктрина која је задахнула највеће лепоте римског карактера и римске мудрости. Ни данас обични духови не разликују два разна појма која су стари Грци имали у теорији о уживању; једно је Аристипова хедонија, блаженство ниске врсте, а сасвим је друго Епикурова атараксија, идеја о узвишеној мирноћи духа и савести.

Углавном, античко грчко доба је стављало за идеал свету тип мудраца, као што је за Римљанина био модел херој-грађанин. Тај мудрац је имао све главне врлине човекове, нарочито мудрост и скромност, а то је био Сократ. Доцније је хришћанство поставило човеку за идеал самог Христа, а то значи мученика, или љубав према ближњем. Као Сократ, тако и Христос, има све врлине човекове, али с том разликом што Христос није, као Сократ, затворен у себе, и добар ради себе, ни активан само ради усавршавања своје сопствене личности, него Христос живи и ствара ради другог, само у љубави за остале људе. Оваква хришћанска љубав човека за човека, презирање егоизма, чак и у његовој најсавршенијој форми (као што је грчки мудрац, који је стварно пасиван), и ово бежање од сваког ограничења на личној срећи, створило је идеју о свеобимној љубави човечанској, у којој затим сваки човек плива као у сјајном и топлом мору. Хришћанство је тако прокламовало да човек није вук другом човеку, како су говорили неки мудраци, а о чему је филозоф Хобс дао читаву теорију, него да је, напротив, човек човеку пријатељ, и да изнад свију људи стоји Бог који је пријатељ целог људског рода. Направивши Христа представником свих врлина, хришћанска религија га је на тај начин поставила главним условом саме вере. Ово није био случај ни с Мојсијем, ни с Мухамедом, јер ниједан од њих не заузима у свом учењу овакво место. Они су пророци и доносиоци верског учења, али нису инкарнације тог учења. Довољно је било паганском грчком човеку ићи за његовим Сократом, а Римљанину за Сципионом па да буду мудраци и хероји у кругу других људи; али ко иде за Христовим идеалом, тај је узвишен и пред лицем његовог Бога. Христос, то је љубав за ближњег колико и за себе самог, љубав за непријатеља, претпостављање царства небеског сваком царству земаљском; а то значи ставити врлину изнад сваког уживања. Истина, Христос је ишао да дадне један нови морал, а не нову религију. Тек његови ученици оснажују тај морал направивши га религијом. Христос је зато морао остати средиште и оличени принцип новог учења.

10.

Има и једна човекова срећа која долази од његове религије. Човек се Бога боји већма него што га воли, и све га мање воли уколико га се већма боји. Али ипак је побожан човек у свом животу богатији него човек безверан: јер побожност, то је ипак имати на броју једно осећање више, а не мање. Идеја о Богу јесте неизмерно пространство, појам о свеобимном и тоталном, какву никаква друга фикција не може дати; а слика о Богу је лепота, чак и уметнички ненадмашна. Наш појам о Богу, то је најсавршенији од свих појмова који је људство могло имати: снага, разум, доброта, правда, милосрђе; а све ово под разним именима, и у разним сликама. Одрећи се оваквог идеала, значило би осиромашити живот и умањити себе. Негирати опстанак божји, то је или духовна или морална поремећеност, или перверзија какве филозофске школе. У ствари, има само једна религија, као што постоји само један Бог према нашем смислу о космосу. Али има људи без религиозног смисла као што су други без слуха. Други су религиозни доктринарци, баш зато што нису довољно религиозни. Све су религије свете јер у свима њима људи траже узор и идеал за свој поштен живот и своје усавршење на Земљи. Ни у једној од главних религија данашњег света нема разлике у идеји о добру, него у сну о добру, и у речима којима је то казано. Епикур је божанство негирао као и сви материјалисти, а Волтер се бацио на Бога само да би погодио језуите. Три инстинкта ми се чине усађена у човеку од првог дана: љубав, лепота и вера. Питање је који је овде инстинкт један од другог старији: да ли је лепота, или вера, или љубав. И да ли је уметност претходила религији, или је религија родила уметност.

Бог као регулатор свемира, не даје се замислити него само као апсолутан регулатор и свега наjситнијег у свемиру, па и човекове воље и духа. Без таквог духовног божанства не даје се замислити свет, а без моралног божанства не даје се замислити човек. Али ни једно ни друго се не да негирати. Може се рећи само да не постоји ништа, и према томе да не постоји ни човек; али да постоји свет и човек, а да не постоји Бог, то је апсурдум. Сказаљка на часовнику иде према сунцу, а човек иде према божанству, онаквом како га је био замислио. Свеједно и како је човек замишљао и сликао Бога, он није престајао да га замишља, и затим није престајао да га слика.

Срећа која долази из религије била је каткад велики извор блаженства човековог. Човек који верује у духовно и морално божанство, испунио је све просторе света нечим што га нигде више не оставља самог, и он затим није нигде препуштен слепом случају ни беспомоћно остављен непријатељу. Он има штит дарован од божанства, као што га је имао Ахил. Хришћанин је вековима ишао на губилиште шапћући молитву, или певајући побожну песму, често сматрајући своје мучеништво као широка врата кроз која се улази у блаженство и у вечност. Од првог мученика наше цркве, Христа, цела је вера основана на примеру пожртвовања и херојства, у чему је и била њена снага и победа. Зато нема ниједне среће ни данас међу срећама човековим тако истински дубоке као што је ова религиозна срећа која се постиже у разговору с Богом, у погађању његове воље, и у служби његове намере: јер Бог, и да није стварност, он је најсавршенија човекова идеја о стварности. Верујем у Бога, у љубав, у пријатељство, у отаџбину, у поштење. Да не верујем истовремено у све то, не бих имао разлога да верујем ни у једно од тога посебно.

Људи пате и због туђих несрећа, више можда него и од својих сопствених. Ово је велика беда човекова. Патимо од несрећа патриотских и социјалних, и породичних, и пријатељских, чак и историјских. Свашта од овог баца по мању или већу сенку на наш живот, нагриза наш оклоп, подрива наш зид. Зато, ма колико човек организовао своју судбину, несреће су неизбежне јер су неизбројне, и јер су оне ван наше моћи и домашаја. Зато су грчки киници препоручивали неосетљивост, која је чак и противна људској природи, колико је и несагласна са идејом о пуној срећи. Није било филозофије, која није препоручивала пасивност према извесним несрећама, пасивност без које би живот био готов пакао; а религије су нас упућивале на вољу божју, пред коју је бедни човечји дух излазио увек с усхићеном надом.

Има несрећа расних, то јест оних које иду с породицама појединих раса. Постојале су такве расне погрешке старих Римљана, као што постоје расне погрешке младих Американаца. Неко је тачно прецизирао погрешке карактера старих Римљана: охолост, зверски егоизам, обожавање бруталне силе, неморалност јавна и приватна. А и савремени амерички песник Витмен овако је оштро забележио погрешке свога великог народа: похлепност, ексцентричност, фриволност, одсуство моралне савести, ексцеси, индивидуализам (као, уосталом, и код њега самог). Србин има природну тенденцију да све своје велике људе или поубија или унизи, и да их затим опева у свом десетерцу као хероје своје нације, и најзад прогласи светитељима своје цркве. Ово су расне несреће које тешко мењамо у себи самим својом снагом, или у свом друштву ма каквом културом. Имају, дакле, и наслеђене беде као што постоје и наслеђене среће. Пишући о свом тасту Агриколи, који је био гувернер Британије, Тацит је писао за британски народ, претке данашњих Енглеза, да имају прекомерно дугачке руке, због чега их је он уврстио међу германске народе. Од тог времена је затим прошло још десет столећа а народ је тог острва још стајао ван свога учешћа у историји културе, што је одиста врло чудно. Нарочито је чудно што је за ових других десет векова његове повести сачувао скоро исте мане и врлине које је имао кроз цео свој живот. Французи су се од времена Кловиса до данас стално мењали својом културом и углађеношћу, али су основне расне црте остале исте: оштар ратнички дух и свирепа љубав за слободу и тло; нарочита љубав за жену и њено место у животу; конзервативизам у свему своме лично; смисао за меру и поредак, већма него и за прогрес и модернизам.

Свакако, највећи творац човекове несреће, то је сâм човек. Пребројте, ако можете, све несреће које је човек измислио да упропасти или загорча живот другом човеку. Једни су људи били несрећни што су били црнци међу белцима, други што су били протестанти међу католицима, трећи хришћани међу муслиманима, или монархисти међу републиканцима, или, најчешће, што су били физички слаби међу физички снажним. Ни куге нису толико поморила људство, колико његове сопствене предрасуде и његова урођена потреба да чини зло и да руши. Хиљаде извора било је увек отворено за човекову несрећу, од којих су једни пресушивали само зато да би се затим други отварали.

Исто тако су многобројне среће и несреће које се измењују у току једног посебног човечјег живота. Постоје среће док сте син и среће док сте отац; и постоје среће младости и среће старости; и постоје среће духа и среће тела. Тако исто су различне и несреће. Једна од највећих несрећа, то је што многи људи осећају да су залутали у животу као што други залутају у шуми или у великом граду. Човек не зна кад помери један пут, треба да брзо изиђе на други; међутим, човек је конзервативна животиња, и увек све промене врши противно својој вољи. Декарт је говорио како човек који залута у шуми, треба да увек продужи да иде у истом правцу, и тако ће најзад изаћи из шуме опет на прави пут. Али тако није и у животу: јер живот, напротив, тражи еластичност и промену. Само врло јаки духови продиру непроменљивом импулсијом у истом правцу. Човек мора да верује у многоструки живот на оном свету, и да треба живот стално почињати изнова. Не мењати свагда, или никако, главни смер живота, али мењати његове форме, а његове самовоље потчињати својој вољи. Многи велики човек није ни сањао у младости што ће постати кроз даље године. Христип и Клеант су били познати најпре са утакмица на јавним играма, а тек затим у филозофији; као што је и Платон био најпре атлет у Коринту и у Сикиону, а тек доцније највећи мудрац свога времена; и најзад, зна се да је и сâм Питагора почео свој јавни живот добијајући најпре награде на Олимпијским играма у Елиди. Свакако, више је жртава међу људима који нису мењали своје путеве, него међу онима који су их мењали. Живот је кула на брегу са које хиљаду прозора гледа на хиљаду страна видика. Једна огромна количина храбрости долази човеку од само ове идеје: да увек има још један пут ка срећи, а не само онај којим је дотле безуспешно ишао да је постигне. Богиња Јунона, која је много грешила, постајала је поново чедна кад год се окупала у слатком извору Канатосу.

11.

Један стари римски писац каже: срећа рђавих људи јесте беда за племените. То је истина. Случај што неваљали људи имају среће колико и најбољи људи, збуњује човека и одводи га у атеизам. Међутим, племенити људи имају друкчије среће него рђави људи. Најгори човек може бити срећан у новцу, и у здрављу, и у деци, али не може бити срећан у душевној лепоти ни у слави међу другим људима. Племенити људи имају славу и кад немају срећу; а слава је највећа срећа. Један човек је славан у својој околини самим тим ако је пример поштења, као што је Александар био славни војсковођа, или Платон славан због мудрости. Не треба рђавим завидети за њихову срећу, него добрим за њихову славу. Срећа може да човека поквари и кад је најбољи; и да га сатре бригама, јер је мора стално чувати; и може да му донесе непријатеље и болест, јер постане неумерен у говору или у уживањима. Али слава је срећа која нема потребе да је човек чува, јер она, напротив, чува човека. Човек који нема никакве славе у животу, ни духовне, ни грађанске, ни херојске, ни моралне, то је човек рођен под проклетом звездом. Јер сваки човек може бити велики ако хоће: ако не као генерал, а оно као војник; ако не као изванредан господар, а оно као изванредан слуга. Наша величина дакле зависи од нас; а величина је срећа тиме што је величина.

Смрт није несрећа, него само једна човекова предрасуда; зато је предрасуда, што је смрт за једног убица, а за другог спаситељ. У оба случаја она је већа од живота. И у оба случаја, она није несрећа за оног који одлази, него само за оне које оставља. Цела идеја о смрти поникла је из те чемерне истине. Стварно, или постоји само смрт или постоји само живот; истовремено смрт и живот не могу бити за наш ум друго него два појма који један другог искључују. Смрт у животу или живот у смрти, то је апсурдум. Али свакако: смрт није несрећа. Нема мирнијег израза него што је на лицу мртвог човека; и ништа толико не противуречи нашим сузама, колико то спокојство оног за кога сузе проливамо. Ништа индиферентније него што је ледени осмех човека чији одлазак други људи сматрају његовом катастрофом. О смрти не постоји једно уверење, него једна фикција.

Али оно што нас везује за живот, и што не даје да се ишчупамо из њега, то је један циљ који нам увек изгледа непостигнут. Тај циљ се увек идентификује са животом и опстанком, који фактички и јесу његове форме. Не ходити по сунцу, и сурвати се у болесничку постељу, али живети! И изгубити моћ да се даље држи у руци перо, мач или длето, али бар моћи мислити! И ослепети, као Милтон, и оглувети, као Бетовен, али знати да иза те црне завесе постоји покрет и акција, и моћи још и сâм стварати! И најзад пасти, као огромни сунцокрет, тек онда када нема више снаге да се и даље гледа за сунцем! Живот сâм по себи не може друкче бити предмет ума; јер акција, то је једина његова садржина. Акција или нарација, то је срећа или несрећа.

Многе су религије и филозофије проповедале мржњу на живот. Писци, као Ниче, окомили су се били на хришћанство како је оно омаловажило живот на овом свету, говорећи искључиво о другом свету, за који, међутим, нико не зна ништа. Али Ниче је овде био неправедан. И пре хришћанства је живот сматран за ташт, и то не само у Индији него и у Европи. Сократ, Лукреције, Вергилије, Овидије, Хорације, Сенека, сви су веровали у ништавило живота, и говорили да је част још једино што вреди у животу, и препоручивали самоубиство. Самоубиство из достојанства, постојало је чак и у старој Грчкој. Зар се Анаксагора није био замотао у плашт и легао да себе умори глађу; Демостен је попио свој отров. Обојица су ово учинила из осећања угроженог достојанства, које је сматрано вишим од живота. Најбоље оправдање за хришћанство од ових прекора јесте баш у том факту што, напротив, није оно никада проповедало самоубиство, него је сматрало да човек који погине вољно од неправде најбоље доказује љубав за идеалом. Један француски филозоф, Монтењ, рекао је: филозофирати, то је учити се како треба умрети. Али Монтењ је песимиста старински, а не хришћански; ученик Плутарха, а не ученик јеванђеља. Хришћанство је чак одлучнији противник самоубиства и мржње на живот, него иједна друга религија или друга мудрост. Оно је чак пријатељ живота на овом свету, јер га је сматрало као предсобље другог живота и као припрему за вечну срећу. Чак римски писци који су били непријатељи хришћанства, као Целзије, или као сам Лукијан, истовремено су нападали и хришћанство, као смешну и одвратну доктрину, и живот као најбеднију таштину.

12.

Човек и не зна да се смрти већма гнуша него што је се плаши. Смрт је већма ружна и одвратна, него што је ужасна и језива. Она нагрди човеково тело и унакази његов израз лица, претворивши најлепшу човекову амфору у бесформну и гадну масу. А то није страшно колико је одвратно. Човек би се могао да ужасава идеје нестанка, али он ту идеју не може имати, јер такве врсте идеја и не постоје за наш ум; постоји само идеја о нечем што стварно и постоји. Једино чега би се могао човек плашити пред помишљу на смрт, то је страдање физичко које обично претходи моменту где се кида између живота и смрти. Али није свагда случај ни да се физички страда у моментима доласка смрти. Несумњиво, када би људи могли да пређу из тешког живота у савршену апатију смрти, без гнушања за оно шта после тога настаје за његово тело, смрт би изгубила половину од своје ружноће; а када би се и умирало без физичког бола, можда би смрт великом делу људи била потпуно равнодушна. Према томе, није страшна смрт као човеков нестанак из живота, него је страшна само по ономе што смрт прати. Зато је смрт гадна а не страшна. Све што се може рећи о смрти, то је да је прелаз из живота у смрт страшнији него сама смрт. Стога се не треба бојати саме смрти. А колико се људи већма смрти гнушају, него што је се плаше, то се видело одувек по томе како су мртвог посипали цвећем и мирисом, пратили песмом и музиком, облачили у свечана одела, и полагали у раскошне саркофаге, увек само зато да смрт учине мање гадном. Грци су стога за гробне споменике узимали веселе фигуре, разне вајане животиње, лепо израђене вазе и писали љупке или веселе епитафе у камен. „Овде лежи Горгија, киник, који више не кашље и не пљује", писало је весело на једном грчком гробу. А не знам који је оно краљ из Магнезије имао на гробу потпуно голу младу жену. Ово је и најбоља одмазда према смрти. Уосталом, није страшна смрт него болест. Најбољи доказ, што се о смрти још може шалити, али се о болести не може шалити.

13.

Ниједна једнобожачка религија није сматрала да је срећа у богатству. То је зато да блесак злата не би заслепио човечји ум; и зато да би умањила урођену грамзивост човекову за ленствовањем; затим, да сузбије пороке које би богаташ могао направити принципима живота; и најзад, да отупи завист сиромаха према богаташу, која је узрок толиких злочина. Али је ипак срећа која долази од богатства свакако већа него срећа која долази од сиромаштва. Богатство је, неоспорно, половина људске среће на земљи. Највећи степен среће то је независност, а богатство је ипак човеку пут да дође до своје слободе. Човек богат, то је човек независан бар од људи. А ово је, несумњиво, највише благо на земљи. Истина, друга половина среће на земљи далеко је од тога да се може купити златом. Алкибијад је био срећан што је био најлепши Атињанин, и врло учен ђак Сократов, и врло храбар, али је био и богат. Сократ је био срећан иако је био убог; а био је срећан што га је делфијско пророчиште у храму Аполона прогласило најумнијим Грком, и што је био храбар војник и племенит човек. Алкибијад је, дакле, био потпунији у свом богатству него Сократ, али није био потпунији у својој срећи. Има људи који су срећни и са само једном од горњих срећа, али апсолутне среће, и разумљиве за сваког другог човека, нема без богатства, зато што оно једино значи савршено ослобођење човека од другог човека. Без богатства нема слободе, него саме борбе. Истина, и убоги Сократ се сматрао независним, а то најзад и посведочио својом смрћу. Песник Петрарка је увек мрзео богатство, али не зато што га није желео, него само због брига и муке које су неминовни пратиоци богатства. Овако мисли и Леонардо. Петрарка не каже да су и пратиоци сиромаштва још црње бриге и муке. За здраве и храбре и умне, богатство није потребно у тој мери; али цео свет није ни здрав, ни храбар, ни уман. Чак и здравље и памет купују се или одржавају новцем, нарочито у нашем времену. Божанска Сапфо пева: „У мојој кући ни меда, ни муве на меду".

Среће су многобројне, и ретко има човека који нема у животу бар једну велику срећу, чак и онда кад мисли да је потпуно несрећан. Истина, има срећа људских за које једни људи знају а други не знају. Тако за бескућнике не постоји срећа љубави за породицу и за децу, а за човека прикованог за огњиште не постоји апсолутна слобода и фантастични живот бескућни. Херој не зна за власт злата богатог краља Лидије, али ни богати Крез није знао за херојство Ајанта, или песничку славу Пиндарову. Чак и човек који не даје животу ништа, тражи од живота све. И зачудо, ниједан човек не уме да одмери срећу коју има, него само срећу коју нема. Најсрећнији је човек онај који уме да се удуби онолико у своју срећу, као што се други удубе у своју несрећу. И да не преспава целу ноћ мислећи на своју срећу, као што би урадио да му се догодила несрећа; и да онако исто због среће држи у рукама главу, и да унезверено гледа у предмете око себе, и расејано чује све што се око њега говори, као што се избезуми човек коме су потонуле галије. И најзад, да ту срећу сâм улепшава својим мислима, и проширује својом екстазом.

Мислим чак да треба и много своје среће намерно измишљати. Уображавати их; сликати их на песку или по зидовима; певати им, и разговарати о њима с камењем по путу. Велика је погрешка човекова, чак и беда, у том што мисли да је несрећа дубља него срећа, и што не уме да се евентуалном срећом храбри, колико се евентуалном несрећом обесхрабрује. Страх, то је животињски осећај у човека; потпун човек се не плаши ничег осим срамоте и кукавиштва. Никад нисам разумео губитке које доноси само време. Кад сам изгубио младост, већ је било дошло песничко име, и ја сам мирно прешао тако из једне среће у другу.

Има много срећа расејаних улицом куда сте и данас прошли. Ниједна туђа срећа није без помало среће и за нас друге. Има убогих људи који су срећни само зато што могу да живе у граду богатих, гледајући с уживањем блиставе фасаде њихових кућа, богате вртове пуне боја и мириса, њихова сјајна кола и лепе бесне коње, осветљене велике тргове и музику. Туђа раскош, то је блаженство и за очи убогих. Уживати у лепим улицама и богатству које њима тече, изазива више радост него завист, ма шта се о том мислило. С великом радошћу се живи у раскошном граду, не због својих палата него и због туђих. Има небројено више света који би се задовољио и мршавим ручком и беднијим станом, само да живи у Паризу, него што би био блажен да живи беговски на каквом анадолском месту. Зато је једна велика мудрост: од туђих срећа правити и срећу за себе. То је једини начин да наша лична срећа остане потпунија и виша. Исто је то и у стварима људских невоља: ко подели туђу невољу, тад и његова морална срећа повишује све своје бедеме у ненадмашне тврђаве. А несрећан човек, видећи како други деле његову беду, има задовољење које постане скоро читава срећа. Два сина Дијагорина су били победиоци на Олимпијским играма, и гомила је пронела њиховог оца кроз светину која му је довикивала: „Умри, Дијагора, јер ваљда не можеш постати и Бог, а само ти још то остаје". Дијагора је умро од радости. Највиши степен човековог учешћа, то је у стварима отаџбине, јер је отаџбина збир свих других љубави и осећања. Микеланђелу је било шездесет две године кад је у Сикстинској капели почео младићком снагом да слика *Страшни суд*, величанствено дело ренесансе. Али је тај уметник толико био ожалошћен догађајима у животу своје отаџбине, да је месецима остајао не видевши никог, и носећи на устима стихове које је био урезао под својом статуом *Ноћи*: да је слатко спавати, а још слађе бити од камена, док светом владају зло и срамота. Одиста, овакве среће и несреће, које нису личне, постоје у небројено много примера. Неке су мудре, а неке и луде. Једна мајка, стара римска матрона, угледавши сина да јој се враћа здрав и читав из страшне битке на Кани, пала је мртва од радости. Папа Лав X, сазнавши да су страначке императорске трупе заузеле њему противнички Милано, пао је мртав од среће. Човек је, извесно, по инстинкту егоиста; и можда није пријатељ другога човека него само по историјској навици. Али ипак без везивања своје судбине за туђе среће и несреће, он је непотпун и ситан. Замислите два огромна духа као што су били Макијавели и Микеланђело док се бораху истог дана на шанчевима, бранећи оружјем своју Фиренцу против папе и императора.

Чак и у ведрој старој Грчкој било је песимиста који уопште нису веровали у срећу. Теогнис, мудрац из Мегаре, каже: да је од свих добара, највећа срећа за човека не родити се, и никад не видети сунце; али ако је човек већ рођен, да треба што пре проћи кроз врата Плутонова и починути дубоко сахрањен под земљом. Истина, ова песимистичка доктрина није никад узела маха у ведрој грчкој идеји о животу. Међутим и Софокле, у хору једне своје трагедије, каже да је боље умрети него живети, вероватно под утицајем Теогниса који је живео не више него столеће раније. Али је можда у човековом духу и онда, као и данас, пролазио понеки црни облак који је затварао видик среће. Осећање несреће је безусловно ствар органска и ствар културе човекове. Врло здрави реагују физички, а слаби су увек готови на тугу. Несреће се дубље осећају и у земљама где је небо високо, и где по свима стварима лежи сунчево злато. Некултуран човек налази своје среће онде где их други не налазе: Тамерлан је био подигао код Дамаска пирамиду од шездесет хиљада људских глава, и био извесно за себе срећан, а за друге славан.

Слава, то је једина човекова срећа која није спокојна, и која је најскупље плаћена. У својој десетој сатири Јувенал проповеда умереност, која је била и римска мудрост. Описује Ксеркса после његовог пораза код Саламине, самог на једном броду, и окруженог само лешевима који пливају по води. И описује Александра којем је свемир био тесан, али који се морао задовољити најзад једним уским саркофагом. И тирана Марина, којег су претеране жеље отерале у изгнанство и тамницу, и у баруштине Минтурна, и да најзад просјачи парче хлеба у Картаги. Ни Ханибалу није била довољна Африка од Атлантског океана до Нила, јер је сматрао да његова слава није довољна ако у Риму не забоде своју заставу усред Субуре. А завршио је бедно живећи од милосрђа једног тирана у Витинији. Затим, каже Јувенал, због своје високе речитости су погинули Демостен и Цицерон. Први је попио отров, а другом су одсекли руку и главу. Јувенал додаје да никад крв обичног трибуна и малог човека није попрскала говорницу на Римском форуму него само крв славних великана. Одиста, велики људи били су срећа за човечанство, али су били стварно највећи несрећници. Највећи део историјских имена првога степена свршавали су како свршавају само злочинци, и скоро није било великога човека који није био и велики несрећник.

14.

Зло и несрећа не долазе од Бога, него од човека. Све беде међу људима то су несреће које учини човек самом себи, или ураде људи један другоме. У природи нема срећа и несрећа, него има само смрт и живот. Човек је највећа штеточина на земљи. Све велике ствари изграђују само велики људи, а људске гомиле само руше; мали људи све сравњују са земљом. Колики је човек рушилац по инстинкту, то су свагда показивали ратови. Шта је све урадио у Риму Аларих само за три дана боравка, и Гејсерих за четрнаест дана, бар ако је веровати хришћанским писцима. Али шта су тек порадили хришћани, војници војводе Бурбонског, за време папе Гргура VII, у том истом хришћанском Риму; а шта уопште све по осталим градовима направише хришћани у борби против паганства. Нема ниједне религије која није безбожно рушила, као што нема ниједног човека који у свом животу нема неколико ситних злочина. Велики људи су нетрпељиви међу собом, јер су суревњиви, али мали људи су неисцрпни у својим злоћама према бољим од себе. Мали људи се увек шегаче с великим људима, а велики људи се често шегаче с крупним стварима. Један од твораца ренесансе, просвећени папа Лав X, платио је стотину златних цекина за један епиграм да напакости неком човеку којег је мрзео; а на Капитолу је овенчао једног шкрабала да се подсмехне ловорима какве је некад примио и Петрарка. Кад се узме колико на свету има лудака, затим глупака, затим подлаца, и најзад безличних и безбојних људи, човек изгуби љубав за живот у таквом отрованом ваздуху. Толики број наказних учини да нам овај свет одиста изгледа најгори од свих светова; а додајте одмах још и да свему томе не може бити никад конца ни краја. Оглашена је природом борба између контраста на свету: борба злих против добрих, безумних против паметних, дивљих против питомих. Хришћанство је имало чудну идеју да измири две противуречности: како истовремено постоји и Бог који је свемоћан, и зло које сатире људе. Да би оправдало Бога, тврдило је да зло постоји на свету само зато да би се могли ставити на искушење и добри и зли људи, како би затим награда постојала за једне, а казна за друге. Ово је можда једино тумачење хришћанско које није успело да унесе нимало светлости у један свој крупни проблем.

Човек има више храбрости према другом, него према себи. Да није тога, не би било зла на свету. Савршенство човека састојало би се у томе да буде већма строг према себи, неголи чак и праведан према другом. Ја знам много људи који су били врло праведни према другом, али нису били строги према себи, и зато су били увек лабави у стварима добра. Њихова праведност је увек пропадала, ако није била у питању туђа личност него његова сопствена, јер праведност према себи зависи од строгости према себи, као што праведност према другом зависи само од наше доброте. Праведност је једно краљевско осећање, и човек показује праведност често више ласкајући себи, него волећи другог. Најбољи људи то су они који су према себи најстрожи, и који опросте другом и оно што не би никад опростили самом себи.

Сви људи имају исте мане, али немају исте врлине; у томе је и сва разлика између великих и малих људи. Људе треба судити само по њиховим врлинама, а не по њиховим манама; међутим, по врлинама нас оцењују само наши пријатељи, а наши непријатељи нас оцењују само по нашим манама. Стварно, сваки човек је био готов да буде разбојник по својим инстинктима, али сваки човек није био по инстинктима готов да буде добар: зато што за доброту треба више мудрости него инстинкта, и што у природи не постоји злоћа и доброта него само борба за живот између јачих и слабијих.

Све се плаћа, кажу људи. Тако говоре и они којима се никад ништа није платило. Али се ипак све плаћа; а кад не би било ове истине, онда бисмо умрли од страха на овој земљи. Идеја о награди за добре и о казни за рђаве, није уопште постојала у првим вековима грчкога политеизма, него је тек доцније секта орфиста унела идеју о божанству које и пресуђује људе према њиховим делима. Чак ни јеврејска синагога није спочетка била изградила ту идеју одговорности него тек нешто мало пре појаве хришћанства; али хришћанству извесно припада признање да је ту идеју о награди и казни подигло до правог и основног смисла о дужности на земљи.

Од свега што је човек посејао, ништа није рађало брже него мржња. Народ се брже фанатизује него васпита. Користољубље је увек недељиво од мржње; из користољубља се људи одричу отаџбине, породице и вере. Швајцарске трупе бориле су се једне у служби француског краља Луја XII, а друге у служби града Милана, и оне су се међусобно подавиле у једној страшној битки, само за туђ новац. Фанатизам је остатак варварства, а с културом требало би да човек иде само за хладним осведочењем; међутим, нажалост, изгледа баш напротив, да је фанатизам једно слепило нашег инстинкта, које неће моћи ништа искоренити. Што је најжалосније, људи се фанатизују у мржњи, али се не фанатизују у љубави. Једини лек противу овог инстинкта била је вера хришћанска, која је прва фанатизовала људе у љубави. Свака мржња је сугестија самог себе, и зато човек мудрац може себе фанатизовати у љубави, противно и својим инстинктима, који су иначе увек склони само мржњи. Фанатизовати се у добру, то значи постати човек истински побожан.

15.

Смрт је у свету неизмерно више раширена него живот, и смрт изгледа скоро нормално стање егзистенције. Живот постоји на површини земље; само мале оазе живота стоје, очајно се отимајући да не угину. А свугде је другде смрт и ћутање. Бифон, по Епикуру, каже да нисмо свесни смрти кад она дође. То је тачно, али смо свесни пре него што дође да ће заиста доћи, и свесни смо да нас после тога више неће бити. А то је оно што је ужасно. Јер једно је смрт за ствари у природи, а друго за људску душу. Херојство пред смрћу је парадокс, који се не даје ничим објаснити; јер није логично хтети славно умрети, него хтети живети у слави. Мржња и љубав су у једном погледу недељиве: човек никад не мрзи другога него из љубави према себи, а често се догађа и обратно. Свако би чак можда мирно умро кад би знао да после нас неће више ни за друге постојати сунце, жена, музика, пријатељство и вино. Нарочито неправда, коју човек осећа на свом проласку кроз живот, ходећи затворених очију за све главне проблеме око себе, одводи људе у атеизам. Најзад такав насилни човеков одлазак у смрт, која је од свега најодвратнија људском уму и срцу, то је оно што отвара између божанства и људства онај јаз, који ће бити све дубљи, уколико човек буде духовнији и душевнији. Сталним порастом културе, човек ће у својим очима постајати све већи, а ову ће божанску неправду ипак разумевати све мање. Човек културом постаје све више творац, и тиме се све већма приближује творцу света; зато ће идеја о смрти бити увек највећа противница идеје о Богу. Човек никад није разумео Бога који казни и добре колико и рђаве; и који често не казни ни рђаве него само најбоље; и који сатире најкорисније, место најштетније; и највеће као и најмање; и Бога осветника, каквог се ум људски ужасавао откад мисли на њега. Никаква мудрост није била у стању да растури те мрачне човекове сумње. Човек се покоравао божанству које никада није до краја разумео. Човек има неумитни нагон за живот пред којим све друго ишчезава, и никаква мудрост није у стању да премаши снагу тога инстинкта.

Мудрост, то је, уосталом, врлина несрећника и стараца. Марко Аурелије каже ове горке речи: „Наскоро ћеш све заборавити, и наскоро ћете сви заборавити". Али шта се постиже овом мудрошћу, која, уколико је дубља, утолико је за човека већма пораз и понижење? Овај латински мудрац нас теши говорећи нам затим како је време прождрло много мудрих Хрисипа, Сократа и Епиктета, и да зато свако треба да има на уму да ће време и њега прождрети тако исто. Али ништа не додаје нашем спокојству овакво тумачење живота! Нагон за живот остаје ипак највеће човеково добро, и он ће увек ратовати против превласти тог ужасног сазнања о свом ништавилу. Кажу да је Демокрит имао на уснама вечити осмех, а да је Хераклит био плачеван; али ко би знао рећи да није тај осмех био тужнији од те плачевности. Зар није тај исти Демокрит говорио: „Свет је само промена, а живот је само једно мишљење", а Хераклит је тврдио да све протиче, и да сви дани личе један другом. На такав песимизам о животу, могао се одиста један од ових мудраца заплакати, а други подсмехнути, јер би то опет изашло на једно исто. Инстинкт за живот, то је само инстинкт за срећу, и једно од другог су нераздвојни. Египћани су избегавали реч смрт, која је најружнија човекова реч; и смрт су називали увек друкчијим именима: велика промена, господар живота, улазак у одмор, пробуђење у светлости. Одиста, ни све религије нису стварно друго него човекова борба против идеје о смрти. Међутим, за Платона је смрт већа него живот, пошто каже на једном месту да живот треба да буде само размишљање о смрти.

Песник је човек вечите младости. Има бедних људи за које нема ништа ни ново ни чудно. Измалена су били старкеље, а у старости су дечурлија. Кад би песнику изгледало све старо и свршено, он не би стварао. Треба веровати да није ништа створено, или тек да је свет јуче зачет, па хтети и сâм стварати. Само је младост стваралачка. Ма у којим годинама, ако човек још ствара, он је младић. Као новорођено дете, и ново дело је продукт само човека младог и моћног. Скептици нису ни срећни, ни несрећни; то су људи ван живота и против живота.

Велика несрећа човекова јесте што живот почиње младошћу а свршава старошћу; јер би живот био неизмерно савршенији да, напротив, почиње старошћу, а свршава младошћу. Човек овако стоји осуђен да присуствује свом поступном умирању, и за дуги низ година мисли на смрт с ужасом, и најзад плати свирепо онај просечно врло мали број година праве младости. Не знамо да смо млади кад смо млади. Уче нас у младости да будемо скромни и мудри; да рано лежемо и рано устајемо; да не гледамо туђе жене, и не пожелимо туђе добро; да опраштамо непријатељу, и да све чинимо за пријатеља. Али нас нико не учи да смо млади кад смо млади, и да је младост једна величина и слава. Загорчавамо младост страхом од старијих, непрестаним радом за каријеру, мучним животом у војној служби, што упропасти најлепше године те младалачке величине и младалачке славе. Ми сазнамо шта је младост тек онда кад нас је напустила. Човек сваку ствар мери према себи, према својим срећама и несрећама, чак и цео живот около себе; и зато изгледа да свет одиста има погрешке које збуњују и огорчују против Бога. Шпански краљ Алфонсо X, који је назван Мудрим, говорио је да је Бог погрешио што, стварајући свет, није имао њега поред себе, јер би му био много користио.

16.

Сваком здравом човеку је ипак могуће да буде срећан. Осећање несреће, то је, најчешће, само једно душевно стање (много пута туђа сугестија), најчешће ствар темперамента, понекад и само ствар личне предрасуде о животу. Срећа, то је утопија здравих; али несрећа, то је фантазија болесних. Филозофија ће зато, као и све религије, увек проповедати да је благодет једино у скромном животу, а то значи у самоодрицању. Одиста, покушајте да се нечег одречете, и видећете колико одједном осетите вере у себе. Одреците се затим још нечег и видећете како се наједном почнете осећати моћнијим од свих непријатеља; а одреците се, најзад, нечег што је било ваше највеће и централно задовољство, и ви ћете се коначно осетити силнијим и од самог живота. Покажите самом себи да можете живети с врло мало друштвених веза, и бити срећан и с половину или трећину свог имања, и да се можете осећати снажним и само с двојицом пријатеља, место безбројних и блиставих познанстава, и да можете спокојно становати у предграђу, место у средишту великог града, чак и у селу, место у вароши. Одреците се, на крају крајева, и својих непријатеља, као да не постоје, јер и они представљају један терет, беспотребан, на вашим колима. Нарочито уверите сами себе како је сасвим могућно све материјалне среће заменити моралним и духовним, да сујету можемо заменити поносом, а самољубље заменити частољубљем. Стари су Атињани почињали своју јутарњу молитву овим речима: „Ороси, ороси, мили Зевсе, поља атињанска и равнице..." А император Марко Аурелије, наводећи благе речи ове молитве, додаје са своје стране, да се или не треба молити Богу, или га треба одиста молити овако невино и предано.

О ЉУБАВИ

1.

Љубавници су највећи утописти, а љубав је највећа утопија. У љубави се осећа више него што треба, пати више него што се мисли, сања више него што се живи, и каже и оно у шта ни сами не верујемо. У љубави нема ничег разумног. Љубав је једно духовно стање без равнотеже и без разабирања. Зато су антички Грци сматрали љубав болешћу, а заљубљене болесницима. Ни заклетва заљубљених није за њих имала судску вредност. „Добро пази, сине мој, да никад свој разум не жртвујеш за љубав једне жене", каже Креонт у *Антигони*. А Плутарх, говорећи о Антонију и Клеопатри, пет векова после таквог Софокловог песимизма, каже о љубави: „Душа заљубљеног човека живи у туђем телу". Дуго се веровало да љубав помућује здрав разум, и подиже егоизам до слепила. О љубави се не може ни говорити паметно, јер љубав није ствар памети него осећања; а зато што је љубав истинска само кад је слепа, она не подлеже никаквим мерама разума. Жена се зато може само волети или не волети, али се не даје разумети; најбољи доказ, што се најмање познају двоје који се највећма воле. Ми заправо почињемо не разумевати жену тек откад почнемо да је волимо. Нарочити разлог што се о љубави не може правилно мислити, то је што се о њој одвећ размишља. Претерано размишљање о нечем скрене мисао на беспуће, нарочито у стварима осећања. У љубави се нарочито испитује свака појединост, сваки покрет, свака реч, поглед, алузија. Заљубљен човек је мистик који живи од привиђења, који верује у чудеса, који не верује ни оно што је очевидно, који се бори с фантомима, који измисли највећи део својих срећа и несрећа, и најзад, који изгради планове без сразмера и без логике, сасвим противно свему како би радио да није заљубљен. А колико заљубљени живе у опсесијама и у полулудилу, види се тек кад се такви заљубљеници најзад охладе, и отрезне, и поврате себи. Заљубљени се данас очајно воле, као што сутра могу да се очајно омрзну, а они се омрзну без стварног повода, као што су се заволели без стварног разлога.

У љубави човек тражи судбину у гаткама, храбри се речима, не верује својим очима ни ушима. Жена је ствар спола и срца, а не осведочења и философије. Ако од ње направите предмет мисли, онда је она изгубљена за ваша осећања. Често и све идеје које имамо о некој жени, долазе само од доброг или лошег искуства с неком сасвим другом и друкчијом женом. Најгоре говоре о жени они који су били најсрећнији у љубавима; несрећници су увек кратки у својим рефлексијама о жени. Писци и неписци, људи дубокоумни и људи малоумни, сви говоре о женама са уопштавањем; али жену највећма нападају баш људи који су најмужевнији и физички најстраснији. О жени говоре лепо и пристојно само људи по крви хладни и за жену равнодушни. Једино онај писац који жену не би напао у шуми, неће је напасти ни у књизи. Срећом што и жена воли само нападача, који хоће да нападне како би је отео, и да је отме како би је запосео. Извесно, једно о жени мисле млади, а друго стари; и једно богати, а друго убоги; и једно лепи, а друго ружни; и најзад, једно здрави, а друго болесни. У љубави, као и у религији, све почива на осећању и на веровању у невероватно. Заљубљен човек мисли да увек воли први пут, иако је пре тога сто пута волео; а догађа се чак да верује како је одиста само овај пут истински волео. Због овог нелогичног и неразумног, има у љубави толико несрећника.

2.

Срећом само што је љубав једини случај где се у несрећу срља својевољно. Мартирологија љубави је безгранична; то су *scalae demoniae*, које љубавницима изгледају краљевске степенице. У љубави не страдају само људи који су меког срца, него, напротив, највећма страдају баш они који место срца уносе своју грубу себичност, свирепу жељу да освоје, и потребу да деспотски завладају. Људи који у љубав уносе одвећ срца, мање страдају, јер срце све позлаћује, и не види ништа што није добро. Егоисти су у љубави природно осуђени на муке, јер је овде љубав за жену сведена на најмању меру, а брутална љубав за себе постала непомирљива. Никоме се не робује мрачније колико самом себи, јер наша себичност, то је тамница под земљом на којој нема прозора. Страдају у љубави и људи од велике маште, јер ако машта зида златне тврђаве на облацима, она отвара и црне поноре, и онде где нема понора. Љубав је најчешће једно велико маштање, јер смо измислили све врлине код жене коју волимо, и уобразили да су све среће могућне, и закључили да су све препоне ситне и незнатне. Човек који воли све жене, није заљубљен у женскост колико је у женскост заљубљен човек који воли једну једину жену: да човек одиста воли постојано само једну једину жену, потребна је машта која иде у привиђење и прелази у лудило. Тако су и песници, као људи од маште, увек били велики страдалници у љубави. Срећом што у љубави песници нису и фанатици, јер никад не воле само једну лепоту, нити се зато ограничавају на само једну жену. Зато песник није никад жртва жене као што су многи други људи. Песникова је љубав свеобимна, а у тој свеобимној љубави је жена само најсавршеније уметничко дело. Најсавршеније, али не једино. Зато нема песника самоубица. Они су се чак бранили од женске искључивости и љубавне тираније често врло опоро и бездушно. Овидије и Бајрон били су највећи циници у љубави. Овидије, љубавник лепе Корине, саветује: „Немој се устезати да жени све обећаш: заклињи се свима боговима да увек говориш истину; играј се женама немилосрдно; варај варалице!... Већи део њих припада перфидној раси, зато пусти нека се ухвате саме у своје мреже." Бајрон је био очаран кад му је госпођа Де Стал рекла да он нема права на љубав, јер нема срца ни способности за лепу страст, и да је такав био целог живота. А Бајрон овде додаје: „Ја сам одиста био очаран кад сам све ово сазнао, јер нисам о томе имао ни појма". Жене су се увек песницима крваво светиле. Као што дивљаци најзад поубијају своје краљеве, тако и жене на крају дотуку оне којима су најпре робовале... Одиста, у љубави су песници претенциозни, охоли, тешко задовољни, и на крају крајева, врло досадни.

Али су песници у љубави искренији него сви други људи. Анакреон каже: „Ако можеш да пребројиш лишће у шуми, или песак у мору, онда ћеш моћи пребројати и моје љубави. Најпре ћеш их набројати само у Атини двадесет, и још по врху петнаест. У Коринту, целу војску; јер у Коринту има највише лепих жена у целој Ахаји. И набројаћеш две хиљаде у Лезбосу, у Јонији, у Карији, и на Родосу. Рећи ћеш: зар си толико волео? Али ниси још пребројао оне у Сирији, у Канабосу, и оне на Криту, где огњени Ерос влада над градовима. И најзад, све оне у Гадесу, у Бактријани, и у Индији." На другом месту каже исти песник: „Тешко је не љубити, али тешко и љубити, а најстрашније љубити узалудно. Ни преци, ни врлине, ни геније, не користе у љубави, него само злато. Проклет био ко га је измислио! Због њега се омрзну рођена браћа и родитељи, и бију крваве битке. А што је најгоре, због њега страдамо сви ми који љубимо..." И на трећем месту: „А сад чему ми служи мој штит. Не могу се њим одбранити, пошто се моја битка бије у мени." Песник Гете је волео Катаринету, Фредерику, Шарлоту, Лили, Кристијану, Улрику, Маријану... Сличан је случај са свима песницима. Уосталом, то је зато што су песник и љубав нераздвојни целог живота, за разлику од других људи. Љубав је главни извор инспирације и акције песникове, јер је љубав и главни мотив његовог живота. Све што знамо о љубави, знамо од песника. Да није било песника, о љубави би се знало мање него о мржњи.

3.

Љубав је осећање које је резултат свих других осећања, збир свих могућности човекових, највиших и најчистијих. Љубав је највећи извор снаге за илузију, и најдубљи доказ моћи за акцију. Љубав је сведочанство здравог спола и дубоког морала: јер за љубав треба имати пре свега много физичке силе и неизмерно много доброте. Значи, могућности за утапање у другом бићу и другој судбини; прегорења за илузију и вере у идеал; радости да се живи двоструким и многоструким животом; и најзад, потребе да се изиђе из себе у нешто шире и веће и општије. Човек који љуби жену, виши је од човека који не љуби, јер љубав за жену је већ документ моћи за илузију и за пожртвовање, доказ човекољубља, једно суверено осећање противно саможивости и искључивости. Човек који не воли жене, не воли ни људе. Волети, то је свеобимно осећање. Љубитељи жена, то су људи већ изражени у једној хуманој црти, која је чак врло дубока. „Ја сам створена да љубим, а нисам створена да мрзим", каже Антигона у драми Софокловој.

Љубав је доказ интелигенције, јер човек без идеја и простак без васпитања, не могу бити заљубљени, пошто је љубав највећа мудрост и најфинија душевност. Љубав је зато увек била привилегија највиших душа, ако не и највећих духова. Света Тереза говори ђаволу да је несрећан зато што не уме да воли, а свети Франческо је правио жене од снега. У хришћанском свету су били заљубљени свеци, али у паганском свету су били заљубљени богови. Чак и богиња Реа, мајка Зевсова, волела је једног фригијског младића, лепог Атиса. Њен један син, Плутон, умирао је од љубави за Персефоном, ћерком Деметре, а други син, Зевс, посејао је љубавним нередима све грчке путеве куд је прошао. И сви други грчки богови су били заљубљени; љубав је за антички свет била божанског порекла. Нема у грчком животу фаталних љубави ни фаталних жена. Бог Ерос је сликан као голишав дечко, а постајући доцније латински Амор, исто је тако по изгледу био само ђаволаст и безазлен. Песник Теокрит има песму у којој је Ероса ујела пчела, и он се тужи Афродити како је тако мала пчела могла направити толико велику рану. А богиња му одговара: „И ти си мален, а какве тешке ране задајеш". Неизмерна је несрећа за људско срце што су погубљене љубавне песме античких грчких лиричара, јер већ сама божанствена Сапфа показује каквом се изванредном истанчаношћу говорило о љубави, и колико су у љубави грчкој страст крви и финоћа израза биле подједнако дубоке. Губитком тих књига старе еротике, античко грчко срце је за нас остало тајном, баш у оном у чему је било најинтимније казивано. Има писаца који верују да антички народи нису знали него за љубав физичку. Није тачно. Они само нису знали за нашу хришћанску мортификацију, или нашу романтичарску екстазу љубавну; али то не знају ни данашњи Американци са севера, а сутра то више неће можда знати ни европски човек. Свакако из грчког епоса и из атинске трагедије види се да су Грци познавали и љубав-дужност, какву је доцније сликао Корнеј, и љубав-страст, какву је затим певао Расин. Истина је да су римски песници били у љубави неверни и похотљиви, и на језику циници и садисти, и одвећ мало заузети душевном лепотом својих жена. Па ипак Овидије је био галантан, као какав песник из Версаја. Проперције, најстраснији песник римског доба, страда што га његова Цинтија вара; и пева истој Цинтији како ће некад понети људи његову посмртну урну од црног оникса, пуну мириса из Сирије, а на његовом гробу читати ове речи: „Онај који, сад, почива овде — био је некада роб љубави само једне". И Теокрит, који на једном месту каже: „Несретни су они који љубе", пева на другом месту: „Здравствујте, ви који љубите. Онај који мрзи, мртав је. Љубите да вас љубе. Јер Бог казни по правди." Овде су код грчког лиричара човекољубље и љубав једно исто; а неоспорно, то осећање и јесте недељиво.

4.

Жена у коју смо заљубљени, као и сама љубав, није нешто што постоји ван нас, него је нешто што постоји у нама, и што је део нас самих. Ми неког љубимо не зато што ту љубав заслужује потпуније и искључивије него ико други, него што смо ми на ту личност просули једно своје сунце које га је озарило и издвојило од свег другог наоколо на земљи. Ми љубимо, јер је наша душа препуна нежности, и наше тело препуно страсти; доказ, што то исто биће не бисмо волели у старости, кад већ наша заморена душа нема довољно нежности, ни заморено тело довољно страсти. Младост и љубав, то је све што има живот. То су две неразлучне среће које после себе оставе пустош и помрчину. Остатак живота човек проживи само од успомена на своју младост и на своју љубав; и човек би све доцније среће и тријумфе дао за некадашњу обест младости и некадашње фантазије љубави. Нема ниједног осталелог краља који не би пристао да буде обичан млад поручник. Човек без младости, то је сасвим друго биће него што је тај исти човек био младићем, скоро без везе с некадашњим собом. То је сад једна сетна егзистенција која је духовно и морално или боља или гора, али извесно сасвим друкчија него некад. Не жалим ништа на свету него што у младости нисам знао да сам млад, и да ми је то сазнање могло дати осећање супериорности над милионима најмоћнијих и најбогатијих људи. Нисам знао да сам некада био император Кине и цар Индије! Није човек знао зашто га некад жене гледаху као пијавице, ни да су га тад људи мрзели јер нису имали ширину његових груди и снагу његових мишица. Зато је најчаробнија судбина у историји човека био живот Александров, који је освојио највеће царство на свету, и затим умро, не знајући ни за један пораз, пораз који би иначе доживео да није умро младићем. Овако је умро с уверењем да нико није јачи од њега; и с правом је веровао за себе да је Бог, као што га је уверавао и Амонов свештеник у Египту. Јер одиста, ни грчки хомерски бог није имао ничег више од њега: лепоту младића, силу и бесмртност.

Љубав је чак и херојство јер тражи жртве. Ако се питамо да ли смо љубљени у замену, и у истој мери, љубав је тиме пребројана и таксирана као монета и роба. Зато слепа љубав, то је једина љубав. За љубав треба невиности, колико и за религију. Само слепе очи љубави нађу највеће путеве судбине, као што се само затворених очију види лице божје у свој чистоти и величини. Ко није религиозан, не може бити ни истински заљубљен; и зато је у наше доба тако мало заљубљених. Има природно заљубљених као што има природно религиозних; а има их који не могу бити ни природно заљубљени ни природно религиозни. Љубав није само привилегија једног нашег животног доба него и привилегија једне нарочите врсте духова; јер има света за које је љубав неразумљива и отужна, а за које је и вера само једна самообмана и перверзија.

Љубав је, најзад, и највиши продукт културе. Код примитивних људи не постоји љубав него прохтев, ни сан него пожуда. Што је већа култура једног народа, утолико је љубав дубља, јер је компликованија и фаталнија. Жена није више женка него личност, значи многострука лепота: уметничко дело, душа и дух. Због овог је осећање љубави тесно везано за нечију интелигенцију и доброту. Бити заљубљен, веровати у љубав као у небо, то је живети у највећој чистоти и крајњој сили доброте. Љубав је највећи степен свега што носи некористољубиво срце, највеће прегнуће, тотално самоодрицање, живот у другом бићу и за другу личност, усађену у зенит једног доба нашег живота. Зато је апсурдум и несрећа сумњати у нешто што волимо, па је апсурдум сумњати у жену ако је волимо. Љубав у сумњама, то је највећа беда и најчемернији парадокс божји, чак и непремостива фаталност за људе од срца и поноса. Јер, најчешће, колико је љубав већа, утолико је и сумња већа. Међутим, за пуну срећу у љубави, треба бити несебичан, и према себи крајње неосетљив: љубав искључује самољубље, и не поверује ни у оно што је очевидно. Идеал и није у стварима него изнад њих. Тешко срцу које узима сан о срећи као слику среће која је могућна. Нема среће која се не даје порушити у прашину, ако је само више тумачимо него што је осећамо.

5.

Ниједан велики човек није познавао жену. Сваки је писац описује како је сâм замишља и сâм изгради, а не каква је жена у ствари. Филозофи нису о женама довољно писали, јер нису с њима живели колико с филозофијом, и јер су их ствари срца увек мање занимале него ствари ума. Нема добрих књига о жени. Док смо млади, ми жене волимо и због њих страдамо, а не описујемо их научно; а кад остаримо, оне нас више не интересују ни као предмет размишљања. Жена је без принципа и без мерила; без једног сталног и уравнотеженог стања; често болесна и полулуда; свагда нестална и превртљива. Све ово, и кад је много боља од нас. Зато би велики човек требало да се клони љубави, не због момената трагичних, него момената смешних, у које неминовно пада поред жене. Љубав је озбиљна и света ствар, али су заљубљеници — зачудо — увек смешни за све остале људе. Довољно је да вам неко исповеди да је заљубљен, па да му у вашим очима падне цена.

Има жена које носе собом прави дух разорења, и потребу да све ствари деградирају, и све духове нивелишу; а то је оно што супериорни људи не могу жени да опросте. У проблеме свих вредности жена улази с лакоумношћу и перверзном обешћу, да несвесно обори цену свачега: генија, љубави, уметности, морала, разлике међу људима, разлике међу женама, међу принципима, међу добрим примерима. Не постоји за њу мерило опште него лично. Жена не зна шта је то општи живот, ни општа срећа, ни општи идеал; све мери по себи и према својим потребама. А женске потребе су, несумњиво, далеко од тих великих критеријума за срећу. Она је без дивљења пред великим, без гнушања пред малим. Све ће вредности признати, али и све пасивно примити. Не увиђа да су велике идеје потребне за живот, јер она види живот у малим срећама и малим несрећама, у шаренилу и у страстима. Још су мање потребни супериорни људи за њене среће, које не треба да буду велике него само шаролике и радосне, узбудљиве и променљиве.

Љубави великих људи су зато биле махом или комедије, или трагедије, али најчешће комедије. Велики човек сваки процес срца подигне неизбежно до процеса ума; и тако филтрирајући кроз мозак ствари сна и маште, оне постану безличне или чак сасвим избледе. Постоји лудило љубави, а не постоји мудрост љубави. Зато су љубави великих људи пуне противуречности, кобног и смешног. Обични људи за такве сукобе не знају, нити праве љубавне несреће доживљују. Истинске љубавне несреће су искључива и тужна привилегија само одабраних духова и великих срца. Бекон каже да велики људи нису били велики љубавници, јер је љубав за њих одвећ малена ствар. Ово није тачно; него баш напротив. Сви велики људи су били заљубљеници целог живота; и то не само песници него и државници, и велике војсковође, чак и велики владари: Перикле, Цезар, Наполеон. Један велики човек је рекао да се на све брегове пењао, али да је брег љубави највиши. За Дантеа и Петрарку, љубав је била идентична с Беатричом и Лауром; а и љубав је Беатриче исто што и љубав Лауре. То је жена *dona della salute*. Чак је и сасвим обично да велики људи дугују највише својим љубавницама. Сјајни писац Тургењев је говорио госпођи Толстој како је престао да пише откад је престао да буде заљубљен. А ако су и Италијани онолико Мадона насликали, то није зато што су били заљубљени, и што је у Италији било много мадона. Човек кад је истински заљубљен он је истински побожан, и мени је оваква љубав била најразумљивија. Данте своју Беатричу прави чак симболом теологије која је за њега била наука о срећи, као што је филозофију сматрао науком о блаженству.

Истина је само да велики људи нису лудовали за женом него за љубављу. Није љубав за њих нешто малено, као што је мислио Бекон, него је жена одвећ малена према љубави, која је неизмерна. За велике људе нема ничег ни малог ни пролазног, и њима је зато потребна љубав само у једном оквиру бесконачног и вечитог. Затим, њима је потребна љубав у сталној грозници и у усијању, у вртоглавици и у вртлогу — зато што је љубав ватра у којој они све своје искују. Зато су они често и изневеравали своје жене, и онда кад су остајали очајно верни својој љубави. За велике људе није љубав одмор, као за обичне људе, него отров, потреба да се живи у сталној илузији младости и акције. За многе велике људе жена је била чак и појам врло далек од љубави. Јер велики човек теже увиди женине врлине, него што осети погрешке њеног спола. Кад је славна госпођа Де Стал била у Немачкој, толико је много говорила да је мирном Шилеру за месец дана упропастила нерве, и он се, кажу, затим осећао као после какве дуге болести; а хладни Гете је бежао и затварао се код своје куће, страхујући шта ће она доцније написати од оног што је он тад с њом разговарао. Уопште, велики човек се боји жене већма него обичан човек; велики човек се боји лукавства и несталности, усађене у женски спол, а ништа као лакоумна жена не може постати кобним за његово дело. Велики човек ставља своје дело изнад свега другог, а нарочито изнад жене, што је извесно срећан случај, али што му жена никад не опрашта. Нико о женама не мисли горе него баш човек који већ неку жену безумно воли; сви су заљубљени људи мрачни песимисти, убеђени скептици, који верују да су прогањани и ухођени, и да корачају између сталних замки и бусија. Нису од овог ослобођени ни велики људи. Можда само прави артисти нађу у љубавима накнаде за изгубљени мир. Јер оно што отпате као обични људи, љубав им накнади као творцима, јер је она највећа инспирација за стварање. Свакако, између жене и великог човека постоји природни антагонизам, због чега су велики људи или избегавали супериорније жене, или имали с њима само несрећне доживљаје.

6.

Ни жена се лако не веже за супериорног човека, који је по природи самотник, често врло сујетан, скоро увек много ћудљив, у више прилика и неурастеник; затим, велики човек већма воли принципе него ствари, и већма идеје о људима него људе. Великог човека збуњује и заглупљује велико друштво, које, напротив, жену раздрагава, и због којег једино она чини и добро и зло. Велики човек лудује за оним за чим се више нико не отима: за мудрошћу и за славом после смрти. А жена је по природи епикурејац, сва од овог света, задовољна брзим успесима, а на славу после смрти никад и не мисли. Жену велики човек занима само спочетка, јер то ласка њеној сујети међу другим женама, и јер жена воли све што блиста. Али обожавати, не значи и љубити. Љубав је сама себи довољна; љубави није потребна никаква друга слава него њена сопствена. *Je vous admire jusque ne pas vous aimer*, каже једно лице у некој старој комедији. Уосталом, жена не зна да поштује, него да воли. Жене не траже ни да ви њих поштујете, него да их волите. Поштовање за њих значи одсуство сваке љубави, нешто хладно и из главе, а не нешто проосећано и из душе. Оне верују да неког треба најпре волети, како би га затим истински поштовале, а људи мисле обратно. Жене мисле: где је много поштовања, ту је мало љубави. Жене имају сталну потребу да буду вољене, и кад оне саме не воле, и зато се често предају и људима који су им иначе физички немили.

Обичне жене воле обичне људе, а само необичне жене воле људе с необичним одликама. Ни ове жене не воле људе који одиста највише вреде, него оне који су највише на гласу. Све жене воле богаташе, јер је жена увек сиромах. Паметних се боје; даровите сматрају за полумахните. Извесно, песници су од свих људи они који највећма живе у опсесијама љубави, и који имају највише љубавница, али су њихове љубави биле за њих често само игре маште и интриге срца. Ретко је који могао безмерност своје љубави да концентрише само на једну жену. Рафаело је једини од њих умро у загрљају своје љубавнице. Међутим, Едгар По је дао ипак своју теорију о реинкарнацији једне једине љубави у човековом поступном низу жена и љубави. У хиљади жена које смо волели, ми увек волимо само једну.

Има извесних патриота због којих нам омрзне отаџбина, и свештеника због којих нам омрзне црква и вера, и војсковођа због којих нам омрзне војска и херојство, и жена због којих нам омрзне љубав. Шпањолке и Италијанке загорче човеку живот љубомором, Гркиња својом себичношћу, Рускиња својим лудим прохтевима, Немица што брзо одебља, и Српкиња што никад не сазре. Францускиња је данас најпотпунија жена у њеној љубави за човека. Она од природе има, и собом доноси човеку: конверзацију, грацију, забавност, искреност, интелектуалност, морални интерес, утеху, љубав, храброст, женскост, расност. И кад нема половину овог, остаје ипак друга половина која је чини супериорнијом од свих других савремених жена. Францускиња је једина жена која може да буде учена без страха да постане мушкобања. Она је човеку најбоља љубавница и друг и сарадник, и кад није супруга. Она је једина која има идеју о човеку с ким разговара. За све друге жене човек вреди само онолико колико он значи за њу и њене намере.

7.

Има одиста једно доба у људском животу кад све подсећа на љубав: сунчан дан, тамна ноћ, бура и тишина, новац и музика, цвеће и хероизам, мек диван, облак у небу, мушица у ваздуху. Тако жена постане средиште свих других покрета срца, мисао мисли, циљ циљева. Срећа вреди само колико је срећа за њих двоје. Сиротиња је страшна само зато што тај човек не може да ту жену направи краљицом, или она њега императором. Религија вреди утолико уколико Бог помаже њихове састанке, и остварује њихове планове. Дворац на брегу вреди само ако је прикладан за њих двоје. Стари пријатељ, уколико је њихов протектор; а нови пријатељ, уколико је безопасан. Смрт постоји уколико спасава од несрећне љубави и учини крај једном очајном разочарању... Све гледа само кроз оно што волимо: пејзаж, кућу, пут, књигу, идеју. Ништа у љубави нема више цену само за себе, и све је мерено на један начин. Заљубљеници могу да живе наврх планине на једном стаблу, у дну шуме у једној пећини, насред мора на једној дасци. Зато је љубав најискључивије осећање колико је и најпотпунији живот. Љубав све испуни и све замени. Рађање љубави у души, то је више и лепше него рађање сунца на океану.

Жене почну да љубе само онда кад су вољене, или бар кад мисле да су већ вољене. Иницијатива љубави увек долази од човека. Жена хоће више да буде вољена, него да сама воли; и више да је желе, него да је воле. Она не само да прва не воли, него прва и не бира. Човек јој се може наоко и да допада, али је ретко да га прва заволи. Никад у љубав жена не улази инспирацијом као човек; кад год се крене у љубав, она је заведена, обманута или первертирана. Она се не даје него се подаје. Жена иде више за љубављу човековом, него за својом природом. Жена може да се занесе за богаташем или артистом, за војником или спортистом, за лепим или за умним, али се најзад дадне, често за цео живот, сасвим друкчијем човеку него каквог је замишљала и желела. Она увек подлегне јачем, а не лепшем и умнијем, ни бољем ни милијем. Ретко која жена виси о руци човека који је био одиста човек њеног укуса. Није томе узрок друштвени положај, због чега жена не бира мужа него муж жену; него што је у природи жене да жељно подноси насиље и да га радо очекује — случај који је можда дубљи и од саме љубави. Падајући пред јаким а не пред добрим и лепим, жена не разуме дух него вољу, ни лепоту него намеру. Човек је по природи насилник, а жена по природи иде на сусрет насиљу. Права жена никад не пољуби прва; прави тип жене све чека од човека: прву реч, први пољубац, прву жртву, први пример. Ретко кад жена прва кида с несрећном љубављу; али, једном одвојена, прва заборавља, или се прва баци каменом на прошлост. Свакако, заљубљена је жена увек жртва; заљубљен човек је увек победилац, или бар није жртва. Једна велика и несрећна љубав у животу једне жене од срца може да јој друштвени и интимни живот учини немогућим за цео век. Жена то инстинктивно осећа. Зато се жена често лако даје, али се лако не заљубљује. Жена верује да се сачувала од човека само кад зна да се није заљубила; зато што је и много мање заљубљених жена на свету него што ико мисли. Бранећи се од љубави, жена мисли да се одбранила и од човека. Жена добро зна да је слаба само кад воли.

Никад жена и човек не воле једно друго истом мером; као да је природи било стало само да депонује негде извесну суму страсти без обзира да ли ће бити правилно подељена на њих двоје, различне по духу, по души, по темпераменту, по вољи. Има, уосталом, један велики број људи који апсолутно и не зна за осећање љубави, и то кроз цео њихов живот; а има их који имају смисла за љубав, али јој не дају никакву особиту цену. Не стављајући љубав изнад свих других фактора живота, и жена је овде за такве људе само онолико важна колико је она њихов ортак у неком послу, или јатак у пљачки. Човек никад не зна кад га жена воли. Он увек тражи да то сазна по спољним знацима, које, међутим, жена намерно изврће, јер је интрига њеног спола увек главни део њене љубави. Напраситост и насиље човеково је његова огромна беда нарочито према финоћи и мирноћи жене која све сазнаје интуицијом и урођеном гипкошћу. Оваквом грубошћу људи покваре себи готове тријумфе. Људи не знају колико жена често воли, и онда кад најмање изгледа заљубљена; и колико често свирепо страда, и онда кад изгледа највећма расејана; и док седећи поред каквог другог човека, изгледа мрачни издајник. Жена се претвара и лаже, и кад љуби и кад не љуби. Хипокризија женина, ствар њеног спола, и средство њеног живота, постане тако често и њеном несрећом. Она се прва отрује отровима које је другом искувала, и посече ножима које је сама изоштрила.

Човек, уопште, не познаје жене, јер је без интуиције, гломазан, самовољан, одвећ притиснут послом, и одвећ заузет другим људима. Затим, човек увек воли да верује у утиске ласкаве за његову сујету; и он љубав не анализира, јер се осећа јачим од жене, знајући да ће заповедати, верујући чак да ће и владати. Жена, напротив, зна да ће јој се заповедати, и одмах се ставља у положај одбране према тиранском инстинкту човековом. Жена брзо прозре човека, нарочито добро уочи његове слабе и зле стране; чак је и не интересују врлине којима он зрачи међу другим људима. Жена гледа у човеку противника и тирана, и онда кад га највећма воли; зато никад не губи из вида његове слабости, којима се у тој борби она служи већма него својом снагом. То је лако, јер се човек брзо покаже цео, нарочито као другар. Жена се, напротив, увек крије, и нема потребе за другарску интимност: ове су ствари чак главни случајеви њеног спола. Човек о жени зна само оно што је cȃм измислио, и у што је само он веровао. Одиста, у односима између човека и жене, жена је свагда супериорнија. Херодот прича да у Египту људи ткају платно код куће, а да су жене трговци у чаршији. Диодор Сицилијски каже да су у Египту људи потпуно робови жена.

8.

Говорити о љубави, то је већ помало волети. Никад жена не говори о љубави с неким који јој се не свиђа као човек, и којег никад не би могла волети или пожелети. Има момената кад прва лепа дискусија о љубави с једном женом, не значи први леп козерски успех, него први љубавни корак. За младу жену је сваки минут један горак губитак, ако није у вези с љубављу. Жене, стварно, никад нису индиферентне према човеку. Већ с првим погледом, она једнога човека или мрзи, или воли, али није никад према њему равнодушна. А ако равнодушност уопште постоји, онда је она осећање човеково, али никад женино. Жена је у овом погледу слична детету, које се на првом сусрету баца у наручје једном човеку, а од другог човека се устеже, скоро с очевидном мржњом, значи опет без сваког знака индиферентности.

Има младих жена које кажу да су с неким младим човеком само пријатељи. Велика пријатељства, то су овде већ мале љубави. Никад жена није пријатељ с човеком који није мужјак, и којем се не диви као сполу. Може један човек бити и мудрац, и песник, и војсковођа, али пре свега мора бити носилац свог спола. Може жена с уживањем општити с човеком за којег зна да има лажну ногу, али не може без одвратности општити с човеком за којег зна да нема спола. Човек и жена, док су млади, не могу бити само пријатељи и свакодневни другови, на начин на који је то младић с младићем, или млада жена с другом младом женом. Може се догодити и противно, и то само ако се једно другом нимало физички не свиђају; али је у том случају посреди више антипатија, неголи равнодушност. Жена ће о љубави говорити са Алкибијадом, а о филозофији с лепим Лисидом, али са старим и ружним Сократом неће разговарати ни о љубави, ни о филозофији. Чак се жена с човеком и не спријатељи без неког свог интимног мотива; у највише таквих случајева пријатељства она ипак мисли да је тај човек воли. Чим човек буде таквој жени показао мало већу пажњу него другим женама, она у том догађају види већма љубав него обично пријатељство. Увек између човека и жене има једна интрига спола. Знам жене које су с једним човеком одржавале везе савршено идеалне, али су увек знале, или бар претпостављале, да их тај човек бар жели телесно. Такво осећање човеково, уосталом, ако је дискретно, не вређа ни најчистију жену. Она, чак и без икакве нарочите намере, осећа овде потребу да му буде најбоља пријатељица, као што би му друга која жена била готова љубавница. Сваки додир младих јесте на основи чулној, и онда кад им најмање тако изгледа. Највећи човек јој је равнодушан, ако ма чим покаже потпуну чулну равнодушност према њој. Незаинтересованост, да; али равнодушност, не! Жена не схвата платонска стања духа и тела; јер младост има све своје законе у крви. Жена је најпре спол, па онда човечје биће. Али и човек тако исто.

Жене се никад не показују целе онима који су претерано строги у моралу. Жене су потпуно отворене само према оним за које унапред знају да све праштају. Зато и мање рђаве жене, често чак и потпуно добре жене, јуре за рђавим људима. У неким европским земљама жене лудују за тенорима из оперета, или за артистима из атељеа, у другим за официрима, али свугде за богаташима. Артисти представљају живот у фантазији и разузданости моралној; официри представљају младост, здравље, лепоту и редован положај; а банкари су спасиоци жена распикућа и коцкара. Официрова перушка и мач, то су остаци старог витештва, које данас припада само њима; његова лепа појава може да замени недостатак учености; мало боље васпитање, да замени породично име. Официр има пуно од пауна, а то је равно оном што жена тражи од сваког човека. Официр се издире на људе и коње, а жена се диви његовој сили заповедника од којег имају страх људи и животиње. Они су тирани својим женама; а оне их трпе, али им се освећују брже неголи другим људима. Свакако, дугмета официрске униформе већма сјаје у очима младе жене него најдуховитије изреке човека у смешном фраку који поред овог изгледа ругобно и погребно тужан. Има, најзад, жена које се заљубе и у човека који има лепшу жену него што је она. Затим, има их које се заљубе у неког човека само зато што је он муж жене коју она мрзи. И, најзад, има их које се лако заљубе у непријатеља свога мужа. Ово су све странпутице и апсурдуми љубави какви не постоје у стварима мржње. Свакако, жене инстинктивно презиру човека који није био у стању да оплоди жену. Има жена код којих питање љубави не улази у њено опште мишљење о животу; на један начин мисли жена о љубави, а о свему другом мисли на сасвим други начин; зато су многе жене у стварима љубави савршено рђаве, а у другом свему савршено исправне. Много чешће него код човека, физички неморална жена може бити на целој линији до крајње мере морална, или потпуно верна свом човеку, а у сваком другом погледу развратна: распикућа, коцкар, зао језик, лоша ћуд. Знам даме из највиших друштвених сфера, пуних благородства, чак и наивности, али чије су љубавне историје биле пуне ругобе. Јер сполни разврат чешће је више ствар наивних него перфидних. Љубавне вратоломије могу бити и лепе кад се у њих метне оно што их чини разумљивим: поезија, сан, илузија, пријатељство. Међутим, у највише случајева жена пада из разлога којима се не разазнаје ни прави покретач. Свакако најкоректнија према друштву може бити најгора према љубави и породици, и многа човекова разочарања долазе отуд. Очевидно је да се сваки човек чуди ако није вољен. То је апсурдум. Има људи на које ни мува неће да падне.

9.

Љубав најмање постоји у великом друштву. Љубав је уживање а велико друштво има хиљаду других начина да ужива. Велико друштво с титулама се везује и у браку према титулама, а богаташи се везују у браковима према богатству. На стотину аристократских и богаташких бракова нема данас него један у којем би главни мотив била љубав; чак се у тим сферама о љубави говори као о једном нижем и несавременом осећању. Зато је љубав, као морал и као религија, луксуз сиротиње. Жене падају у великом друштву за положаје, везе, наките, чак и за обичан новац, којег никад немају довољно у својим утакмицама; а у малом друштву се жене дају за љубав и за страст. Никад нам новац нису тражиле сиромашне пријатељице, него увек жене много богатије од нас. Богаташи купују жене из свог круга, исплаћујући њихове рачуне и спасавајући их од дугова; сироте жене нису ни узете у обзир, јер је у господским љубавима више сујете према себи него нежности према жени. На Истоку су жене за новац најлакомије; али је то разумљиво, пошто су на Истоку до јуче продавали жене на пазару као воће, брашно и камиле. Сад више људи не продају жене, али се оне саме износе на пазар. На Истоку је љубав у нашем смислу скоро непознато осећање, пошто је сведена само на телесно и нервно стање; а није чак ни страсна ни помамна, него напротив убога и хладна, јер се онамо жена човека више боји него што га воли. У Француској је, више него и у једној европској земљи, љубав постигла целу своју обимност, зато што је Францускиња и духовно и душевно најпробуђенија жена, а Француз најоданији пријатељ ако не жене а оно Францускиње. У Паризу је прошле године било тридесет хиљада самоубистава, већином љубавних, а на Истоку нико не би разумео да је уопште могуће самоубиство из љубави. Стари су Грци говорили да је љубав једно „полудело пријатељство", али на Истоку љубав није ни лудило ни пријатељство. Уосталом, човек који не поштује жену, не поштује ни љубав за жену. Има на Истоку, можда више него игде, пуно жена које не падају; али оне које падну, падну за новац. У многим великим градовима на Истоку је једини господар беј-трговац, за којег раде сви остали. Зато се онамо све купује, а, што је најгоре, онамо се све и продаје.

10.

Човек и жена су не само два различна него и два потпуно непријатељска спола. Доказ, што се све међу њима решава борбом. Први додир човека и жене, то је већ једна мала бојна чарка. Он прву победу добија битком којом се отпочињу остале битке, тог вечног стогодишњег рата. Човек лако осваја жену кад није у њу заљубљен, али кад њој изгледа да јесте; у овоме је, истина, тешко преварити женску интуицију, али зато ипак често оне саме себе обману. Жена, уосталом, не воли љубав коју увиђа него коју нагађа. Заљубљен човек је слаб; он постаје свиреп и себичан, аналитик и ситничар. Он сумња јер хоће да све сазна, чак и оно чега нема. Кад је највеће сумњало, он поверује да је постао видовит. Заљубљен човек мучи жену да би себи олакшао, и често иде према жени до непријатељства, и чак до злочина.

Жена своју љубав носи с пуно сласти и туге, а човек са злоћом и страхом. Чудно је да се у својој љубави човек боји и људи којих се иначе нигде другде не би бојао. Нико му није безопасан; на свима местима, бусије и непријатељи.

Има врло мало света срећног у љубави. Љубав направи више несрећних него срећних, и више беде него радости. Највећи део света кад највећма воли највећма је љубоморан, и зато је неспокојан и често потпуно несрећан; јер нема среће без спокојства. Али и кад човек не воли, он је несрећан, јер је непотпун. Љубомора је најбруталнији израз љубави физичке; уосталом, само су сексуалци љубоморни а једини сентименталци не знају за љубомору. Сентименталац можда у жену сумња, али он без сумње без гнева и без крајности; а сексуалац жену воли крвнички и може да је омрзне убилачки, а понаша се према њој разбојнички. У самом погледу сексуалца пред женом има много зверског и насилничког. У љубомори и очајању сексуалац је освећује и мучи, а сентименталац сȃм страда мучећи себе; сексуалац убија жену, а сентименталац убија себе. Човек који воли само кроз спол, баца се у слепило после првог знака сумње, и тада је његова једина страст мрзети, мучити друге, осветити се. Нема среће у љубави; најмање има среће човек који има највише успеха. Љубав је највеће неспокојство и насиље над собом и над другим.

Нема лека љубомори; и најбољи људи и највећи мудраци су склони љубомори, јер је она ствар темперамента, а не ствар ума. Катул, као какав најспиритуалнији песник нашег времена, каже у једној песми: „Љубим и мрзим! Како је то могуће, питаћеш. Не знам. Али то осећам, и зато страдам." Ово је љубоморан песник. У љубомори је Алфред де Мисе пио и плакао, а Бајрон је варао и жене у које је веровао, а тукао оне у које је сумњао. Љубоморан човек стварно измисли највећи део својих разлога за несрећу и своју и женину. Као глад, ни љубав нема очију; али љубомора нема памети. Човек који жену мучи љубомором, верује да се наплаћује за бол који му је она задала, а нико не може уверити да се вара у својој сумњи. Љубомора је зато један облик лудила. Најбољи доказ, што човек није љубоморан само на данашњицу, него је љубоморан и на прошлост те исте жене. Људи који су пре прошли кроз њен живот — каква војска самих џинова!... Кад тај несрећник угаси ноћну светиљку у својој соби, далеки непријатељи остану још насликани по зидовима и по плафону! Ова љубомора на прошлост јесте најсвирепија, јер је то нешто безповратно и немерљиво. То је бездан у који се не сме погледати; и то су противници који се не дају домашити. За данашњег противника верујемо и да ћемо га надмудрити, али за бившег противника верујемо увек да је био у челик обучен победилац. Ово је за љубоморног човека борба с духовима, која одводи у лудило и поругу. Међутим, има љубави и бракова који су заувек отровани на овај начин. Имао сам једног пријатеља који је цео живот живео од мржње, а умро од љубави.

Ако смо љубоморни у младости, ни старост не доноси лека. Љубомора старца је позната као страшна. Код младих је љубомора последица претераног спола, а код старих је љубомора болест старости и страх од јачег. Човек, уопште, кад постане љубоморан, поверује да види више него сви други људи.

Има разлике између љубоморе човекове и љубоморе женине. Код човека је љубомора само случајна и физичка, а код жене је љубомора обично душевно стање. Жена у своју љубав и у свој брак ставља више љубоморе према другим женама, својим противницама, него љубави и нежности за човека. Нежност, која борави у сваком човеку још од детета, у жени се изгуби чим се осети сполом. Између љубоморе човекове и женине, има и та разлика што љубоморна жена изневери мужа, а љубоморан човек нема очи на жени, него на противнику; и не жели да се освети жени, колико другом човеку.

Лек од љубоморе не постоји, али постоји лечење. У љубави треба од жене узети само оно што је она у стању дати: младост, лепоту, страст, фине речи, лепе навике. Сва пића и мађије, али не херојске завете ни хришћанска покајања! Жена је естетички и физички осећај, а не морални. Међутим, љубавници су строжији и свирепији моралисти неголи мужеви. Непомућена срећа у љубави, то је не тражити од жене верност. Оне су стварно верније него што ми верујемо; и верније су кад им се то не тражи него кад им се то изискује.

Довољно је заљубљеном човеку, који има наклоност за љубомору, да види жену да се смеје од свег срца, па да не поверује у њену љубав. У ствари, љубав је једно суморно осећање. „Не тражим да будеш мудра, него буди лепа и буди тужна", каже песник Бодлер. Знао сам много људи који су волели само жене способне за плач, јер је плач природније везан за ствар љубави; пошто је љубав увек трзање, немир, патња. Смех од свег срца није ствар заљубљених, нити смејачи изгледају способнији за дубоке ствари. Једино осећање, то је одиста увек један случај савести. И љубав је, као случај савести, осећање херметично и поносито. Заљубљен човек зато себи изгледа као обучен у злато, и даје себи изглед свечан и величанствен. И голуб кад се удвара голубици, толико се пући и надима, да сȃм себи изгледа велик као царски орао, или тежак колико албатрос.

11.

Једни у љубав међу само доброту, а други само мржњу. Међутим, највећи број људи не уноси у љубав ни доброту ни мржњу, и за њих је жена целог живота најмање предмет духовног и душевног занимања. Људи до педесете године мисле на послове, намере, дужности и везе, а од педесете већ мање гледају на пут пред собом; од шездесете велики број људи не мисли ни на будућност, ни на прошлост, него на смрт. Али има и људи који, напротив, стављају у жену цео и духовни и душевни и физички живот, и поставе жену у центар свих својих послова и дужности, и веза, и намера. Овакви су сви Французи. Што је најчудније, нигде државни закони нису били свирепији него француски према браколомној жени: у наше време француски закон ослобађа мужа који убије жену ухваћену у превари; међутим, ниједна литература на свету није од прељубе направила више случај срца, нити је игде чедна девојка и непорочна супруга имала мање својих историчара и панегиричара. Жене прељубнице, то су једине јунакиње у француској књижевности, као што су некад биле мученице једине јунакиње у хришћанској хагиографији. Из француске књижевности је свака лакоумна жена могла на тај начин да извуче све компликоване законе прељубе и неверства према мужу у корист љубавника; чак је у француском роману увек описивана прељубница лепше него муж и сјајније него и љубавник. Али француски законодавац осуђује на смрт јунакињу љубави због прељубе, коју су, међутим, његови песници и романсијери дигли до апотеозе. Словенска књижевност није досад дала пример дивљења за прељубницу. Највећа словенска жена прељубница, то је Ана Карењина, али је и њу песник описао у једној вишој логици срца: она је из љубави пала у порок, и из порока право у смрт. Међутим, и она је наличила на све жене које пођу за срцем: кад је онако млада први пут видела Вронског, којем је било тад двадесет шест година, она је, на повратку дома, наједном опазила како њен муж, Александар Александрович, коме је било четрдесет две године, има несразмерно крупне уши. Српске рапсодије су биле немилосрдне према неверној жени.

Ово се види из песама о жени војводе Момчила, и о жени бана Страхинића, и најзад о жени бана Милутина.

Има три врсте љубоморних људи: први верују да су све жене неваљале, па зато је неваљала и његова жена; други, који верују да су све остале жене верне а само његова неверна; и трећи, који верују да су све друге жене пропале, а само његова стоји као незаузимљива тврђава. Прва двојица су по природи плашљиви и сумњалице, а последњи су или врло хладни према љубави, или врло лакоумни у моралу, или, напослетку, одвећ сигурни у своју личну неодољивост. Највећи део људи нису љубоморни на жену само зато што су одвећ охоли на себе; они верују да ни други њиховој жени не дају вишу цену него што је дају они сами. Они често не показују своју љубомору што сматрају да ће жена бити без смелости да пође ка греху, ако јој њен човек покаже да је се нимало не плаши. Највећи део људи није љубоморан, зато што су одвећ запослени, а има људи који су толико искрено немарни за своју сопствену жену, јер и сами јуре за туђим женама. Због свега овог, љубомора је једно мерило којим се даје добро измерити и човекова памет, и његов карактер, и његово морално осећање.

Најмање има људи који верују да је жена сама себи довољна кад дође питање да брани њену часност. Човек, напротив, успео је да измисли и припише жени све одлике карактера које она у ствари нема, чак које су више човекове него женине. Тако човек мисли да је жена слаба и збуњена, а она је изванредно гипка, смела, доследна, и увек зна шта хоће и колико може. У погледу сполном, жена је неизмерно мање узбудљива и способна да саму себе савлађује; а кад падне, то није често ни због велике љубави, ни због силне страсти ни због урођеног неморала, него из моменталног прохтева и аморалитета који је стварно усађен у секс. Међутим, ако многи људи нису љубоморни, то је највећма зато што верују да ни други не дају већу вредност њиховој жени него они сами који су се већ и одвише на њу навикли; као што се опет највећи број жена баци другом човеку у наручје како би саме себе увериле да им неко даје више цене него што јој дају у њеној кући. Најтрагичнији случај вечног неспоразума између човека и жене у љубави, који познајем, то је случај једног пољског племића из мог друштва на страни, кад је бдијући ноћу очајан поред мртвачког одра своје младе жене, дошао на помисао да измени с њом прстен, а затим у женином прстену нашао јасно урезано име и речи једног његовог пријатеља, на којег је већ и дотле понекад сумњао да је могао бити њен љубавник.

Најсвирепији у љубави, то су Латини, и то најпре Италијани и Шпањолци. Познат је случај неког италијанског сењора који је због љубоморе на неком балу исте вечери извео из дворане своју жену у град, и оданде у једну далеку провинцију, где се с њом заједно затворио у кућу за цео живот, да ни једно ни друго више никад не виде људско друштво. Љубоморни Шпањолци су имали права да своје жене затварају у манастир, за вечна времена, као узидане. Рус не убија неверну жену него обеси самог себе; а Србин је љубоморан само кад је непросвећен. Турци су љубоморни као гориле, а Арапи као кобре. Немци од љубоморе направе питање како би имали прилику да се с неким потуку, и једно другом одсеку уши и носеве. Енглез није љубоморан, јер поштује жену, гледајући у њој и сестру и мајку, а не само љубавницу. Американац није љубоморан, јер већма цени своје време и своје здравље него своју жену. Грк није љубоморан, јер сматра да је од свега на свету најлакше накнадити губитак жене; а није љубоморан ни зато што он мирно изневери другог, и пре него би ико имао времена да њему подвали.

Љубомора је несумњиво једно осећање које је извор најстрашнијих неправди и најпростачкијих наступа. Ко је био љубоморан лако може увидети колико има у том осећању вулгарног и недостојног према туђој личности. Али може да увиди и колико љубомора мање сачува жену, него што је одалечи од куће и упути у неверство, чак и с човеком на ког би можда без тог једва и помишљала. Племенит и храбар човек сматра неверну жену већма несрећном него неваљалом; а за себе самог сматра да нема права да суди другог човека за оно што би он исто учинио у сличном случају. Зато је љубомора једно стање потпуног лудила, пошто се у њему и човек дотле најисправнији окрене против свих закона и религиозног морала и правног смисла. Стога би љубоморне преступнике требало најпре упутити у лудницу место у тамницу. Јесте ли приметили да људи нису убијали своје жене ухваћене да се дају за новац, него увек оне које су се давале из дубоке и искрене љубави; а ово најбоље сведочи да је љубоморан човек не само без смисла за морал и правичност него и без поштовања за искрену љубав, у чије име тобож диже руку. Зато је љубоморан човек морални идиот, а љубоморна жена је гора и опаснија од прељубнице.

12.

Има жена које у човеку воле самог човека, а друге у човеку воле само љубав; међутим, има их које воле и само успех. Жена која у човеку воли само његову личност, остаје очајно везана за њега. Ово су најчешће велике мученице љубави. Међутим, за жене које у човеку воле само љубав, и то као интригу и страст, човекова личност је споредна, а љубав према њему лако заменљива љубављу према другом човеку. Али је и неоспорно да је жена која у човеку тражи само свој успех, од свих најопаснија, јер је себична и прождрљива, забављајући само своју сујету и машту; она све пред собом гази, и ништа озбиљно не узима. Ово је зао паун, опасан за људе од срца, без породице и без морала, егоист, који све види кроз себе и за себе. Нема времена да опази да ли сте обучени у бело или црно, а улови сваку реч и алузију ако се односи на њену личност. Гледајући у ваше очи, она огледа себе; нарочито, не тумачи вас, нити вас просуђује. Волеће и човека нижег од вас, ако се покаже пред светом као њен обожавалац већи него што сте ви. Жена која воли успехе, не воли љубав, јер је љубав окива и заробљује; али и обратно: жена која воли љубав, не воли успехе, јер јој те мале среће сметају вишим срећама. Само жена која воли човека у човеку, усели се цела у његову личност, као војска у неку тврђаву. Ово је Андромаха, која сматра љубав и дужност за једно исто. То су жене с пуно мајчине неге и сестринске нежности, најређи пријатељи човекови, жене арханђели.

Врло је ретка љубав-дужност; она изгледа чак као парадокс. Корнеј је од те љубави правио велике трагедије. Она одиста постоји, али не у великом друштву, у којем је много искушења и замки. Најпоштенија жена мисли да је жртва ако је поштена. Моралан муж се заљуби у своје поштење, а жена у своје мучеништво, и то је онда острво сунца у океану мрака. Прва жена је била блудница, као што је први човек био разбојник. Жена, у исконско доба, ишла је за човеком из шуме у шуму, а данас иде за њим из салона у салон, као што је и човек некад чекао иза стене другог човека да га убије, а данас га чека у банци или у политици, да га превари. Први знак љубави једне жене, то је кад жели да се осами и издвоји од света. Жена која одмах не напусти своје дотадашње навике, вара и себе и човека о својој љубави. Један доказ женине љубави, то је њен култ сваког вашег момента, сваке ваше навике, сваког вашег предмета. Истински заљубљена жена постаје фетишист. Она, као сврака, чува све што је човек имао у рукама: његов цветић, слику, оловку, дугме, цигарету, неупаљену или упола испушену. Она у свему види њега, и све побожно приноси к уснама. Ово су жене које о љубави више сањају него мисле, али се ово догађа и најдубљим женама кад одиста дубоко заволе. И човек исто тако чува женине чиоде, пантљике, сличице, укоснице. Чедни и чисти у својој љубави, постају тако фетишисти, који изгледају једини заљубљеници на свету. Култ свих малих момената и стварчица, то је љубав наивна и невина. То је Ерос сликан као дете. То је велика ствар речена малим језиком.

У љубави је жена увек дете или дивљак; а као дете и дивљак, ни она нема памћење за своје емоције. Она је у стању да буде најравнодушнија према човеку којег је некад безумно волела, и чак да се с њим и даље опходи без икакве везе с њеном прошлошћу. И да мирно све порече, и да хладно све унизи. Прошлост за жену не постоји. Пазите добро како жена понекад говори пред новим човеком о својој прошлости с понижавањем; и како о свом бившем љубавнику из прошлости говори без срџбе и без жаљења, и без потребе да се ичег сећа. О нечем што је пре називала светињом, и кључем своје судбине, она може да говори и у сасвим профаном моменту. Жена не признаје прошлост, а још мање је жали; она граби од сваког момента све што може уграбити. Али ако не мисли на прошлост, не мисли ни на будућност: жена живи само и потпуно у садашњици.

Док жена воли, она не зна за друге опасности него да буде напуштена али и први знак да престаје волети једна љубавница, то је кад добије страх од јавности. Изгубљена храброст, то је већ изгубљена љубав. Ако вас жена напушта прва, то није што је увређена вашим речима или делом, него што је посреди други човек. Ретко се која жена, и после највеће поруге, одвоји од човека док се претходно није најпре побринула да не остане сама. Најсвирепије осећање женино јесте осећање усамљености.

Чим љубав почиње да причињава бол, она од добротвора постаје крвник. Несрећна је љубав раздвојених љубавника, јер ништа не даје, а све одузима. Опасна је љубав кад човек не разуме ни женине речи, ни њена факта, јер је ту посреди женина болест. Љубавни метафизичар се изгуби у овим клиничким случајевима, и постаје мистик који не верује својим очима. Жене су чешће болесне него рђаве; нико не зна колико су оне често неодговорне за многа зла која чине. Зато или љубите слепо, или бежите од жена. Хомер је славио јунака Енеју који је умео да бежи.

Жена опрашта човеку све погрешке према њој, али не опрашта ни најбољу ствар учињену због друге жене. Човеков се цео карактер познаје по његовом односу према новцу и женидби. Кроз жену можете да често познате до краја и мужа. Не треба веровати кад се туже једно на друго, јер су се они скоро увек тражили и увек нашли; ретко кад да нису муж и жена слични по битној црти своје доброте или злоће, или по заједничкој страсти за новац, или као жртве једне исте сујете. Чак кад је жена највећма заљубљена у љубавника, ипак је везана за мужа, већма него што може и сама да верује.

Боље је веровати у свашта него не веровати ни у шта. Тако ни човекова сумња у жену не води ничем. Жена, одиста, није морално нижа од човека, него само морално друкчија. Најопасније је хватати жену у лажи. После прве такве сцене, она се толико узме на ум да ви убудуће нећете моћи лако разазнати њену лаж од њене истине. Као што гуснице имају боју листа на којем леже, или као што полип добије боју предмета за који се ухвати, и жена тад дадне себи изглед какав јој је потребан. Човек може само једном ухватити жену у лажи; али после тога она постане толико опрезна, да се затим направи господарем и себе и оног који је лови у лажима. Њена нова лаж је после таквог случаја увек суптилнија од човековог старог искуства. Ви ћете жену само ухватити како лаже, али ће она вас ухватити у средствима којим се овде служите; а то је много дубље. Зато ко хоће да упозна жену, треба да је пре свега пусти да се показује каква јесте, и да верује да је не жбирите, и најзад, да не сумња никад како вам је милија она него истина о њој.

Жену није могуће мерити према једном принципу, него само према другим женама. Жена је голи инстинкт, а ту сва мерила разума унапред пропадају. Међутим, жена ипак није лишена снаге да постане често и узвишеном и великом; али кад је год постала и узвишеном и великом, то је увек било што је јурила за својим прохтевима више него за ичијим принципима. Жена је истинитија према себи него човек, јер човек иде за оним што је научио, а жена иде за оним што осећа. Човек увек уради што мора, а жена увек уради што хоће.

За све лепоте на свету, и божанске и уметничке, човек има усхићење које се претвара у религиозно осећање. Једино наше осећање за женску лепоту се претвара само у духовни неред и физичко страдање. Због овог се иде у преступ и злочин, пошто у таквом духовном стању краду и људи који никад нису крали, и убијају и они који нису рођени злочинци. Има женских лепота које гледамо, а има их које удишемо. Жена у коју смо заљубљени, престаје бити за нас обично људско биће, него или постане бели анђео или црна сотона. Према томе, жена изгледа или нашом великом срећом или великом бедом; зависи од огледала у које смо је ухватили. Неоспорно, жена има у себи једно морбидно осећање, које је делимично лудило; жена увек мора да има неког кога ће мучити, било мужа било љубавника. То мучење је много пута жестоко, а много пута у ситним мерама; жена нас мучи и онда кад воли и онда кад не воли. Због тога кад је жена и највећма нападнута, чак и неправедно, она неће да разуверава доказима него само магловитим речима. Она искрено верује да је човек воли само онда кад због ње пати, и кад у њу стално сумња. За њу је спокојан човек изгледа равнодушан и леден.

13.

Љубав код античких Грка није била само једна човекова страст, него и једна научна доктрина. И пре и после Платона, о љубави су писане учене књиге. Већ Хесиод каже да је љубав најстарије божанство, душа и творац света; зато и није чудно што су стари Грци дизали олтаре љубави. Само се љубави и жени може приписати и стварање старог грчког друштва. Оно што у животу груби човек назива добрим и рђавим, жена зове лепим и ружним, и често је разлика само у речима. Стари Грци су говорили да љубав одводи државе у срећу, а свештене тебанске легије у славу. Код жене је урођен инстинкт против грубости и дивљаштва. Жене су унеле више благости и углађености међу људе, него сви моралисти овог света. Жена је ненадмашни артиста у хиљаду дневних случајева, поред којих човек прође неопажено, и онда када се зове Рафаел или Луј XIV. Жена не зна за други морал него естетички, али она ипак није зато мање морална него човек. Грчке хетере биле су у многом погледу више жене него славне римске матроне, бар према ономе како је о тим матронама писао Јувенал. Жене разнеже срца, изграде језик душевности, профине начине, и дигну љубав и лепоту до религије и мудрости. И дубоки Лукреције, у свом спеву, говори о љубави у Риму слично као и Јувенал, писац сатира. Он такође види љубав једино у физичком задовољству, и скупо плаћену губитком времена и новца, снаге и самољубља. Против те несреће препоручује само бежање од жена. Проперције, који је умро у тридесетој години, напротив, воли и робовати женама него бити слободан међу људима. Само се треба, каже, чувати ћуди своје љубавнице; не говорити јој са висине, ни ћутати поред ње; ни правити непријатно лице кад јој служимо; ни пречути ниједну њену реч. Јер је љубав, највеће благо. Зато кад је Проперције у наручју своје Цинтије, све воде Пактола теку пред његовим кровом; и Црвено море носи испред његових ногу све своје бисере; и он презире све тронове, и одбија све дарове Алкиноја.

Не зна се, одиста, ни за једну жену тог времена да је била за неког Римљанина оно што је била Хипарета за геометра Еуклида, и Леонтија за филозофа Епикура, или што је била Аркеанаса за мудраца Платона, и Херпилиса за научника Аристотела. Осећа се и у најдубљим делима грчким присуство љубавнице у животу њихових писаца. Чак и Сократ је имао једну ћерку с куртизанком Лагиском, а ко зна и колико је њена инспирација била моћна у његовим делима. Зна се да је свако људско дело нераздвојно од човекове љубави и мржње у животу. Зар би Тасо био онакав песник да није било сестара дуке од Фераре. Зар би Расин онако познавао љубав и противуречности срца, страст за авантуру и интригу спола, без његовог свакодневног општења с дворским дамама у Версају, где су се смењивале славна Ла Валијер са славном Де Монтеспан. Све је зачето у љубави и сполу, као и дете. Ништа се не даје одвојити од општег принципа плођења. Жена је зато највиши подстрек људског стварања. Она стоји у謳 зениту наше мисли и акције; и њој се дугују све лепоте и величине људског генија. Оно што је снага човекова у садржини, женина је снага у форми. Човек њу оплоди телесно, а она њега плоди духовно. Велики стилисти су били велики љубавници. Они своју префињеност, сјај израза, меру и непосредност, дугују само својим љубавима и женама. Један државник, Кавур, рекао је: како онај који не зна да говори са женама, не зна да говори ни с парламентом. Значи, да за велике гомиле, као и за жене, треба исти љупки и завођачки језик љубавника. Свакако, ретко је ко био велики писац, а да није имао изванредне љубавнице.

Можда би ужаси љубави били мањи када бисмо могли волети само оне које бисмо хтели. Одиста, страшно је и помислити да ни наше мржње ни наше љубави не зависе од наше слободне воље. Ми смо на тај начин робови нечег дубљег и моћнијег у нама, него што је сва наша памет, и сва наша енергија. Чар љубави који је баш у том фаталном, јесте истовремено, и због истог разлога, највећа коб љубави. Ја ипак истински верујем, да ми, у дну свих наших беспућа срца и маште, носимо у себи тип жене која одговара равно оном што ми у љубави тражимо. Никад, или неизмерно ретко, нађу људи оваплоћено то осећање, али тај илузорни тип жене постоји у нама, неразговетно али активно. Ако волимо кроз живот десет жена, ми смо у свакој од њих волели један део баш те илузорне жене. Не можемо је срести инкарнирану у целини, али она плива у нашој крви, или пече као искра заривена у наше ткиво. То је разлика између страсти за жену и љубави за жену. Орфеј је сишао у Хад из љубави за нимфом Еуридиком, рано умрлом, и богови су му тамо показали њену сенку, али га богови вратише натраг, јер се преко њихове воље на њу окренуо. Све што песник каже у песми жени коју љуби, то је увек речено под мађијом те илузорне и наслућене и далеке жене, у чијем зрачењу живе све друге жене, и сијају све ствари на земљи. То је Дантеова идеална „жена спасења", и Петраркина „жена обучена у сунце".

14.

Ксенофонт је, напротив, говорио да је љубав ствар слободне воље, јер када би лепота имала суверену снагу, она би била лепа за свакога. Ватра, вели, опржи свакога, јер је у природи ватре да опржи; међутим, у једну се лепоту заљубе једни, али други поред ње прођу равнодушни. Према томе, љубав зависи од воље и ми волимо само оног ког хоћемо. Ни брат се не заљуби у сестру, ни отац у ћерку, јер они то неће, што значи да љубав зависи од воље. А баш и ако хоће, страх од суда и тамнице угуши њихову порочну љубав; што опет значи да се љубав да угушити. Према свему томе, љубав зависи од наше слободне воље. Тако каже Ксенофонт кроз уста свога Араспа. Али његов Кир одговара ово: ако љубав зависи од наше слободне воље, зашто не престану да воле они који би хтели да престану; напротив, плачу од бола, и робују љубави, чак и они поносни људи који иначе сматрају ропство за највеће зло; и радо се лишавају због љубави нечег чега се иначе никад нису хтели одрећи; и носе своју љубав као болест или оков; и живе у страху да не изгубе само оног ког воле. Араспо одвраћа да су такви заљубљеници плашљивци: желе да умру, али се не убијају. То су сладострасници, јер вас права љубав не присиљава да љубите. Поштени људи, кад воле злато, добре коње, лепе жене, могу живети и без њих, а живе без њих радије него да их неправедно задобију. Значи да је љубав зависна од воље. Кир одвраћа: ватра опече кад се у њу дирне, али љубав опржи и издалека...

Када би наша таква слободна воља била, као што говори Ксенофонт, јача од наше љубави, онда би најмрачнији инстинкт човеков био сведен на ситну меру наше логике и нашег користољубља. Сви велики путеви љубави били би тад осветљени као америчке улице, и свако би знао којим ће правцем отићи, и којим се правцем вратити. Уосталом, Ксенофонт је и сâм доцније показао у судбини његовог јунака Араспа, заљубљеног у чедну Пантеју, да љубав одиста није ствар слободне воље. Ми смо сви робови једне силе страшније него што је и мржња, и која с цивилизацијом постаје само замршенија и кобнија. А зато што је љубав једна фатална и натчовечанска сила, људи су љубави признали њено божанско порекло. Песници су љубави дали још и више: они је сматрају као нарочито божанство, које постоји ван човека, и изнад човека. Она је сила безмерно моћнија од нас, као, уосталом, свака сила природе. Али та моћ дејствује кроз човека: час градећи а час рушећи. Ово божанство, највиши принцип човековог стварања и принцип плођења људске феле, прожима људску мисао у облику светлости, узрујава људску крв у облику топлоте, и разграњава људски ум као божански сок који подиже шуме у пустињи и оплођује жива бића на дну мора. Љубав и смрт, то су једина два принципа раширена на сваком делићу света.

Љубав је пролазила кроз историју у разним својим формама: страст, уживање, нежност, сан, галантерија. Страст и уживања су античка осећања љубави; зато је познато да су у Риму били песници љубави само Проперције и Тибуло, као што су у Грчкој били Анакреон и Сапфа, а сви су остали песници певали о љубави само као о задовољству. Тако су и Хорације и Овидије и Катул певали само љубавна уживања а не љубавни бол. Међутим, љубав је бол, а све друго није љубав. Има нежности у песмама Тибула, а има сна у песмама Катула, али су обојица далеко од правог смисла за љубав као за једно сублимно и космичко осећање. Средњи век је био наглашено антички, нарочито латински, али је био нарочито хришћански, значи нешто ново. Зато је и љубав у њему добила нове облике и нове начине у изражавању. Тако су љубав Дантеа и љубав Петрарке сасвим нова и дотле непозната осећања за жену. Истина, с ренесансом престаје оваква хришћанска визија о жени, и поново наилазе приливи паганства. Долазе Ронсар и остали песници његовог доба кад преовлађује о љубави Платонова идеја: да су човек и жена једна целина раздвојена у две половине које једна другу траже у свима формама чежње и нежности.

Стендал греши што у стварима љубави ставља Италију изнад Француске. Прва је Француска имала своје витезове *cavaliere servente* који су без икаквих себичних намера ишли због жена у најопасније авантуре, и то према нарочитом законику једног трибунала љубави који је заседао у Прованси. Вера је била дигла љубав за жену до изванредне чистоте, и због тога је љубав отишла затим и до витештва, као никад дотле. Трубадурско доба је, у погледу љубави за жену, било нешто што се дотле није видело, и што се можда никад више неће видети. Тек доцније је љубав у Француској добила свој погрдни карактер, престајући да постоји као духовни закон, а претварајући се само у физички импулс; а то је било баш кад су онако продрле италијанске књиге Бокача и затим Аретина. Тек је романтизам, који је одиста једно католичко осећање, вратио љубави њене узвишене и спиритуалне акценте.

15.

Цела борба жене с човеком јесте у томе што жена хоће само да сачува свој лични интегритет: ако је добра, да остане добра; ако је рђава, да остане рђава; ако вас не воли, да вас одалечи или искористи; а ако вас воли, да вам се дадне и да се за вас жртвује. И кад је најбоља, жена хоће да буде слободна, да има у џепу кључ једног тајног ходника за који зна само она једина, и који из тврђаве води у слободно поље. Жена не постаје толико огорчена кад је лишена слободе, колико кад јој ту потлаченост човек нарочито показује. Више него и човек, жена воли да остане само оно што јесте. И онда кад жена зажели да има какав нов и другачији живот, то не значи да је зажелела да имадне и другачију природу. Жена увек верује да је по духу и понашању најбоља онаква каква је одиста. Више него човек за себе, жена тврдо верује да без својих порока не би могла имати ни дана задовољства и да би је велики број врлина само осиромашио, као што алкохоличар верује да би умро без своје чаше, и коцкар без своје коцке. Жене се држе инстинктивно својих најгорих навика с истом упорношћу с којом се држе људи својих најбољих начела.

Човек се заљуби гледајући жену, а жена се најчешће заљуби слушајући човека. Према томе би човек био више телесан, а жена више духовна. Међутим, човек не осваја жену дубином својих речи, колико начином свог говора, бојом свога гласа, завођачким елементима своје конверзације. Али се ипак само кроз тело иде у душу; нема љубави која није сполна. Љубав која није сполна, може постојати само међу недовољно сполним и физички слабим, али не међу нарочито чедним и нарочито идеалним.

Жене су изванредно свирепе у својој освети. Истина, оне се не виде такве у историји јер су биле увек врло веште да се сакрију иза леђа својих људи; чак ни жене које су биле владарке нису остале познате као тирани ни крволоци. И тип краљице Марије Медичи је врло редак у историји. Жена се никад није светила мачем него језиком, што је она увек сматрала за сигурније. И када људи најмање осећају ко их подиже и обара у њиховој каријери, често то долази од жена. Нарочито жена упропашћује друге жене, и кад ни ове не погађају заправо откуда их бије гром. Још ће жена опростити човеку и најтеже пороке, али жена не прашта другој жени ни њене највеће врлине. Могло би се рећи одиста да мржње остају увек међу припадницима истог пола: преварен човек убија љубавника а не жену која га је преварила, као што би преварена жена пошла да се освети његовој љубавници а не њему. Најсвирепија освета једне жене према човеку била је, по мом мишљењу, освета жене Квинта, брата Цицероновог, који је погинуо истих дана кад и Цицерон. Цезар Август је доцније предао убицу жени Квинтовој да му она сама суди за убиство њеног мужа, а она га је осудила да сâм себи сече парче по парче сопственог тела и да се њим храни.

Љубомора је једна слепа сумња, налик на животиње за које се зна да живе без очију. Срећом што су љубоморни само људи страсни и физички снажни; али њих ретко кад жене варају, него они први изневеравају жене. Они су толико заузети својим успесима и неуспесима на другој страни, да не страхују како ће и сами бити преварени. Они једино страхују како неће довољно преварити цео други свет. Истина је и да овакви људи, који немају времена да сумњају у своју жену, увек скупо плаћају код своје куће оно што су сами учинили другом. Сви велики донжуани су били преварени много више пута него што су они преварили друге. У највећем броју случајева, љубоморан човек, то је онај који верује да је жена јача од њега, и да јој он није довољан. Стога је љубомора само један страх, а љубоморан човек је кукавица.

Међутим, љубомора је отровала живот небројеним великим људима. Код силног човека је свака особина доведена до врхунца, па и љубав; и није било могућно да и љубоморе не одговарају таквим љубавима. Шекспира је преварила његова жена с једним његовим пријатељем, а тај песник је затим своју несрећу опевао у својим сонетима и у једној драми, као што је доцније и Молијер такве своје несреће испричао у својим комедијама. Међутим, руски песник Пушкин је изазвао свога противника на двобој и погинуо. Гете је био виолентан у љубомори и мирно патио; али љубоморни Бајрон је шамарао своје љубавнице и бацао их низа степенице. Неоспорно да су и љубоморе великих људи биле често изворима њихове величине, јер су у својим патњама давали љубави место које заслужује. Истина, велики уметници су највише страдали због њихове ватрене маште која је сваки бол продубила и развијала у бесконачност. Могло би се рећи да је често била права профанација за саму љубав што су највећи људи често волели најмање жене, каткад и најгоре жене. Међу најпобожнијим и бесмртним мадонама највећих сликара, којима се дивимо по црквама и галеријама, има њихових љубавница и жена које су биле без памети и најокореније издајице, као жена сјајног сликара Андреа дел Сарта; а и најдубљи стихови о љубави били су испевани женама које су биле често потпуно равнодушне према песништву, или до краја циничне према песнику. Сви су велики уметници, и у слици и у песми, већма сликали своје снове него своје истине. Да није било тако, свет би одиста изгледао много мање леп него што изгледа.

16.

Физичка љубав се сматра за унижење, и за жену и за човека. Нарочито је хришћанство утврдило свет у овој предрасуди, и тиме често правило од најздравијих и најмоћнијих људи мученике и манијаке, чак и преступнике и злочинце. Физичка љубав, напротив, јесте једина љубав искрена, спонтана, богомдана, дубока, неразумна, надразумна. Она није само пијанство нашег тела, него и неизмерни извор свих других лепота, и душевних и духовних. Где нема најпре физичке љубави, нема ни душевне; а ако има физичке, има и свега другог. Само за болесне и рђаве не важи овај закон; за болесне јер су слаби телесно, а за рђаве јер су слаби душевно. Први се не могу предати физички, а други немају способност за симпатију. Зато само здрави могу да се потпуно предају, а то значи да физичко здравље и физичка љубав садрже и све изворе нежности и доброте. Чак је врло јасно да тело и дух подједнаком снагом изазивају симпатију или антипатију: ми се и с људима најпре спријатељимо физички, или најпре један другоме постанемо физички немогућни. А најбољи доказ да је физичка љубав главна основа сваке љубави према жени, то је што нема љубави где нема спола. Не воли се пре пубертета, као што се не воли ни после угашеног спола, у старости или у болести. Највећа сласт живота за снажне и непорочне људе, то је здрава физичка љубав. Човековом духу остаје само да физичкој љубави направи декор, а човековој души остаје да све обојадише и позлати, и оплемени, и опева. Никад се љубав не задржи само на физичком уживању, осим код жена глупих и код људи вулгарних. Никад не постоји перверзија код здравих и физички силних. Све су пороке измислили слаби и дегенерисани људи.

17.

Три ствари увек иду заједно: младост, лепота, љубав. Љуби се само у младости, али се само у младости и у љубави проживљује и лепота. Нема љубави без лепоте; јер је човек заљубљен само у лепоту, било стварну или уображену, било телесну или духовну. Љубав је великодушна, и само стога људи кажу да је слепа. Она никад није слепа да не би видела нечије недостатке и некоје препоне; али је племенита и душевна, јер ипак све сматра мањим од љубави. Љубав је, као и владалац, највиша кад највећа прашта. Љубав је искрена једино ако се налази сва у предмету који љуби, а не у принципима који су изван љубави. Овакво дизање љубави изнад свих принципа, баш и јесте тај неизмерни и сувереност тријумф душе над духом. Можда свугде треба ићи за памећу осим у љубави; најлуђе љубави су биле много пута изворима највиших дела и најлепше славе. Било је љубави које су извесним људима из основе преиначавале карактер и ум, оплеменивши људе бездушне, учинивши побожним људе безбожне, и направивши херојима људе обесхрабрене. Само велике љубави су инспирисале велике акције. Права љубав је један цео низ великих случајева, чак и у животу обичног малог човека. Још и више: само кроз љубав може и обични човек да буде дигнут до великог човека, и да пигмеј пође у корак с гигантом. Само се у љубави и у смрти људи могу да изједначе, и да последњи стигне првог.

О ЖЕНИ

1.

За човека су божанства једна веза између њега и космоса, а за жену су божанства само једна веза између ње и човека. Жена никад није другачије сматрала своју религију, као што ни религије нису биле милосрдне за жену. Чак су многе религије потпуно презирале жену: будизам, хришћанство и муслиманство. Жена кад верује у религији, она верује, као примитиван човек, са свим ознакама сујеверја. За њу је Бог једно страшило, обучено у бело; и кад се моли, она врача. Жена не разуме хришћанство, нити је икад постала хришћанком по уверењу и по разумевању догме, ни по инспирацији за љубав према ближњем и бедном. Жена је опак епикурејац, који презире сиротињу, и има инстинктивно гађење за сиромаха. По целом свом смислу за живот, жена је свагда безверна колико и неверна. Она више верује у магије него у молитве. Она не разуме да је Бог једна идеја о добром и о светом, једно душевно осведочење, и да је Бог творац и регулатор живота, без којег се не даје разумети ни свет ни живот. Она се Бога само боји, и сва њена ридања су изрази празноверја. Жена не зна шта је то практиковање вере ван култа и молитве, шта је конкретна вера мимо вербалне вере: милосрђе и доброчинство. Поред толиких примера женског милосрђа, она је ипак себична и недарежљива. Колико жена прођу улицом поред просјака не пруживши им милостињу, само зато што их мрзи да скину рукавице и да отворе новчаник. И кад учине какво милосрђе, то је опет њихова врачбина и рачунање на неку замишљену награду или успех. Најчешће милостињу дају на улици младе жене журећи на љубавни састанак. Побожна жена је неизмерно скрушенија него човек, јер верује да је прогони једно око од којег се не даје ништа сакрити. Али се мање боји и Бога него злих језика. Жене почињу бивати дубоко милосрдне тек кад су и саме дубоко несрећне; у срећи су бездушне и пустоглаве, сасвим обратно од човека који је добар само кад је срећан.

Једна је велика несрећа што жена не зна шта је живот. Шта је одиста живот према женској идеји? Жена је добра само кад воли; али кад воли, она је виша од човека. Свакако, жена никад није наивна, а људи чак и жену фриволну зову наивном. Код жене је урођено да вара на мало и на велико, свесно и несвесно, намерно и ненамерно, а врло често и без икакве зле намере, и чак сасвим често из најбоље намере: у највише случајева, само да би се већма допала. Али једна жена само онолико вреди колико воли, а она вара и кад највећма воли. Има жена које никад не кажу лаж, али никад не кажу целу истину. Млада жена има своје искуство старије жене, и сву радозналост и лежерност девојчице. У младој жени од двадесет пет година почиње највећа страст за уживањем, која се затим не смирује до њене пуне пропасти. Пронаћи добру жену, то је тешко као пронаћи у свом врту извор петролеума. Али лукавство женино није увек злоћа. Знам лукавих жена које су биле добре; а знам искрених које су биле неваљале. Лукавство је доказ слабости и страха, већма него злоће и злонамере.

Жена воли човека док јој верује. И онда кад га не воли, она тражи да јој ипак верује. Не воли се бранити ни кад је крива; и хоће да има илузију да је држите за добру и кад то није. Кад је не држите за добру, она верује да је више не држите ни за лепу. А њој није довољно ни да изгледа лепа, него хоће да буде једина лепа. Кад жена треба да се почне бранити, она се не брани, него престане да воли и почиње да мрзи. Зато, не објашњавај се, него или узми или остави. Дубоко је увређена ако јој кажу да је крива када то одиста јесте. Жена нема осећања одговорности као ни дете; и она се брани сузама, а не разуверавањем. Али и кад моли за опроштење, то не значи да признаје кривицу, него избегава грубе сцене.

2.

Ако жена има храбрости пред животом, колико човек има пред смрћу, то је што има непоколебиво веће поуздање у своју гипкост, него човек у своју снагу. Нарочито верује у своју моћ претварања и лажи. Лаж је њено обично оружје и обично уточиште, чак и најбољих међу женама. Претварање и лаж су једини излаз из небројених њених сукоба са свим тиранима: родитељима, мужем, светом, идејама. Лажју она прикрива своје незнање, које је огромно, и себичност, која је неизмерна, и лењост, која је беспримерна, и пороке који су често незајажљиви. Зато она пролази кроз живот тријумфално, увек праћена већма својом легендом него својом истином, никад довољно позната свом друштву, најмање разумљива онима који јој стоје најближе, а остајући за човека који је воли само мит и надреалност.

Људи никад не могу да разликују женину лаж од женине истине. Али ипак људи осећају лажљивца, и кад не могу да се одбране од лажи. Брак се најчешће састоји од једног лажова и једног насилника. Жене кад лажу, оне увек лажу на крупно и тотално; и кад имају да сакрију ситницу, жене негирају и све друго што је с том ситницом у вези, и то брзо, одлучно и коначно. Није нигде била, није никог видела, није ништа чула; не познаје уопште особу за коју је везују зли језици; није било ничег... А пошто тако пориче све тотално и све коначно, зато се лако и не заплиће, и има увек став одважан. А пошто се не лаже увек да нашкоди, она не узима лаж за средство како би другом учинила зло, него само да себи учини добро. Жена зна да има неких истина које могу да све упропасте, ако се рекну само из љубави за истином; и зато се она служи лажју, не пребацујући себи да је лажов, верујући чак да добар циљ увек вреди колико и добар принцип. Она зна да је лаж спасавала често и саму истину у критичним моментима. Свети Августин је рекао: „Лагати, лагати поштено и побожно...". Али је то светац рекао много доцније него што су ту идеју жене већ биле усвојиле за главно начело свог опстанка.

Ако хоћете да вас жена воли, треба јој дати прилике да вас сто пута слаже, и да увек изгледа као да то не видите. Жена је толико гипка и прилагодљива, да, после два сусрета с неким човеком, тачно зна какву он жену воли. И већ од тог момента она престаје да буде онаква каква јесте, и каква ће и даље за себе остати; а даје себи све оне одлике по којима мисли да ће се највише допасти. Тако се она направи другачијом него што је у ствари, да убрзо наличи већма на наш модел, него на своју природу. Она се толико брзо обрне у самој себи, да просечан човек не може ни да је прати у том невероватном њеном обрту. Она тим само постаје загонетнија за гломазни дух човеков, који не уме да је посматра у том њеном намештању како би од оне каква јесте постала наједном онаква каква није. Жена је и иначе увек једно биће за себе и за цео свет, а друго за човека којег воли. Најчудније је можда и то што се свакој заљубљеној жени чини да мора изгледати другачија него што јесте; и да буде окићена драгуљима и врлинама какве нема, а не само оним какве има; и да себи измишља чак и друго порекло, и другачије друштвене везе; а све то увек према укусу човека којег хоће да опсени. А она хоће да опсени и из простодушног и често најбољег разлога: да би задобила човека којег воли. Тај пут од истине, која је у њеној природи, до лажи, која је само у њеној памети, она превали у небројеним ситним преварама. Један италијански писац каже да и девојче које има најлепшу боју лица и усана, метне мало руменила полазећи на какав бал. Лаж због допадања, то је главна лаж жениног спола. Та је лаж међутим често невинија него све искрености човекове.

Жене не могу да не варају и кад су најзаљубљеније. Кад је жена изговорила највећу лаж, изгледала је себи највећа. Лаж даје жени осећање супериорности над човековим умом и талентом, а нарочито јој даје осећање сигурности пред урођеним бруталностима човековим. Жена се не служи лажју да нападне, него да се одбрани. Никад не питајте жену да вам каже нешто од своје прошлости. Ниједна не воли да има прошлост, нити јој даје какву цену; а ако вам крије прошлост, то није зато да њу сачува за себе, него да вас не изгуби. Ако хоће да прећути прошлост, то је и зато што је жена према прошлости одиста равнодушна, јер жена по природи није романтик. Жена не подноси спомен. Она бездушно све крије јер не жели да има очи ни на чему што није у вези с човеком којег воли у том тренутку. Жена живи с дана на дан.

3.

Знам људе који верују да је љубав само за беспослене и за месечаре; и друге који су остарели а никад нису били заљубљени, и треће који су сматрали за недовољно поштовање своје мушкости да своју љубав кажу или покажу. Само људи од велике углађености и артисти у животу направе од љубави неисцрпни извор своје радости или своје туге. Лирски песник говори о својој љубави озбиљно као о стварању света. И данас је више на земљи самоубистава због пропале љубави него због пропалог имања или пропале части. Просечни човек увек воли више жену него љубав. Код жене је сасвим обратно: ретко је којој жени довољан само човек, и која не чезне да буде и вољена. Истина, много се на свету мање мисли о љубави него што изгледа. Љубав на свету одржавају само жене и песници. Свакако, од свих виших људи, женама су песници најближи, јер и они живе у сталном узбуђењу и имају пуно женског и детињастог. Сањалице и мистици, песници свагда налазе да реални живот није довољно велики ни довољно леп, и они граде да би га доградили, и стварају да би га довршили. Њихове су љубави несталне, али раскошне. Жена је благодарна човеку и који је не воли, али који има изгледа да је воли; не тражи у човеку херојство него пажњу; верује и у лажи ако су деликатне и нежне; и ужива и у малој срећи, ако је ништа не мути.

Човек воли љубав-бол, а жена воли љубав-радост. За жену је љубав блистава сасвим довољна. Жена може отићи и у лудило и у самоубиство, ако је стално трујете речима о дубини љубави и лепоти суза; али по свом инстинкту детета и епикурејца, она мрзи сваку дубину и има ужас од великих суза. Жене које воле љубав-бол, то су обично жене које су природом одређене мајке. Оне се не боје бола; оне носе месецима дете под појасом, готове да се нагрде носећи га, и да му жртвују живот рађајући га, и упропасте младост одгајајући га. Жене које не трпе никакав бол у љубави, то су оне које не воле ни децу, ни материнство. Зато девојка која унапред показује да не жели децу, неће никад бити ни добра жена, ни добра мајка, ни добра другарка, него будућа распикућа и опасан полиандар, која воли свет већма него кућу, себе него икаквог човека; то је пустолов којој ће муж служити само за пратњу и подвођење. Знао сам, напротив, девојака које су у петнаестој години желеле да се удају, само да што пре постану мајкама, и које су унапред имале у глави план да имадну своје десеторо деце, и већ тако унапред одредиле и имена свих десеторо. Први знак да једна жена одиста љуби, то је кад се у њој јави неодољива и болна жеља да добије дете од човека којег воли.

4.

Неко је рекао да човек не ради него кад је радостан, и да многи инсекти певају кад раде. Али се и не љуби само у радости. Тужни духови и меланхолици су често мислиоци и хероји, али ретко љубавници. Жене воле само весељаке који их засмејавају и изненађују. Жена мрзи човека који је смешан, али ужива у човеку који јој све друго направи смешним. Жена је носилац радости, и не цени него оно што зрачи и раздрагава. Више за жену вреди један добар каламбур него најдубља Њутнова истина. За њу више вреди човек духовит него дубок, а више блистав него духовит. Жена воли лежерне људе јер јој они праштају њене лежерности и радозналости; и воли порочне, јер се жене дају за порок а не за врлину. Њих плаши врлина колико и ум, јер ум човеков жена сматра за лукавство и за свирепо оружје према жени. Воли безначајна ћеретала, јер је задовољна с малим бројем идеја; обожава анегдоте, лудује за варошким сплеткама, ужива у уличним хроникама. Има људи који су по салонима примани с највећим урнебесом, јер су носиоци вести које се казују на ухо, и које други не знају или не воле.

Не само религија него је и поезија одувек била опак судија за жене. Песници су о женама увек рђаво говорили. Певали су само оној коју су волели, или за којом су лудовали. Песник има за жену двоје: има једно мишљење и има једно осећање, а то мишљење и осећање ретко кад наличе једно на друго. Кад песник није жену волео или мрзео, он је се увек бојао. Шта су за песника принципи љубави? То су најчешће каприци маште као и његове песме. Гете у седамдесетој години волео је девојку од седамнаест година, и просио је најзад за жену. Бодлер је живео са женом мулаткињом, у којој није било више од осамдесет центиметара висине. Жена песника Милтона, којој је певао рај и анђеле, напустила га је због његове ружне ћуди према њој. Нема скоро ниједног великог песника којег жена није или преварила или злостављала: од Шекспира до Игоа, и од Молијера до Пушкина. Латински песник Лукреције, који није мањи од Вергилија, и који је извесно дубљи, има ужас од жене. За њега постоји само физичка љубав, као и за многе римске песнике. Али је, каже, и та љубав скупо плаћена новцем, губитком снаге и самољубља; и зато је, по његовом мишљењу, једино спасење побећи од љубави. А може се, кажу, побећи од љубави ако се не измишљају својој љубавници врлине које она стварно нема. Међутим, вели Лукреције, несрећа је што заљубљени сматрају за злато све што је жуто. Они и разроку жену сматрају за супарницу плавооке Минерве; и мутаву жену сматрају само као жену опрезну на речима; и претерано мршаву сматрају за витку срну; и жену оштроконђу држе само за жену темпераментну; и жену пијаницу сматрају за богињу Цереру, љубавницу Бахусову.

Све жене нису створене за љубав. За љубав је жена која има духа да све разуме, и фриволности да све жели да сазна. Жена је перверзна духовно, а човек телесно. Има жена које доживе духовно већи број порочних ствари, него што их иједан потпуно раскалашан човек доживи материјално. Човек је неморалан док не почне да љуби, а жена престаје бити морално невином од часа кад јој оде памет за неким човеком. Платонска љубав је само љубав човекова.

Свака је жена досадна осим оне коју волимо. Међутим, жени није досадан него само онај човек који јој се диви, или који је не жели, или који се не диви макар њеном укусу, или се не интересује бар њеним псетом. Жена је азијски сатрап код којег успевају најплоднија ласкања само ако су прикладно изречена; она ту пази на речи, а не на мисли. И кад зна да јој лажу, она воли те лепе речи лажи већма него дивљење којој јој се прећуткује.

Многи верују у интуицију жене, а та интуиција извесно и постоји. Свакако, за мене, интуиција жене није исто што и интуиција уметника: јер је интуиција жене стерилна, а интуиција уметникова је творачка. Интуиција жене је болесна видовитост, а не конструктивна сила.

5.

Физичка лепота човекова је једна велика срећа његова, и међу људима, а не само међу женама. Између четири велика својства која један Атињанин мора да има, Платон на прво место ставља телесну лепоту. Херодот каже да су становници Хегесте као бога прославили Филипа из Кротоне, јер је био божански леп; а Павсанија каже да су у Еги, у Ахаји, постављали најлепшег младића за свештеника у Зевсовом храму. Бити ружан, то је одиста бити нечовечан, и од природе обележен и искључен. Ружноћа поражава, сеје обесхрабрење, убија радост, носи несрећу. Вековима се мисли да је Сократ био ружан; међутим, Епиктет каже да су били лепи и Сократ и Диоген, и да су обојица били чак чувени са своје лепоте. Ксенофонт је био леп као Аполон. Стендал, који је једне вечери седео у позоришној ложи у Милану с Бајроном, каже да је био залуђен физичком лепотом тог енглеског песника. Међутим, зна се да је Хорације био човечуљак с великим трбухом. Малени стасом су били Бајрон, Толстој, Китс, Балзак, а Сент-Бев и Стендал су били и ружни.

Лепотице не чезну за лепим људима, као ни богате за богаташима. Лепе људе воле жене које нису лепе, као што за богатим чезне фукара. Истина је да лепота човекова осваја одједном, а карактер и дух човеков освајају полагано, јер се карактер и дух не обраћају женином животу физичком него моралном. Велики човек, то је за жену величина која замара, дубина која плаши, педантност која одбија, принцип који гађа у главу. За жену више вреде две радости него једна срећа, а више вреди срећа него слава. Најлепше жене пођу обично за људе без лепоте, а често чак воле и ружне љубавнике. Много пута жена не воли човека ни чијој се лепоти највише диви; јер свака жена инстинктивно осећа да је физичка лепота женско оружје, а она то своје оружје не воли да види у рукама мужа или љубавника. Жена не иде ни за човеком који ју је занео својом лепотом или својом духовитошћу, него за човеком који има нешто што она нарочито тражи. У највише случајева, жена тражи осећање сигурности. Жена никад не види једног човека у целини, него увек у детаљу: да лепо пева, или лепо игра, или лепо свира, или се лепо облачи, или се лепо понаша; или најзад, да има успеха у друштву или успеха код жена. Салонска дама броји човеку класе, године службе, паре и зубе; интелектуалка му броји мисли и дела; церебрална жена не броји му ни подвиге ни тријумфе. Церебралне жене су обично порочне и то на хладно. То је мушкобања која нема ни женске нежности, ни мушке доброте, и сасвим је неспособна за љубав. Виша интелигенција жене је увек злодејна за човека од срца. Таква жена је наоружана до зуба. Ако је човек духовно мањи од ње, она сече; ако је човек силнији, она се мачује. Никад се код жене с већом интелигенцијом нису успеле да развију више особине срца.

Лепе жене су мање склоне пороку него ружне. Лепотица се задовољава дивљењем и обожавањем своје околине, а ружна тражи уточишта у првом љубавнику који буде сматрао да није ружна. Зато су ружне жене већма заузете напором да се допадну, него лепе, којима то успева и без напора. Први човек који такву ружну жену нађе да је лепа, и који јој то покаже, постаје њен неодољиви господар. Да би се допале људима, ружне жене постају музичарке, списатељице, сликарке, филантропи, а сада чак и парламентарци.

Жена воли већма лепоту него врлину; али жена воли само своју лепоту. Туђа лепота јој изазива злу крв, као туђ новац и туђ накит. Људи су, напротив, у том погледу виши од жене, јер су у стању да се диве и човеку лепшем и умнијем и богатијем од себе. Једино што људи не опраштају другом човеку, то је кад има лепшу жену него што је њихова. Један човек увек изгледа другом човеку недостојан лепе жене; и људи често јуришају на лепотицу само да је отму човеку којег редовно сматрају смешним поред ње, и онда када тај човек није нимало смешан. Лепотице имају скоро увек ружне гласове, као лабудови и паунови, који су најлепше али и најглупље и најсујетније птице. Нарочито жене немају никад лепо ухо као човек. Лепа шкољка уха је привилегија човека и велики накит човекове главе, а ништа човека не може да направи вулгарним и смешним као ружне уши. Очи показују памет, а усне показују душевност; зато очи знају да лажу, а само усне показују искреност. Видео сам у једној римској галерији како све бисте славних беседника с Форума имају уста жива као у детета или сочна као у девојке; види се да је лепота пребивала над тим прегибима и да је сјај узвишене речи оставио на њима траг за сва времена. Сви људи који лепо говоре, имају лепа уста. Осетљивост и осећајност човекова лежи само на уснама и око усана, а не у очима, пошто се увек човек пази да очима не прокаже своју праву мисао. Зачудо, људи су најмање у историји прослављали лепоту женине руке. Маргарита де Валоа, чијој су се краљевској руци једног дана дивили, рекла је скромно и збуњено како има већ четрнаест дана да је није опрала.

6.

Лепота физичка, то је неоспорно једна племенита човекова врлина. Уосталом, телесна лепота је само спољни израз виших унутрашњих човекових лепота, јер лепота није никад била особина зликоваца и неваљалих жена; и неоспорно, увек поред физичких лепота у истом човеку борави још неколико било душевних или духовних квалитета првог реда. Природа је увек изграђивала своје право мајсторско дело с љубављу и издашношћу, и никад није била тврдица ни у погледу других особина тог привилегованог лица. Било је, истина, и безумних жена међу лепотицама, као и лепих људи међу глупацима. Али је то био свагда редак случај; јер су увек имали поред лепоте или благородно срце без много памети, или већу памет без много срца. Ако лепотице обично сврше живот у катастрофама и скандалима, често и ружним или глупим, то је зато што постану жртве туђих страсти и туђих сујета. Ако су лепотице често необразоване, то је што је неговање њине лепоте било за њих важније од неге њиховог духа. Свакако, лепота није нигде усамљена. Ахил је био најлепши младић у Грчкој, али и највећи херој; а Софокле је био најлепши младић, али и највећи песник. Хипатија из Александрије је била лепотица која је имала троструку ореолу: лепоте, врлине, и учености; она је била и велики астроном и филозоф свог времена. Помпадур је била најлепша жена, али и велики дипломата и државник. Лепота је племство и благодет коју је Бог спустио на нарочито изабране међу људима; лепота је и благословена, јер она као сунце изазива живот, носи здравље, и инспирише религиозно осећање. Као што су антички Грци сва своја божанства правили лепим, и хришћани су најзад сликали лепим све највеће личности своје цркве: Богородицу, Христа, светог Ђорђа и све арханђеле. Уосталом, стари Грци су веровали да ружан човек не може бити ни добар.

Најлепша је жена у љубави она за коју кажемо да је лепа а не знамо зашто. Љубавнице Луја XIV, највећег љубавника међу свим краљевима, нису биле лепе, него само жене од духа и срца. Госпођица Ла Валијер је била чак врло маленог стаса, богињава, смеђих очију, великих уста, зуба не баш најлепших; а корачала је ружно, јер је била хрома. Такву је описује њен познаник Биси-Рабитен, рођак славне госпође Де Севиње. Али Рабитен затим додаје да је Ла Валијер имала поглед страстан и уман, речи пуне духа и блеска, и да је била искрена и душевна, врло верна и сва предана, и најзад, да је била и учена. И Меколи у својој историји говори да су љубавнице енглеског краља Џејмса II, савременика Луја XIV, биле веома ружне, скоро ругобе: Ана Хајт, а још накарадније Арабела Черчил и Катарина Сидли. Било је сличних укуса и међу филозофима. Декарт је први пут волео једну разроку девојку, и отад је цео живот имао слабост и симпатију за разроке жене. Песник Бодлер је био заљубљен у наказе.

Има одиста најлепших очију које не умеју погледати, и најлепших усана које се не знају осмехнути. Обе ове велике и неодредљиве лепоте су нематеријалне, јер су искључиво душевне. Леп поглед и леп осмех немају чак ништа заједничког с бојом очију или формом уста. Шпањолка уме да погледа а Францускиња уме да се осмехне. Осмех, то је зора и свитање тела, највећи догађај и најлепши израз душевног у материји. Има очију које се смеју, и очију које говоре, и очију које ћуте; а има очију које изгледају да увек нешто ослушкују и чекају. Најлепше очи има словенска жена, јер увек изгледају зачуђене.

7.

Платонска љубав је само љубав човекова, а не женина. Уосталом, идеална љубав и није у инстинкту него само љубав физичка. Љубав идеална је продукт вере и културе, и одржава се насиљем над собом. Жена нема осећања пожртвовања за друге него само за себе, јер се не уме ослободити себе, као ни дете ни дивљак, ни изаћи из хиљаду малих срећа и несрећа од којих је направила свој шарен и смешан живот. Она је вернија својим прохтевима него вашим најсјајнијим идејама. Поћи ће за вама, али не за вашим принципом. Жена није узела ништа од наше цивилизације и религије; повила се само за нашим намерама, и пошла за јаким човеком. Она се никад не гади пропале жене као што се ми гадимо пропалог човека; напротив, тражи њено друштво; и кад јој не завиди, она је извињује. Жена у Египту и на Леванту и данас је онаква каква је била откад тамо постоји.

Незнање женино иде до глупости. Оне нису у стању да сачекају ни одговор на питање које вам саме поставе. Немају ни за што правог интереса, а најмање за уметност. Све жена узима за забаву, и све мери по својим нервима. Али ако жена нема довољно воље за ученост, она то надокнађује спонтаношћу својих прохтева, и природношћу својих суђења; а кад жена има укуса, он је увек урођен и отмен. Има извесни укус који је чисто ствар њеног спола. Жена има већма укус за ствари него за идеје, али њен укус надмашује у многом погледу средњу културу човекову. Жена није творац, али је велики асимилатор. Увек је у историји жена постала углађена пре него човек, а она је то и данас.

Чедност није у природи, и зато је нема ни у љубави: јер је љубав само чиста и прекаљена природа. Где је много љубави, ту је мало чедности; а можда и обратно: много чедности значи мало љубави. У Паризу се много лудује од љубави, и мало говори о чедности. Љубав и морал нису рођени заједно, нити се возе истим колима: једно је ствар божја, а друго је проналазак човеков. Чедност су пропагирали хришћански апостоли да би њом сиромашним женама дали начина да постану боље од богатих, и да тако чедна девојка постане достојном сваког богаташа. Морал је насиље, нарочито морал сексуални; а кад није, онда је хипокризија. Треба имати навике морала као навике извесних јела и пића. Жене су моралне више по своме темпераменту него по свом уверењу. Има жена које не могу поднети покварене речи, као што не могу поднети рђав ваздух, или укварено јело. Оне су тад чедне и без нарочите воље, или без нарочите намере, или често чак и противно својој вољи. Има затим таквих жена које би се понекад осветиле мужу, или љубавнику, за какву увреду, црним издајством, али, и поред све воље, овакве жене не могу ни замислити другог човека на његовом месту. Морал је код многих жена ствар урођеног укуса, а не васпитања; ствар физичка, као што је код других неморал; јер морал није у глави, него у крви и у стомаку, као ствар органска. Они који су морални другачије, слаби су или лажни. Зато је речено: светац који није потпуно светац, онда је ђаво; а ђаво, који није сасвим ђаво, он је светац.

Има жена морално коректних, не из љубави за човека и за морал, него само зато што су по карактеру пасивне, или што љубави не дају никакву цену. Друге су опет моралне из удобности за себе, или из одвратности за јавну бруку. А треће су моралне из крајњег непознавања порока. Свакако, физички морал обично није у природи ни укусу женином колико је у укусу човековом: доказ, што је жена у стању да се целом свету покаже гола, кад би знала да је цео свет нашао лепом као богињом. Уосталом, оне не пристају да разголићују себе, и да носе своје голе груди као на послужавнику. С временом је жена постала детеубица. Врлина је за многе жене накит да се већма допадну; оне кокетирају врлином пред другим женама. Многе су младе жене поносне на своју врлину, али је врло мало остарелих жена које се своје врлине сећају с претераним поносом.

8.

Морална контрола жене над самом собом, врло је променљива. Другачије се жена осећа морално снажном пре вечере, него после вечере; под маском и у домину, него у обичном оделу; другачије и недељом, него у редовне дане; другачије у мраку, него у светлости; другачије у гужви, него у мирном салону; другачије у иностранству, него у отаџбини; и најзад, другачије на води, него на копну; на северу, него на југу; пре подне, него после подне. Жена се тешко одупре једној прилици, и кад би се одупрла једном човеку, мада и најчистија жена има свог фаталног човека, који треба само да се појави па да победи.

Телесни порок је природна последица друштва, а не природе, јер је сељак чеднији од грађанина. У многим земљама сељак спава у кући заједно са свом осталом чељади, и чак са својим животињама, и никад се он и његова жена не свуку потпуно голи. Он до смрти не види своју жену другачије него обучену, а можда би га било страх и стид да је види без одела. Порок се развија у љубавној доколици и голотињи; порок је умногоме ствар маште колико и темперамента. Свакако, порок је ствар богатих и беспослених.

Морал је за човека ствар идејна, а за жену естетичка. Заиста, на моралним законима је сарађивало осећање лепоте и осећање хармоније више него осећање доброте. Свет је моралан из много разлога, а неморалан је само из једног узрока. Морал је често једна укорењена навика духовна, особина физичка, сујета породична, рачун лични. Али свакако је морал физичка особина колико и неморал. Нико није успео да измени жену како би је од рђаве направио добром, али ретко ко није успео да жену измени ако је хтео да од добре направи рђаву. Жена није ни боља, ни гора, а можда ни другачија него човек. Погрешно је само веровати да је жена по природи чедна, и зато по крви сталоженија и отпорнија, или по природи плашљивија него људи. Она је вероватно морално инфериорнија, а духовно само различнија. Жена је за нас једно пијанство крви кад смо млади, или болест дегенерације кад смо стари. Жена је једна дивљач у кући. Она остаје увек вернија себи него вама или моралном принципу; живи увек по својој природи већма него по туђим прописима, значи сасвим обратно од човека. Жену треба узети за оно што јесте, и не покушавати да је изграђујемо боље него што је Бог направио; а ако се жена узме за онакву каква је заиста, она може још донети човеку неизмерно много радости.

Има жена које су верне и кад не воле; а има жена које су једном човеку неверне и кад су у њега истински заљубљене. То су аномалије али које су ипак истине, чак врло обичне. Жене које су верне и кад не воле, верне су човеку зато што нису по природи склоне пороку. А друге су жене неверне човеку само зато што су одвећ верне себи самима. Човек заиста мора изневерити себе, ако је, противно природи, веран неком другом.

Жена постаје неверна најчешће кад је то најмање мислила, а често и кад то није ни желела. Не падају само порочне и покварене него често и савршено чисте, и по природи верне. Жена пада из разних узрока: из љубави, из досаде, из страсти физичке, из сујете, из слабости воље, из интереса материјалног, из романтике, из маније, из перверзије, из освете. Значи, најмање десет различитих повода, који се никако не дају назвати само покварености физичком, како се неверна жена обично окривљује. Жена која падне у порок, уопште није толико развратна колико је слаба. Кад људи ово увиде, сматраће такву жену више за несрећну него за рђаву.

Али на десет жена има можда само једна која није склона да падне бар због једног од десет поменутих мотива. Жена се често брани од порока срчаније и поштеније него човек, јер зна да је не контролише само једно лице него цело друштво, и породица, и религија, и историја, и све остало што су људи подигли против жене. Има међу женама више хероја него што их има међу људима, али су људи целу историју приграбили за себе, и за приче о себи. Међутим, ми смо хероји у бојној ватри, а жене у хладној свакидашњици; ми смо храбри пред смрћу, а оне пред животом; ми пред другим човеком, а оне пред целом судбином. Жена која је лепа, има за цео дуги низ година своје младости да се очајнички брани од људи лепих, снажних, богатих, титулисаних, упливних, моћних, славних; и чак, што је најтеже, да се брани и од људи искрено у њих заљубљених. Да се брани и од оног којег и сама воли... Нико не зна колико треба имати моралне снаге, или колику љубав за другог човека, па одолети свима замкама које ми људи бацамо пред жене. Жена воли своје дете и кад је рђаво и ружно; и она љуби уста мужа, и кад је по цео дан на та уста говорио лажи и погрде. Она иде за човеком и кад је развратник, и помаже га и кад је распикућа. Она прима у наручје и човека кога нико више не жели да прими у кућу; и пружа му своја уста, и кад му нико не би пружио своју руку.

Жену не може да преиначи никакав човек, али може да је мења средина. Жене у Андалузији, с очима које изгледа да пију крв као пијавице, само су спол и ништа друго. Жене у старој Кастиљи су мистици. Францускиња је у свему жена Французова: смела, позитивна, духовита, кађиперка, с много свиле и пудера, и перја, и кармина. Францускиња се даје најдуховитијем; Италијанка тражи сентименталност и паре; Рускиња се даје за парадокс и лудост; Енглескиња се даје центлмену који је дискретан и перверзан, и који се много смеје; Српкиња се даје ономе ко је превари; Немица се даје музиканту и коњанику; Шпањолка се даје и сад свом исповеднику.

Платон каже да жене имају исте способности као и човек, али само у мањем броју. Уосталом, Платон није волео жене, ни онда кад је лепо говорио о Ксантипи. Он у једном свом делу не зна да ли треба жену ставити међу људе или међу животиње, због претеране раздражљивости њеног спола. Истина, жену су волели и они људи који су о њој и најгоре мислили. Да је Данте мислио на своју сопствену жену, не би испевао Беатричу; и да је Шекспир мислио на своју жену, не би направио Дездемону онако плавом, ни Отела онако црним. Човекова беда није само у томе што жену мери по себи, уместо да је мери према другим женама, него што јој изискује само врлина какве има најбољи човек; не дозвољава јој ни пороке које има и човек најмање порочан. Човек у жени никад не види човекове величине, него само човекове погрешке. Жену је ретко ко испитивао према ономе шта она вреди сама за себе, него увек шта вреди у односу на човека. Зато је жена и у литератури дуго стајала у другом плану.

9.

Ништа не упропасти љубав колико човекова претерана доброта. Да вас жена воли женски, морате с њом поступати мушки. Треба бити тиранин, али добар, онакав каквог је Ренан тражио за господара државе. Жена треба да види јачи спол од свог, јер не воли мученика у љубави, чак ни добротвора, него завереника и разбојника. Жена вас највише воли кад има да она прашта вама а не ви њој. Пред великом добротом човека, жена губи сполни осећај на којем је код ње много сазидано; а само снага човекове воље изазива снагу њеног спола.

Не варају несрећне жене, оне чији су људи пијанице, грубијани, распикуће. Највећма варају оне жене које би требало да буду највећма срећне и највећма благодарне. Јуре за другим људима баш оне жене којима је муж дао све раскоши у кући, и све почасти на улици; и верујући да је срећа у суфициту, оне тај суфицит траже у другом човеку. Жене истински несрећне с мужем, због његових мана карактера, или његове болести, или сиромаштва, обично не траже другде ни минимум среће, ни да се негде наплате, или негде освете. Бол и беда направе све путеве магловитим и ноге тешким. Најсрећније жене су заиста најгоре. Жена је у срећи раскалашна, колико је у несрећи велика. Никад не би требало потпуно усрећити жену, која је свагда дете или дивљак, јер хоће да се преједе и препије, и да поразбија сама своје играчке. Зато жене најгорих људи нису браколомнице, и често пролазе под добре. Али жене лепих људи, богатих, радосних, и срећних, напротив, јуре за максимумом, и немају друго у глави него радост и вратоломије. Чудно је да баш бирају обично љубавнике и мање лепе, и мање умне, и мање младе, и мање угледне него муж. Најмање неверстава ураде из праве нужде, а највише од обести и од пијанства среће.

Жена је по природи створење зло, сујетно и болесно. Једино што жена има велико, то је моћ да нам понекад дадне илузију како је сасвим другачија него што јесте. Женин смисао о моралу и човекољубљу, то је оно што у палеографији називају јеврејском интерпретацијом текстова. Често сте могли видети жену поред саркофага њеног човека којег није волела, или којег је варала.

Она туде показује бол који наличи на једно немо беснило. Не треба заборавити да су људи комедијаши у радости и у свечаним моментима, а жена је комедијаш у моментима туге. Само што жена има толико урођеног духа да се не прикаже, и да издржи ту глуму до краја.

Не може постојати интимност и искреност међу човеком и женом, јер нису истоветни по природи, ни једнаки у правима пред природом. Жена по инстинкту нема онолику потребу за интимношћу, као човек. Мора се донекле изневерити своја сопствена душа и природа пак да се буде веран другом. Жена зато, по својој природи, није пријатељ другој жени. Оне се здруже, само кад је у питању неки човек, или мржња према некој трећој жени. Ми немамо ни у митологији, ни у историји, ни у античкој драми, примера љубави другарке за другарку, а имамо опевану љубав Ахила за Патрокла, Полидеука за Кастора, Ореста за Пилада. Многи су велики људи поступали према жени тако различито као да нису били људи исте расе, чак ни истог времена. Цицерон се развенчао с Теренцијом што га није волела, а Јулије Цезар са својом женом Помпејом, само зато што се о њој рђаво говорило; али за мудрог и великог Катона кажу да је своју жену Марцију позајмио свом пријатељу Хортензију, као што је чувени Мецена сматрао за част једног доброг куртизана, што је Август живео с његовом женом. Међутим, ово су све били људи истог доба и истог друштва.

Има и код најзаљубљеније жене једно место у души које хоће да се свети оном којег воли: једна мрачна клица неверства и злоће коју ни самој себи не би умела ни смела да призна. Човек заљубљен одмах мисли како своју срећу да подели, а жена мисли како да своју срећу удвостручи. Жени није довољно да добије највише од човекове среће, него да што више отме од човекове слободе. Јер јој је сношљивија њена беда него човекова слобода, пошто је човекова слобода, заиста, извор свих жениних неправди и несрећа. По неспоразуму који излази из сполних разлика, и по неједнакости која долази из социјалних супротности, човек и жена су непомирљиви једно према другом. То иде често у непријатељство несвесно, у мржње прекривене, у сукобе уситњене али постојане. У браку жена тражи све што јој се допада, и узме све што може отети. Човек исто тако граби за себе све женино. Нигде егоизам људски није тако опор као у односу човека и жене, који ратују једно против другог ни сами не знајући докле иде то огорчење. Људи се боре са женама у љућој борби него с ветровима, животињама и морем.

10.

Жена је ипак по својој природи увек нечија жена. И жена, заиста, има само једног мужа: а то је увек онај први. Андромаха је имала с првим мужем Хектором једног сина, с другим мужем Пиром три сина, и с трећим мужем Хеленом још једног сина; али је Андромаха само жена Хекторова, и као таква је инспирисала и Хомера и Еурипида и Вергилија. Увек је за жену први човек једини њен прави човек, чак и кад престане да га воли. Често је он њен господар и доцније, и кад год он хтедне. У њеном карактеру има трећину њега; хиљаду ствари она већ види његовим очима; а има случајева кад и физички сличе једно на друго.

Нико не зна колико онај који хоће да воли, мора да прегори чак и од свог частољубља. Најсрећнији су у љубави они који су изгубили смисао о себи и својој цени. Људи од највећег успеха код жене, то су они који трпе највиша унижења. Ништа не деградира човека колико жена, чак и кад је заљубљена. Жена не прави разлику међу људима, нити се разуме у мушким одликама. То многи људи добро знају. Има стога људи за које је љубав, чак и љубав вишег реда, једна перверзија: љубав коцкара за коцку, пијанице за пуну чашу, пушача за дуван или опијум. То је потреба да се живи полупијан, да човек прави планове за које се доцније каје, и да се говоре безумне речи којих је човека после стид кад се отрезни. За многе људе ниједна жена на свету не вреди тај губитак присебности. Кад су питали Питагору кад треба човек да се ода задовољству љубави, мудрац је одговорио: „Кад год хоћеш да се умањиш". Питагора је веровао да је физичка љубав штетна за човека, јер га замара и скраћује му живот. Питагора је живео осамдесет година.

Чедну жену су сматрали вишим бићем само хришћани. Описују се с нарочитим усхићењем непорочне девојке које су умирале по тамницама, катакомбама, пећинама и амфитеатрима, жртвујући се за хришћанство којем су најпре завештавале своју телесну непорочност као своје највеће благо. У Толеду сам видео остатке куће свете Левкадије, девојке из првог хришћанског века, на којима је неки краљ подигао цркву, а други су краљеви тој цркви давали огромне привилегије, и за култ светитељке скупљали нарочите прилоге. Кажу да је од те цркве и почела права слава града Толеда, јер су се ту доцније држали свештени сабори, краљеви крунисали или ексомуницирали, и прављени државни закони. Дубоко се верује да је светитељска непорочност ове девојке Левкадије спасавала Толедо од разних несрећа. Сви су варварски народи пролазили поред њеног гроба, али га нико није узнемирио. Уопште, хришћанска светитељка је, по правилу, била чедна, према узору мајке Христове, у којој је нарочито истицана телесна непорочност.

11.

Жена има више нежности, а човек има више доброте; жена је великодушна, а човек је племенит. Жена опрашта али не заборавља; човек заборави и када не опрости. Кад год је жена великодушна, она је то увек према човеку, а никад према жени. Човек има детињство, младићство и старост; а жена до краја остане дете, и као дете, све сматра играчком. Глупост је у природи, и најпаметнији човек не успе да томе увек избегне, али жена је глупа само по изузетку. На десет људи има један уман, а на десет жена има једна глупа. Љубомора је једна форма глупости. На стотине људи нема ни половину који су љубоморни из страха да не би изгубили жену коју воле, него су љубоморни из охолости према себи, и из страха да сами не буду понижени. Има их који су увређени што их је унизио други човек, а не што су изгубили своју жену. Затим, има их који су увређени само зато што их је понизила њихова сопствена жена. Међутим, сви ови поводи долазе из глупости. Али, извесно, човек је најмање љубоморан из љубави. Зато су љубоморни само људи окорели егоисти. Жена егоиста не даје другој жени ни човека којег и сама она одбацује. Један од хиљаду начина којим човек успева код жене, то је кад се постави између два женска егоизма. Љубоморан је онај који хоће да буде вољен више него што сâм воли. У највећој љубави уживамо баш у оном што дајемо, а не у оном што примамо, као краљеви. Љубоморан човек, то је као лаком сиромах или као имућан циција.

Човек у животу дели све ствари на добре и рђаве, а жена на слатке и горке. Жена у животу све сматра за свој накит: кућу, огледало, слику, столицу, улицу, пса и коња, град и друштво, чак и човека којег воли. Знам једну велику руску госпођу која је имала накита у бисеру и брилијантима што је вредео четири милиона златних рубаља; а међутим, Колумбо је за откривање Америке потрошио, према рачунима који се још виде сачувани, свега четвртину милиона данашњих златних динара! Чак половину те суме утрошили су на поправку брода, што значи да је откриће Америке коштало свега око стотину педесет хиљада франака... Свакако, све што окружује жену, мање је за њу од ње саме, и све је атрибут њене личности, која је у средини свемира. Да жена не сматра све за свој накит и своје играчке, извесно је не бисмо ни толико волели. Човек воли у жени оно што је детињасто, јер само детињство даје илузију младости, која је за нас вечита магија. Ако човек напада жену, то је једино из разлога самог спола. Као зоолошка фела, и спол је искључив и саможив. Ако и животиње могу да мисле, онда оне имају о нама, извесно, исто рђаво мишљење које имамо ми о њима.

У погледу карактера, постоје три врсте жена: супруга, робиња и одметник. Ако није супруга свог мужа, она је увек супруга неког другог човека, и овог ће човека тражити докле га не нађе, а често остаће му верна и часна, и када није његова жена. Жена без сопствене воље и персоналности, то је жена створена робиња; она је сенка једног или другог човека, или чак обојице уједно, увек мученица и увек жртва. А жена одметник, то је егоиста који не воли никог, нити је ико воли. Уместо воље има прохтеве; уместо укуса, своје сопствене начине; она је заточеник ништавности; она је мало жена а нимало човек; најчешће је дете и дивљак за цео живот. Може да воли и да не воли. Рускиња каже: можда сутра а можда никад. Овом типу жена-одметника се највећма приближује данашња европска жена. Она живи преко своје воље у мужевљевој кући, где једе и спава с њим безрадосно и бежалосно, апатично и хладно. Ништа је особито не задржава да остане где је, или да оде сасвим другде, где би била исто тако усамљена и неприступачна. Много је мање љубави на свету него у литератури; у једном роману има више љубави него у једном великом граду.

Не чекајте никакво добро од женине памети, него само од жениног срца. Ја памет човека рачунам по оном шта каже, а памет жене по оном што не каже. Можда сам већ напред поменуо: жена морал сматра естетиком а човек логиком; а то значи да је морал код ње у осећању, а код њега у глави. Зато је жена моралнија него човек.

Али је још канда општија и сигурнија подела жена на ова три типа: супруга, љубавница, мајка. Често се у једној истој жени нађе љубавница и мајка; а често супруга и мајка; али најређе супруга и љубавница. Скоро никад нису сва три типа остварена у једној истој жени; а да су остварени, то би био заиста врхунац божје мудрости и божје љубави за човека. Жена љубавница и жена мајка, то су жене инстинкта, где посреди нема ничег искључиво човечанског, што не би постојало чак и међу нижим зоолошким фелама. Добра мајка се налази чак и међу зверовима, а добра љубавница међу птицама и међу инсектима. Скоро у највишем броју случајева, жена је или само супруга, или само љубавница, или само мајка. Францускиња није супруга него љубавница и мајка; Шпањолка је мајка а Рускиња љубавница. Српкиња је од свих другачија: кад је најчистији тип, она је човеку сестра.

Стварно, жена има две своје мисије на земљи: да буде мајка и да буде супруга. Она је од природе створена да буде мајка, а само је људским законима натерана да буде супруга. Зато се жена скоро увек одазове својој првој дужности, према божанству и природи, а прилагођава се, с мање или више успеха, према законима брака који су установа човекова. У тој вези с природом, она је велика и моћна; али у тој вези с човеком, она је слаба и често бедна, а зато и лажна. Прва њена мисија је инстинктивна, а друга разумна; прва нерасудна и мрачна, а друга свесна, и зато лабава. Стога се може истовремено бити савршена мајка али рђава жена, јер су то два разна пута и два разна закона.

Жена је највиша у својим бесполним љубавима: у љубави мајке, сестре или кћери човекове. Стари грчки трагичари су дали изванредних примера оваквих љубави; оне су и данас узбудљивије него савремена књижевна интрига љубавника и љубавнице. Било је у античкој трагедији супруга које су се такмичиле у својој љубави не само с љубавницама својих мужева него чак и с љубављу мужевљевих родитеља за свог сина. Алкестида је умрла за свог мужа да би показала да га воли већма него што га воле и његови родитељи, пошто она одлази с њиме у смрт, а његови родитељи осташе посматрачи, немајући срца да и они умру заједно са својим сином. Еурипид је од ове љубави написао драму, а Платон је помињао овај случај у својој познатој теорији о љубави. Љубав кћери и сестре се види у самој Антигони која је дигнута до божанства. Љубав између брата и сестре је код Грка дигнута до хришћанске чистоте. Ово је тим узвишеније што су се у тим истим столећима персијски краљеви женили својим кћерима и сестрама, као и у фараонском Египту, и као много доцније у птолемејском Египту, где се Клеопатра била удала за свог брата, краља египатског. Љубав између брата и сестре, ту узвишену љубав двоје младих, која је тако чиста од сваког нереда спола, опевала је, с грчком узвишеношћу, још само српска народна песма. Према овој чистој љубави, изгледа да је свака друга љубав између човека и жене само једно физичко слепило, или рачунско пријатељство: јер свако од ових двоје љуби на свој начин, у своје време из својих разлога, са свима противречним сукобима памети и крви. У шпанском *Романсеру*, млада Химена, која је најпре молила краља да казни Дон Родрига, убицу њенога оца, доцније моли истог краља да јој дадне Дон Родрига за мужа, јер млади хидалго пролази сваки дан испод њених прозора. („Како је леп убица мог оца!")

Чим жена почне истински да воли човека, онда га воли помало као мајка: тепа му ситне и слатке речи; боји се за његово здравље, и утопљује га; и брани му да пије, или да одвећ пуши; и стрепи од хиљаду прилика и ствари које би могле да му учине какво зло. У највишој екстази срца, жена престаје бити женка, а постаје добра мајка и нежна сестра. На овој сублимној и једином тачки два противна и противничка спола долазе до идеалног измирења. Све до те тачке су ти сполови у сталним сукобима, искључујући се духовно и душевно, и не додирујући се него само физички. Човек и жена се измирују само у љубави чистог срца, и у љубави бесполној, одакле избија искра поезије, која је магија света, сунце сунаца.

12.

Човек влада женом само кад влада собом; а ми владамо собом само кад више мислимо него што осећамо. А нарочито кад мање говоримо него што бисмо и сами хтели рећи. Жена не воли у љубави страдалника, него јунака; а јунак је човек који стоји хладан пред непријатељством жене, и који је увек готов да изгуби. Треба да човек препусти жени љубомору; а жена ће постати љубоморна, чим човек не буде хтео да сâм буде љубоморан. Ако човек није љубоморан него жена, онда је он више господин нсго што је она госпођа. Господин у љубави, то је човек хладан у љубави; а хладан је у љубави само онај који своје частољубље ставља изнад женске доброте.

Жена у човеку увек тражи и мужа и љубавника: тражи и атмосферу породичне топлоте, и истовремено љубавне случајеве нагле, неједнаке и непредвиђене. Ако то обоје не нађе у мужу, онда се она враћа кући с већим осећањем отужности него што је из ње изишла. Жена је често многомужац, чак и стога што је свака жена већ од петнаесте године истраживала и нагађала у младим људима своје идеалне мужеве и своје замишљене љубавнике. Та навика јој иде затим кроз цео живот. Зато није чудо ако се она и доцније залуди напољу, и онда кад истински воли код куће. Никад младој жени није странац какав младић за којег види да би могла да га воли. Вара се сваки човек кад верује да је поуздан у жени само зато што га она воли. Срце је небројено, као што је казала једна песникиња, а тако је мислила зато што је и сама била жена. Љубав је најнесигурније осећање.

Постоје два могућа брака: један за младе и за младост, и други за старе и старост. Први да се подели срећа и обест, а други да се подели несрећа и болест. За један прође време врло брзо, а за други је увек на време. За први од ова два брака су девојке обучене у бело, а за други удовице обучене у црно. Имају и распуштенице, обучене у црвено, али оне су жене за све године. Женити се удовицом, то је увек имати за брак где председава један мртвац у зачељу стола, и који је јачи од живог домаћина; а у браку с распуштеницом, има увек још један муж, који је само одсутан, али који је увек важнији од другог. Мужеви удовица и распуштеница су свагда упоређивани; и то је њихова неминовна беда. А пошто је жена видела свог првог човека у њено доба кад су очи биле млађе и срце било топлије, а све ствари на земљи радосније и сјајније, онда је овај други увек у губитку према првом. Он губи већ тиме што није први, а зато не изгледа ни да је бољи. Паметан се човек ожени на време. У младости је брак ствар љубави и спола, а у старости је ствар слабости и страха од самоће. Још стари Хесиод каже да је доба за љубав тридесет година за човека, а петнаест за жену. Исти антички песник додаје да је најбоље узети девојку чедну, јер је способна да се васпита у врлини; да је мудро и оженити се из свог суседства; и да треба бежати, као од зла најгорег, од жене која воли пировања и која је страсна, јер, каже, она сагори човека без буктиње, и обори га у старост пре времена. У последњем столећу продужен је век човеков, и данас се више не зове ни старац својим правим именом. Уосталом, никад наше године не бројимо ми, него нам их броје жене. У осамнаестом веку старци су, можда последњи пут, још признавали године као мерило младости и старости. Монтескје каже у свом аутопортрету, тако скромно и безазлено: „У тридесет петој, ја сам још волео жене".

Несрећа је што наше лудило за женом траје дуже неголи наша снага за жену; као што се рекло да је престарели Луј XIV трајао дуже него његов златни век. До шездесете године, нормалан човек може бити и пријатељ људи и љубавник жена, јер то двоје иду напоредо; а одатле до седамдесете, настаје мир; али од осамдесете настаје само болест. Његош, који је умро млад и аполонски леп, каже да нема веће бруке од старости. Међутим, Цицерон је написао своје дело *О старости*, у ком хвали старост. Одиста, ни све старости нису без лепоте. Има старост родитеља који уживају у деци, и артиста који уживају у свом делу, и генерала који уживају у својој слави. Али ја лично, никад нисам држао до живота, него до младости, као што се нисам бојао смрти него болести. Младост је лепа што је нерасудна и обесна, и што не загледа у све поред чега прође. С годинама човек изгуби очи, и то је зло; али затим добије и други вид за све ствари, а то је још горе. Човек се с временом нарочито смањује према самом себи. Заиста, сва је трагедија човекова у томе, родити се и проћи кроз сав живот, а остати до краја слеп за највеће истине живота. Младост то још не осећа, што можда и чини највећу њену лепоту. Младост узима за срећу све оно што старост сматра сујетом или лудилом. Кад би младост имала филозофију стараца, не би било на свету ниједног сунчаног дана.

Велике среће изгледају везане за велике несреће. Тако је безброј људи великих судбина напустило живот у очајању, као жртве своје величине: Ханибал, Помпеј, Цезар, Наполеон; или као жртве нарочитог проклетства: Хајдн слеп, Бетовен глув, Милтон слеп, Леопарди грбав. Младост не види кобне ствари живота, и зато је младост виша него живот. Био сам често с једним младим страним краљем пре него што је био протеран из своје земље. Ја сам тад мислио, каква је то несрећа изгубити једно краљевство. Али сам брзо себи додао: „А ја сам изгубио младост, што је нешто још више...".

Лако је разумети жену старог века, матрону, жену шефова легија или сенатора, неуку и добру као Виргинија, лукаву као Ливија, и развратну као Јулија. Лако је разумети источњачку жену, која, као у оловном плашту, живи у својој глупости и послушности. И жену средњег века, мистичну и сексуалну. Али какво место треба дати данашњој Еви, која жели да и сама човека достигне у његовим пороцима, кад не може да га достигне у његовом божанском стваралачком генију. То је жена која је готова да изгуби сваку врлину, и ону у којој је једино била виша него човек, само да задобије право на оно због чега се и сâм човек увек сматрао нижим од жене. Она више није наша жена, ни мајка, ни другарица, ни сарадница. Сишла је на улицу, напустила кућу, оставила другим своју децу. Сасвим по речима једног античког песника: „Свеједно хоћу ли отићи у пакао поломљених ногу, наћи ће се увек неко ко ће ме онамо однети".

13.

Жена је, ипак и неоспорно, највећа илузија човекова. Не постоји ниједна срећа која је у стању да домаши радост љубави. Све друго може бити слава, успех и сатисфакција, али је жена једно пијанство срца. Ни све тамне стране женина карактера као да не постоје него зато да буде осветљен само један њен део, онај у којем она највише зрачи, и који је увек божанствен. Нема несреће човекове коју жена није у стању или да сасвим неутрализира, или веома ублажи. Величина жене је у великим моментима; у ситним догађајима је она ситна. И ситна је само у односу на свој спол, који је главни узрок свих неуреда у њеном духу увек свежем, и у њеном срцу које има много нежности, и онда кад нема много племенитости. Будина жена је била његова енергија. Када су многи људи постајали готови бродоломници и погорелци, само им је жена давала нове илузије за живот. Велике звезде се виде само у сутону дана, а велике љубави само у сутону среће.

Нема веће радости човекове од оне коју може да подели с једном женом. Нема за хероја ниједног правог тријумфа ако не може да свој победнички мач спусти пред ноге жене коју воли. Нигде ни сујета човекова није већа него пред женом. Нигде ни доброта, ни витештво, не могу толико бити стављени на искушење, колико пред тим финим и нежним и компликованим створењем каква је жена. И човекова храброст и човеков геније, нису друго него две бруталне силе природе: њих човекова савест мора најпре да оплемени, како не би окренуле на штету других него на славу општу. Али љубав за жену рађа се већ спочетка пуна племенитости, јер хоће да се жртвује и да усрећи. Човек верује у љубав, и кад није никад био вољен; и заноси се љубављу и онда када не воли жену. Било је чак и великих песника чија је љубав у стварном животу била сасвим другачија, него идеја коју су они стварно имали о љубави, пишући своја дела. Енглески велики песник Милтон, који је певао само рај и анђеле, био је не само рђав отац него и несносан муж: и због Милтонове бруталности је његова жена морала да напусти његово огњиште. А он је ипак опевао своју Еву истом високом егзалтацијом као Данте своју Беатричу.

Има несрећа које не постоје за човека, али постоје за жену, као и обратно. Највећа женина несрећа, то је кад почне веровати да њена лепота пропада. Ово веровање, нажалост, почиње врло рано, чак пре тридесете године; и зато је потпуна срећа женина врло кратког века. Страх да поружња, достиже врхунац њеног очајања, какво људи не могу ни замислити. Ова врста несреће не постоји за човека, зато што он с годинама не поружња, него често постане чак и лепши. Осим тога, човекова лепота нема у друштву и животу оно место које има лепота женина. Човек би имао исто очајање само кад би знао да с годинама пропада његова памет, али се ту догађа сасвим противно, јер је човек с годинама све паметнији. Само губитак здравља или части, биле би за човека две несреће непоправљиве заувек, а све друго је заиста само у његовим рукама. Женино очајање за изгубљену лепоту, превазилази и њено жаљење за изгубљено здравље, или за своје пропало име. Оне би волеле бити и болесне, и важити за нечасне, и бити сиромашне, него важити за ружне међу људима, и можда још више међу женама. Али је срећа што женина лепота опада лагано и поступно, и што се жена толико навикне на своје лице, огледајући се сваки дан у огледалу, да и не опази ни кад истински поружња. Међутим, кад би се жена огледнула у огледалу само сваке пете године, многе би пресвисле од бола. Има диван старогрчки епиграм једне куртизане: „Ја, чији је дрски смех испуњавао Грчку — ја, Лаида, која је доскора имала на прагу читава јата љубавника — посвећујем ово огледало Афродити — јер нећу да себе гледам оваквy каква сам — а онакву каква сам била јуче, не могу". За жене изгубити лепоту, значи као тврдици изгубити свој новац, или као војнику свој мач и славу, или грађанину свој углед. Има и много жена које су ружне, али им се диве људи ако су племените. Међутим, нису ипак тим утешене те несрећне жене, као што нису тиме задовољени ни ти добри људи. И Виктор Иго је отимао другима жене, али се никад није отимао за женску љубав, јер је био заљубљен у себе, и то сасвим онолико колико су други људи били заљубљени у жену. Био је још велики број песника, чак и највећих, који су имали талента за песму, а нису имали талента за љубав; и ко зна колика је то била несрећа и за њих и за свет.

14.

Жена је одувек, неоспорно, и највећи подстрек људског ума и људске енергије. Она је инспиратор као Бог и природа, мада сама није творац. Али ипак више вреди жена као инспираторка, него да је и сама творац. За мене више вреди Рафаелова лепа Форнарина, него и сама романсијерка Џорџ Елиот, или математичарка госпођа Ди Шатле. Без великих инспираторки ништа није велико урађено; а све што су оне саме урадиле, није отишло даље од осредњости. Жене свирају посведневно, а нису дале ниједног композитора; и говоре само о љубави, а нису дале ниједног великог лиричара, бар у хришћанска времена; и вечно говоре, а нису дале ниједног великог беседника. Све је велико створено без женског пера, женског длета и женске кичице. У ученој Александрији четвртог века, лепотица Хипатија је тумачила филозофима кретање звезда и Платонову филозофију, и написала три важна дела, али законе природе и законе мисли су проналазили ипак само људи. И сама ова Хипатија није остала толико важна колико атинска хетера Аспасија. Златни век атински везан је за Аспасију, као за Атину Паладу која је стражарила на тврђави Акропониса. Сократ је, кажу, од ње учио поезију, Платон филозофију, а Перикле беседништво. Али је још важније колико их је она инспирисала својом лепотом и умом, него колико их је испунила својом ученошћу. Италијанска лепа и заљубљена жена средњег века, дала је порекло свима мадонама велике епохе, истовремено кад је давала светитељке и научнице. У тринаестом веку италијанском, било је и жена доктора цивилног и канонског права, а у четрнаестом веку у Болоњи и Салерну су биле на катедрама разне Тротуле, Александре Ђулијане или Ане Манцулино. Међутим, лепа и развратна жена сликара Андреа дел Сарта била је од њих више само тим што је била инспираторка и модел свога мужа. Нико не зна за љубавнице Калдерона или Сервантеса, нити се у шпанској уметности види тај благословени утицај жене на творачки геније човеков, што изгледа једно проклетство. Жена вреди само онолико колико инспирише човека, било великог артисту или малог борца у животу.

Али ако жена није ништа створила, није се ништа велико створило ни без жене. Има много људи који су врло горди што се никад нису дали да их жена превари, и који су сваку своју љубав сатрли хватајући жену у лажима. За друге су опет сви путеви љубави прости и прави: жену која их лаже, одбаце као рукавицу која је тесна, или часовник који не иде добро. Има их и којима је, по инстинкту, већа страст ухватити жену у лажи или неверству, него осетити да их та жена воли: толико је интрига разума у њих јача него историја срца. А има, најзад, и спокојних срца и духова који се измирују пред свима случајностима што могу доћи од жене, и за које нема ни фаталних жена ни фаталних љубави. Вероватно, међутим, да је било много љубави које су остале без суза, а ипак дубоке и велике; али, извесно, човек памти само оне љубави због којих је страдао. Љубав је страдање, а све друго није љубав.

Човек не воли, него чак и мрзи, оне који су га обвезали; и сваки свој дуг, морални као и материјални, сматра подједнако теретом и унижењем. Жена, међутим, није незахвална и лакома него само у својој кући и у свом браку; и нема осећања благодарности једино према породици, пошто сматра да јој ова све дугује. Сасвим као дете. Али пажња туђинца је, напротив, збуњује, и обесхрабрује, и разнежи. И опет као дете. Зато се људи за све врсте својих себичности највећма служе овом њеном деликатном одликом карактера. Жене дају своје тело оном који о њима има лепше мишљење него други, често и само лепе речи. Први морепловци су задобијали на Тахитима све жене само тиме што су им поклањали нојева пера за којима су оне лудовале. У европском салону имају песници успеха код жена колико и милијардери: ови за њихове златне речи, колико они други за њихове златне паре. Истина, да се те речи нађу, треба талента, а то значи треба и лудовања а не само мудровања. Љубав је, уосталом, много више детињаста ствар него ствар филозофије; њу су људи само компликовали и направили највећом фаталношћу. Антички мудраци и песници сликали су Ероса као дете, а не као мудраца.

О ПРИЈАТЕЉСТВУ

1.

Над светом лежи досада као дебело море над Земљином кором. Толико је досада неизмерна на Земљи, да човек увек тражи неког да га разоноди. Да види човека, макар ког! Да говори, макар с ким! И да разговара, ма о чему! И да иду, ма куда! Човек одлази у друштво више из досаде него из сујете. Иначе ништа не би могло ни да објасни опстанак друштва, бар оваквог као што је данашње, које нам одузима новац, дух, време, карактер, жену. Јер би се, заиста, могло без толико људи, жена, речи, лажи, обећања, компромиса. Овакво друштво, то је несрећни свет који сâм себи загорчава живот, као коцкар и пијаница. Овакав друштвени човек, то је за половину пропалица. Говори кад не треба, лаже без повода, удвара се без потребе, игра без воље, пева без гласа, беседи без духа и циља. Други се из досаде жене и разводе, путују с псетом, другују с коњем, спавају с мачком. Велики део света не тражи уметност да се њоме инспирише за велике акције, него да њом растера очајну досаду. Није свету драга ни уметност што је божанског порекла и циља, него што одалечује од обичног људског живота у којем се давимо од досаде. Да је чамотиња једна коб човековог духа, и једна беда његове судбине, то се види и по томе што се дете и дечко исто тако досађују као и младић или као старац, и због тога јуре за друштвом или за игром.

Људи не смеју остати сами са собом. Често воле чак и друштво глупака, и неваљалаца, чак и свог противника, него да трпе самоћу, а то значи друштво самог себе. Ово је заиста најгорчи парадокс. Напорни спортови, тражење духовитости буфона и учености шарлатана, долазе само из очајне досаде. Жена је најбољи спасилац од чамотиње. Људи се не жене толико из љубави и физичке потребе, колико из црне досаде, не зато да с неким поделе задовољство и срећу, које се нерадо деле, него да поделе досаду. И жена изневерава мужа више из досаде него из перверзије, као што њој то исто ради и њен човек. Зато ми се чини да је први мотив пријатељства као провалија, и који је често узрок великих болести и великих злочина.

Због досаде човек мења кућу, улицу, варош, земљу. Из досаде мења лектиру, чак и идеје и принципе. Човек не лови да убија животињу, него да убије своје драгоцено време. Досада је дошла од цивилизације: претерано умножавање забаве доводи до очајне презасићености и затим до мрачне досаде. Свет који је сишао на улицу, побегао је од куће, од себе, од књиге, од размишљања. Муж бежи од жене, и жена од мужа, син од оца, и отац од сина. Човек тако изгледа рођен болестан. Најзад, укус за брзином, који је производ новог времена, јесте и један повод за очајање. Човек броји сате као никад пре, када је знао дању за време само по сунчаном сату, или ноћу по кретању звезда. Човек данас има један сат који избија на звонари, други на зиду своје собе, трећи на свом столу за рад, четврти на руци или у џепу. Цивилизација је бацила у назадак религију која је некад била довољна за живот на земљи. И раскош је убио укус који је некад био довољан за живот у лепоти.

Човек постаје пријатељ човеку који је забаван, а непријатељ човеку који је досадан. Човек се хвали највише оним човеком или оним градом који су му омогућили да брже сатре своје сате и дане, јер су сви дани и сати досадни. Данас људи измишљају машине које говоре, и кутије које певају, и те справе пуштамо да говоре и певају не само кад смо сами него и кад смо у друштву, пошто нам сад више ни друштво није довољно. Човек има стотину веза с људима, за које мисли да су пријатељске, а које то нису него само по изгледу. Људи се дописују међу собом, деле међусобно све случајеве, али не из осећања пријатељства, него опет из осећаја горке досаде. Ни најбољи односи с људима нису само чиста пријатељства. Пријатељство има своје законе, строге и апсолутне, зато што су основани на снази крви колико и на сили уверења. Друштво је човек измислио да се одалечи од озбиљних размишљања која одводе у оно што је болно и тешко, а то је филозофија о животу. Сенека је то осећао кад је говорио против самоће која поквари човеков карактер: „Сâм са собом, врло си близу рђавог човека".

Одиста, самоћа није него за људе изабране. Великим духовима ништа не може да замени њихово сопствено друштво са собом; велики духови су највећма усамљени када су у друштву других и различнијих људи него што су они сами. И Монтењ, велики самотник, веровао је да за самоћу треба бити способан, чак и спреман. Он је веровао да одиста нема ничег већег него припадати себи. Има дубоких досада којих се сећамо кроз цео живот као какве непроходне земље или великог града.

2.

Али као што човек живи у вечној досади, тако исто он живи и у вечном страху. Човек се не боји само опасности која постоји, него још више опасности коју слути; боји се и могућег и немогућег. Уображене опасности су најдубље, и уображени непријатељи су најкрволочнији. Човек је најстрашљивија животиња, јер се боји и најслабије животиње, боји се чак и инсекта. Има људи који се боје и духова, а има их који се боје и празног простора. Одувек се човек нарочито бојао човека. После досаде, можда је тај страх био један од првих мотива пријатељства. Страх од непријатеља у примитивном друштву био је огроман, јер онда нису још постојали закони ни организована државна сила да брани нашу личност. Али ма колико да су сви мудраци проповедали пријатељство, нису мање проповедали и бегање од руље. Сенека је говорио да се никад човек не враћа онако миран кући као што је миран из ње изашао. Он тврди да не треба ићи у многобројно друштво, јер нам у њему све проповеда порок; а што више веза правимо, вишим се опасностима излажемо. Међутим, римски мудрац мисли да треба бежати не само од руље него и од самоће, нарочито ако је човек у очајању или у страху, јер онда прави планове штетне и по себе и по другог, зато што узму несметано маха злочиначке страсти. А пошто је Сенека увиђао да је и најпаметнији човек пун урођених грешака и порока, препоручује свом Луцилију да изабере неког човека који му се лицем и духом највећма свиди, и да затим њега у животу имитира. Препоручује му Катона, ако му не изгледа одвећ строг, или Лелија, јер је његов морал умеренији. Још је и Епикур говорио да човек треба да буде већма него икад сâм са собом кад је приморан да буде с гомилом. А Бекон каже: *magna civatis, magna solitudo*.

Међутим, ове истине никад неће задобити одвише места у нашем животу у којем човек и не осећа него само досаду и страх. Ма колико човек знао да је узак круг његових правих пријатеља, он ће се ипак дружити са што више света. Човек тражи пријатеље кроз цео живот, и онда кад то чини и без доброг плана и без доброг начина. Ово је често и разлог највећих несрећа, јер падамо на лажне пријатеље који су опаснији од непријатеља, зато што увек носе маску на лицу и нож у рукаву. Ја сам увек био сигуран да се моји непријатељи плаше мене већма него што се ја њих плашим. Али ме се нису плашили лажни пријатељи. Њих сам се ужасавао, јер сам стајао пред њима без штита, и јер су знали свагда где се налазе моји кључеви.

Ко се ослободио досаде страха, постао је питом и племенит. Можда се ово односи чак и на животиње, које би поново подивљале и побеснеле чим би се одвојиле од човековог друштва. Има доказа да су по колонијама далеких крајева и људи, напуштени себи, од досаде и страха поново пали у дивљаштво, чак постали људождери. Зато прва два мотива пријатељства (досада и страх), постоје можда и за најниже феле колико и за самог човека. Али постоје и узвишенији мотиви пријатељства који важе само за просвећене људе: заједница осећања, заједница идеја, заједница интереса. Проверите сва своја пријатељства, па ћете се уверити да свако од њих мора да буде основано на једном од ових начела.

Пријатељство на заједници осећања, било је веза између војника славне тебанске легије, који су се удруживали заклетвом хероју Јолаису да ће сви умрети само с раном на грудима, као што је и он погинуо. Таква је веза била и између две сјајне античке личности Епаминонде и Пелопиде, који су се борили у битки сједињујући своје штитове. Такво је осећање било и пријатељство неког Луција за Брута, кад је у битки на Филипинима изашао пред војнике Марка Антонија, који су тражили Брута, и предао се непријатељу говорећи да је он тај кога траже. А кад је истом овом Луцију Марко Антоније после тога поклонио живот, због те великодушности се Луције затим везао и за Марка Антонија пријатељством које је трајало до краја његовог чистог живота. Мени су исто тако лепи и примери робова, који су се, из пријатељства за своје господаре, убијали на њиховом гробу. Осим случаја на гробу Епаминонде, позната је смрт Ероса, роба Марка

Антонија, који је убио себе не приставши да убије свог господара када му је овај то тражио у моменту очајања. Александар се борио гологлав у битки на Гранику, и млади краљ би био погинуо у једном окршају да га својим штитом није заклонио његов највећи пријатељ Клит, онај којег је доцније Александар у пијанству пробио мачем. Међу најлепше примере историјског пријатељства спадају извесно примери двојице српских витезова, Милошевих побратима, који су отишли с Милошем да сва тројица заједно погину у турском табору, и то за част Милошевог имена. Овакав пример не постоји ни у *Илијади*.

3.

Сви песници су певали пријатељство. Хорације пева да се ништа не да упоредити с добрим пријатељем. Теренције пева да се не може срећом назвати ништа што се не даје поделити с пријатељем; а Катул, оплакујући смрт једног пријатеља, пева да његов друг у гроб односи и његову душу. И стари филозофи су пријатељство прослављали већма него љубав. Један од њих назива љубав само пријатељством које је полудело. Хомер је славио пријатеље Ахила и Патрокла. Хесиод каже да кад плаћамо пријатеља, треба га платити поштено. Еурипид каже да у болу треба несрећнику пријатељ као болеснику лекар. И овде у Александрији, где пишем ове редове, постојало је за време Клеопатре њено друштво *несравњених*, друштво за уживање, али је постојало и њено друштво *sinapotanumen*, што значи друштво оних који треба да заједно умру.

Први је Питагора направио од пријатељства једну филозофску и моралну доктрину. Он је први поставио формулу да је наш пријатељ наше друго ја. Према питагористима, све је заједничко међу пријатељима, чак и опасност за живот или имање једног од њих, јер је пријатељство више и од личног живота. Пријатељством се везују не само два човека међу собом него и цело човечанство, и сва друга бића. Питагора каже да нарочито милосрђе и наука приближују људе; и да добро законодавство начини од њих једно једино тело; и да сама природа приказује како су два странца међу собом слична као два брата; и најзад, да се браком улази у везу по самој суштини неразлучно. Питагористи чак ни животиње не искључују из веза пријатељства. Природа и људски закони су подједнаке основе пријатељства. Ово свеопште пријатељство постаје коначно светом интимношћу између људи исте вере; још и више: оно уједињује све расе и све народе, чак и све феле. Ова доктрина је ушла најзад у грчко друштво, државу, чиновништво, војску, који су се сви сматрали везани међусобно пријатељством а не компромисом. Епаминонда је и сâм био питагориста, ученик Лисиса којем се приписују познати *Златни стихови*, иначе, по свему изгледу, дело Питагорино. Заиста, тебанска легија је била прожета овим духом. Ни доцнија филантропија није могла отићи даље од ове доктрине. За нас је интересантно и да је у то античко доба, кад су се људи делили на слободне и на робове, постојала оваква једна филозофска школа, која је била противна тој класној подели на слободне и на робове, не делећи људе другачије него према њиховим врлинама и заслугама. Питагора је био први Грк који је рекао да више вреди добар странац него рђав Грк; а у његовим мистеријама су учествовали с подједнаким правом варвари као и Грци. Овај космополитизам је био продукт грчког генија који једини није знао за другачије границе међу људима него културне, сматрајући да на слободу има право само просвећен човек, а непросвећен да је природом означен роб. Платон и Аристотел су имали предрасуде свог времена у погледу једнакости међу људима; а већ Сократ, њихов учитељ, био је дао морал који није стављен на разлику класа него као науку о срећи за све људе. Али и Платон говори о правди, и Аристотел говори о врлини и о заслузи.

4.

Немогуће је говорити о пријатељству без сећања шта су о томе говорили антички писци. Увек сам волео већ овде поменуту лепу реч коју је казао Монтескје: да нове писце чита публика, а да старе писце читају аутори. Заиста, није било ниједног античког мудраца који и о пријатељству није говорио дуже или краће: и Епиктет и Сенека, као, много пре њих, Теогнис из Мегаре, Платон и Аристотел и Епикур и Зенон из Атине. Цицерон је написао о пријатељству једно славно дело које сви и данас с љубављу читамо. Нарочито су стоици писали о пријатељству врло топло. Можда у томе нико није био тако непосредан и толико интиман као Сенека. Он каже како тражи пријатеља зато да би знао за кога ће погинути, и с ким поћи у изгнанство, и коме спасти живот по цену сопственог живота. Он каже да право пријатељство не може оборити ни страх ни лично користољубље; јер право пријатељство умире с човеком, а прави човек умире за пријатељство. Сенека познаје много људи који имају довољан број пријатеља, али ипак нема међу тим људима правог пријатељства. Ово се, каже, никад не догађа код људи које везује страст поштења, и које креће иста сила воље, јер је између њих све заједничко, несреће више него и среће. Од Сенеке је она изванредна и сјајна изрека: „Живи с људима као да те Бог гледа, а говори с Богом, као да те људи слушају".

Али ма колико да су стоици веровали у пријатељство, колико и питагористи, ипак су проповедали да стоик може опстати и без пријатеља. Кад стоик не нађе пријатеља, то није губитак без којег се не може ићи и даље путем врлине; пошто стоик не треба да своју срећу везује ни за шта спољашње, па, следствено, ни за другог доброг човека. Они су говорили да је стоик сâм себи довољан, пошто је мудрост увек довољна сама себи. Римски мудрац даје велику цену оном пријатељству које има велики писац за неког другог човека. Он верује да је пријатељство великих писаца спасло многе људе од заборава.

Епикур је говорио како пре него што будемо мислили шта ћемо јести и пити, треба да се запитамо с ким ћемо бити за столом да једемо и пијемо; јер ако једемо месо без присуства пријатеља, онда живимо као лав и курјак. Али једно опште место старе грчке мудрости о пријатељству, јесте да не треба узети злог човека себи за пријатеља. Теогнис каже да таквом човеку, ако не учиниш само једну услугу, он ће заборавити све друге услуге које си му учинио; зато треба од њега бежати као од опасног пристаништа. Уосталом, сви мудраци грчки, без разлике, понављају како треба узети само најбољег човека себи за пријатеља, и слушати његове савете, и добро се чувати да се човек с њим не посвађа због ситнице. Колико су ти мудраци ценили пријатељство, највише се види по томе како су мислили да је оно ретко на свету. Исти поменути филозоф из Мегаре је веровао да кад би са целог света покупили добре људе, не би њима испунили ни само једну лађу; као што је и убоги Епиктет говорио како на свету има свега толико добрих људи колико Нил има ушћа. Заиста, никад овакав песимизам неће бити претеран. Довољно је поменути да је и сâм највећи теоретичар пријатељства, и творац античке филантропије, филозоф Питагора, и поред својих пријатеља, умро од глади, у Метапонту, у храму Муза.

5.

Један од највећих злочина старог века био је злочин Александров, кад је у Персији пијан бацио копље и убио свог најбољег пријатеља Клита, који му је у битки на Гранику спасао живот. Млади краљ је носио кроз историју мржњу целог света за ово грозно убиство, што најбоље показује и колико је култ пријатељства био раширен у свету грчком и римском. По свему изгледа да су чак и школе сматрале једним својим важним предметом опширна предавања тих доктрина о пријатељству. Није ни чудо кад се зна да је пријатељство, већ доктринарно, тумачио и један од најстаријих рапсода, Хесиод, и да је оно заузимало један важан део најдубљег размишљања у књигама и свих филозофа. Овај стари писац је кратак и хладан говорећи о пријатељству. Пријатеља, каже, не треба сматрати братом, али му никад не треба први учинити неправду. Не треба ни пријатељу опростити увреду, него му је чак вратити двоструко; али ако се он доцније покаје, ваља примити пружену руку. Треба бити пријатељ само добрих. Већ и Хесиод полази од тачке да пријатељство не постоји међу сличним људима, него међу различитим.

Ово је мишљење доцније постало и основом малог али лепог Платоновог дела о Лисиду. Сократ је, истина, у овој Платоновој књизи доста неразговетан и нешто неодлучан, питајући се стално да ли се воле пријатељски само људи који су по карактеру слични, или, баш напротив, људи који су по карактеру различити. После једне невероватне игре софизама, Сократ не даје овде прецизан одговор, него најзад напушта ученике с којима је о пријатељству дискутовао кроз целу ту књигу. Свакако, Сократ ставља пријатељство изнад Даријевог блага. Цитира и једног песника који каже колико је срећан онај којем су и деца пријатељи, и једнокопитни коњи, ловачки пси, и гост туђинац. Исти мудрац још прави и алузију на филозофа Емпедокла који је говорио да у природи постоје два принципа: привлачење и одбијање, љубав или раздор, и да зато Бог води сличног сличном.

Само је Питагорина теорија о пријатељству отворила пут Христовој теорији о једнакости и милосрђу. Али као у свему великом, тако су и у теорији о пријатељству грчки трагичари били најпотпунији! Софокле и Еурипид говоре скоро као хришћани о љубави међу људима, о једнакости и о зближавању. Аристотел је у свом делу *Етика Никомахова*, посвећеном Никомаху, сину своје друге жене, који се и сâм бавио филозофијом, дао и своју сопствену теорију о пријатељству, која је славна. Аристотел је познат као песимист у питању осећања пријатељства, мада знамо да је Аристотел подигао олтар у спомен на свог пријатеља Хернија. Познате су његове честе речи: „Драги моји пријатељи, знајте да не постоји пријатељ на свету". Али у својој књизи признаје да је човек по инстинкту „друштвена животиња", која не може без друштва осталих људи. Постоје дакле закони који везују човека за човека, и по којима затим постоји и друштво. Према томе, рат није инстинктиван међу људима, него дружељубље. Пријатељство има три мотива: пријатно, добро, корисно. Зато има и три врсте пријатељства: из дружељубља, из доброљубља и из користољубља. Ово последње је осећање најниже врсте, егоистично, пролазно, и садржи исто толико мржње колико и љубави, због чега не може бити ни предметом етике. Затим, као и Хесиод и као Сократ, и он поставља питање да ли се међусобно воле слични и сродни, или неслични и несродни. Али Аристотел овде најзад затвара линију говорећи да је потребна сличност међу пријатељима, јер је у питању снага нагонске љубави а не само моћ размишљања. Чак пријатељство, каже, има снагу да нивелише, изједначује, прави сличним и сродним. Зато је пријатељство и основ сваке правде, највећи закон друштва, једина могућност да живи свет у заједници. То имају на уму и законодавци, који у питању права стављају пријатељство и изнад правде. Има и пријатељство према себи, које је или рђаво или добро. Оно је добро само кад човек у себи воли оно што је највише: а то је разум. Све друго су само мрачне импулсије себичности. Тако је мислио Аристотел. Етика, то је наука о пријатељству. Заиста, сви људски закони уједно сачињавају један велики законик срца и пријатељства.

Зачудо, француска филозофија нема узбудљивих страница о пријатељству. Паскал мисли да у срцу људском нема урођене племенитости. Све је међу људима само пожуда физичка и охолост. Нема љубави, него користољубља; нема ни чистог милосрђа које није прорачунато. Нема ни херојства без сујете. Сви се људи мрзе по инстинкту: човек је човеку курјак, као што су говорили и старински људи. Ни Ларошфуко нема племенитијих речи о природи човековој. Егоизам је, каже, једини покретач наше акције и расуђивања. У нама се смењују само страсти; једна угине а друга се роди; али су све подједнако себичне. Вара се ко каже да се у нама боре срце и разум, него се боре само страсти једна с другом. Све врлине су случајне: сва наша размишљања су производ наше добре или зле судбине. Исти човек је способан за свако зло и за свако добро; али увек из егоизма. Једини је од Француза био добри стари Монтењ, ученик Сенеке у античким идејама о пријатељству. Он ставља пријатељство и изнад крвног сродства. Монтењ хвали свог оца, и затим свога брата који је био протестант, не помињући нигде своју мајку која је била покрштена Јеврејка; као да се осећа нешто проживљено горко на свом сопственом огњишту. Он сматра да крвно сродство још не значи пријатељство. Чланови породице могу бити сасвим различити међу собом: једни честити, други неваљали, једни умни, а други глупаци. Зато је само пријатељство, каже Монтењ, одиста највише осећање човеково. Плутарх није волео свога брата, као што ни Аристид пре њега није волео своју сопствену децу. У браку има трговине, али у пријатељству нема. Кажу да су се пријатељи тражили и пре него што су се видели очима, и верује да су се најзад нашли милошћу божјом; сасвим као што су веровали и старогрчки мудраци. Монтењ, непријатељ друштва и велики самотник, помиње један дирљив случај античког пријатељства који уосталом знамо из Плутархове биографије о Тиберију Граху. Кад су после осуде Граха похватали и његове пријатеље, тада сенатори најпре испиташе Гаја Блосија шта је он био у стању да учини за свог пријатеља Граха. „Све", одговори Блосије. „Зар и да запалиш храмове?" „Он ми то не би никад наредио." „Али да ти је наредио?" „Ја бих запалио храмове." Монтењ додаје овде своја фина опажања, говорећи да су ова два човека, Грах и Блосије, били више типични пријатељи него типични патриоти; и више лични пријатељи један другом, него пријатељи своје отаџбине. Право пријатељство је дакле изнад разума и дубље од разума. Сва остала размишљања Монтењева о пријатељству, заиста, нису његова него античка.

Данте је, у *Божанственој комедији*, славио идеално пријатељство међу људима. У књизи *Нови живот* каже Данте да нико није тако интиман пријатељ као што су син и отац један према другом. Данте је имао, колико се зна, два пријатеља: у младости је то био чувени песник Гвидо Кавалканти, а у његовој зрелости и старости Чино да Пистоја. Због своје нарочито тешке ћуди, вероватно, Данте није могао да лако пријатељује с људима. Због своје претеране охолости, Данте је изазивао само опака непријатељства. Чак, тужно је поменути, и према песнику Кавалкантију, другу из најлепших младих дана, није Данте задржао став пријатељства чим су дошле међу њима у питање разлике двеју њихових политичких група у тадашњој Фиренци. Као члан владе своје републике, Данте је потписао акт изгнанства против свог пријатеља Кавалкантија, а другом приликом није пристао да му олакша помиловање и повратак у отаџбину. Ово је љага на карактеру божанственог италијанског песника, који је овде био само син свог времена. Бајрон и Шели се нису слагали као пријатељи, али су се волели или бар тражили. Гете и Шилер су били такође различити по карактеру, али је њихово пријатељство остало као најлепши документ идејног пријатељства, и један нарочити понос немачке расе.

6.

Цицеронова књига о пријатељству је дело писано у његовој шездесет трећој години, за време велике жалости, после смрти његове кћери, значи у дане кад су пријатељи били најпотребнији. Од латинских писаца он је највећи теоретичар пријатељства; његова мала књига је и данас школска лектира. Истина, ово славно латинско дело је више племенито него оригинално. Уосталом, иако најбријантнији писац свог времена, Цицерон је и сâм признавао за своје многобројне књиге да су у њима мисли туђе, а његове су само речи, којих, како каже, има у изобиљу. Нарочито је био под утицајем Грка, било кад их имитира, било када их побија. Грчке филозофе побија нарочито кад тврди да је на свету добар само мудрац, идеални тип грчке филозофије који има све врлине. Цицерон каже да заиста нико није постигао мудрост онакву какву су Грци замишљали. Овај обожавалац Платона каже да су многи људи били савршено добри и кад нису били мудраци, цитирајући једног Фабриција, једног Корунканија и Манија Курија, римске великане. Ко год је племенит, праведан, непорочан и постојан, он је и добар кад и није мудрац. Као такав, он је способан и за пријатељство; јер пријатељство постоји само међу часним људима. Пријатељство је јаче од сродничких веза, јер породично сродство може постојати без љубави, а пријатељство не може. Пријатељство је, каже овај мудрац, везано за све човекове среће и несреће. Колико је пријатељство скупо, види се по томе колико је ретко: ми познајемо стотине људи али од њих изаберемо свега двојицу-тројицу за своје пријатеље. Пријатељство је, према Цицерону, хармонија људског и божанског. Ништа узвишеније него говорити с неким слободно као са самим собом, и који се радује свакој нашој срећи, и који подноси као и ми све наше несреће. Али су једно пријатељства обична и свакидашња, а друго она која се помињу као пример међу људима. Највише добро које долази од пријатељства, наставља Цицерон, то је што не даје духовима да падну или ослабе; само тако сиромах постане богатим, слаб јаким, чак и мртав постане живим. Мржња разори куће и државе, а то најбоље доказује потребу пријатељства. Пријатељство има своје границе где треба да престане: а то је ако пријатељ затражи од пријатеља какву лошу услугу. Тако су тражили Темистокле и Кориолан од својих пријатеља да се с њима боре против отаџбине; а кад ови то нису хтели, обојица су извршила самоубиство. Пријатељство тражи услуге, али само услуге моралне.

Овде Цицерон устаје и против грчког утилитаризма у пријатељству, значи против теорија Епикурових и теорија филозофа из Абдере и Кирене. Ови су Грци говорили да је пријатељство само један мотив човековог егоизма. Цицерон побија ове три грчке тезе. Прво, Грци кажу да треба пријатеље волети колико самог себе, а Цицерон одбија ово говорећи да у стварима свог пријатеља треба поступати енергичније него и у својим сопственим: молити, преклињати, нападати. Значи све што би било иначе срамно чинити за самог себе, али што је најчасније кад се то уради за корист свог пријатеља. Друго, Грци кажу: врати пријатељу колико ти је дао. Цицерон се индигнира овим рачунањем и пребројавањем; и тражи да будемо бољи у срцу него и тачни у рачуну. Треће, Грци кажу: воли пријатеља колико год он воли себе самог. И ово Цицерон одбија као апсурдум. Многи су људи често претерано скромни и скрушени по природи, или немају поуздање у себе, или немају вере у своју срећу, због чега их треба волети и више него што они воле себе саме. Једино тако ћемо их охрабрити и подићи. Исто овако Цицерон побија Грке кад кажу да треба некога волети као да ћемо га сутра мрзети. Ово је за Цицерона још један апсурдум: јер вас нико неће волети ако буде веровао да га ви сутра можете и мрзети. Чак треба, мисли Цицерон, подносити и рђав избор својих пријатеља, пре него помишљати на прилику за непријатељство. Свако зна колико има коза и оваца, али не зна колико има пријатеља; јер ми бирамо пријатеље по срцу пре него по искуству. Пријатељ који вас не презире ни када се он попне на виши положај него што је ваш, и који вас не остави ни кад сте у најгорој несрећи, такви су људи, по Цицерону, најбољег људског соја, и скоро божанског порекла. Највиши знак пријатељства, то је бити раван и нижем од себе, као Сципион што је био према свом брату. Само спуштајући себе, мисли римски мудрац, подижемо друге.

Истина, славни Сципион је говорио да тешко чије пријатељство траје до последњег дана живота; јер или оно најзад не доноси користи било једном било другом; или се најзад два пријатеља поделе у разне политичке странке; или се њихове ћуди с временом сасвим промене, било због извесних доживљених срећа и несрећа, било због њихове старости. Права куга за пријатељство, то су новац и слава. Највећа непријатељства су постала баш међу најбољим пријатељима. Цицерон је говорио да је само љубав извор пријатељства, а никако корист или страх. Љубав, каже он, постоји и међу животињама, јер за једно извесно доба и оне имају велику љубав за свој мали пород. Код човека је љубав тако велика да се зближи и с оним које никад пре није видео. Чак волимо и људе који се већ налазе у дубини историје: волимо Фабриција и Манија, а мрзимо Тарквинија Охолог и Спурија Касија. Рим се борио за превласт с два непријатеља, с Пиром и с Ханибалом; али Рим првог није мрзео, јер је Пир био поштен, али је Ханибала мрзео, јер је био свиреп. Значи, да су извори пријатељства увек у идеалу; и моћ поштења је толико велика да волимо поштење и код непознатог, чак и код непријатеља, а камоли код нама блиских. Треба ставити пријатељство изнад свих људских срећа, и сматрати га као највећи дар богова. Ово је Цицеронова доктрина о пријатељству, заиста више блистава него оригинална.

7.

Обични људи не живе међу собом на бази пријатељства него на основи компромиса. Свако тражи већма да нађе ортака у својој судбини, него пријатеља. Има чак и људи савршено неспособних за пријатељство, данас више можда него икад. Они су чланови клуба, партије, редакције и академије, често из разлога свих других пре него из разлога пријатељства; и такав човек назива пријатељима људе који му нису блиски ни по идејама ни по осећањима. Емерсон се блажено хвали да су његови пријатељи сами дошли к њему, мада их он није тражио, што значи да му их је сâм Бог послао — а ово је већ стара теорија о пријатељству, пошто су још грчки рапсоди истицали посредовање божје у стварима пријатељства. Емерсон мисли да се пријатељи сретну тек пошто је божанство провалило зид који по природи стоји између два човека, с погледом на њихов лични карактер, њихове односе, њихово доба и спол.

Не треба пријатеља ценити по правди, него по срцу. Чим вас неко суди по правди, он је мањи ваш пријатељ него ваш прикривени непријатељ. Човека најискреније волимо када га волимо заједно с његовим недостацима, чак и кад га волимо баш због његових недостатака. Не воли се савршенство у човеку него у Богу; у човеку се воли само свој сопствени дух и своја сопствена природа. Зато је пријатељство мрачно и нерасудно, као и љубав; а љубав је извесно мрачнија и нерасуднија него и сама мржња. Ко пријатеља тумачи и анализира, тај га не воли. Свакако, не верујемо да ће нас неко волети зато што смо бољи од њега. Само човек без љубави измислио је ону познату реч да треба волети већма истину него пријатеља Платона, иако се ова изрека приписује Аристотелу. Ја мислим, напротив, да треба више волети пријатеља Платона неголи истину. Срећом што се тако и догађа у свима пријатељствима великог стила. Уосталом, ипак се на свету више живи на основи пријатељства него на основи појединих истина.

Осим пријатељства што долази из заједнице осећања и заједнице идеја, има и пријатељство из заједнице интереса. Многи су тврдили да је ово пријатељство међу људима једино које постоји, али тај песимизам није тачан. Заједница интереса не може се ни назвати именом пријатељства. Уосталом, како би неко био пријатељ из интереса? Кад год двојица деле неки добитак, чак и ако су рођена браћа, увек верују да подела није правилна, и да други нема право на онолико колико му је допало. Има, истина, и ортака који су добро расположени у заједничкој срећи и међусобној деоби; али то је кад обојица поверују да само они један другом доносе срећу, и да не би били срећни када не би били заједно. Међутим, у случајевима неуспеха, та сујевера може да обратно дејствује, и породи осећање да су несрећни само зато што је један од њих носилац несреће за другог. Неоспорно је, дакле, да је пријатељство из интереса не само нижег рода него и сумњиве судбине. Извесно је само да у ма којем људском споразуму човек увек мисли како више даје него што прима.

Право пријатељство, оно које иде до хероизма, постоји само међу младим људима. Само се у младости издашно и свесрдно деле среће и несреће, задовољство и порази. Младост, то је једино краљевско осећање. У старости нико није богат, ни онај чији су подруми пуни злата; сваки старац је по природи сиромах и пун сиромашних склоности и порока. У њега нема услова за храбре везе пријатељства. У старца никакво друго осећање није силно осим страх од смрти и ужас од Бога. Нема у његовом животу шта више да се дели, или заједнички осваја, или заједнички ужива. Има само много да се заједнички оплакује и заједнички мрзи. Јер стварно, у старости се не живи више ни за шта, и не ужива се ни у чему. Старци се састају да се само мере у својим бедама, и да женски оговарају млађе од себе, или бар задовољније од себе. Старци лагано добију све женске пороке: сујету, завист, нетрпељивост, егоизам, мрачни страх од губитка, мрзовољу, загрижљивост.

8.

Човека већма увреди оно што сте о њему рђаво рекли, него икакво зло које сте му учинили. Лакше се измире људи завађени после битке или непријатних дела, него после речи у којима је било увреда. Рђаво дело је нестало онога часа кад се преко њега прешло, јер се рђаво дело може поправити добрим делом; али се ружне речи не могу исправити лепим речима. Људи иронични били су често људи пуни духа; њима су се увек дивили више него што су их волели. Иронија, међутим, погађа већма онога чије је она оружје него и саму жртву. Заиста, не треба говорити зло ни о најгорим људима. Иза горких речи остају горка уста. Кад говорите о лепом граду, о цвећу, и о лепој жени, ви постанете тужни. Ко се дотакне прљавог предмета, он упрља своје тело, а ко се дотакне прљавог човека, он упрља своју душу. Ако човек каже неповољно мишљење о неком пред петорицом других људи, може бити уверен да је један од њих унапред пријатељ нападнутог, а други један унапред инстинктивни непријатељ самог нападача. У најчешћем случају, сва петорица су више на страни тог рђавог човека, него на страни овог злог језика. Треба бити опрезан чак и кад је реч о пријатељу, да му се нашом претераном шалом више не шкоди него користи; али о непријатељу, ако не треба рећи добро, треба ћутати разумно. Више нам шкоде у животу рђави језици, него рђава срца. Никад један рђав човек није у стању да учини људима зла колико један зао језик: јер ружне речи остану и када се оговарач заборави. Уосталом, језик страсти је увек непријатан, и језик мржње је сваком одвратан. Покушајте само један дан говорити лепо о свима људима, а о злим не говорити ни рђаво ни добро, и видећете свој огромни унутрашњи мир. Ни о тиранима не говорите рђаво, јер је неко рекао: ако нам великаши не чине зло, то је довољно да их већ зато сматрамо својим добротворима. Наше лепе речи су, заиста, најкраћи пут ка успеху у животу. Има једна стара грчка анегдота коју један римски историчар прича као истину. Неког Андрокла, којег су били бацили лаву у арену, није лав хтео да растргне и поједе, зато што је препознао у њему човека који му је у Африци некад извадио трн из ноге; зато му је сад лав пришао као старом знанцу, и помиловао га својом шапом. Треба непријатеља задужити ма чим било. И оно што у људима постоји зверско, не може се укротити никаквим поклоном, колико се то може укротити лепом речју. Уосталом, никад човек према човеку није праведан: ни кад воли ни кад мрзи.

Волтер је био циничан нападач на своје противнике. За Жана Ферона је написао како га је ујела змија и да је од тога цркла змија а не Ферон. Бестидно се борио против Мармонтела и Русоа. Један други сатиричар тога доба слао је једном великом господину сваки дан за доручак по један отровни епиграм, и кажу да је тридесети дан несрећни великаш умро од срчане капи. Најгоре је, што нападање речима, као и све друго у чему се понекад успе, постане најзад навика, и сврши као занимање. Многи су праведници, бар сваки трећи, били жртве тих отровних речи. Аристофан, који је жучно нападао Сократа у својим комедијама, сматра се да је био један од непријатеља који је дао повод да се Сократ осумњичи и оптужи, и да најзад дође до његове смрти, која је највећа туга старог века. Поред политичара Анита и глумца Мелита, велики песник Аристофан је у својој комедији *Облаци* био на тај начин Јуда најплеменитијег човека античке повести.

Као што има идеалних љубави међу заљубљеним, има и дубоких идејних пријатељстава. Тако су питагористи обожавали свог учитеља Питагору, да су га сматрали Богом, и клели се његовим именом. Ученици Сократови су доцније оставили примере сличне овима, и какве свет више није видео, најмање међу хришћанским апостолима који су скоро изреда изневерили Христа. Погибија Сократова је, напротив, толико била поразила његове ученике, да је Платон напустио земљу и није се вратио у Атину него тек после двадесет година странствовања; а било је и других Сократових ученика који су се разбегли да се више никад не врате. Вероватно да овакве љубави и одаености међу људима није било нигде до те мере нежности. Замислите и то да су ово били све изреда људи који су после себе оставили велика имена. То су филозофи Платон, Антистен, Ксенофант; затим говорници и научници Аристид, Есхин, Еуклид из Мегаре; и војсковођа Алкибијад, и државник Перикле, и песник Еурипид.

Највећма се воле они људи који имају исте врлине, а највећма се мрзе они који имају исте мане. Пријатељство се задобија пажњом већма него икаквим херојским доказима. Треба волети без обзира да ли смо одмах вољени у замену. Нарочито пазити да се избегну с обе стране обавезе другачије него моралне. И увек дати нашем пријатељу предност у заслугама тог пријатељства, а никад га не ставити у подређен положај, у којем би се осећао дужником. Врло је лепо, и често поуздано, пријатељство између људи разног животног доба. У такву љубав млађи ставља пуно невиног поштовања, а старији ставља помало родитељске благости и потребу да заштићује. Тако је било легендарно пријатељство између ученика Алкибијада и учитеља Сократа. Таквим је пријатељем и Ксенофонт сматрао Сократа кад га је питао за савет да ли да путује у Персију, где је овај филозоф доцније био шеф познатих Десет хиљада. Пријатељство у Теби је било идеално. Међутим, пријатељство, какво нам црта стара атинска Академија, носи много пута двосмислице или знаке срамне перверзије. Херодот говори о таквом пријатељству између славних тираноубица Хармодија и Аристогитона; а сâм песник Есхил говори о Ахилу, који је био најлепши Грк, као о бестидном пријатељу Патрокла. Међутим, у чувеном процесу Демостеновог противника Есхина против Тимарха, који је страшан пример атинске клетве, говори се, напротив, о пријатељству ових тројанских хероја као нарочитом примеру идеалног пријатељства.

9.

Између човека и жене постоји осећање пријатељства само док су млади; а они су пријатељи у младости само ако су физички равнодушни једно према другом. Има у том пријатељству нечег увредљивог за обоје, мада то не би никад једно другом ни признали; јер та равнодушност једног према другом долази од разлике темперамента, али за њих би изгледало да је томе узрок недопадање и разлика укуса. Између старијег човека и старије жене не прави се никакво пријатељство. Он је њој потребан, а она њему одвратна.

Било је раса које су нарочито прослављале пријатељство. Грци су у Теби светковали празнике пријатељства, а Срби су се у својим црквама венчавали побратимством. И старогрчки и српски епоси истичу пријатељство и побратимство с усхићењем. За пријатељство су способне само младе расе као што су за пријатељство способни само млади људи; јер пријатељство, то је једна форма херојства. Зато су и стари Грци и Срби испевали своје ненадмашне епосе у вековима када су били млади. Код старих раса све је одмерено обзирима, као код стараца, и регулисано конвенцијама. Старе расе су без спонтаности и топлине, које су главна ствар младићког пријатељства. Исто тако нису за пријатељство способне расе које немају храбрости. Живео сам међу народима у којима нисам видео других пријатељстава него породичних и пословних. Француз је добар пријатељ и частан непријатељ. Италијан је несигуран и као пријатељ и као непријатељ. Грк је више љубазан друг него поуздан пријатељ. Србин је израђенији као тип пријатеља него као тип непријатеља; он за личног непријатеља сматра чак и човека с другог краја света, само ако не дели његово мишљење. Шпанац је више фамилијаран него друштвен; већма воли рођака по крви, него пријатеља по уверењу; и увек чека више од своје женидбе, него од своје нације. Бугарин мрзи човека свог племена, и не зна за пријатељство идејно са странцима; зна само за односе клике и за завереничке везе. Осећање пријатељства се нарочито ставља високо у земљама витештва као што су Француска, Пољска и Мађарска. Немци су једини народ на свету који оснива друштва с кокардама и заставама да би њихови чланови изазвали међу собом вештачке мржње, и ишли на двобоје, да један другом секу уши и носеве.

Требало би у народу подићи љубав пријатељства до парадокса, и дружељубље до религије, јер би то био најсигурнији услов за срећу. Међутим, људи често због једне жене упропасте част свога имена и извршавају самоубиство, и онда кад је нису волели, и кад су је чак и мрзели, а данас нема ни у најкултурнијим друштвима примера да се за пријатељство приносе жртве какве се приносе за жену. Само још у Јапану је харакири можда нешто што наличи на идеално жртвовање себе за другога. Пријатељство мора поново да постане предмет школе. Погледајте само у свом личном животу колико смо мало среће постигли ако ту није било учешћа наших пријатеља, а колико смо невоља претрпели само у њиховом одсуству.

Нису ни сва пријатељства логична ни разговетна. Знам врло моралних људи који су волели развратне пријатеље, и врло славних људи који су искрено волели ништавне личности. Ово су инстинктивне љубави, ствари крви и расе. Свакако, претерано чест додир двају људи изазове увек нагле и жестоке обрте у осећањима која постоје између њих. Добро је избегавати чест сусрет с непријатељем, али и с пријатељем. А за услуге боље се понекад обратити непријатељу него пријатељу. Има случајева где смо од непријатеља направили пријатеља само тим што смо му дали прилике да нас обавеже. Човек природно воли оног коме је учинио добро, јер онда у том другом човеку има нешто и од његовог дела и од његове лепоте. Пошто је непријатељ учинио добро, он је сâм себе уверио о осећањима каква није знао да има код себе, а добио је и поверење да ћемо после тога примити његово пријатељство и престати мрзети.

Има случајева када се пријатељима досади да вам и даље буду пријатељи, и почну лагано да скрећу ка непријатељству; али има и случајева кад се непријатељима досади да се и даље замарају прогонећи вас непрестано, и тада почну да скрећу ка фронту ваших пријатеља. Јер све остари па остари и осећање љубави. Али, извесно, још лакше остари тегобно осећање мржње. Најмање остаре пријатељства која не замарају, и непријатељства која не коштају труда или новца. Није тешко од непријатеља направити пријатеља ако се добро искористи овакав моменат кризе у његовим осећањима. Хортензије и Цицерон су били најпре огорчени непријатељи, али доцније најбољи пријатељи. Тешко је, и можда немогуће, ово постићи само ако је посреди физичка антипатија, или увреда речима, коју људи никад не заборављају. Обичне мржње иначе поцркају саме од себе. Кажу да постоје неки инсекти у ваздуху који за време великих врућина сами себе поједу, и тако угину. Такав је случај и с мржњама које су врло разнолике. Довољно би било мржње класификовати, и видело би се колико у њима има неразумног и случајног.

Пријатељи су обично људи слични по знању, уверењу, моралу, али и по положају и по угледу. Није никад сигурно пријатељство између богатог и убогог, ни пријатељство између образованог и необразованог. Нарочито није сигурно пријатељство између човека отменог и углађеног укуса и човека грубог и простог. У стварима пријатељства, пресуднији је укус неголи и новац и ученост.

Највећа је несрећа кад човек мора ставити на пробу своје пријатеље. Треба имати снаге и не тражити их баш онда кад нам највећма затребају. Нико не воли несрећне, а свако избегава убоге. Млади иду само за срећним, а старци беже само од несрећних.

Има и људи по природи лишених сваког осећања пријатељства, као што има људи без слуха за музику или без гласа за певање. Такав човек нема ниједног пријатеља. Тим именом зове само људе из групе, из странке, из клуба, из ложе. Не разликује људе из групе од људи истих осећаја и идеја. Такав човек нема потребе за друге везе, нити зна да их има. Коректан је из љубави за конвенције; великодушан је из кокетерије према себи; љубазан је из обзира за своју репутацију. Ничег од себе не даје ником, ни најближем до себе. Ово је човек такозвани добро васпитан, и који је најдосаднији створ на земљи. Без персоналности и без уверења, он је раширен свугде, нарочито у политици. Способан је да буде кријумчар и јатак, и зато је увек тражен и увек потребан великашима. Савремено друштво у којем су интереси толико изукрштани, скоро потпуно искључује пријатељства на основи уверења и личног афинитета, и све већма изграђује тип циника по осећањима и сноба по идејама. Има таквих људи који више припадају некој групи неголи и породици и отаџбини.

10.

Глупост је највећи непријатељ зближавања међу људима; глупост је неумитни фактор непријатељства, јер је извор свих неспоразума и заблуда. Глупак не верује да уопште мудрост постоји. Јер чему служи мудрост? Срећи? Па зашто се онда није својом мудрошћу користио Сократ, него га је његова мудрост одвела на губилиште. Сократ је допустио, иако најмудрији, да га победе противници, који нису били мудраци. Као најпаметнији Атињанин, требало је Сократ да имадне и највише новаца и најмоћније пријатеље, и чак да буде краљ Атине. А он то није био. Глупаци тако не верују да има људи који се труде, и који умиру, не да победе они, него да победи једна идеја. Глупак се не одваја од себе, као ни рђав човек. Увек се нађу два глупака да се један другом диве, и увек се нађу глупа жена и глуп човек да се пољубе у уста. Глупак се наслања на глупака, као слепац на слепца.

Истински умни и дубоки људи немају мржње нити поништавају друге. Мржња је ствар непотпуног ума, колико и непотпуне главе. Прва особина примитивног човека, то је да се боји свега што не разуме; а на првом месту се боји памети. Глуп човек не може мирно да саслуша паметну реч, јер га она ошине као бич по очима. Глуп човек сматра паметног човека као своју карикатуру. Зато је он по природи и по свом генију нетолерантан, пошто је нетолеранција ствар глупости а не мудрости. И животиње, ако умеју мислити (а кажу да је слон чак религиозна животиња), онда извесно о нама мисле горе него ми о њима. Глупаци нису добри људи, и не треба себи о њима правити много илузија. Прост човек се брани лукавством, као што се културан човек брани памећу. Лукавство, то је памет непаметних, и лукавство је перверзија разума. Лукавство је интелигенција неинтелигентних и снага немоћних. Лукавство је памет подлих. Опрезност је код добрих оно што је лукавство код рђавих. А пошто је лукавство једино чиме се глупак брани, он верује да је човек који је паметнији од њега, само лукавији од њега; и да се овај не служи мудрошћу него само изоштреним лукавством. Простак сматра да је велико лукавство једина велика памет, страховито и смртоносно оружје против сваког слабијег. Он не може ни да замисли да права памет значи само кристализовану доброту и дубоко човекољубље. Ми заиста не разумемо ничију природу другачије него само кроз своју природу. Први људи су веровали да јаки треба да управља, и да има право да једе слабог, а сви први људски закони су били грађени само према обрасцу природе. Тек много доцније, дошли су закони морала и правде.

Највећи неморал, то је глупост. Више беде долази од глупости, која је извор неспоразума, него од свег урођеног зла на свету. Као болестан што смета здравим, тако и глупак смета умним. Као болестан што иде лекару, требало би и глупак да иде учитељу. Глупост је заразнија од свих болести. Од лупежа нас брани и сусед и држава, али нико нас не брани од глупака и незналице, који ништа не признаје, и који свему смета. Биће највећи од златних векова онај век кад људи буду бацали везаног у тамницу на две недеље човека који је казао две глупаве мисли.

Није жалост што често рђави и глупи људи ипак добро живе; жалост је само кад глупи и зли људи отму места паметним и честитим. Државни и друштвени систем је рђав кад од добрих људи направи рђаве, а то је кад врлина изгуби своју цену међу људима, и кад међу добрим људима није сразмерна њихова врлина с њиховом снагом воље. Тирани све проституишу и упропасте. Није зло само у самовољи рђавих него у слабости добрих. Не зна се шта је кобније и одвратније: самовоља и насиље тирана, или кукавиштво њихових народа.

Велика је беда човекова што ни памет ни врлина не силазе с оца на сина, али је још већа беда што ни памет ни врлина нису онолико заразне колико глупост и порок. Син честитог Фокиона и син племенитог Катона били су савршено развратни, а син Гетеов био је потпуно блесаст. Бокачо каже да је Дантеова сестра удата за Леона Пођија имала сина Андреа који је имао исто лице као Данте, његов стас и кретање, чак и био мало погурен као Данте, а био је потпуно неписмен.

Највећи људи имају и најжешће непријатеље. Један од највећих случајева непријатељства међу великим људима, који је мени познат, то је непријатељство беседника Есхина према беседнику Демостену. Прочитајте парницу Есхина против Тимарха, пријатеља Демостеновог, која је сачувана међу говорима тог великог Демостеновог супарника у слави. Само још можда Тацит у својим *Аналима* наводи сличних примера подлости и подвале, као што су ове Есхинове; и само можда покоји такав пример садрже још протоколи некадашње хришћанске инквизиције. Истина, интрига је стара као земља. Чак и племенити Плиније подмеће Аристотелу да је он с Антипатром отровао Александра, због чега је Каракала, бојећи се филозофије, спалио доцније све филозофске књиге у Александрији и истерао филозофе из Рима. Леонардо да Винчи је вођен на суд после једне анонимне оптужбе да је имао срамних односа с младићем Јакопом Салтарелијем, и био затим проглашен невин. Расина су били оптужили да је отровао своју љубавницу. Данте је био судски осуђен за корупцију и издајство.

Није рђавом човеку довољно да отме ваш положај него да вас истовремено упрља и уништи; нити му је довољно да седне на вашу столицу, него да седне на вашу гробну плочу. То су највећма искусили највиши људи. Зато све свете и велике ствари имају тужну историју.

11.

Наш непријатељ, то још није наш најопаснији противник, јер често од непријатеља направимо доцније доброг пријатеља. Непријатељи, то су често само наши прерушени пријатељи, које од нас дели само какав неспоразум или предрасуда. Половина ваших непријатеља мрзе вас само зато што мисле да их ви презирете, и раде вам зло за леђима, мислећи да бисте то њима и ви учинили чим бисте могли. Али лажни пријатељ, то је најгори и најопаснији човек у нашој околини. Непријатељ нас гледа често само кроз једну своју заблуду које се доцније може да одрекне, и да је се најзад и сâм стиди; али нас лажни пријатељ гледа кроз своју природу која је супротна нашој природи, и кроз своје интересе који су савршено непромењиви с нашим добром и нашим миром. И ако тај човек није отворен непријатељ, то је што нас се боји већма него онај први, а зато и већма мрзи него онај први. Он је подмуклији и опаснији, јер нам лакше пронаће у чему смо слаби, и служи се у борби већма нашом слабошћу и нашом погрешком него својом снагом. Колико год је често лако од непријатеља направити верног друга, од лажног пријатеља је немогуће икад направити искреног пријатеља.

Има људи који нису имали ништа друго него угледне пријатеље, и којима је то за живот било довољно. То није само први успех у животу, него цело једно огромно имање. Истина је да човек не дели с пријатељем само његова остала пријатељства него и непријатељства и омразе; али уколико себи тим може да загорчи дане, толико олакша пријатељу. А пошто су среће и несреће заједничке међу правим пријатељима, оне се лако сносе јер су заједничке; јер подељена несрећа је за половину мања. Ретко који човек није несрећан ако је сâм насупрот једном моћном непријатељу. Али је често и какав кукавица готов да се бије с гомилом ако има поред себе само једног човека који му је дубоко одан. Храброст је ствар васпитања колико је и ствар урођена. Познавао сам велики број људи чију су храброст други инспирисали својим примером или својим размишљањем. Монтескје је говорио да је заљубљен у пријатељство. Он се поносио говорећи да је до краја живота сачувао све своје пријатеље осим једног.

Велики услов пријатељства, то је не тражити благодарност за учињене услуге. Стога су антички писци и истакли реч: све је заједничко међу пријатељима. Јер благодарност би била сметња заједничкој судбини међу пријатељима; у природи човековој лежи да благодарност не одводи у љубав него у потајну мржњу. Благодарност је осећање инфериорности према другом. Мали дуг прави дужника, а велики дуг прави непријатеља, а сваки дуг прави незадовољника. Питагористи су, према прописима свог учитеља, имали сва имања уједињена у заједници у којој су били сви чланови равноправни, зато што је једнакост у осећањима и једнакост у имању међу пријатељима, сматрана законом заједничког живота. Сâм Питагора је себе сматрао равним осталим пријатељима. Он их је учио, кад су били здрави, а неговао их, кад су били болесни; он их је тешио, кад су били тужни, и чак им певао неке магијске песме. После Питагоре, Аристотел је дао ову дефиницију пријатељства: „Иста душа која живи у два разна тела". Међутим, ниједан од ова два филозофа не тражи да се личност човекова, која је извор величине и највећег дела, потпуно изгуби у другом човеку или у гомили једнаких. На једном месту саветује Питагора да човек научи себе на живот сопствени, али и да се тако чува свега што изазива завист других људи. Живот сопствени, овде значи живот одвојен од свих других живота. Било је великих усамљеника међу људима, жалосних људи који никад нису нашли себи пријатеља. Бекон је говорио о људском друштву као о човечјој пустињи. Песник Петрарка, протеран из Италије, отишао је у Воклизу, и онде написао очајне странице о својој самоћи без пријатеља и без љубави. Али је било зато других људи који су се прославили својим пријатељствима колико и својим делима. Међу писцима новијег доба познато је нежно пријатељство између два велика немачка песника, Гетеа и Шилера, који су оставили богату преписку од двадесет година свог дописивања. Кад се Гете са Шилером спријатељио, говорио је да је наишло пролеће, и у његовој души све проклијало и пропевало; а после Шилерове смрти, Гете је очајно говорио како је сахранио с њим половину самог себе. На то пријатељство налик је била само љубав између два англосаксонска писца Емерсона и Карлајла, који су се дописивали пуних четрдесет година, и најзад имали изглед да држе перо у руци само један за другог. Ово се не може рећи за двојицу главних писаца шпанске ренесансе. Сервантес је оштро нападао неке бизарности и претераности у комедијама Лопе де Веге, и отуд њихово непријатељство и крвава битка епиграмима.

Ипак је једно непобитно: нема пријатељства без сродности међу душама. Пријатељство се не да измислити. Једно су лепе везе, а друго су интимна пријатељства. Наша су пријатељства малобројна, искључива, саможива, љубоморна. Не везују се људи само заједницом осећања и идеја, него и заједницом укуса и навика. Наш пријатељ је наш помоћник у свима намерама и наш пратилац у свима нашим кретањима. Симпатија међу људима је физичка, и зато је пресудна и прека. Али отуд долази блаженство и душе и тела после једног сата проведеног с искреним пријатељем. То је највећа радост чула и мисли; продужење и повећање себе; свој ехо и свој одблесак; своје друго ја, које опија и охрабрује за све могућно и немогућно. Било је великих освајача који су мрзели све људске законе и читаве народе, али су волели своје пријатеље. Писма Плинија Млађег пуна су изванредно нежног пријатељства према његовим друговима који су били људи првог реда, почињући од императора Трајана, до писца Тацита, и драматичара Марцијала и памфлетисте Светонија.

12.

Ми немамо срећу да себи бирамо ни непријатеља ни пријатеља. Непријатељи нас сами пронађу и први нападну, а пријатељи увек дођу случајно. Људи се зближе или разилазе по судбини и по афинитету, већма по темпераменту него по духу, и већма по интересу него по моралу. Љубав нема свог извора ни свог разлога, а мржња долази из извора и због разлога који су скоро увек потпуно јасни. Постоји мржња расна међу људима двају разних племена; и постоји мржња начелна између људи двеју разних политичких странака; а постојала је одувек и постојаће засвагда и мржња религиозна између људи двеју разних вера. Мрзе се често људи двеју разних покрајина једне исте земље, и људи двеју разних породичних традиција. Има чак и једна инстинктивна мржња у човеку малог стаса према човеку високог стаса. Све разлике међу људима изазивају на нетрпељивост или на мржњу. Најбољи пријатељи, то су они у чијем друштву можемо да ћутимо и да се ипак осећамо добро као и да се најсрдачније разговарамо. С непријатељем се може разговарати, али се не може ћутати. Тако је ћутање једна мера пријатељства.

Сви су велики песници били апостоли пријатељства. Ако је изузетак био Данте према пријатељу песнику Кавалкантију, можда је овде разлог у томе што је Данте политички био гвелф, а Кавалканти гибелин. Затим, Данте је био политичар и државник, члан републиканске флорентинске владе; а политичари, долазећи на власт, прво изневере људе које су дотле волели свим срцем. Међутим, случај Шекспиров је можда најлепши од свих. Овај божански песник је прославио пријатељство већма него ико и пре и после њега. За Шекспира је пријатељство једно свеобимно осећање пред којим се губи све друго; то је за њега осећање које иде у самоодрицање, у оданост на смрт и на живот. Шекспир, који је према речима његовог првог биографа Роуа, био у приватном животу неизмерно нежан и племенит, унео је и у своје драме тај култ пријатељства на начин сасвим антички. Заиста, поред сваког протагонисте какве Шекспирове драме има увек један веран пријатељ: поред Отела има Касије, поред Хамлета има Хорације, поред Ромеа има Меркуције; чак и поред Хелене има пријатељица Хернија, поред Беатриче има пријатељица Херо, поред Паулине има Хермиона. Познато је да је у драми *Два племића из Вероне* описан лични живот Шекспира као мужа. Између двојице пријатеља, Валентина и Протеја, има жена коју обојица безумно воле, али љубав према пријатељу побеђује љубав према жени, и драма завршава једним моралним тријумфом. Међутим, Шекспир је овде описао свој случај сасвим противно од оног што се догодило: јер је Шекспиров пријатељ већма волео Шекспирову жену него Шекспира, због чега је несрећног песника жена преварила а пријатељ изневерио. Шекспир је овај случај болно опевао и у својим славним сонетима, двадесет деветом и тридесет другом. И у поменутој драми и у поменутим песмама, његова доживљена туга наишла је на личне акценте какви се можда не виде више ни у каквом другом Шекспировом делу. Истина је и то да су биографи већ скоро четири века узалуд истраживали стварније везе између споменуте драме и породичне несреће Шекспирове. Уосталом, није то ни потребно. Ниједан велики песник није написао ништа што није извучено из његовог најинтимнијег живота. Песници су толико усамљени на свету да и не виде ништа друго него оно што су сами отпатили, нити опевају друго него што су сами најпре оплакали; а тек после тога остали људи налазе како су песници изразили на божански начин и оно што је сваки од малих људи истински проживео и у свом личном животу. Један од најсјајнијих типова правог пријатељства, то је Шекспирово венецијанско лице Антонио, који даје јеврејском зеленашу Шајлоку килограме сопственог тела да би његов пријатељ Басанио био срећан у љубави са женом коју воли.

13.

Разлику између љубави и пријатељства антички вајари су вајали према два различита мита. Купидон, алегорично божанство љубави, сликан је с везаним очима, јер је љубав ствар неразумна и слепа. Али пријатељство је сликано много свечаније, јер је оно било увек разумно осећање, и благодетно за човека. Статуе пријатељства биле су рађене гологлаве, с отвореним грудима, и с руком на срцу. Тако је било код Грка. Али су и Римљани сликали свог Амора као што су Грци сликали свог Ероса. Пријатељство су Римљани сликали као божанство, на чијем су челу биле написане речи: „И лети и зими". На ресама његове тунике је било написано: „Смрт и живот". Најзад, то исто божанство пријатељства показивало је десном руком на своје отворене груди, на место где је срце, а ту су стајале написане речи: „Изблиза и издалека". Уопште, Римљани нису нимало изостајали иза Грка у обожавању пријатељства. Било је чак виших херојских пријатељстава међу Римљанима него и оно неколико пријатељстава која су нам као пример остала из старог грчког света. Интересантно је овде навести идеје двојице римских писаца; једног императора и једног роба, обојица класични стоици. Марко Аурелије говори о пријатељству без резерве и с крајњим оптимизмом. Он верује да се срце човеково највећма развесели кад види супериорност својих пријатеља: активност једног, опрезност другог, дарежљивост трећег, затим све остале врлине четвртог и, најзад врлине свих других. Овај цар филозоф сматра за највећу срећу човекову дивити се врлинама других, и то својих пријатеља и суграђана, којима, каже он, треба увек стајати близу. Међутим, роб Епиктет сматра да је тешко имати пријатеља. Кад га је један млад човек питао болесног да ли би пристао да буде пренесен у кућу једног пријатеља и да се ту лечи, овај му је одговорио: „А где бисте ви нашли пријатеља, филозофу?". Епиктет је веровао да се само слични духови могу спријатељити, и да наш пријатељ треба да буде наше друго ја; а за филозофа је тешко наћи његово друго ја. Стога је Диоген био пријатељ филозофа Антистена, а филозоф Кратес пријатељ филозофа Диогена. Епиктет мисли да су људи у свему променљиви, па и у пријатељству. Мали кучићи се играју као да нема веће љубави од њихове; али чим падне међу њих комадић меса, они се острве једно на друго. Исто је тако и с људима, чак и с оцем и сином због комада земље, или због лепе жене. Уопште, међу људима долази на прво место лични интерес. Човек удара на најрођеније, ако му сметају; и обара кипове божанства, и запали њихове храмове, ако му не користе, или ако неће да му помажу. Александар је запалио храм Асклепијев, по смрти једног пријатеља којег је волео. Ставите све, каже филозоф Епиктет, на једне теразије, и лични ће интерес брзо претегнути: тако је Пелопонески грађански рат између Атине и Спарте избио због личног интереса; тако и рат Тебанаца с овим обема државама; и рат Великог Краља с целом Грчком; и рат Македонаца најпре с Грчком и затим с Персијом; и најзад, савремени рат између Римљана и Гета... Лепа жена Хелена паде међу добре пријатеље Париса и Менелаја, и букну страшни десетогодишњи Тројански рат. Ни пријатељство, каже даље овај мудрац, није друго него израз егоизма. Међутим, као прави стоик, Епиктет овде додаје ипак да човек, састављен од душе и тела, увек ставља напред оно што је више по есенцији, а то је душа. И зато су интереси душе прави интереси човекови. А ово је, пре свега, мир, или „апатија" (вечна ведрина). Тако и оно што хришћанство назива небеским благом, а други земаљском таштином, према Епиктету излази из саме ове логике. Антички филозофи, који су, сви подједнако, обожавали пријатељство, и писали о њему као о нарочитом божанству, били су сагласни кад су год говорили и о непријатељству. Нико у старо доба није имао милости за непријатеља, као што су то имали хришћани, чак ни обичне трпељивости за противника. Сâм песник Еурипид, у стиховима своје драме *Баханткиње*, каже да је највећа мудрост и највећи дар богова људима, кад могу да победнички ставе своју тешку руку на главу непријатеља.

Уосталом, снажан мушкарац и срчан човек по инстинкту прибегава својој физичкој супериорности. Уосталом, човек се заиста мора обележити у свом друштву не само својом памећу и моралом него и физичком снагом. Једна велика сатисфакција човекова, то је кад се непријатељи плаше његове речи и пера, али и његовог мача. Мир с људима, али мир после битке, то је као читава слава после победе. А мир без борбе, то је немоћ и летаргија. У наше доба су били Бизмарк и Клемансо, један велики политичар а други велики беседник, људи познати као најстрашнији дуелисти. Клемансо је имао најсигурнији пиштољ у Француској, а политичар Дерулед се сматрао славним што га у двобоју није био у стању Клемансо да погоди. Има једна нерасудна али и дубока сатисфакција у томе, бити физички јачи од својих противника, и бити уверен да га непријатељ не може газити ако га најпре не убије. Заиста, мора да је страх људи малених стасом и слабих мускулима, највећи ужас на земљи. Па ипак само у наше доба има људи који не знају да владају оружјем на земљи.

14.

Досада, смртоносно осећање човеково, није ипак иста ствар за мудраца што и за немудраца. Код мудраца је досада чисто духовна, а код другог је чисто физичка: првом треба лек духовни, а другом посао физички, да ту досаду растерају. Филозоф Џон Лок већма је волео и присуство детета, него потпуну самоћу. Људи су рођени незадовољници; и свако налази да је живот непотпун, кад и не би умео да каже зашто тако мисли. Овакво мрачно незадовољство на земљи немамо једино у младости, кад су и све радости и све туге подједнако нерасудне, и када се живи више у бунилу крви него у светлости ума, али сва остала наша доба прожета су таквим очајањем. Иначе, само су ограничени људи задовољни собом и својом судбином. То задовољство глупака и ветрогоња повећава још већма горчину живота оних који стварима живота дају претерану цену. Најбољи људи били су по природи невесели и жалосни. Простак налази за себе све квалитете античког савршенства: јачи од Киклопа, бржи од Бореја, богатији од Миде, моћнији од Пелопса, и речитији од Адраста. Међутим, сјајни писац Стендал је говорио за себе да се сâм чуди како га поред његовог рђавог карактера ико воли, а филозоф Русо је веровао да га цео свет мрзи.

Ко има потребу за пријатељством? Свакако не сви људи. Пријатељство траже весели и добри људи, а рђави људи и разбојници (они из шуме, и они из салона), траже само јатаке и ортаке. Завидљивци не знају за пријатељство; а тврдице су неспособне да другом дадну имало од своје душе, као што не дају нимало од свог новца.

Никад нас ни новац не усрећи, колико нас усрећи обична љубазност других људи. Има безбројно срећа које иду улицама и тржиштима. Топао поглед и љубак осмех наших познаника, усрећава и охрабрује више него материјална помоћ. Стари мудраци сматрали су један град само насељем искрених пријатеља, који су заједнички повезани у безбројним несрећама; чак и сама држава, то је, стварно, само једна велика институција пријатељства. Зато је пријатељство било доктрина и наука; чак и један култ, пошто су Грци пријатељству дизали олтаре. Постоји пријатељство и према гомили, а први израз овог пријатељства јесте добар друштвени тон. Где нема доброг друштвеног тона, ту не постоји друштво него руља; и не постоји ни пријатељство, него злурадост и зла намера. У простачких народа нема доброг тона, јер је његова мржња разуздана и неукроћена. Антички народи имали су више друштвеног тона него и модерни. Позната је висока куртоазија старих Персијанаца и деликатност старих Грка. Још стари Херодот каже на више места, како не може нешто да напише из обзира доброг тона према читаоцу. На пример, не може да напише зашто уметници у Египту сликају Пана с челом козе и ногама јарца, и зашто у Египту жртвују свињче, за време пуног месеца, божанствима Месецу и Баху, а не у друге дане; и неће исти писац да опширније говори ни о свечаностима богиње Изиде. Међутим, у наше време, могуће је све ставити на хартију, чак и оно за шта се иначе људи избаце из друштва на улицу. Као да радост није двострука гадост кад се напише.

Рђави људи беже од пријатеља, јер, по инстинкту, беже од истине; а пријатељство је једна крупна истина, зато што је гола искреност. Рђав човек бежи од пријатеља, јер се пред њим осећа провидан и без маске; и не усуђује се да говори пријатељским језиком у којем се све брзо прокаже, и све лако осети. За рђаве људе је искреност што је и светлост за ноћне грабљивице; зато рђави људи воле помрчину и лаж, конфузију и замршеност. Неваљалци чак имају инстинктивни отпор и за религију, јер осећају да је она једина јача од њиховог ножа и отрова. Зликовац разуме божанство само као његовог помагача у свима неделима, иначе га не разуме и не трпи. Нерон је ишао у Делфе да испита Аполона, али, примивши непријатне одговоре, он је у том истом храму подавио људе, и бацио њихова тела у свештени понор. Један тужилац, за време Француске револуције, није спавао ни дан ни ноћ само да би што више оптужених послао на губилиште и да би набавио што више лажних сведока. Тај исти човек, који се звао Фукије-Тенвил, успео је да у Консјержерији, где је некад Луј XIV рекао: „Држава, то сам ја", удеси и да Марију Антоанету пошаље једног дана на гиљотину. Кажу, међутим, да је тај човек имао истог тог дана иконицу Богородице обешену о врату, јер је био дубоко побожан и веровао да му у свему овом Бог помаже. Познато је и да се разбојник на друму, који гађа пролазнике, најпре прекрсти да не би промашио. Један српски разбојник, пожаревачки хајдук Јосовац, пошто је пљачкао ноћу сеоску цркву, целивао је икону, и на тас оставио два динара. А један пријатељ ми је причао у Мадриду како се некакав човек сатима скрушено молио Богу у цркви, али излазећи из цркве, опази недалеко од врата један сребрни свећњак који брзо дограби и сакрије под свој огртач, док га стражари нису ухватили на улици. Рђави људи мрзе и уметност и филозофију, јер обе иду за истим, и јер су чисте. Рђав човек није никад био пријатељ мудрости и муза, и то сасвим природно, јер ни њега мудрост и музе не воле.

15.

Ни жена није велики приврженик пријатељства. Достојанство и част, у нашем мушком смислу, не постоји за жену. Све је код ње у сујети, коју је лакше увредити него човеково частољубље. А пошто је жена увек и свугде у лажном положају, јер је увек подређена туђој вољи, она је огорчена и противу друштва, и ни једном ни другом није искрен пријатељ. За човека је везана сполом и животним потребама, а за жену се не веже ничим. Умна госпођа Де Ламбер је говорила да пријатељство између две жене уопште и не постоји, и изазвала је била због ове тврдње једну научну полемику, кроз цело њено столеће, кад су навођени примери Алкестиде и Еронине, а у *Библији* пријатељство младе Руте за свекрву Ноеми. Свакако, не знам ни ја за херојска пријатељства међу женама мог друштва и мог времена. Човек се за човека жртвује посведневно, и животом и имањем; а међутим, имамо примера међу женама, и оним женама које слободно располажу огромним новцем, да никад не помогну своје пријатељице ни за онолико колико потроше за своје најниже обести.

Неки људи долазе међу собом у сукобе и непријатељства, из истих оних узрока из којих се други људи зближују. Овде су разлози различити: духовни, што значи противни погледи на живот; и морални, што значи противни принципи према људима; затим, разлози темперамента, што значи дубоки мотиви крви и атавизма; најзад, разлози који истичу из чисто материјалног егоизма. А макар што има толико много разлога у човековој природи да се с другим људима здружује, има ипак људи који се никада не спријатеље и не здруже ни с ким. Има других људи који се ни с ким не сукобе кроз цео живот, ни с онима који су им по целој природи противници. Али има и сјајних карактера који по чистоти своје крви, и лепоти својих начела, изгледају као да намерно траже на једној страни како би сав олош имали противу себе, да би моћније и поносније уживали на другом месту у лепоти свог пријатељства и своје акције. Ови су људи редовно жртве живота, јер се најзад увере у оно што је најтрагичније: да рђавих људи има увек више него што се мисли, а правих пријатеља увек мање него што и сами верујемо.

Несрећа је што човек нема урођени инстинкт да унапред позна ко га воли а ко га не воли. Извесна дивљачка племена препознају по стопи на песку да ли је тим путем прошао пријатељ или непријатељ, према племенима њему пријатељским и непријатељским, а, међутим, најумнији човек међу нама не може да препозна непријатеља ни по изразу лица, ни по смислу његових речи. Зато на једном месту каже Платон да животиње имају урођени инстинкт пријатељства и непријатељства. Сократ говори Глаукону: „Можеш лако видети такав инстинкт код пса, а то је једна висока особина те животиње". Глаукон: „Какав инстинкт?" Сократ: „Да лаје на оне које не познаје, иако му нису учинили никакво зло; а да се удвара онима које познаје, иако му нису учинили никакво добро. Зар се ниси дивио оваквом инстинкту у пса?"

Има пријатељстава врло чистих и искрених, али која ипак нису интимна. Словени су најинтимнији пријатељи, јер су најдушевнији људи. Руска интимност је продукт средине и климе. У Русији су ноћи безмерне и дани кратки, степе непроходне, шуме непролазне, реке непребродиве. Пред таквим феноменом у природи, људи се скупљају у заједнице, у дуге вечеринке и посела, где се прибију једни уз друге да би били весели, и окупе се у заједнички рад да би одолели ветровима и просторима. Нигде нема таквог дружељубља, а зато нема нигде ни те доброте и љубави човека за човека. Све погрешке рускога човека, социјалне и политичке, долазе из његове дубоке потребе за еванђеоском љубављу, која, уосталом, инспирише и дела свих његових највећих мислилаца.

16.

Пријатељство се зове љубав између човека и човека. Али постоји и пријатељство човека према гомили, држави, идеји, животињама. Тако исто постоји и непријатељство према свим овим предметима. Има људи који по свом инстинкту беже од гомиле, а то су мизантропи који су свагда егоисти, и тврдице, који су свагда кукавице. Има и људи рођених противника сваке организоване заједнице, и редовних односа међу људима, и они нагонски постају противници и државе која је највећа форма те заједнице. Затим постоје и људи који су рођени непријатељи сваке идеологије, и који никад не умеју бити религиозни, јер је религија највећа идеологија. Зато нису ни социјални ни национални. Најзад, има људи који не воле животиње, и не могу чак ни да их трпе у својој близини. Значи: љубав и мржња, обе су увек свеобимне и апсолутне.

Одиста, кад би се пријатељство односило само на људе, живот би био горак, тескобан, и пун разочарања; али срећом што има људи који воле идеје, с истом страшћу као што други воле људе и жене. Затим, срећом, што има и људи који уживају у лепим стварима, колико други уживају у идејама и људима. Они тим стварима оките своју кућу, обогате свој живот, налазећи често њихово друштво за потпуно довољно. Нарочито је велика срећа оних људи који знају да воле лепе и племените животиње. Шопенхауер је говорио да је омрзнуо људе откад је познао животиње. Али је, несумњиво, ипак пријатељство човека за човека најдубља веза и најлепше осећање. Зато су стари атински мудраци говорили да пријатељ треба да пази и прислушкује чак по улицама градским шта свет говори о његовим пријатељима, да би неопрезност пријатеља учинио пажљивим ако му прети опасност; и да међу пријатељима нема обзира материјалне врсте, јер пријатељи не могу позајмити ништа један другом зато што је међу њима све заједничко. Истина, Грци су и овде постављали своју познату љубав за меру у свачем, говорећи да и пријатеља треба само толико волети као да ћеш га сутра мрзети, а треба га мрзети као да ћемо га сутра волети. Ово није сметало да Грци дадну много примера идеалног пријатељства. Познато је завештање једног убогог Коринћанина двојици својих пријатеља који су били богати: „Завештавам свом пријатељу Аретију да храни моју мајку док је жива, а пријатељу Хариксену да уда моју ћерку, пошто јој дадне најбољи мираз који могне; а који од њих двојице преживи другога, нека наследи и његово имање". Оваква грчка завештања, тако чудна за нас данас, сматрана су онда као логична и свештена ствар пријатељства. И многи римски богаташи, велики и мали, остављали су своја имања већма пријатељима, него родбини, а чак врло често и самом Цезару.

Има људи који не могу ни да силно воле, ни да силно мрзе; то су онда опасни ситничари и убеђени циници. А пошто и за отворену љубав, као и за отворену мржњу, треба храбрости, значи да човекова неспособност да неког воли или да неког мрзи, долази само из кукавиштва. Римски тиранин Сула је говорио за себе да нико није од њега био ни бољи пријатељ за своје пријатеље, ни страшнији према својим непријатељима; а те речи је дао тиранин да се напишу и на његовом гробу. Али Сула се овде варао у људској природи: човек је или створен да воли, или створен да мрзи, али никад није створен за обоје. Сула, развратник и крволок и распикућа, само је знао да мрзи, и успео је да постигне жалосну славу највећег од свих римских тирана. Јер тиранин не убија само људе, него и људска дела и људске идеале. Сула је најпре оборио законе, како би затим могао да поубија људе.

Глупаци су по правилу лукави, а умни су по правилу наивни и лаковерни. Глуп човек се боји другог човека, и увек га мери само по томе колико њему самом може бити опасан или користан; а уман човек мери другог човека независно од себе, и само по принципима, гледајући у њему општу човекову природу већма него појединачну личност, увек људство више него човека. Стога и велики људи не познају мале људе, грешећи у појединостима, нарочито у односу према себи самом. Такве заблуде се не догађају плићим и нижим људима, јер ови све добро мере, пошто мере једино у односу према себи. Мали човек живи у својој глупости безбрижно и спокојно, као свилен црв у својој сјајној чаури. Само велики људи имају велика разочарања; и најчешће су несрећни зато што принципе живота свагда стављају изнад случајности живота.

Има читавих раса у којима нема примера пријатељства. Код примитивних људи постоје извесни обреди пријатељства, који су далеко од наше идеје о пријатељству. Тако је било гостољубље код старих Јевреја, или данас гостољубље код бедуина. Гостољубивост је, уосталом, црта некултурних народа; културни народи су по природи искључиви у погледу породице и државе. За некултурне народе никад странац није сматран за непријатеља, осим ако је наоружан, а за културне је народе странац непријатељ или пријатељ без икакве везе да ли је наоружан. Европски народи не знају за гостопримство, или бар за гостољубље. Шпанци се хвале својим гостољубљем, али су њихове куће затворене за сваког осим за најближе рођаке, и никакав странац не зна како изгледа шпански тањир и виљушка. Стари су Јевреји били гостољубиви, али само међу собом; чак ни људе из Самарије нису примали у своју кућу и у своје друштво људи из Галилеје. Марија из Магдале, просувши уље на главу Христову, разбила је затим бочицу, а то је био знак да је гостољубље и пријатељство добило тиме свој крајњи израз. Међу племенима куд и данас пролазе каравани, гостопримство је само друштвени пропис и скоро верски обред. Где има страха, нема пријатељства. Страх је особина дивљака и животиња, јер они немају презирање смрти, него имају само слепило и за смрт и за живот. Све врлине, па и храброст, јесу плод цивилизације.

О МЛАДОСТИ И СТАРОСТИ

1.

Нико није сујетан на своју младост, нити се осећа да је пресрећан зато што је млад; а свако је, напротив, и несрећан и очајан кад је стар. Рекло би се по томе да су среће неразговетне, а само несреће очевидне. Међутим, ствар је у томе што не знамо у младости шта је беда стараца, као што добро знамо у старим данима шта је било блаженство младости. Зато људи сматрају старост својом несрећом, а жене је чак сматрају и својом срамотом.

Младост, то је богатство и краљевање; то је чар телесне лепоте и духовне свежине; лепота физичке снаге; бесконачност надања; раскош у плановима од којих је сваки огроман и безмеран, и од којих сваки изгледа вероватан и кад је немогућ. Младост, то су радости пречесте и пренагле; сви избори оптимизма отворени; а сан стављен изнад истине, и љубав изнад живота. То су намере од којих су увек половина херојских а половина разбојничких. Младић, то је завереник; а млада жена, то је усташ. Сваки је оквир узак, и свака се река даје прескочити. Свака идеја је престарела, и сваки је ауторитет насиље. Сви су људи супарници, и све су несреће само љубавне. Сваки је закон тиранија, а свака је утопија идеја. То је младост. Али тај живот у парадоксу, и таква обест у илузији, учини да се затим све ствари почну да с годинама поступно смањују, и да најзад човек падне у очајање тим веће уколико је младост била потпунија и сан о животу разузданији. Највећи део људи који су били несрећне младости, напусте живот с уверењем да су само они били несрећни, али да срећа ипак постоји. Међутим, највећи део врло срећних у животу сврши верујући, напротив, да је живот комедија а људи комедијаши.

Старост је одиста најружнија ствар на свету. Старост није само последње доба људског живота, него старост значи болест. Стар човек, то је дегенерик, а старост је наказа. Старци су толико сметња да је било народа у којем су старце у извесно доба старости каменовали, као вешце и вампире. Наше доба је праведније. Уосталом, данас се нико и не признаје старим. Мерило за младост и старост сад је мањи принцип физички него принцип духовни. Најзад, и срећом, старост је болест само глупих људи и ружних жена. За умне људе и за лепе жене не постоји старост. Уман не сме остарити, а лепа жена не може да остари. Ум и лепота се само мењају, али с временом не пропадају. Ко је једном био одиста млад, тај не може постати одиста стар, као што човек који је одиста паметан, не може постати глуп. Може човек пропасти боловањем, али то може и кад је млад. Тако је филозоф Ксенофонт живео стотину година, а Питагора скоро исто толико. И божанствени Платон је живео врло дуго, јер је навршио девет пута девет година, што значи множење броја који су онда сматрали најсавршенијим; а навршивши осамдесет једну годину, тај мудрац је умро на сâм рођендан. Због овог се случај Платонов сматрао као савршенство и живота и смрти. Чак и песник Софокле је живео деведесет година, и написао стотину двадесет трагедија, од којих нам је сачувано свега седам. Племените ствари не старе него само промене изглед, често чак и на лепше. Лепота има све сезоне као и природа, али нема сезону пропасти, као што је нема ни природа. Злато не стари, јер је племенит метал; и пентелијски мрамор не стари, јер је племенит минерал; а Платон не стари, јер је племенит дух, као што ни Лелије не стари, јер је племенито срце.

У старости се прокажу на лицу карактер и душа човекова, као што се прокажу рељефи једног брега тек у зиму кад изгуби шуму и потпуно огoли. Има лица која са старошћу добију нешто светитељско или мудрачко, друга мученичко и болесничко, а трећа животињско и зверско. Знам рђавих људи и рђавих жена којима се у младости није распознавао на лицу њихов карактер, јер је младост свагда и у свему једна неизмерна лепота. Али та су иста лица добила у старости изглед одвратан и ужасавајући, црте злочесте, поглед крвнички. Тако и ћуд и сва осећања добију у старости само њихов отворен и очит израз. Умни и благородни људи постају дивни старци с којима је радост долазити у додир. Неко остари као злато и мрамор, а неко остари као ципела. Простак кад остари, постане ругоба. Зато старост, као огледало, прокаже шта је човек био унутрашње целог свог века, и онда док је маска младости могла још да прикрива сву наказност која је стајала иза ње.

Треба имати много мудрости, па знати остарети без ружноће, без пакости и без туге — три кобне ствари које иду заједно. Има чак начин да се никад не остари: мењати земље, жене и књиге; или мењати бар једно од то троје. Треба бити нарочито у друштву млађих од себе. Старци често говоре о болести и о смрти, најчешће о несаници и о рђавој дигестији; а млади говоре о женама, о борбама, и о вечно новим плановима и намерама, о свему што за старце одавна више не постоји. Старце у њиховој породици подмлађују деца, али старца самотника може само да подмлађује друштво. Несрећа је сачекати старе године с младићким навикама, за које се нема више снаге, и на које се више нема права. Треба зато израна измишљати једну страст за старост, макар то била нека наука или каква манија. Свакако, дружење са старцима својих година, то је дружење с болесницима. Човек остари слушајући старце, а разболи се слушајући болеснике.

Истина, ни године не изражавају тачно човеково доба. Постојале су на свету младост и старост и пре него што су људи свој живот пребројавали, а вероватно да је такав живот био срећнији. Уосталом, неко је право рекао: да нема бројева, не бисмо знали колико нам је година. Јер младост и старост не значе исто код свих људи; има много њих који нису знали ни за детињство, ни за младост, било због свог темперамента, било због проживљених горчина. Зато људи нису истог доба ни онда кад су истих година. Има младих стараца као што има много и старих младића.

Човек се не осећа старцем док год му живе родитељи. Затим, друкчије се осећа старцем човек педесетих година који има и деце, а другачије човек истих педесетих година који нема деце. Осећање старости често стога не постоји у човеку ни кад наиђу дубоке године, ни кад тело почиње да коначно малаксава. Има људи који по једној унутрашњој сили неће да буду стари, као што други не признају да су болесни. А овакви нису одиста никад ни стари него само немоћни, ни болесни него само ослабели. Савремени културни човек све мање признаје старост, јер свој живот мери више духовним мерилом него физичким способностима. Зато данашњом Европом управљају старци већма него што су управљали и старим Римом.

2.

Први знак блиске старости, то је кад човек постане сумњало. Од часа кад почиње да губи снагу за све, почиње да губи поверење у све и свакога, јер је физичка снага извор свих илузија. У старости сви људи изгледају непријатељи, јер су јачи, а све жене рђаве, јер су равнодушне. За младост треба имати снагу крви и обест спола. Малокрвни људи су малодушни, а бесполни људи су зли и меланхолични. Они не знају да воле ни да се радују, јер сва љубав и сва радост долазе од спола. Филозофија неког човека о животу, то је само прича о снази његовог инстинкта. Здравље и спол, то је младост; а докле то двоје траје, нема говора о старости. Снага једног и другог се види код обичног човека у говору, а код писца у колориту његовог стила. Русо је обожавао писца Абе Превоа, али кад је први пут с њим разговарао, нашао је да Абе Прево нема блиставе боје у говору као некад у писању, извесно само зато што је писац романа *Манон Леско* био тада већ остарео.

Редак је старац који се зацерека од свег срца, чак и над најсмешнијим случајем. Знак старости, то је кад се нема воље за шалу, ни снаге за смех. Рекли бисмо да је томе узрок или преживљена беда, или мудрост живота, значи једно стање кад се не види више ничег смешног. Не, него је у томе узрок старост која не види више ничег веселог. Један писац осамнаестог века, паметни Дикло, каже негде: „У старим годинама мислите да сте мудрији него пре, а ви сте само тужнији него пре".

Одиста, туга старости је најгорча туга људског века. Ретко јој умакне и најхладнији и најмудрији човек, јер она не долази од каквог нарочитог стања духа, него од пропасти спола. Снажни људи нису никад тужни. У дубљим годинама је таква туга учинила многим људима да пре времена остаре, чак и да пре времена умру. Талејран, који је био најхладнији човек на свету, био је после своје осамдесете године очајнички тужан а његова је синовица описивала горке појединости тог случаја. Нарочито је поступно умирање његових пријатеља једног за другим, бацало Талејрана у праву болест. И сâм Виктор Иго, мономан и деспот, постао је, већ од педесете године, неиздржљив тиранин своје околине, неплеменит и егоиста, чак и велики хипокрит и тврдица. Најзад је пао у такву тугу, да је тај песник, иначе најсујетнији човек на свету, тражио тестаментом да га сахране у чамовом мртвачком сандуку као највећег сиромаха; и као избезумљени очајник, понављао речи: „Земља ме зове", и умро најзад сваком досадан. Овој се тузи нису могли отети ни многи други. Зар се Паскал није бојао смрти и имао отуд ужасне вртоглавице? И Шатобријан и Пјер Лоти су имали смрт непрестано у памети.

Петрарка, док је био још и далеко од старости, говорио је да треба умрети пре него дође туга старости. У четрдесетој се чак био одрекао и жена. Међутим, живео је и после тога још тридесет година, непрестано у чистоти спола, која, извесно, није могла утицати срећно на његову животну радост. Знам само да је Петрарка написао четири књиге сатира против свог лекара који га је лечио од акримоније жучи. Умро је спокојно, јер је умро побожно. Талејран је, међутим, тек на самртничкој постељи дао свештенику написмено покајање за своје безверје, али и то на неколико минута пре него је издахнуо. Велики дипломата је, кажу, на том чудном акту потписао цело своје име, као некад на протоколу Бечког конгреса. А Волтер, у оваквом истом часу, преварио је свештеника, не дајући му обећано писмено покајање, него, напротив, тражећи горопадно да га пусти да мирно умре. Није ипак умро у миру, али је умро у злоћи, свом елементу. Ретко кад је крај живота био овако најбољи израз садржине целог једног човековог века. Једни људи наличе у старости на своје дедове а други на своје бабе.

Човек који није био у младости срчан и мужеван, у старости постане бабускера, нарочито по свом духу и по својој ружној ћуди. Старост човекова одиста почиње онде где свршава човеково одушевљење. Човек који не може да затрепери, одушевљен за неку идеју или неку личност, стар је и мртав. Има оваквих стараца и међу младићима. Младост, то је, пре свега, света ватра. Само онда кад се та ватра потпуно угаси, треба лећи и умрети. У старости човек престаје да воли. Сент-Бев у старости говораше: „Волим још цвеће, али га више не берем". Чудна и тако проницљива психолошка истина о бедном старцу.

Човек који воли жене, никад не остари; а човек који тражи друштво младића, никад не тугује. Треба увек тражити женско друштво, ако не и женску љубав. Уосталом, жене нису строге према годинама човековим; јер оне траже мужевност више него младост. Ми људи женску лепоту не видимо ван женске младости, верујући да нема женске лепоте без женске свежине; али жена је, напротив, увек склона да више види лепоту човекову у сили његове мужевности, чак и у свежини његове душе више него у свежини његовог тела. Зато има донжуана педесетих година, који отму жене и младим Аполонима. Жена која је одиста млада, не броји човекове године. Жена броји човеку године тек када себи почне да броји месеце, значи од тридесете њене године. Има славних стараца који су били славни као љубавници: Руј Гомез, Арнаулфо и краљ Митридат. Песник Гете је био заљубљен у својој осамдесетој, и просио девојку која није имала ни двадесете, а његов владар је био готов да за тај брак дадне мираз песниковој невести. Шатобријана је у његовој шездесетој волела млада жена лепотица. Спол је убојит; велики војници су били изреда велики женскароши. Кад је Јулије Цезар први пут видео Клеопатру, њој је било двадесет година, а њему педесет две; а кад је доцније Антоније познао исту Клеопатру, њој је било двадесет седам, а њему четрдесет две. Лепој египатској царици било је четрдесет кад је умрла, а до краја живота волела је већ остарелог Антонија. Чак најраспусније жене имају каткад фанатизма у љубави, за какав нису знале ни најпоштеније.

Старац је већ по себи трагична личност; а смешан је само кад је заљубљен. Кад је млад човек заљубљен, он се сматра у љубави непобедив; али ако човек љуби у позне дане, осећа се слаб и бедан. У младости је љубав само радост и борба; а у позније дане, болест пропадања, страх од самоће, потреба утехе и тражење неге, макар и у речима. У старијим годинама се заљубљени људи боје борбе с противником, не воле тешке успехе, плаше се и горих од себе. Затим свугде такав човек види лаж женску, јер је сâм свугде у лажном положају. Стари љубавници и остарели мужеви, највећа су беда за млада женска срца, већма него и за њихово тело. У младости љубав подиже човека, а у старости га унижава пред самим собом, више него пред другим. У младости је љубав извор за акцију, а у старости је љубав непријатељ сваке акције, а извор сваког кукавиштва. Филозоф из Мегаре, стари Теогнис, каже: „Млада жена је барка која не иде за крмом, и која нигде не утврди свој ленгер; а ноћу иде често да тражи и друго пристаниште". И сâм старац, губећи снагу, губи и веру у себе. Леп је пример случај шпанског краља Карлоса V, који не могавши освојити Мец, прекида опсаду с речима да га је напустила срећа која не воли старце.

У љубави између човека и жене постоји борба сполова, и непријатељство понекад крвничко; а та борба сполова, то је највећа драж љубави. Међутим, у старости је љубав само једна игра духа, и само једна опсесија болесне маште. У старости је осећање за жену пуно злоће и зависти на младост. Зато су љубоморе старих љубавника свирепије, него љубоморе младих осветника. Млад убија себе, а стар убија жену, макар у малим дозама. Не треба ипак жену напуштати до краја физичке моћи, чак ни доцније; али не треба се ни заљубљивати после четрдесете. Позна љубав је или врло зла за жену, или врло фатална за човека, и може да све упропасти и све наружи.

Међутим, има нешто по чему су старији љубавници виши од млађих. Млад човек не воли љубав него жену, а мање и жену него жене; старији је увек вернији и поузданији. Човек од двадесет пет година мења земље, одела, собе, коње и жене; а човек у четрдесетој ређе путује, не иде далеко, нити се задржава дуго, ређе мења и одела, и већма бира жену. Код младића навике и укуси нису утврђени, а код другог јесу. Затим, старији умеју лепше да говоре, више да кажу, брже да заволе, моћније да завладају. Често су пажљивији према осетљивости жене, лакше разумеју њен карактер, и издашнији су у речима и жртвама; најзад, они већ имају друштвени положај или славу. Треба до педесете мислити на жену, до шездесете на филозофију, а до седамдесете на кухињу; али никад не мислити на старост и на смрт. Треба увек веровати да ћемо доживети године које одиста желимо, јер је то једини начин да остаримо без огорчења на живот.

Многе људе старост из основа измени: од мудрих направи глупе, а од добрих направи свирепе. Знам за један пример који је типичан. Фламиније, који је освојио Грчку и учинио крај њеној независности, био је најплеменитији победилац, али његова жеђ за славом у старости се претворила у свирепост. Несрећни Ханибал, исто тако стар, проживљавајући своје последње дане као прибеглица и гост Прусије, краља Витиније, удавио је себе да не падне у руке Фламинију који је ишао да га тражи. Осим тога, Фламиније је у старости постао и огорчени непријатељ Катона. Старост је злоћа више него доброта.

3.

Ништа теже него одредити где престаје младост. Ни суптилни стари Атињани нису били у стању да то реше. Мимнермо, песник љубави и туге, жели да умре кад буде престао да љуби. Он каже да смо у старости одвратни младим људима и презрени од младих жена, и да старост изједначи ружне и лепе. Зевс је, вели, дао Титону вечну несрећу, јер му је дао старост која је страшнија од смрти. Зато овај песник жели да умре без боловања и без горких сумњи, и да му смрт не дође кад буде навршио шездесет година. Али Солон, песник и највећи законодавац атински, исправља Мимнерма, говорећи да не треба умрети у шездесетој него тек у осамдесетој. Свакако, цела уметност грчка била је прослава младића двадесетих година. То је ефеб, толико славан. Ни бог рата, Арес, није био знатно старији. Аполон је био прави ефеб. Дионис, пијаница, био је нешто старији, али је био млад, пошто је био и бог плеса. Младост су славили стари Грци у свим родовима уметности. Убојити песник Тиртеј пева снагу и лепоту младости у овој дирљивој песми: „Све доликује човеку док се као ратник кити племенитим цветом младости. Људи обожавају младића после његове смрти, а жене га воле док је у животу.” Доцније, у Демостеново доба, изгледа усвојено да педесет година значи већ старост. Старце сматрају за мудрије него друге људе. У неким парницама пред атинском скупштином, деловођа прозива присутне: „Ко је од вас прешао педесет година, нека се јави за реч”. Есхин, беседник и противник Демостенов, овде додаје: „Старци, благодарећи свом искуству, врло су опрезни”. Чак и закони грчки сматрали су човека од педесет година старцем. Код Римљана, напротив, тек шездесет година беше почетак старости. За године сенаторске сматрали су доба од тридесете до шездесете. Стари Катон се оженио био по други пут младом девојком кад му је било преко шездесет, а савременици су му то уписивали међу његове погрешке. Међутим, ако су шездесете године биле почетак старости за римске сенаторе, нису и за римске војсковође. Краљ Сервије Тулије разрешава војне обавезе људе који су напунили четрдесет седму, а Август разрешава и оне који су напунили четрдесет пету; али само шефовима војске и државе никад нису узимане у обзир њихове године. Мени је познат само један противан пример, а то је случај императора Пертинакса, којег је војска мрзела, јер је био старац. Епаминонда је живео мирно као тебански племић све до четрдесете године када је постао тебанским војсковођом. И Јулије Цезар је тек после четрдесете стао на чело војске која ће затим створити велико Римско царство. Још и много других и највећих војсковођа били су већ старци кад су стајали на врхунцу своје акције; а у недавном великом европском рату сви главни команданти зараћених народа били су људи дубоке старости. Сасвим, дакле, противно од Помпеја, који је у двадесет трећој години командовао великим војскама; и противно од Александра Великог, који је у тим годинама већ био покорио највеће царство на земљи. Тешко је ипак утврдити шта је младост и шта старост, јер једно о томе мисле млади, а друго стари. Александар је лепо рекао да не броји своје године него своја дела. То је одиста једино како не могу да одговоре ситни људи, који све раскивају у ситни новац.

Геније, који је лепота виша и од младости, нема својих година. Геније ствара до последњег даха. Тасо је завршио свој славни епос кад му је било тридесет година; и Леонардо је насликао *Благовест* кад му је било седамнаест; али је Микеланђело почео да слика Сикстинску капелу у својој шездесет другој. Наравно да су најсрећнији они који заслуже славу већ у првој половини живота, а другу половину проведу свесни своје величине, као Ханибал и као његов противник. Али је и овде, као и другде, срећа људска потпуно неједнака. Платон је, после дугог учења и путовања, тек у четрдесетој години почео да учи друге и да сâм пише књиге; а затим је говорио и писао још целих дугих четрдесет година. Одиста, најмање је старост сметала људском генију у његовом стварању; зато се старости не морају плашити даровити људи, него само недаровити плашљивци. За духове који су светлили међу људима, скоро никад није било сумрака. Гете је писао још у осамдесетој; и Тицијан је у осамдесетој још сликао бодрих очију. А има и случајева да су многи други велики људи почели своје највеће ствари тек кад је већ била протутњала нерасудна младост. Зато нико не зна шта носи у себи до последњег даха. Природа је у свему оставила себи право на последњу реч.

Ако је и по здрављу, оно није везано за године младости, него за бољи и гори састав телесни и духовни. Ако је и по сили мисли, она није привилегија само младих; чак је и често привилегија старијих. Ни човек с тридесет година није свагда физички издржљивији него човек од шездесет година. Зато су младост и старост релативне. Данас у европском друштву границе живота су доста помакнуте; човек у шездесетој сматра се човеком у најбољим годинама. Антички свет не би у то веровао; а ни савремени сељаци то не могу разумети. Живот античког човека је био скученији него наш, и забаве врло малобројне; а савремени сељак мери животну енергију човекову само по телесној снази, према томе за какав је физички рад неко способан. Међутим, данашњи старци могу да се проводе са женама, као и младићи; и да данашњим средствима за превоз путују унакрст светом, без икаквог физичког напора; и најзад, с данашњим друштвеним нарвима дозвољавају себи све што дозвољавају себи и њихови синови. Старац здрав, то је данас несрећник само за половину; једино старац болестан и убог представља највећу мизерију на земљи. У ствари, на овог последњег се највише и мисли кад је реч о несрећи која се назива старост. Човек о несрећи и не говори другачије него имајући увек очи на најцрњем случају.

Осећа се зато код античких писаца више ужаса од старости него код писаца модерних. Данте има два мишљења у погледу старости. У његовом делу *Гозба* каже да младост почиње од двадесет пете и траје до четрдесет пете. А Данте је ово писао кад је и сâм имао свега четрдесет година. Међутим, Данте овде сматра како само младост траје до четрдесете, али да живот траје до седамдесете. Тако почињући *Божанствену комедију*, већ у првом стиху *Пакла* (који је део умногоме његова лична биографија), пева како се нашао у тамној шуми кад је био у средини људског живота. А њему је било заиста тридесет пет година кад је почео тај свој велики епос; за ову тамну шуму знамо да је значила његово изгнање из отаџбине Фиренце, и затим лутање по целој Италији. Према томе, Данте је очигледно сматрао људским животом седамдесет година. Уосталом, ово и јесте најтачнија идеја о човековим годинама живота. Истина, Катон филозоф, пре него што је извршио самоубиство, говорио је својој околини да му нико неће моћи приговорити како прерано умире; а тим је хтео рећи да је већ био проживео прави људски век, и да оно друго и не вреди даље проживети. А било му је тада свега четрдесет осам година. Слично је говорио о беспотребности даљег живота и Сократ за себе, ученику Критону, пре него је испио отров; али је Сократ умро у седамдесет првој. У свом *Панегирику* каже Плиније како дели живот на три етапе: на прву и другу младост, и најзад на старост; додајући да две прве периоде припадају цезару; а последње доба живота по римским законима припада сваком грађанину да сâм њиме слободно располаже. Ово можда значи да старост почиње после шездесете сенаторске године. И Сенека овако каже: „У педесетој нас не зову под заставу, а у шездесетој не заседамо више у Сенату". Хришћани су, извесно, морали имати римску идеју о младости и старости. И Петрарка је канда имао Дантеово уверење да младост траје свега до четрдесет пете. Јер одричући се жене већ у четрдесетој, Петрарка каже како ово одрицање сматра за једну од својих највиших срећа, и Богу благодари што га је у пуној снази ослободио тако ниског ропства, за које вели да га је увек ужасавало. Таквим је речима говорио о жени љубавник божанске Лауре кад је већ стајао пред вратима старости, и пошто је већ био први и највиши хришћански песник љубави за жену! Заиста, велика је срећа човекова што у доцнијој несрећи може понекад да с подништавањем говори о бившим срећама. Петрарка чак говори и против младости, хвалећи старост; на једном месту каже да га је младост тиранисала, али да га је једино старост ослободила. Овде има пуно опште истине. Младост је толико пуна неизвесности пред животом, неспокојства, узрујаности, заслепљености, и грешака, да би многи људи лако прежалили младе године када њихова старост не би била скопчана с другим бедама. Болест старости је страх од сиротиње; али безбрижност према сиротињи, то је опет болест младости.

4.

Много пута меримо младост и старост према себи лично; нарочито према томе колико смо својих познаника надживели. Али смрт није никаква мера. Умире се не само од старости, него и од болести. Смрт од старости је једина нормална, али се од старости ретко умире; а смрт од болести, која је чешћа и најчешћа, увек је смрт због исцрпљене моћи, а у другој падамо и кад смо у највећој снази. Али се догађа и да тело изнемогне док је дух и даље у највишој снази; као што се догађа и обратно: да дух посрне и кад је тело још гигантски снажно. Ми смо ето зато преживели своје пријатеље у животу, као што смо их могли преживети у бродолому или у земљотресу, значи независно од своје младости и своје старости. Као срећа, и смрт је слепа. Обе је, и срећу и смрт, човек сликао, на начин да покаже како су ове две највише истине судбине неразумљиве. Срећу је сликао везаних очију, а Смрт без очију.

Чак ни човекова воља за акцију није никаква мера за младост. Било је много људи који су завршили своју способност за акцију баш у годинама кад је други отпочињу. Морална снага човекова не зависи од физичке снаге, и то је највећа наша срећа. Многи људи, тек излазећи из младости, осећали су потребу за највећом афирмацијом своје личности: у четрдесетој су почели своју акцију и Платон, и свети Августин, и Мухамед. Атински генерал Фокион није престајао да се бије на челу војске чак и у својој осамдесетој. А воља и акција, то је једини живот. Свакако, воља за акцију је толико исто живот колико и сполна снага, то је једино мерило простих људи. Не ни само простих људи, јер овде, као и у свему човековом, жена стојећи у средишту свих срећа и несрећа, постала је и главним мерилом човековог века на земљи.

Не знам ни за једног филозофа који је о својој старости писао с више меланхолије него римски стоик Сенека. Он је на свом сеоском имању први пут сазнао да је остарио, говорећи како га на селу све опомиње на његову старост. Једног дана, чувар његове сеоске куће уверава Сенеку да су трошкови око поправке летњиковца били потребни, јер је кућа веома оронула. А Сенека се наједном горко сети да је ту кућу он сâм зидао; значи да и зидови његових година већ падају... Платани на том имању изгледаху Сенеки нешто занемарени; и њихово лишће опада али се више не обнавља. Чувар га тада уверава како је пазио да платане што боље очува, али узалуд, јер су престарели. А Сенека се сети да је те платане он сâм некад посадио... Најзад, Сенека спази једног старца, потпуну рушевину, како седи пред овом истом његовом кућом. „Ко је довео из мртвих овог овамо?", пита се Сенека. „Зар ме не познајете?", рече старац. „Ја сам Фелиције, којем сте ви доносили играчке. И ја сам син вашег негдашњег чувара Филостина; а био сам ваше љубимче..." Али срећом, Сенека је стоик, који ударце прима мирно и поносно, и који затим иде даље. Стога тај мудрац овде додаје како је старост доба и многих задовољстава, као што је то уосталом тврдио и Цицерон. Не мора се, вели, старац бојати смрти већма него младић. Говори о неком Пакувију, развратнику, и пијандури који даваше да га свако вече међу у мртвачки сандук, и да му уз музику кличу исте речи: „Он је живео! Он је живео!". Сенека препоручује и озбиљним људима да ово исто чине. Треба, каже Сенека, мислити свако јутро како је ово последњи дан живота, а себи вечером поновити речи: „Ја сам умро! Ја сам умро!". Кад се и сутрадан човек пробуди поново жив, треба да весело кликне: „Задобих још један дан!". Само тако ће, мислио је овај мудрац, човек осетити шта је одиста и задобио сваким новим даном. Чини ми се да су ипак Римљани гледали на смрт с много више страха неголи стари Грци, нарочито судећи по ламентацијама које су биле исписане на гробним споменицима. Штавише, у Риму се никад ни за кога није рекло: „умро је", него: „живео је", да не би спомињали страхоту смрти.

Путовање, то је данас велика утеха огромног броја стараца. Данас путује свако ко има здравља и новца, а путују стари као млади. Сретао сам по Египту и по Сирији на дромедарима војске стараца и баба из свих крајева света; а наћи ћете их такве исте по свима океанима, и по највишим бреговима наше планете. За овакав случај се заиста никад пре није знало. Људи су човека некад сматрали старцем и пре времена. Чак и за време Луја XIV, сви Молијерови љубавници имали су увек или двадесетак година, или још мање, а њихови родитељи су сматрани старима, иако су били стално за родитеље узимани људи од четрдесет година. Истина, ни у античко време, ни у хришћанско доба, нису старци никад као данас толико пазили да спољашње лепо изгледају, и да имају младићко држање, да спортом задрже стас, и да негом сачувају зубе и косу. Виктор Иго је умро кад је имао преко осамдесет година, а умро је са свим зубима и целом косом. Антички старци заиста нису могли бити лепи, јер су били најчешће ћелави и редовно крезуби; нити су могли имати херојски став према младима, кад још ватрено оружје није било постојало, а кад се старачком мишицом није могао старац борити равноправно и с младићем. Зато је старац био онда у свему бедник. Римљани су се зато већ у извесно доба живота сасвим повлачили из града, и ишли да живе на селу: Сципион у Латерну, Цицерон у Тускул, Хорације и Мецена у Тибур, Диоклецијан у Салону, Плиније Млађи на језеро Комо. Само старост је могла натерати и шпанског императора Карлоса V да се повуче и сврши као пустињак у Манастиру Светог Јуста, пошто је пре тога за његову младалачку мегаломанију проливана крв пуних педесет година. Мислим свакако да нема два несрећнија примера стараца него што су два највећа владара латинске крви: Август и Луј XIV. Заиста, ко се буде сећао њихове старости, неће се никад плашити смрти ако дође и пре времена.

Пун је веселости према животу духовити епитаф Симонида, античког грчког песника, неком бонвивану: „Он је добро јео, добро пио, и много се наговорио рђавог о људима: овде почива Тимокреон из Родоса". Али су ипак његови земљаци редовно сликали старост само црним бојама, и то већма грчки филозофи неголи грчки песници. Од латинских писаца нико с више ужаса не описује старост него Јувенал у својој десетој сатири. Старац је за њега наказа, јер има ружну кожу, висеће образе, дубоке бразде. Сви су младићи међу собом различити, такмичећи се у лепоти лица, снази и гипкости стаса; а само су старци у својој беди сви једнаки. Дрхте им глас и удови, немају косе, увек су мокрог носа, као деца, и не могу без зуба да мирно једу свој хлеб. Не знају више одавна за љубав, и цела ноћ женског миловања не би старца оживела. Али ни то није све. У театру не чује гласове; једва ако чује и трубе. Мора човек да заурла да би га старац чуо. Један је изгубио вид и завиди чак и ћопавом. Све их боли, и на све се туже. Други људи им међу храну у уста, која држе отворена, као 'тић ластавице. И што је горе од свега, каже даље Јувенал, то је што изгубе и памет. Старац се стога не сећа више ни имена својих робова, ни човека с ким је синоћ вечерао, ни деце коју је сâм родио и одгојио. И кад старац најзад направи свој тестамент, не оставља ништа својој деци, него све самој Фијали, блудници, која је годинама живела у проститутској кући, и која је старог залудела својим отровним дахом. Најзад, Јувенал додаје да чак ни старац који успе да сачува своју снагу, није срећнији од других стараца: јер колико се тај бедник напати сахрањујући жену, и децу, и пријатеље, и познанике. Цела старост прође у црнини и сталном оплакивању других. Чак и Хомеров Нестор, краљ из Пила, који је живео колико и врана, најзад кука питајући богове какво им је зло учинио да му дадну тако дуг век. А ни тројанском краљу Пријаму није служио његов дуги век него да најзад види своју Троју у рушевинама. Његова жена краљица, преживевши и њега, онако свирепа, почела је да лаје као кучка. Тако говори Јувенал.

Али додајмо овде — за нашу утеху — да су, од времена Сенеке и Јувенала, промениле у нашим очима свој изглед и смрт и старост. Данас се људи мање плаше смрти него икад пре у историји. У витешком средњем веку су ратници облачили и себе и коња у тешки челик, а данас се људи боре отворених груди пред највећим машинама смрти, и пред отровним гасовима, и лете хиљаде метара високо у ваздуху, и спуштају се у велике морске дубине. Чак се излажу смрти самовољно, у интересу науке, и чак у спорту, и по леденим поларним пределима, и по огњеним земљама екватора. Никад смрт није изгледала сићушнији проблем него данас када је живот постао тако крупан задатак. Исто се овако од времена Сенеке и Јувенала изменило и питање старости. Могло би се рећи да човек остари само ако то сâм хоће. Има данас људи који по великим градовима проживе цео дуги човечји век, и не осећајући да су стари. С огромним напретком цивилизације, смрт је изгубила господарство које је некад имала над људским духом. Заиста, треба себи створити не само средства за живот него и идеју о животу. Хришћанство нас учи како ћемо у величини умрети, али нас само античка уметност учи како ћемо живети у лепоти и спокојству; нарочито грчка уметност, пошто је цела била упућена да у човеку развије осећање спокојства на земљи. Пример песника Гетеа је био нарочито занимљив. Гете није могао да види у Италији прерафаелитске слике, ни византијске мозаике, ни готске орнаменте; међутим, био је сав залуђен античким узвишеним и смиреним делима ренесансе. Он је затим и целог живота бежао од свега суморног и језивог које је хришћанство унело у цивилизацију, а нарочито се није одвајао од Хомера. Мирноћа и лепота Гетеове старости није долазила од његових господских министарских средстава за живот, него од његових идеја о животу. Он је радо истицао у животу и питање дужности, као услов човековог опстанка, и веровао да живот тражи од човека своја права. Али је био узвишен изнад свих насиља друштва, стављајући себе увек изнад њега, не загорчавајући себи дане ситницама, и гледајући стално у највишу тачку; а само је тим Гете и сачувао вечну младост и олимпијски мир. Чак је у шездесетој години био искрено заљубљен у младу Мину, верујући да је то можда први пут што воли; а после седамдесете је просио руку мале Улрике, верујући и да ће бити срећан муж. Иако је био писац песме о Фаусту, која је горка прича о усамљености генија, и писац неколико других врло тужних књига, Гете је ипак своју љубав за живот увек стављао изнад свог осведочења о животу. Проширио је свој живот и своје духовне страсти до крајње мере могућности. Гете је био срећан јер је био храбар; и живео је колико и Платон, јер је веровао што и Платон. Две су ствари одржале Гетеа вечно младим: антички идеал и љубав за жене, два најчистија извора човекове радости.

Међутим, можда идеја о старости долази увек већма од темперамента него од уверења. Гете је иначе био човек хладан, организован, педантан, саможив, али и без претеране сујете. Био је дворски човек, али у једном малом двору, и друштвен човек у једном малом друштву. Такав није био случај Леонарда да Винчија, највећег човека модерног доба, и који је Гетеу у многом погледу могао бити најближи. Леонардо је био претерано славољубив, волео забаве, лудовао за свечаностима, грамзио за раскоши. И он је био дворанин код кнеза Лодовика Мора, велики љубавник, сјајан козер, духовит ирониста, рођен чаробник. Као млад, заносио је својом физичком лепотом, отменошћу држања, племенитошћу срца, свеобимном ученошћу. Нико му није био раван. На обали морској у Пјомбину слуша море, проучавајући по којим се физичким законима валови разбијају о обалу, као што је према свом сопственом законику удешавао акустику по ломбардским црквама. На Лодовиковом двору свира у неку сребрну лиру коју је сâм измислио, а по северној Италији копа канале према својим новим системима; подиже тврђаве према својим плановима, а по тврђавама излива топове како их је сâм замислио. Истовремено кад по црквама слика најлепше Христе који су дотле сликани, проналази машину за летење. Зато је старост оваквом човеку изгледала највећа анатема богова. Када је из Милана отишао да окуша нову срећу у Риму, онамо је затекао Рафаела којем је било тридесет година, и Микеланђела којем је било четрдесет, док је Леонарду било шездесет. Рафаело је био божански леп, богат и љубак, и говорило се да је у њему уједињен Платон и Христос, а Микеланђело је био ружан и непријатељ Леонарда, јер га је сматрао непатриотом, улизицом богаташа, грамзивом за туђ новац. Зато је Леонардо, како Вазари прича, пред смрт пао у верску екстазу, причестио се и изјављивао горка покајања за своје научне мисли, а тестаментом је наредио три велике мисе и деведесет малих црквених служби, с много попова и огромним бројем калуђера. Све се ово догађало Леонарду у годинама живота у којим је олимпијски Гете осећао себе најсвежијим, почињао скоро нову књижевну акцију, и заљубљивао се у жене. Леонардо је умео све, али није знао како треба остарити. За сујетне људе старост је најсвирепије искушење.

5.

Једна од најстрашнијих несрећа старца, то је осећање усамљености. Старац је човек који више нема пријатеља. Стари пријатељи су га делом изневерили или напустили, а делом охладнели; други су отпутовали другде, а трећи су помрли, четврти прешли међу непријатеље. Мало ко има интереса да тражи пријатељство старца, чак и кад може да подноси његову старост; а свет подноси старца само ако је духовит или богат. Ни његова деца нису очарана кад га непрестано имају поред себе; чак друштво старца утиче лоше на васпитање животне радости међу младима. Старац је самац, а ако није творац, он постаје очајником већ пре својих шездесет година. Свакако, већ од педесете године човек више мисли на смрт него на живот.

Стари људи воле младост, али не воле младе људе. Младић, то је за старца онај који му је отео све што је до јуче било само његово. Чак и кад је младић његов син, он га воли више инстинктом него разумом. Старац осећа да се поред младића његова несрећа сматра поругом; овај га је осиромашио, отео му жену, а сутра ће му отети паре и кућу. Затим, млад човек је скоро увек његов противник у сваком мишљењу. Млад човек истиче нове идеје, а стар човек истиче само старо искуство. Један увек гледа напред, а други натраг. Зато нове идеје долазе од младих људи, а све предрасуде долазе од стараца. Млади политичари се боре међу собом увек за нешто што ће тек постати; а стари политичари се свађају расправљајући само старе рачуне и стара злопамћења.

Туга старости код жене превазилази сваку трагедију човекову. Жена суди своју младост само по својој лепоти. Само док је лепа, сматра да је и млада; а лепом се сматра само до тридесете године. Већ одатле почиње очајање и борба с првим фантомима старости. Избегава млађе жене од себе, и дружи се с ружним другарицама; са ужасом слуша речи о годинама; не верује више у своју моћ над човеком ако се само појави и мало млађа жена, ма колико иначе била у свему инфериорнија. Безумно тражи новац да надокнади губитак младости, купујући све што мисли да може да прикрије пропадање њене лепоте: распикућске накит и тоалете. Она не верује да лепота жене није у лепоти и прецизности црта, него у љупкости духа и отмености душе. Ни свежина тела, ни чар погледа, ни духовне ни моралне одлике, ни доброта и нежност, ништа од тога не престаје с младошћу. Али све узалуд, јер то жени није довољно. Жена хоће брза и бесна освајања која може учинити само врло млада жена. Јер ретко која жена хоће да освоји духом, још мање душом, најмање добротом. Зато нема кобније судбине него што је судбина једне лепотице. Док је млада и лепа, сви је окружују и сви је освајају, а чим поверује да је престала бити неодољива, почне да верује и да је постала одвратна и излишна. Госпођа Рекамије, најлепша жена свога времена, каже да је осетила како је престала бити лепом чим се деца у Савоји нису више окретала за њом.

Међутим, било је много славних лепотица и у дубоким годинама старости. Брантом их помиње много, чак и неке велике даме из свог доба које је лично познавао. Грофицу Валантиноа видео је кад јој је било седамдесет година, и била је још савршена лепота; а био је у њу заљубљен и један велики краљ. Маркиза Де Ротлен, мајка кнегиње Де Конде, имала је у дубокој старости најлепше очи у Француској, и заносила је младе људе. Госпођа маршала Де Омон, очаравала је свет до краја свог дугог живота. Госпођа Де Марeј, баба жене Дофенове, била је у стотој години права и свежа као у педесетој. Госпођа Де Намур и госпођа адмирала Де Брион су у дубокој старости правиле велике љубавне фуроре. Брантом налази и међу античким женама сличних случајева. Персијски цар Артаксеркс II Мнемон је од свих жена највише волео бившу љубавницу свога брата Кира Млађега, која се звала Аспасија, и била стара али лепа. И Дарије, син овог Артаксеркса, исто тако био је заљубљен у исту ову бабу лепотицу, и тражио од оца да му уз половину царства дадне и ову Аспасију. Сви антички писци су помињали да је и лепа Јелена, у време кад су Ахајци разорили Троју због ње, била већ оседела жена; а ово није чудо кад се зна да је опсада Троје трајала пуних десет година.

Па ипак треба љубав у старости сматрати за перверзију. Млад муж још има права да верује како ће сачувати своју жену и кад је млађа од њега, али је старац сигуран да младу жену неће сачувати. Истина, било је и мужева често срећних и са женама старијим од себе. Мухамеду је било двадесет пет година кад се оженио удовицом Хатиџом, која је била од њега старија пуних петнаест година; Луј XIV је узео за жену госпођу Де Ментнон кад је њему било четрдесет пет а њој четрдесет осам. Истина, арапски пророк Мухамед, кад се по други пут оженио, узео је Ајшу, девојку од четрнаест година.

Осећање старости је за жену, обратно од човека, једно осећање горке срамоте и дубоке беде. „Знате ли да мрзим живот, и да сам очајна што сам уопште толико живела, а да ме не теши ни то што сам се уопште родила", пише свом пријатељу Хорацију Валпулу госпођа Де Дефан, у старим годинама, кад ју је најзад била издала њена позната отпорност према старости. Док је жена млада, она се боји само лепше од себе и богатије од себе; али доцније се боји и почиње да мрзи сваку жену од себе млађу. Због овог се догоди и да жена у извесним годинама престаје више да тражи пријатељице, а то је најзад доведе до очајања. Жена не сме остарити, ни због мужа, ни због друштва. Човек остари, али не поружња; а жена поружња и пре него што остари. Једино што може спасти жену у старости, то је племенитост и култура, које значе вечну младост.

Једно је извесно: старци су порочнији него што су били као млади људи; а то значи, између осталог, да је физичка слабост још и извор порока. Младост уме да се ограничи, јер је инстинкт мера самом себи; а код старца је љубав једна перверзија која не зна за меру јер живи у опсесијама. Римски императори су били најразвратнији у старим годинама. Прождрљивост је нарочито болест старости. Две ствари о којима се под старост највише говори, то су новац и кухиња. Сви су старци зато по правилу тврдице на новцу и незасити у јелу. И једно и друго им загорчи последње дане: пре времена их умањи у очима других, и најзад их однесе на онај свет и пре него што би нестали иначе. Нарочито је сујета један порок старости. Код младих је амбиција један нормалан израз самоуверења, а код стараца је сујета једна слабост према себи и нетрпељивост према другом.

Човек остари само кад остаре све његове страсти. А ово је врло ретко код културних људи. Емерсон је добро запазио да има извесних мисли које нас увек затекну још младе, а неке од нас чак и одржавају младим; једна је од таквих мисли љубав према општој и вечној лепоти. Свакако, млади не умеју да мере добре стране старости, јер нису кроз њу прошли; и они су често одвећ оштри према старима, јер је младост истовремено једно лудило, чак и једно беснило. У младости је све ненормално, распусно и неуравнотежено; све у служби спола, који је бруталан и нечовечан; све у амбицијама, које су претеране и зато нездраве; све у намерама у којима се не разазнаје никаква памет искуства, јер те памети млади људи и немају. Често немају ни осећања благородства које за добру половину долази само из школе живота. Ако су неки примитивни народи старце каменовали, то је знак да је младост одувек била незахвална за живот и хлеб које су им дали други. Доцније су били неблагодарни и за идеје које су попримали од својих претходника, као готове путеве у планини, и готове мостове на води, а од којих ће идеја, и они сами, с мало изузетака, живети до краја живота. Нетрпељивост младости према старости је први знак моралног безумља код једне генерације. Јер највише су дела направили људи кад већ нису били млади; млади генији су били увек изванредно ретки, да би их на прсте избројали.

Чак су ретки уопште и људи који су истински млади. Ако младић од двадесет година има морбидну филозофију живота, и непотпун инстинкт за акцију, онда је он готов старкеља. А ако младић почне да обара пре него што је ишта сâм створио, и почиње да мрзи пре него је ишта дубоко заволео, онда је он ближи неваљалом старцу него здравом младићу. Главна одлика младости, то је самопрегорење. Истински млад човек хоће увек да умре за оно што воли, и нема времена да мрзи. Има људи који нису, уосталом, умели да буду ни млади ни стари. Среће и врлине су одиста подељене према деценијама живота. Ако младић има особине старца (сујете, мржње, огорчења, ћуд), онда то није млад човек, него стар намћор. Нарочито није млад човек онај који не воли славу, макар какве врсте. Први знак младости, то је хтети бити чувен и славан: љубљен од жена и обожаван од људи. Хероју Ахилу је било остављено да бира или дуг живот без славе, или кратак живот са славом, и он је изабрао ово друго.

Најгорча је старост у којој је идеја о смрти непрестано у глави човековој. Међутим, има много људи који су својом мудрошћу успели да никад не мисле о смрти, због чега смрт није за њих ни била страшна, а чак није ни постојала; али највећи број људи у старости мисли на смрт с већим размишљањем него што су у младости мислили на женидбу. Гистав Флобер је говорио како сваки дан мора да напише неколико страница да не би умро у страху од смрти и старости; али је Жорж Клемансо у седамдесетим годинама не само тек постао славним писцем него је ишао у Индију и онамо ловио тигрове. Одиста, старост није невесела, а може бити и радосна, ако је не помућује болест или не трује овакво стално опомињање на смрт. Ово последње постаје болешћу стараца, због чега не могу ни да разумеју колико оно што се изгуби животом, надокнађује смрћу. Религије, које су најдубље мудрости, често су говориле усхићено о животу, али никад нису говориле о смрти са ужасом или с понижавањем.

6.

Људи нас увек плаше нашим годинама, и кад смо млади и кад смо стари: кад смо млади, да смо недозрели за велика дела, а кад смо стари, да смо постали неспособни за велике намере. Зато није случајно што се у добром друштву не сме говорити о годинама живота. И најмлађи желе да су млађи него што су; и најстарији избегавају да броје своје године, јер је то најжалосније од свега човековог рачунања. Утврђивање нечијих година више је пакост него каква потреба за сазнањем. Кад питају неког колико му је година то је исто толико безумно као да га питају колико је њему килограма; јер ни године ни килограми не значе ништа за човекову духовну и моралну снагу, а она се једина може узимати у обзир. За лепоту и господственост једне жене године исто тако мало значе. Жена нема ни онолико година колико осећа да их има, него онолико колико други осећају њене године. Још тачније речено: жена има само онолико година колико то изгледа човеку који је воли.

Данте је почео своју *Божанствену комедију* у тридесет петој години, а завршио у педесет шестој, после чега је умро. Његови непријатељи су били издали за њим потерницу, а република је била донела закон да се Данте убије и спали где буде ухваћен. Да Данте није тако живео век који му је био потребан, не би имао ни оних двадесет година живота колико је употребио да сврши своју велику хришћанску поему, без које би космос био умањен. Године, дакле, треба да броје само ситни људи. Велики људи немају времена да броје године које су прошле, него године које им још остају да остваре своје крупне намере. Према томе, не вреди број година другачије него само у односу с човековим стварањем. Најлепша је година педесета. За нормални дух и тело, ово доба човеково превазилази ведрином и снагом чак и младалачке године које, за несрећу, имају четири главна порока: узрујаност од неразумних жеља, напон лудих прохтева, слепило страсти, нетрпељивост и непомирљивост.

У педесетој години човек се припрема за старост која почиње од педесете, одакле затим многи иду брзо низбрдо, или наскоро сасвим нестану. А старац, то је само човек од седамдесете. После седамдесете често није више ни старац, ни човек, него биљка и минерал. Само изузетни, и од природе привилеговани људи, могу без велике беде подносити године које су с ону страну седамдесете. Неколико великих грчких мудраца прелазило је осамдесету, и долазило чак и до стоте, али се не помиње у каквом стању. Међутим, цензор Катон се истакао највише у старости, а Цицерон каже да у Риму нико у то време није био нит силнији нит паметнији од старог Катона.

Свакако, једно је старост, а друго сенилност. Старост је дубоко доба живота, а сенилност данас значи физичка оронулост и духовно рушење. О оваквим је старцима говорио Јувенал. Али има, нарочито данас, и такозвана зелена старост, када човек живи и ствара младићки до краја живота, и умре непрестано активан на важном послу научном или државном. Паметни Французи кажу: *âge, oui; vieux, non!* А има и прерана сенилност кад је човек пре четрдесете слаб као крпа, и сув као прут. Грци су под именом старца увек сматрали оронулог човека, а не човека који се непрестано бори и који непрестано ствара. Тако један грчки филозоф оплакује праву старост овим језивим речима: да је живот као наш газда куће, којем кад најзад не можемо више да плаћамо кирију коју тражи, он нам укине воду, па ватру, и затим извали врата и прозоре, док најзад и нас не избаци на улицу.

Старци су обично врло храбри људи. То је за добру половину стога што старци најбоље познају праву вредност ствари за које се људи жртвују, али и зато што су у последњим годинама сви људи равнодушни према смрти. Чини ми се најсликовитији пример оваквог старца-хероја је млетачки дужд Енрико Дандоло, који је заузео половину некадашњег Источног римског царства за Венецију. Био је слепац, и имао осамдесет година кад су га изабрали за дужда, а деведесет осам кад је као командант венецијанске флоте заузео Цариград. У часу кад је војска требало да изађе на обалу, и чим је мост био бачен, стари и слепи дужд је први с мачем у руци јурнуо напред. Има много сличних примера и у римском добу. У српској историји, која је цела само један животопис великих хероја, опевају се старци хајдуци, као Старина Новак и Мијат харамбаша, и као што се и у косовској епопеји опева велики јунак старац Југ Богдан, величанствена иако, нажалост, недовољно изграђена личност.

Има једно жалосно доба у нашем животу кад човек осети да познаје више мртвих него живих. И још горе: кад више мисли на мртве него на живе. И што је најгоре: има и такво доба кад се човек не може да одбрани од успомена на такве покојнике, и кад га они подсећају сваком приликом којом прође, за сваким столом где седне, у сваком послу који ради, у свима намерама које имадне. Они га прогоне по кући, наврх планине, насред мора. Човек је истински престао да живи свој живот тек кад наиђе оваква периода борбе с прошлошћу која све надвиси и надгласи, и где садашњица изгледа нешто уско и беспредметно.

7.

Песници су нарочито били очајници у старости. То је зато што су песници вечито заљубљени, и што њихова љубав не престаје ни у старости. Жене су у животу песниковом стављене у средиште свих срећа и несрећа; или, боље рећи, љубав стоји у песниковој судбини као извор свих величина и свих катастрофа.

А са старошћу пропада и љубав; нити више волимо, нити нас више воле. Међутим, само потреба за љубављу остаје исто онако моћна као и увек пре; чак су можда љубав и новац две магије које никог не напусте до краја живота. Песник већма жели да га жене воле, него да га људи обожавају. Ако је који песник био одвећ лаком на славу међу људима, то одиста није био велики песник, ни уопште прави песник. А који човек није лудовао за женама, није извесно ни мудровао међу људима. Ламартин, иначе толико увек умерен у љубави, осећао се бедан кад није више дејствовао на жене, чак ни својим духом који му је, међутим, био остао млад до краја живота. Стога се јадао што није имао срећу да умре на време. А на време, то је овде значило умрети кад се мре у загрљају заљубљене жене. Други велики писац, Стендал, који ни у младости није био вољен због свог великог трбуха и својих кратких ногу, имао је прави ужас од старости. Једног дана, гледајући у Риму залазак сунца са степеница Светог Петра у Монторију, наједном се сетио да је ушао у педесету годину, и тада је осетио бол као да га је погодила нека велика несрећа. Песници су у старости жалили љубав већма него и краљеви; јер жене бар нису никад и ничим показивале старим краљевима да су као старци мање љубљени него њихови најмлађи дворани. Уосталом, код извесних краљева су биле њихове љубави већма личне сујете него истинска обожавања за жене. Они су увек највећма обожавали сами себе, а извесно најмање женине љубави или женске супериорности. Највећи љубавник међу краљевима је био Луј XIV, а свако зна како су бедно завршиле све његове љубавнице. Он је плакао у младости из љубави за сулуду Марију Манчини, али није плакао у старости из љубави за побожну госпођу Де Ментнон. Овај краљ је и сâм у својим мемоарима говорио да ко жели избећи неприлике што долазе од љубави треба да нарочито пази на две ствари: прво, да жртвује љубави само онолико времена колико му остане од његових озбиљних послова, а друго, да дајући жени своје срце, никад јој не дадне и своју памет. Извесно, овај краљ, велики љубитељ песника, није овде мислио на песнике него на краљеве. Песник ствара само у љубави, и само кад изгуби памет нађе велике путеве страсти и сна, из којих у њега све потиче.

Највећи несрећници у старости, то су некадашњи донжуани. Има људи који од жене направе централни проблем живота, а то онда постане страшћу која се изметне у занимање и задатак. Трчати за женама узима време, измори мисао, изломи ноге; а писати писма и одговарати, очекивати састанке и тамо одлазити, то је цела једна крупна и замршена администрација, која често превазиђе снагу извесних људи. Има несрећника који су такав посао схватили озбиљније и брижљивије него што своју дужност схвати чиновник, свештеник и војник. Имају разне периоде ове љубавне маније, према разним добима живота: до двадесете године, идеализам за жене; од двадесете до тридесете, само страст; од тридесете до четрдесете, духовна и физичка навика; од четрдесете до педесете, сујета и самољубље; а од педесете до шездесете, манија и опсесија. Ако донжуан није пожурио да збрине старост, оставивши жену пре него што она напусти њега, онда је његова трагедија кобнија од свих других.

8.

Цицерон, који је био једини од античких мудраца који је оставио своје мисли о старости, написао је своје мало дело да теши себе и свог друга Атика, јер су обојица почели да старе. За старост каже да је тежа него брег Етна. Али додаје да су сва доба живота тако исто тегобна ако човек не зна да их искористи у части и срећи; јер човек не може наћи зло у томе што се потчињава законима природе ако тражи срећу у врлинама. Ко је мудрац, мора да иде за тим законима, иначе човек улази у борбу с природом, као што то раде гиганти. Људи осећају у старости да их напуштају уживања и пријатељи; али то се догађа и у младости ако су људи лоше ћуди и по души незадовољни животом. Само онај који живи за врлине, задобија кроз сва доба и уживања и пријатеље. За старост кажу и да носи болести и да нас она примиче смрти. Нарочито, она нас одалечује од посла. Али каквог посла, пита Цицерон. Свакако не од умног рада. На броду телесне радове раде млади и снажни, али на крми седи и старац, јер је увек снажан умом. А ово је важније: јер мудрост управља а тело само слуша. Катон је одустао од ратовања које је било његова каријера, али је затим до краја живота заповедао Сенату како да ради. Није служио више земљи мачем и копљем него саветима, опрезношћу и беседама. Да старост нема ова добра, не би постојао ни сенат; а у Спарти су ову прву државну службу поверавали старцима, који су били понос државе. Цицерон наставља говорећи да није тачно ни то што кажу да се у старости губи памћење. Напротив, грчки филозофи су радили до последњег дана, а сабински старци су увек на послу при пољским пословима: орању, сејању, жетви, јер се без њих ништа не уради. Солон се хвали и стиховима својом старошћу, учећи сваки дан као да ће вечно живети. Многе су ствари у старости уцвелиле човека који је дуго живео. Али нас и у младости исто тако уцвели оно што је тужно.

Не треба, каже даље Цицерон, одвећ ценити снагу младића, не више него снагу бика, него уживати у оном што имамо. Непромишљеност младих људи уништавала је понекад и државе, а старци су их затим поново васкрсавали. Цецилије каже да старци који дуго живе, постану терет за други свет. Али Цицерон мисли, напротив, да свако тражи поуку од старих људи, а то значи да је старост увек активна и увек корисна. Сви племенити и умни старци су били окружени младим људима. Људска слабост, каже даље Цицерон, долази од људских порока, а не од људских година. Хомер пева Нестора с чијих је старачких уста још текао мед речитости и мудрости. Да је под Тројом било десетак мудрих Нестора, брже би била побеђена. Персијски цар Кир је у старости још себе сматрао млађем, а Катон је за себе говорио да ни у сенату ни на трибуни није осећао старост, иако је имао осамдесет четири године. Атлет Милон је у стадију трчао носећи вола на плећима, али нико не може поредити његову снагу са снагом Питагоре. Старци не треба да жале младост већма него што младићи жале детињство. Детињство је доба ватре, слабости, младост доба бујности, али старост је доба озбиљности.

Велики прекор који чине старости, то је што се она мора одрећи сладострасти. Али треба, напротив, благословити старост која нас најзад спасе те тегобе младалачке што нас баца у све претераности. Издајства, револуције, подлости, браколомство, злочини, долазе од наше жеље за уживањима. Цицерон овде наводи мисли Архита из Таранта који одриче тако разузданим духовима да могу уопште бити способни за озбиљно размишљање. Старост ужива у стварима духа, а те су ствари највишег рода међу свима стварима. Старац у селу ужива у клијању и плођењу свог семена, и та старост земљорадника је најблажа од свих старости. Наравно, каже даље Цицерон, да се не можемо поносити старошћу него само делима свог дугог живота. Ипак су Спартанци поштовали старце због старости. У Атини је један старац ушао у театар, а како се нико није дизао да му уступи своје место, то су учинили амбасадори из Спарте који су се ту нашли тога дана, и којима је публика атинска за ту пажњу живо пљескала. И међу римским ауугрима се на скупштини даје прва реч најстаријем, што вреди више, вели Цицерон, него све сласти младалачке. Ни пороци стараца не долазе од њиховог темперамента. Старци верују да су напуштени, презрени, изиграни, и због тога су увређени; али такав није случај умних стараца.

Живот старца је тако краћи него живот младића; али зато што млади људи више болују и теже се излече него старци. Уосталом, човечји живот је уопште тако кратак да га не вреди премеравати, каже Цицерон. Млад умире с болом и ужасом, а старост се гаси неосетно, што значи једно добро. Нарочито не треба жалити оног који умре да би затим ушао у бесмртност.

Овако је писао Цицерон да би себе тешио. Нарочито се храбрио бесмртношћу душе, у коју су веровали и Сократ и Ксенофонт. Он завршује са жељом за све људе да дочекају старост како би и сами увидели колико су његове тврдње основане.

Треба овде додати да сâм Цицерон није доживео праву старост, јер је удављен тек што је био прешао шездесету. А здрав човек, и нарочито мудрац, у шездесетој години није старац него једва на прагу старости. Само болесни људи и људи мале памети у шездесетој не само да остаре него и облесаве. Плашљивци чак и не остаре него помру пре времена од страха. Хероји, ако не погину, обично доживе дубоку старост. Старост је, дакле, једна привилегија храбрих и мудрих, а то иде на њену велику част и понос.

9.

Несумњиво, старост је човекова несрећа; али је то и једина од свих несрећа коју сваки човек сâм себи жели, и за коју моли Бога, и због које и ради. Нема никог ко не би желео да остари, и чак да доживи врло дубоку старост. Нема ни старца који икад искрено зажели да умре. Нико није извршио самоубиство само зато што је остарио. Има и стараца који најзад постану и задовољни својом судбином, и који, с извесним поносом за себе, жале своје другове из детињства што су попадали путем живота, не дочекавши њихове године. Има и људи који су остварили своје планове тек у својој старости, и зато се осећају блаженим што су успели да доживе било славу каквог свог јавног рада, било неку срећу своје породице. Старост, дакле, није несрећа. Несрећа је старост једино кад човек и самог себе преживи; а то је кад више не ствара, нити више учествује у животу.

Спартанци су заслужнијим људима у њиховој старости давали почаст доживотних сенатора, да суде младим људима о њиховој храбрости; а Ксенофонт овде каже да је Ликург на тај начин направио од старости нешто часније него што је и младићка храброст. Уосталом у свима културним народима се одаје почаст људима седих власи. Платон у својој књизи *О држави* тражи нарочито поштовање за старце. У српском народу млади људи поздрављају старце скидајући капу, а жене их поздрављају устајући с места; најзад, у нашој сељачкој задрузи је најстарији домаћин био господар и судија. Неоспорно, има много стараца који су без икаквих заслуга, или који су чак били и штетни за друштво; али просечно, сваки старац је заслужан за породицу, а према томе и за друштво. За време Француске револуције одредио је био Сен-Жист, ученик Платона, да се старцима дадне „ешарпа старости", нека врста легије части за заслуге према потомству. Одиста, старац је фактор развитка, прстен у ланцу напретка, стуб цркве и државе. Зато је непоштовање стараца била особина само варварских народа и дивљачких племена; а све што се иде даље у цивилизацију, старци постају уваженијим, местимице и светитељском фигуром. Његово је искуство равно учености; његов дух и неукаљан живот је раван херојству; а његова верност принципима заједнице и отаџбине равна је величини и заслугама историјске личности. Потомци живе не само од легенди својих предака него и од оног што су ти преци открили по рудницима, подигли у зградама, саградили у путевима, оставили у готовом новцу, завештали у науци и уметности. Старац је предак, али и добротвор; аације живе најпре од славе и заслуга предака који су остарили стварајући за оне који долазе, па тек онда од заслуга оних који су дошли после њих. Зевс је сликан као отац богова и људи, и Хронос као отац света; а хришћански Бог је сликан као старац, јер је истовремено и творац људи и творац космоса, значи Хронос и Зевс уједно. Блага и дубока хришћанска религија је у лицу самог божанства обожавала старце.

Мудрац не може пасти у очајање, због старости, јер је мудрац млад докле год мудрује, значи докле год мисли. А мудрац мисли до краја свог века, јер никад не може исцрпсти своје предмете размишљања. Чак што је неко дуже мислио, све је већма откривао такве предмете. Мудрац је у сталној вези с енергијом живота и с људима; и није ни у старости напуштен, него је, напротив, тражен и вољен зато што је мудрац. Човек само у старости дође до извесних идеја и осведочења, на које никад у заслепљености младалачке страсти не би могао доћи. Зато је старост и један фактор духовног усавршавања човековог. Најзад, у хаосу личних сујета, и у сукобу људских интереса, старац је елемент мира и помирења. Стога је старост и један велики елемент поретка и хармоније.

О ПЕСНИКУ

1.

Наука види све у еволуцији, а песник у вечности: значи у времену које се не даје одредити ничим, па ни етапама. Наука види стварање и развијање, а песник разграђивање и рушење. Наука види тријумф живота у новом листу који избија из старе гране, а песник већ види увелу грану у новом листу. За науку је све радост у обнављању, а за песника је све у драми распадања. Наука све види у заточењу хладних природних закона, а песник све хуманизира: изнад свега ставља сензибилитет људски. Он све мери по судбини човековој која је пролазна, и зато неизмерно трагична. За науку је човек део света, а за песника је свет део човека. Правећи од судбине свемира своју судбину људску, и обратно, живот тим постаје само једно црно море туге и чемера, изливено на све ствари и на сва бића. Овај случај чини трагичност песника који је први да то осети и отпати. Сви су велики песници били тужни: Софокле, Шекспир, Данте и Гете; и сви велики музичари, као Бетовен и Шопен; и сви велики филозофи, као Хераклит и Платон. Лепота и туга биле су свагда рођене сестре. Чак и у старој Грчкој није била уметност без много туге. Бакхилид, један њен песник, каже да су најочајније песме свагда најлепше песме. За песника све је лепо, али и све ташто. Све је најлепше што је створено, али све је и јаче од човека. Зато су сви песници тужни по својој филозофији. Сва су песничка дела меланхолична, и најбоље дело је у исто време и најтужније. Све на свету је у вези с човеком, јер све постоји само утолико уколико постоји за човека и његову судбину. А судбина је тужна. Наука мери духом који је ограничен, а песник мери душом којој се не знају границе, и која је у вези с душом ствари. Зато наука само констатује, а песник суди; наука о свету мисли, а песник о свету осећа. Због тога се никада наука и поезија неће измирити, као ни вода ни ватра. Наука и кад мисли да нешто тумачи, она само класификује феномене. Зато се научне истине често потиру међу собом, али велике истине, које су казали песници, ништа није демантовало. Бекон је сматрао законе Галилеја као просте досетке, али ниједан песник никад није могао веровати да мрачни детерминизам, изражен у Едипу, не одговара највећем закону општег живота. Зато једини који тумачи, то је песник који свему тражи крајњи смисао, и који осећа догађаје око себе у њиховом бар једном — можда и јединомe — односу: у односу према човеку. Зато је песник од свих других људи сматран најближим божанству. Платон ставља у уста Сократа — у једном дијалогу учитеља с рапсодом Јоном — своју дефиницију поезије: песник је нешто лако, крилато и свето — тумач божанства.

Одиста, постоје само два творца у свемиру: Бог и песник. Први све почне, а други све доврши. Тајна песниковог стварања исто је тако дубока и необјашњива као и тајна божјег стварања. Не зна се како је постало песничко дело, као што се не зна како је постао космос. Од тога како се једно дело зачне у уму песника, и како оно дође до савршенства израза, то не може ни сâм песник себи да објасни. Томе је често повод најмања ситница, а цело грађење догађа се у једном мутном и душевном стању које збуњује и самог творца, и којем филозофи не умеју да нађу право име. Зато писци разних естетика изгледају песнику обични класификатори готових случајева, онакви какви су ботаничари и зоолози. Велика тајна у којој је зачето и остварено једно уметничко дело, тако остаје за све и заувек потпуно мрачна. Да један човек буде Шекспир, а да то не буде други човек из друштва тог песника, нити иједан други човек његовог времена, тај случај остаје тајна можда нарочите конструкције једног организма. Зато је песник потпуно другачији човек него посебице други људи; а, извесно, његово дело није једини доказ за ово тврђење. Човек није песник зато што ствара дело. Он је само виши од других људи зато што је једини он њихова есенција; а говори кроз песме, јер се све велико међу људима изразило певањем. Велики пророци говоре језиком великих песника. Чак многе птице и инсекти, кад раде и стварају, певају. И она толико пута горка нелагодност, коју песник осећа у додиру с другим људима, чак и најбољим, и његов напор да се прилагођава средини која је сва у компромисима, доказује да је он вечни странац и међу најближим. Једино место на којем се он срета с другима, то је сублимна тачка људског живота: идеал. На сваком другом месту, он је одрођен.

2.

Само песник ствара, јер само он мисли да би измислио. Ко је год нешто створио, он је био песник. Јер све ново што је поникло, поникло је из поменуте недокучне тајне стварања: из нечег нереалног које је извор свег реалног. Песник је свагда и непомирљиво идеалиста, јер све гледа кроз идеал, то јест кроз призму савршенства. То не значи да песник нема осећања стварности, могућности и немогућности; песници су, напротив, једини људи који гледају на стварност помичући је увек до њених крајњих граница усавршења. Он је супер реалан, онај који међу људима види реалност јасније него ико други, јер је једини он види у њеној непотпуности и недовршености. Он најтачније зна одакле треба да се довеже конац којим се иде од данашње непотпуне стварности до њеног сутрашњег усавршења. Само обични људи виде онолико колико постоји; творци виде и оно што не постоји данас, а што може постојати сутра, јер иначе не би били творци. Реалисти нису ништа створили, него су само примењивали туђе стварање; а кад год су се одмакли од туђег узора, они су само кварили. У парадоксу речено: утописти више вреде него реалисти, јер је много пута једна утопија само зачетак једне истине; утопија, то је једна идеја у њеном првом заметку. Песник мисли подсвесно; он је једини сасвим интуитиван, и није измислица кад се каже како он има једно чуло више него други људи. Јер стварно, и оно што не постоји, они виде у облику као да постоји. За све друге људе један комад белог мрамора, јесте само један комад белог камена, а за њега је у том хладном предмету затворена једна богиња или једна сотона, који траже само руку скулптора да те замисли пусти из њиховог каменог заточења у живот и у обожавање. На белом листу хартије, на којем за цео свет нема ничег написаног, за човека који се зове Данте или Шекспир, на том празном простору, затрепере истог часа речи најлепше које су речене после речи божјих.

Песник је тумач божанства, јер је божанство слика човековог идеала. Тај идеал је песник био некад изразио у виду предмета, или доцније у виду човека, сликајући свог бога увек према развитку своје културне историје. Бог просвећених народа има све мудрости и врлине које човек у свом сну о идеалу сматра за највише. Пошто песниково дело свагда говори само о највећим вредностима, и говори и усхићењем и вером, он је тумач божанства, онако како то у две речи каже Платон. Има и филозофа који су веровали да је космос могао постати без учешћа божјег, што би могло значити да је могао постати и без његове воље, и против његове воље, по једном закону чисто механичком, који је сâм себи довољан. Али ја не познајем ниједног песника који је био безбожан, и веровао да је грађевина постала без грађевинара. Никад ниједан песник није опустошио свемир, ни оставио просторе без великог божанског даха који избија из свих ствари. Песник је религиозан, јер су песници и измислили религију. Да Бог није чак ни створио свет и човека по свом образу, него да је човек направио Бога по свом идеалу, песнику би и то било довољно да буде побожан: он би ничице пао пред лепотом таквог човековог дела које превазилази све друге лепоте на свету. И зато, песник и кад сумња, он верује; јер је сумња један осећај, а не мисао. Ни атеизам није право одсуство религије, то је индиферентност. Песници су баш, напротив, најпобожнији међу људима. Сви антички и грчки песници били су побожни, јер нису никад видели човека другачије него у вези с божанством. Хомер и Хесиод били су прави хијерофанти, а *Илијада* једног и *Теогонија* другог, биле су највеће религиозне књиге. Тако је било и с латинским песницима. Кад се за време последњих латинских краљева и почетком републике водила борба у Риму да народ не прими грчки Олимп, и не призна грчка божанства и за своје небо, онда су то радили само свештеници и политичари. Али доцније, чак и у цезарско доба, било је у народу латинском много присталица да се римска вера поново врати свом примитивном националном култу из времена Ромула и Нуме, значи пољским и планинским божанствима старих Латина. Тада су први поборници овог повратка били песници Вергилије, Хорације и Овидије. *Енејида* је била подједнако религиозно и национално дело. Такав је побожан песник био доцније и Данте. Његова *Божанствена комедија* је једно дело које је утицало на религиозност католичког света можда мало мање него јеванђеље.

Песник безбожан не да се ни замислити. Есхил је ратовао против божанства, али једног божанства конвенционалног, које није потекло из моралног идеала, него из шарене бајке; борио се против Хомерових богова који су претворили били Олимп у легло својих порока, и у тврђаву против свих идеала човекових. Песник Есхил, међутим, веровао је у једно ново божанство, пријатељство према људима: у Прометеја, распетог на Кавказу, претечу Христовог, распетог на Голготи.

Песник је први објавио Бога. Идеја о божанству јавила се, извесно, у својој чистоти и величини само кроз уметност: чим је примитиван човек почео да ствара, он је добио идеју о стварању; а видећи себе као творца свих других ствари, питајући се откуд и све друго око њега. Само тако мерећи своја дела с делима тог непознатог градитеља, добио је појам о његовој свемоћи, свезнању, свеумењу.

3.

Најизразитији и најпотпунији тип једне расе, то је песник. Он је мерило расног генија, сензибилитета, идеологије. Као што песник увек стоји на раскршћу између два доба, он стоји увек и на раскршћу између два народа. То је сунчани сат на којем сама сунчева луча црта своје путеве у васиони; и песник је есенција расе, као што је можда и њен крајњи мотив. Зато је песник непобитно и фатално највећи патриота. Било је и великих писаца који су били кивни на своју отаџбину, и то изражавали често безобзирно и горко. Данте се потписивао: „Фирентинац по рођењу али не по моралу". Шопенхауер се горко и отворено кајао за своје немачко порекло. Ниче је говорио да се стиди што је Немац. Бајрон је напустио Енглеску с огорчењем и заклео се да се у њу никад неће вратити. Русо се формално одрекао своје

Женеве, а Жозеф де Местр и Стендал су писали рђаво о својој Француској. Баш најбољи патриоти говоре често о својој земљи с оваквом дубоком горчином, зато што је њихов идеал о отаџбини виши него отаџбина њиховог времена, а нарочито него њихови савременици. Они који се хвале, или су незналице, или лажови, или циници. Хтети све савршено, то је највеће осећање љубави.

Први просвећени човек је био највећи патриота. Отаџбина, то је савест друштва. Осећање љубави почиње с родитељима, наставља одмах с отаџбином, и свршава, тек на трећем месту, у љубави за жену. Песник је зато увек огледало своје расе. Еуклид и Хипократ су могли бити научници ма којег народа у културној историји старог доба; а Галилеј је могао лако бити и сународник Архимедов. Међутим, Софокле је могао бити песник само грчки, а не ни персијски, ни египатски. Тако исто је Данте могао бити само песник хришћанске религије и латинске расе, и песник католичке Италије тринаестог века. Тринаестог, јер је песник огледало не само своје расе него и свог времена: идеала једне генерације. Тако је Тасо био песник једног колена, а Ариосто једног другог колена, ма колико било кратко доба које је раздвајало периоде ренесансе и реформе. Између Дантеа и Петрарке има растојање од четрдесет година, а то се већ види и по њиховим делима. Између Корнеја и Расина има иста разлика у годинама: као шездесет према двадесет шест, што се и овде добро види по њиховој естетици и њиховој фактури.

Песник је најчистија груда своје земље. Обичном човеку може отаџбина изгледати једна предрасуда историје. Одиста, земља коју називамо отаџбином може данас бити малена, а сутра велика; данас на северу, а сутра на југу; данас једнорасна, а сутра састављена од више расе; значи, нешто што не представља ни једно исто земљиште, ни исту климу, ни исту крв. За време Тукидида, Грци су сматрали својом отаџбином само сваки своју покрајину с једним главним божанством, а не целу Хеладу, ни сва грчка божанства. Али предмет човекове љубави за отаџбину који се мењао с временом по форми, ипак се није мењао по суштини; и та љубав је стара колико и историја човекова. То је осећање стечено у првој заједници срећа и несрећа једне групе људства: у сигурности код куће, у страху од непријатеља споља. Језик и традиције заједничке, само су еманација једног вишег мотива: мрачне човекове љубави за тло које га је хранило одмах после мајчиног млека. Једно од најстаријих грчких божанстава била је Геа, што значи земља која рађа; а једно од највећих божанстава, богиња Деметра, била је божанство земљиног плода, са светилиштем у Елеусини, која је постала центром грчког света. Тако је осећање за домаће тло постало мрачним атавизмом, и јачим од свег нашег унутрашњег живота. За племенитог човека љубав према земљи превазилази љубав према породици. Већи му је бол кад непријатељ загази у његову земљу, него кад негде на граници потуче војску. Ми волимо своју земљу и кад не волимо своје суграђане; и ми волимо свој родни град и онда кад нас прогна из себе, као што је био случај Овидија и Дантеа. Човек се после свих неправди враћа у своју отаџбину кад је у опасности, да јој ипак помогне, као Аристид што се кришом вратио из прогонства да се бори у битки код Саламине; или као Платон што се вратио, да би учио своје суграђане како да управљају својом државом. Најпросвећенији човек није неминовно и највећи патриота, али је највећи патриота неоспорно онај човек који је најдубљи; значи најдушевнији, и значи најраснији. А то је увек песник. Он је то и онда кад није највећи војник. Било је рђавих војника међу песницима, јер се помињу Архилох и Хорације; али је било и хероја као што су били Есхил, Сервантес, Камоенс, и стотину других пре и после њих. Есхил је један од највећих хероја са Саламине, а у Атини на сликама су представљали

Есхила како је правио чуда од јунаштва и у битки на Маратону. Јунаштво је често ствар грубе и тврде воље, наслеђе, васпитање, лична сујета, патолошко крволоштво, љубав за физичку победу човека над човеком, жеђ за славом или за осветом, чак и страст за један страшан лов. Али песник који би био кукавица, не да се ни замислити. Хорације је сâм говорио да је бацио штит у једној битки и побегао из борбе; међутим, зна се добро да је код Филипа био храбар војник. И песник Овидије се код Филипа борио храбро на страни републиканаца Брута и Касија. Бајрон је ишао да се мачем бори за ослобођење Грчке, а и Пушкин и Љермонтов су погинули на двобојима. Немачки песник Гете, присуствујући битки код Валмија, шетао се пољем, које су засипали топовски меци, да би окушао снагу својих нерава, а у истом рату је Шатобријан, бретонски војник, био озбиљно рањен. И сâм Данте је у два маха био флорентински војник. Све ово доказује исто крвно порекло хероја и песника. Међутим, хероизам није само пред животом: има свакодневних моралних храбрости које су страшније и лепше неголи и физичка храброст на бојном пољу. Оно што понекад нема песник од хероја (снагу воље), то има херој од песника (идеал). Херој и песник, то су два близанца и два најсавршенија узора људског соја.

Не да се замислити истински уметник који није дубоко частан човек. Поштење уметниково је једна главна основа његовог дела. Шарлатан, то је уметник без поштења. Може неко бити рђав кројач, или рђав војник, па ипак бити поштен човек. Али рђав писац није само човек који рђаво пише, него је још рђав и непотпун у многим стварима, а најчешће покварен и зао човек. Сви лоши писци су били неваљали људи. Ја сам их познавао много таквих.

4.

Кад једно осећање постаје поезија, и кад се јави искра стваралачка? Ко би на то могао одговорити, кад знамо да је тајна уметникова велика као и тајна божја. Мени се ипак чини да се та искра јавља у судару двеју супротности, у додиру двају полова. На пример, у осећању трагичног, а то је када идеја о вечности стане насупрот идеји о смрти. Затим, та искра избија у осећању љубави, а то је у спајању двеју душа или двају тела. Или, најзад, у осећању идеала: када инстинктивна љубав човекова за себе треба да се жртвује у свесној љубави за другог. И тако даље. Искра поезије избија, дакле, равно из оне тачке где су се таква два противна правца укрстила. Човек је утолико дубљи, уколико има више оваквих сукоба у његовој души. А ако томе зна и да дадне уметнички израз, да један моменат уопште и направи свеобимним људским фатумом, онда тај човек постаје песник. Велики број људи живе без оваквих унутрашњих потреса, или су ти потреси код њих сасвим епидермички; а то је онда гомила обичних људи, непотпуних, недовршених и плитких. Овакав човек, и кад је у стању да нешто осети, он није у стању да том осећању дадне место ни цену. За ситне људе је све ситно, а за велике духове нема ситнице; јер велики духови виде све у недељивости. Ситница је за њих само део нечег безмерног. Велики духови су као дубоке планине из којих се понова сваки ехо враћа стократан. Један шпански мислилац каже на једном месту: „За разочараног филозофа нема ничег новог под сунцем, али за песника илузионисту све је ново у сваком тренутку". А илузија, то је највећи фактор стварања. Илузија о животу, то је читав оптимизам космички. Зато је оптимизам одлика младости, а песник је увек млад, често и увек дете. Све филозофске школе, кад су биле силне и младе, биле су оптимистичне: и Платонова академија, и Зенонов стоицизам, и Александријска школа. Платонизам је постао скептичким тек с Карнеадом, значи тек у доба пропадања. И две најснажније расе европске дале су две моћне струје филозофског оптимизма: Француска с Декартом и Малбраншем, и Немачка с Лајбницом. Немци су постали песимисти у филозофији тек са Шопенхауером, а то значи кад су били изгубили веру у своју државу и љубав за своју нацију. Тако је некад и скептичка филозофија Пиронова у старој Грчкој избила наскоро после пропасти код Херонеје, и за време националног помрачења.

Оптимиста изгледа лакоуман и без јасне идеје шта може и шта хоће; а песимиста изгледа дивљи страдајући од жеља великих и несразмерних, али зна шта хоће и уме да мери шта може. Међутим, оптимиста ствара, јер у све верује, а песимиста задржава стварање и сâм себе искључује из покрета. Први је позитиван и користан, а други негативан и разоран. Било је великих песимиста међу песницима, као Леопарди и Алфред де Вињи; а било је чак и великих песимистичких религија, као будизам. Али најсилнији народи нису знали за песимизам. Велтшмерц или *mal de vivre*, јесте једно ново људско осећање. Међу старинским песницима није било песимиста. Песник је природно оптимиста, јер је он једини стваралачка сила, и јер нешто хоће до крајњих граница. Зато је он у сталном сукобу поменутих двеју супротности, и у сталном додиру двају поменутих полова. Зато је свако његово осећање једна искра зачећа.

Треба волети човечанство само због неколико великих људи које дадне с времена на време. Ја не знам шта је Бог, али велики човек даје ми идеју о томе. Стари Грци су имали реч ἡμίθεοι, што значи значи људи-богови. Тај исти народ је распео критичара Зоилоса што је напао песника Хомера.

5.

О песницима се могу рећи или само обичне ствари, или само необичне заблуде; зато ко о њима не каже ово прво, у опасности је да каже ово друго. Јер је уметност најискључивија творевина људског генија, пошто за њу ниједна дефиниција није добра ни довољно тачна. А тако исто и никакво тумачење за њу није потребно. Није могуће ништа тумачити што се тумачењем не даје преправити или поправити. Лепота и божанство се не дају изразити речима; покушајте то па ћете видети колико је велико сиромаштво људског говора. Једини песник успе да нађе речи и да се приближи тим неприступачним и неизрецивим величинама. Треба одиста невероватна смелост онима који се умешају између песника и тих извора његове инспирације. Стари Грци нису за уметност ни имали критичаре него само памфлетисте; а зна се да су имали историју књижевности још у старо време. Имали су и уџбенике о законима естетике. Поликлетов *Канон* је била књига које су се држали они који су учили скулптуру само по школама; али у атељеу самог Поликлета су, извесно, учили без те књиге. Јер се уметност учи од уметника, а не од критичара, који увек истиче себе више него уметника. Скулптура се учи од скулптора, сликарство од сликара, а техника поезије се учи само из песничких дела. Уметност се не даје објаснити него само осетити. У томе је она супериорнија од свих творевина људског генија. Једино се она позива на форме мисли које нису опште и свачије, него привилегија извесних природа које су затворене у себе и у своју тајну.

Сви су људи способни бар за једну од многих грана науке, али су за уметност способни само изабрани духови и нарочити сензибилитети. Има велики број људи који би радије вукли лађе, него читали песме, или посматрали слике. Аристотелов ученик,

Александар, није се одвајао од *Илијаде*, али сâм признаје да је из тог епоса учио стратегију, а не сублимну лепоту песничке визије. Било је великих научника и војсковођа који су или сами писали песме, или са страшћу читали туђа песничка дела. Између великих људи има један афинитет који показује да људски геније излази из једног истог извора, и да се велики људи увек сретну у највишим висинама. Тако кад један песник постане заиста велики, он постане филозоф; а чим један филозоф постане заиста велики, он постане песник.

Међутим, укус за лепоту је донекле урођен свим људима. Примитивни човек је почео да прави уметничке шаре и фигуре на зидовима своје пећине и пре него што је знао да броји, и пре него што је знао да говори. Можда је и певао мелодије, пре него што је изговорио и прву фразу. Али ко нема такво урођено уметничко осећање, узалуд му је тумачити ствар лепоте. Тумачења лепоте нису учинила друго него да се укуси нивелишу, и да људи пођу за једном општом формулом лепоте више него за својим сопственим осећањем: више за туђим речима, него за својим очима.

И заиста, укуси су најзад постали више колективни него индивидуални, више сугерисани него инспирисани. Зато су на свим раскршћима историје постојали заједнички укуси у великој групи културних народа, и на пољу различитих дела. Не само да су се посвећени људи једног истог доба подједнако дивили истом уметничком делу из поезије или музике, него су имали и исти начин говора, облачења, намештаја, плеса. Тај заједнички смисао ишао је понегде до готове формуле, која је увек била силнија од појединог човека. Разлике су постојале само у нијансама. Пред делима великих мајстора сви људи имају исте утиске, бар за све крупне одлике, а разликују се најчешће само у детаљима. То је као високо стабло палме која иде у висину док се не почне рачвати и гранати у своје лепезе на све стране. Колективни укус диже се на тај начин до своје висине, али наједном престаје да буде једини и апсолутни вођ, него почне да се грана и рачва у индивидуалне укусе, који затим постају стварима срца и темперамента сваког појединца. Полазећи с места где се одвајамо од опште формуле, књишке и школске, ту већ настаје осећање личности, кад мање тумачимо и судимо, него што волимо и мрзимо. Одатле све гледамо кроз себе и за себе; и више није толико реч о уметничком делу, колико о нашој природи. Одатле већ делује нетрпељиви и непомирљиви лични укус, који је често урођен. На том делу линије тражимо у једној уметничкој ствари свој сопствени смисао за лепоту, за природу, за љубав, за срећу, за смрт.

Види се из овог колико је критичар једно потпуно страно лице у стварима где престаје колективни, а почиње индивидуални укус и суђење. Ипак ће критика увек постојати, ако не као књижевност и уметност, а оно као наука. Критика, то је наука о човековом духу (као што је антропологија наука о човековом телу), али је критика наука само кад је у питању човек уметник. Предмет проучавања критичког, то су особине писца које су у вези с делом. Можда су то бескорисне дисертације за читаоца, а нарочито за писца, али ипак тесно везане за његово стварање. Критичар треба да пише само о добрим уметницима и добрим делима; а он је користан само кад хвали. О рђавим се писцима нема шта рећи, као ни о најбољим. О рђавим писцима пишу само рђави људи. Критичара мрзе подједнако и рђави и добри уметници. Рђави писци се боје његовог знања, а добри писци се не боје његове памети, него његовог злог језика.

Има, дакле, у сваком уметничком делу нешто апсолутно и опште, и нешто релативно и лично. У првом ми идемо за оним што смо научили а у другом за оним што смо сами осетили. Прво одговара укусу свих људи једног истог времена, а друго одговара личном темпераменту и раси. О првом се даје говорити с изгледом да и други поделе наше мишљење, али се о другом не даје говорити без опасности да увек дођемо у сукоб и с оним људима с којим смо иначе у свему другом потпуно сложни. Зато је посао критичара неблагодаран; и није чудо ако изазива злу крв када хоће да буде насилан. Критичари би били потребни само када би у књижевности плевили и рашчишћавали. Међутим, они одиста нису били у стању да шкоде ни најгорим писцима кад су писали противу њих, ни да ишта исправе и измене. Лажни писци пропадну једино пред равнодушношћу читалаца, а то је када су читаоци од њих књижевнији. Не постоји у уметничком суђењу експеримент ни принцип, него осећање и каприц; нити се суди до краја методом и памећу, него темпераментом који није ни методичан ни паметан. Зато је критика непотребна. Један страни писац је рекао да песник увек говори о себи, а нама изгледа да говори о нама. Неоспорно, оно што ми нађемо на једној слици или у једној песми, као да је интимно наше, то је оно што је најлепше и најдубље за нас лично, и кад је најповршније за неког другог. Због тог делића ми волимо или мрзимо једну песничку ствар и њеног творца, и на том делићу нико није потребан да нам ишта тумачи.

Историја уметности, то је историја развијања само општег, колективног укуса. То је прича о том шта су културни људи заједнички сматрали лепим у разним периодима историјског процеса. Та прича ништа не доказује, него само показује.

6.

Модернисти у уметности, то су усташи против колективног укуса. Они се одмах поставе отворено против историје, јер су против традиције; и то су бунтовници против традиције; и то су бунтовници против утврђених навика, јер су непријатељи свих ограничења. Они неће да знају колико је свет стар, нити признају да под сунцем нема ничег новог. И зато, пре него што би нешто и сами остварили, они покушавају најпре да поруше оно што је пре њих постојало. Јер модернисти или новатори представљају један закон природе човекове, који је неумитан: потребу за променом и укус за новим. У њима се буни инстинкт новог човека, пре него што се побунило осведочење новог творца. Они се питају да ли су носиоци прогреса или су једино представници дегенерације; они се само буне против устајалости коју, с правом, сматрају за начело негације и пропасти. Најзад, они представљају још и једно више и општије осећање човеково: младићку нетрпељивост за старост и за старо, борбу против акапарисања, и најзад, своју лепу и разумљиву жељу за личном афирмацијом. Овај феномен је често интересантан више као покрет, него по самим личностима тих новатора. Више увек има међу њима збуњених него побуњених. Уз неколико истинских нових талената, обично иде поворка букача и шарлатана, који су најгрлатији и најдосаднији, и који ће отпасти кад се утиша побуна, и нестати с помрчином и с прашином чим сване прво ново и тријумфално јутро.

Истина, прави великани нису имали своје хиролде ни трубаче да их објављују, нити су сами тумачили своје програме и своје уметничке намере. Прави творац античке трагедије, Есхил, син свештеника у Елефсини, почео је мирно као да је и сâм био свештеник; јер се зна да је драма прво била у служби вере. Највећег песника хришћанства, Дантеа, нико није објавио, нити је сâм себе огласио за творца какве нове школе. Петрарка је чак мислио за Дантеа да је написао једино књигу *Обновљени живот*, али је за Дантеову *Комедију* побожно и искрено веровао да ју је написао сâм Дух свети, а не Данте. Шекспир је био самотник, као Хималаји. Гете и Шилер су били врхови немачке земље и расе; без рекламе и без војске, и велики лични пријатељи, иако је Гете био чист поборник традиције (у свом *Гецу од Берлихингена*), а Шилер новатор и поборник немачког уједињења (у своме делу *Валенштајн*). Значи: и по намерама и по духу потпуно различити. Ни Расин није знао за себе да је новатор. Само охоли и болесно сујетни Виктор Иго је имао потребу за фанфарама; и само гордељиви и загрижљиви Леконт де Лил је говорио о свим другим правцима с понижавањем и увредама. Прави творац иде за инстинктом, а не за програмом; и узимајући нови правац, он се и не пита да ли се и колико се одалечио од старог утапканог друма. Овакав творац нема намера него само потреба; јер је он пре један нов инстинкт него ишта друго.

Новатор може да донесе нов таленат, можда и нов начин израза, али не може написати или насликати дело које чак и у далекој прошлости не би имало свог премца. На двеста година пре Рафаела било је рафаелских Мадона и по нашим немањићким манастирима. Има једна поступност у остваривању људских лепота, која од почетка човекове историје иде равномерно и логично, чак и онда кад изгледа да је сав историјски прогрес само један низ бучних револуција. Мирон је био новатор само по положају тела својих статуа. Фидија је био модерниста само по изразу својих фигура. Скопас, и Лисип, и Поликлет, и Пракситeл, били су новатори само по оном што су додали старом делу, а не по нечем битно новом. Донатело је новак, али само релативно, и само према вајарима свих времена; а Микеланђело је нов само у односу према Донателу. Нов уметник, то је човек који унесе нове емоције или нарочито само појединачне нове форме. Ништа више. Стари век европски је био скоро цео у продукцијама грчког генија, или грчко-латинског, и зато је био узак и једнолик, јер је био израз само једне расе и историје. Средњи век је био шири. Средњи век је имао много варварских најезда, и велики број нових народа, много страшних ратова, много свирепих болештина, и, најзад, хришћанско схватање живота и смрти. Зато је средњи век морао дубоко изменити сензибилитет људски, и природно учинити огромне промене у стварима уметности. На средњовековној уметности је сарађивало много нових и разних народа, али је ипак питање да ли је који век створио одиста ишта ново, или само допунио нешто старо. Такав је био четрнаести век када се човечанство нашло између две противуречне духовне и моралне струје: средњег века и ренесансе, вере и сујевере, али ипак између нечег што је већ било старо (хришћанство) и нечег што је било још старије (паганство).

Свака историјска периода има свој посебни покрет филозофски, религиозни и књижевни. Али је таква нова периода морала бити увек само велика последица дубоких филозофских криза у човеку и у друштву. У таквом случају иду и филозофски и религиозни и књижевни покрети напоредо, тесно повезани и скоро сливени у исто корито. Тад се има илузија као да се рађа једно ново човечанство. Тако је било у време Анаксагорино, а тако је било и неколико пута доцније. Ниједна велика школа није дошла импровизацијом и навалом амбициозних људи да се пошто-пото обори старо, а створи ново. Схоластичка филозофија се развила дугим покушајима измиривања античке филозофије с хришћанским учењем. Бекон, а нарочито Декарт, оборили су схоластику због њених злоупотреба над људским здравим разумом. Огист Конт је створио позитивизам кад су најзад и злоупотребе метафизичара постале новим беспућима за људску памет. А ниједна нова филозофска школа није била без новог и дубоког утицаја на уметност. Без нове филозофије нема нове уметности.

Има нових уметника, али нема нових уметности. Међутим, ко год је персоналан, он је за себе један нов случај. Несрећа, што је мало учитеља а много ученика. У наше доба је сликар Сезан био, ако хоћете, нов; и сликар Реноар је био нов; али сезанисти и реноаристи нису већ били нови, јер не иду за собом него за другим. Присталице разних школа јесу ученици, а нису сами новатори, јер је нов само онај уметник који је израз самог себе, независно од својих претходника али и од својих савременика! Једно је Христос, а друго су хришћани. Зато међу новаторима има увек велики број уљеза и шарлатана. Није ни све добро што је ново: нарочито је глупост стара колико и свет.

Сваки покрет има једног свог великог протагонисту и главног иницијатора. Он почне, све изрази, и најзад све доврши. Школе које се направе око таквих протагониста само су уточиште бедних епигона, који се заклањају за једно крупно име, или за један крупан правац. Европски рат, чији смо очевици били, изгледао је многим површним духовима као некаква нова бразда одакле иде и нова периода. Али није тако. Нису капиталистички ратови, као овај 1914, у стању да уроде регенерацијом људске мисли и срца, него напротив. Само ратови духовни и душевни, а то значи само дубоки покрети религиозни и философски могу бити иницијатори нових идеологија и нових сензибилитета. Рат француско-немачки 1870, од огромног значења, није у ствари идејно изменио ништа у тим двема земљама. У Француској је тај рат, у духовном погледу, само растурио парнасовце, као школу, али није ништа створио стварно ново; а у Немачкој је створио ничеизам и војничку мегаломанију, али не и нове духовне вредности и нове уметничке инспирације. Ни симболизам, који је дошао нешто доцније, није био нов духовни покрет, колико један нов манир. Симболи и симболизми нису нимало нови; чак су то начини људског говора можда старији него и ма који други. То је само један начин говора али не ново осећање. Кад је француски симболизам покушао крајем деветнаестог века да буде ново осећање, он је пао брзо исцрпен. Ниједан озбиљан песник није хтео да се ограничи на само симболистичке ефекте. Има у симболизму великих грешака. Његова психологија је ненормална; његове идеје и асоцијације су одвећ бизарне; његово негирање непосредног проживљавања јесте сасвим погрешно; његово претпостављање магловитих наговештаја сваком јасном и логичком изражавању, јесте лажно; и најзад, његова музика ветра и воде пре људског говора („музика пре свега другог"), само је једно бесцилно прецењивање споредних случајева. Зато је и тај покрет прошао с досадом, као и све друго што је имало несрећу да се једном назове модернизмом.

И данас постоје нове маније, а не нове естетике; и нови куриозитети, али не нове лепоте. Симболисти су се, пре пола века, позивали на филозофа Новалиса, као на свог учитеља, а данашњи се позивају на филозофа Бергсона. Они који буду дошли доцније, можда ће се позивати на Бога, и биће боље, и свет ће им веровати, јер су све велике уметности, постајући у моментима великих религиозних криза, изишле из идеје о Богу. Најлепша песма једног песника има увек изглед молитве; и најлепша слика једног сликара има изглед иконе. Све су уметности одувек биле у служби религије. Зато је лаж у дну сваког оног покрета који не долази из најдубљих човекових извора вере или сумње.

7.

Све што се догађало у променама уметничког смисла кроз векове, догађало се у тесној вези са осталим стварима живота. Постојале су увек логичке везе између појединих појава друштва. Смисао уметнички је варирао често можда сасвим без реда у погледу његовог развијања, али у потпуном реду с друштвеним појавама; а ја мислим да је уметност највише варирала према моралним променама једног друштва. Свакако, постоје у уметности разне форме лепоте: чудно, ново, наивно, љупко, мисаоно, узвишено, срдачно, равнодушно, чедно, лепршаво, преозбиљно; порнографско, аморално. Зато је и често у историји постојао неспоразум између уметника и њихових савременика; а то је онда када су уметници били виши него њихово друштво, или када је њихово друштво стајало културно и морално више него његови уметници. Ипак, никад није било неспоразума између најбољих уметника и најпаметнијих њихових савременика. Кад је Верокио видео слику *Крштење Христово* свог ученика Леонарда да Винчија, још дечка, кажу да се тај дан решио да никад више не узме кичицу у руку. Паганску је уметност разумевао њен свет, јер је стајала у вези с паганским митом; а средњовековну уметност разумевали су тадашњи хришћански људи, јер је била религиозна као и њено доба. Данашња послератна уметност би требало да буде нешто треће, па да буде схваћена, што значи вољена. Можда она лута зато што је свет остао без своје основне идеје о животу, без своје централне идеје филозофске и моралне, расејан, разорен, анархичан, зараћен, и можда на ивици пропасти. Данашња уметност очигледно стоји на беспућу једног човечанства које је изгубило сву снагу да у нешто верује онако као што је пре веровало у Бога.

Идеје имају своје порекло и своје рођендане, као и људи. Ништа се у духовном животу није родило без везе с општим законом напретка или назатка човековог. Нарочито се ово може односити на људска осећања, која су постајала или нестајала увек с великом логичном поступношћу. Можда би се могло и чак тачно утврдити којим је случајем постала која идеја у животу, и каквим је обртом постало које човеково осећање о величини и лепоти. Зато постоји тако велика разлика између човека паганског и човека хришћанског. Антички народи нису знали за нежност у нашем смислу. Нису могли бити једнаки људи који су некад веровали у хладну Минерву, с људима који данас верују у Богородицу, мајку која држи једног мученика у наручју. Хришћанство, уносећи у људски живот доброту и култ бола, унело је међу људе и верску тугу какву стари мудраци нису извесно сматрали ни лепотом ни врлином. Неоспорно, религија је била увек највиша наука о судбини. Зато ни историја уметности није друго него један део историје религија. Уметност се никад није могла одвојити од мисије да буде афирмација божанског у човеку; и уметност је увек била главна веза између неба и земље.

Било је много случајева неразумљивих у књижевним појавама. За мене је такав чудан случај како су Французи имали романтизам, који, стварно, није био њихово расно осећање него туђа импортација. Цео свет је пре њих био романтичан и имао романтичку литературу: Италијани с Ариостом, Шпанци с Калдероном, Енглези са Шекспиром, и Немци с Гетеом. Чак Французи нису уопште имали историјског осећања у уметности, нити су били заљубљени у прошлост, него увек у садашњицу. У њиховом такозваном златном веку, Молијер је говорио са ужасом о готским катедралама, као и одвратним наказама, из векова незнања и тмине. Тек доцније, с падом рационализма, романтици уносе историјско осећање у уметност. Они чак и тада сликају туђи романтички живот, правећи тако свој француски књижевни романтизам. Интересантно је да су Французи били увек под туђим књижевним утицајем, већма него и Италијани и Шпанци. Песници француски из ренесансе су били сви под утицајем латинске литературе, а узалуд је школа Реноарова покушала да француску књижевност хеленизира. И век Луја XIV био је ближе латинству него хеленизму. И песници осамнаестог века још имитирају римске лиричаре из Августовог столећа.

Тако је ишло док нису на крају тог века узели себи за узоре Гетеа и Шекспира, опет учитеље више него и узоре. Најчудније је што се зна да су и латински песници били увек туђи ученици, и признавали грчким писцима првенство, и сами чак учили у Атини. Ово би значило да су Французи, иако генијални, увек имитирали имитаторе. То им није сметало да најзад постану и сами ненадмашним. Међутим, француске *chanson de geste* и песме о Ланселоту биле су извор и самим Италијанима за њихов романтизам. Французи су зато створили свој романтички покрет деветнаестог века, после свих других, и пошто су били мање романтични него икад.

Данашњи смисао о лепоти јесте производ дугих векова. Историја уметности радила је дуго и много на стварању извесних заједничких осведочења у стварима лепоте. Поставила је понека мерила, која су већ узела облике принципа, чак и догма. Данас народи исте културе имају скоро и исте принципе о укупном животу; а није могуће да то не захвати и уметност. Све већма мисао човекова постаје космополиткиња. Доказ, што се једно уметничко дело, с једног континента, сматра лепотом и на другом континенту. Ако црнци нису у стању да осете нашу уметност, ми смо зато били у стању да осетимо њихову; чак је прилично и копирали, нарочито данас, у скулптури, плесу и музици.

Али што је и сад најопштије за све нас, то је формула лепоте коју су дали стари грчки артисти. Лепо, то је ипак оно старо грчко лепо. То је материја и идеја, уједињене у хармонији. Осим лепог на грчки начин, постоји и бизарно као лепо, и снажно као лепо, и ново као лепо, и примитивно као лепо, и дивљачко као лепо, чак и простачко као лепо. Али апсолутно лепо, то је само оно грчко, и дефинисано: лепота у хармонији. Таква је била аксиома целог грчког живота, па и њихове уметности. То је високо гледање на све стране живота; то је Анаксагорин дух као регулатор нереда у материји; то је плавоока Атена, главно божанство атинско, које је било божанство памети. Јер нема уметности без лепоте, нити се уметност и лепота смеју одвајати; јер је то онда само вештина и виртуозност, а не уметност. Пиндар, који је имао свој трон у Аполоновом храму, у Делфима, да с њега чита своје стихове, каже Хијерону, тиранину у Сиракузи: „Кнеже, ја се разумем само у метрици". Ко би хтео међу данашњим уметницима да истакне да је знање метрике једна велика човекова судбина; и ко би од нас сматрао за довољну гордост да буде само један коректан метричар.

8.

Кад један песник пише о другом песнику, тај је случај интереснтнији него кад о песнику пише критичар. Јер је песник одиста једини који може да неко дело прoникне до у саму његову срж, а то значи до у крајње танчине сваке појединости. Ово осећају и многи критичари. Песник је једини који може да оцени, не само шта је други урадио, него и све шта је хтео или требало да уради, значи све што је и постигнуто и непостигнуто. Он једини може да код другог творца оцени и цело стварање. Критичар стварно није ништа друго, ни више, него један префињени читалац, који записује своје импресије, и који има сујету да их објављује. Али сам критичар није творац. Ако је творац, он више није само критичар, него филозоф књижевности, што значи писац који од уметности прави науку. Песник уопште не може ништа урадити, чак ни у критици, да и сам одмах не пређе у стварање; а говорећи о другом, он и у том часу говори стварајући. Критичар, напротив, говори без сопственог стварања; и још више, он се увек држи извесних норми, чак норми које су други пре њега поставили, као необилазне и освештане, академске и школске. Он увек иде за другим и ранијим критичарима, више него и за самим писцем о ком говори. Осим тога, критичар више говори о себи, него ма који други писац. Књига критика и студија уметничких, то је увек биографија једне сујете. Можда ни сама књига једног лиричара, није у стању да буде такав документ духовних навика и личног васпитања, као критичарева књига. Критичар не говори свагда да пресуди као судија, него да оптужи као државни тужилац, или да одбрани као славан адвокат. Али, најчешће, срачунато на ефекат у публици, и скоро увек на рачун и на штету правог писца. Зато је најчешће критичар без спонтаности и без искреног дивљења, чак и пред најлепшим делом; а то стога што увек стоји изван књиге о којој говори, и увек себе ставља изнад самог писца. Кад није рутина и манир, онда је шема и категорија. Критичар све види везано за један век, за генерацију, за жанр, за школу, за принцип. Он је толико заузет класификацијом таквих случајних факата, да му и најлепши квалитети једне личности испадну из вида. Нарочито његова упоређивања убију у једном песничком делу све што је у њему одиста најчистије, и најличније, и највише. А који је то критичар који две трећине својих размишљања не вуче из тих фаталних и разорних упоређења.

Па ипак, кад критичар пише о песнику, он се бар држи нечег што се сматра већ добро размишљеним и коначно усвојеним као мерило. Одавно се ишло за тим да се и за уметничке вредности нађу немерљиви принципи, као што су нађени за многе друге тајне човековог духа. Чак се и критичарева манија за упоређивање мора разумети и као једно средство за размишљање; јер, одиста, човек и не мисли без упоређивања; аналогија, то је један од важних принципа наше мисли. Песник, напротив, постајући критичарем, не држи се никаквог утврђеног начела. Он иде по снази свог инстинкта, и говори по вољи свог прохтева. Зато кад песници пишу о другом, они су у том случају, и у таквом односу, педантни и нетачни. Казаће, извесно, ванредно лепих опажања, можда и много нових истина, али увек само поводом и мимогред, и независно од човека о којем говоре, чак можда потпуно и без везе с делом које оцењују. Критичар, напротив, види у једном делу оно што вреди бар за највећи део културних људи његовог времена. Песник и у туђем делу тражи своје сопствене маште, и оцењује нешто не према томе како је то успело, него баш према оном како није успело. Песник не гледа при критиковању како је онај други писац нешто урадио, него како би он сâм урадио да је о истом предмету писао. Зато је несигуран и често нетачан.

Свод резонанце је, истина, много шири и дубљи, и другачији, у песника него у другог човека. Зато је и једно дело увек другачије одјекнуло у њему него у обичном човеку, чак него и у једном необичном критичару. Критичар би требало да има исту моћ асоцијација, и исто толико висок емотиван живот какав имају и песници, па тек тада да имадне храбрости да верује како је тог песника довољно и правилно осетио. Кад ма који човек говори о самом себи, онда то може још бити и тачно; али кад човек тумачи другог, ту више не може бити говора о тачности, јер онда све гледамо или кроз своју природу, или само кроз туђе принципе. А то је, скоро редовно, случај код критичара. Он увек сматра да је писац и мање учен и мање дубок него његов судија. Стога је ретко кад било случајева да је један озбиљан писац истински волео да чује размишљање таквих често наметљивих људи, који увек радије пресуђују него што срдачно воле. Али је и сâм песник несигуран судија још и зато што је претерано затворен у своју већ одвећ јаку и личну природу. Песник је увек интересантнији и неоспорно богатији од сваког критичара, чак и кад је тај критичар највећи књижевни филозоф. Али то не значи и да је много тачнији, и да ће он рећи оно што се тражи од једне оцене, и што критичар није хтео или није умео дати. Зато је песник несигурнији судија неголи са̂м критичар.

Затим, што у једном делу највећма волимо или највећма не волимо, то је са̂м његов писац. Ово се односи и на писце античке, као и на писце које лично познајемо, и које можда сретнемо често и у својој улици. Ми у једном писцу видимо или једног умног пријатеља и забавног друга, саветника или утешитеља, или, напротив, нађемо у њему човека који није за нас лично ниједно од свега тога. А песник, баш зато што одвећ силно воли и силно мрзи, може бити неизмерно неправедан и нетачан према писцу којег или лично воли или лично не воли. Пошто такав писац којег он нападне, може бити за све друге људе често творац врло велике вредности, песник као критичар би овде направио ружну неправду и опасну заблуду. Најзад, песник, пресуђујући другог, увек помало пресуђује и самог себе, или увек брани пре свега свој уметнички смисао. Оцењујући и већег од себе, или другачијег од себе, он је, и нехотично, у оба случаја неправедан. Јер је и песник човек с људским страстима, од којих се не може ослободити, ни кад је најчеднији и најплеменитији.

Критичар, међутим, може да не дође бар у оваква искушења. Али није искључено да падне у искушење много горе: да говори о себи више него о писцу којег оцењује. Он често афектира одвојено мишљење од свих других мишљења каква су пре њега била речена о том истом писцу. То може да повреди јавни углед једног талента, и доведе у забуну читаоце према једном важном националном делу. Критичар је, по принципу, или новатор или конзервативац: а ако писац којег оцењује не буде човек његових идеја, или бар човек његовог круга, може да за то скупо плати такву случајност. Најзад, да би критичар и са̂м имао изглед писца, чак и важног, употребљава често неко дело у чију вредност нико други не сумња, да се његовим поводом баци каменом на освештане вредности једног времена, или на усвојене мере једне књижевне генерације. Нико није толико пожудан да изгледа нарочито учен и самосталан у мишљењима, колико критичар; а то увек пада на штету писаца које оцењује, и који понекад представљају чак прави капитал једне књижевности. Тако филозоф Кроче руши песника Д'Анунција, и тако је наш критичар Недић рушио нашег Змаја. Ја никад нисам био радознао да видим колико је један критичар о мени рекао тачности, него колико је према мени показао пријатељства и љубави. Јер тачност, то је његова дужност према читаоцима, а пријатељство, то је његова дужност према писцу. Писац има право да види како се један критичар са исто онолико искрености одушевио оним што је у његовом делу велико, с колико се пакости устремио на оно што је лоше. Критичар који напада и писце од талента, то је клеветник, као лажни сведок пред судом.

Нису, дакле, неминовно тачни ни песник који критикује другог песника, ни критичар од заната. Песник већма критикује само стварање, него створено дело, зато што је и сâм творац; а критичар опет оцењује оно што је створено, и не знајући како се уметничко дело зачело и затим стварало кроз његове појединости, зато што и сâм није творац. Осим тога, критичар никад не познаје довољно техничка песникова средства, нити зна вредност једног ретког обрта, ни колико је често савршено нова једна метафора, ни колико је ретка једна рима, чак много пута не зна довољно ни универзално значење ове или оне песничке идеје. То су велике тајне приступачне само правим творцима. Зато најчешће о једном писцу другачије мисле сами творци, а другачије мисле критичари. Другачије је Бетовена разумео један директор конзерваторијума, а другачије га је разумевао један Шопен. Први је грешио кад га је осећао, и кад је веровао да га потпуно разуме, а други је могао погрешити само ако га је другом тумачио.

Али како ни песник ни критичар нису сигурни оцењивачи туђег дела, остаје читаоцу да се поводи сâм за собом. Најбоља је само она књига која нам је најмилија, као што је најлепша она жена за коју налазимо да је лепа, а не знамо зашто је лепа. Класична дела су величине које време није могло оборити, и које су пролазиле у тријумфу с колена на колено. Монтескје је зато рекао ону лепу мисао да модерне писце чита публика, а класичне писце да читају аутори. Одиста, ко се васпитавао на духовима старе уметности и литературе, не треба да се боји да ће његов укус икада застарети. Ко је много полагао на модернизам, прошао је и сâм с модом.

Неки стари грчки песник каже да велика богиња Атена никад није огледала своје лице у дискосу од бронзе, ни у провидним таласима Симоиса, јер је знала да је њено лице увек лепо. Ни за уметничку лепоту не треба никакво огледало, нити икакав тумач. Песничко дело, уколико је дубље, утолико је простије; а уколико је простије, утолико се мање о њему може говорити.

9.

Ништа не може одолети времену, па ни дело песниково. Ако га време и не поништи, оно га искварити или награди. Сви књижевни родови застаревају с временом, а лирика је прва која застари. Оно што нарочито у поезији једног времена најбрже пропадне, то су метафоре и описи природе. Хомерове описе Алкинојевих вртова, који су једини славан пример античког описа природе, могао би данас написати и обичан дилетант. И Петраркини такви описи, најбољи који су нам остали из средњег века, нису достојни ни осредњег имена међу данашњим писцима.

Осећања за религију и за љубав не мењају се много с временом, али осећање за природу — као трећи од великих мотива људске инспирације — мењало се стално и огромно. Опис природе какав ми данас волимо, постао је тек последња два столећа. Карактеристичан опис природе у старијој књижевности била би Фенелонова метафора о пољу за који не уме другачије да каже него да изгледа као зелен ћилим. Некада је и та метафора могла изгледати нова и лепа, а данас је стара и ружна. Хомер је говорио „дан с белим коњима", или „зора с ружичастим прстима", или Есхил „све шуме мора", што је више бизарно него лепо. Шекспир на једном месту каже, имитирајући Хомерову метафору: „зора са сивим очима". Данас је једну бизарну метафору лакше наћи и једном обичнијем писцу, него што је било некад великом грчком рапсоду и оцу свих песника. Барок је таква једна лепота бизарности, и она већ траје више од два века, увек с много сугестије за људску фантазију, а вероватно да, због своје детињасте љупкости, неће никад ни престати.

Мање него описи природе, застаревају песничке идеје. Изгледало би скоро да се оне углавном и не мењају. Догађа се и да два умна човека у два разна доба историје дођу до једне исте идеје о истој ствари, чак и да ту идеју изразе скоро истим речима. Ово нарочито важи за писце сличне културе и сличног сензибилитета. И у уметности, као и у обичном животу, многи су људи дошли на наше идеје и пре нас. Зато и у античким писцима налазимо толико од нас самих. Да не постоји овакав однос између новог читаоца и старинског писца, не би више постојао ни интерес за оно што се некад писало. Јер што ипак највише волимо у сваком писцу, новом или прастаром, то су наше сопствене мисли и осећања.

Срећа је што метафора и идеја нису једино што може да садржи неко уметничко дело, јер би рушилачка рука времена била још страшнија. Али има у уметничком делу још један фактор, а то је фактор душевни. У књижевности је то онај елемент који остаје занавек искључива својина сваког писца, једино што се не даје копирати ни присвојити. Петрарка има један сонет „пође мој брод пун заборава", извесно један од најбољих његових сонета, и који нико неће ни надмашити ни поновити. У њему је речена о човековој судбини тако једна лична и интимна душевна реч, која се не може два пута рећи, или бар не једним истим начином. Ма колико да је описна лепота и мисаона дубина у том сонету нешто од најсавршенијег у светској лирици, ипак душевни фактор у том малом делу превазилази и његову мисаоност и његову метафору. Ништа узбудљивије није казано песничким језиком о човековом страху пред животом. Зато је највећи песник онај који је имао највише душе, а не највише духа. Душа је индивидуална, а дух је универзалан.

Што у старој атинској трагедији и сада има за нас неодољивог, то је онај страх атинског човека од судбине коју су звали *нужност*; она верска туга која је нешто најдушевније што су нам стари завештали. Данте и данас највећма узбуђује својом тугом хришћанина и прогнаног грађанина, него својим идејама и својом савршеном формом. А песници, као Бајрон, дају се поново испевати, јер су више описни и духовни, него душевни. Међутим, песник Алфред де Мисе не може се препевати никад више, јер је сав осећање и туга. Нико га не би могао имитирати, него само копирати. Човек који одиста има своју сопствену душу, веома је редак међу људима; али се нарочито међу писцима такви људи дају избројати на прсте. Истински персоналан песник, то је само песник дубоко душеван.

Свако доба човековог живота има свог нарочитог песника. У двадесетој години људи су залуђени неким песником, којег већ у тридесетој години неће више читати, или ће га читати без некадашњег уживања. У четрдесетој години имамо опет нарочитог свог песника; а доцније се те разлике оцртавају још оштрије. Бајрон и Мисе, или у нас Бранко и Војислав, остаће занавек песници наших двадесетих година, јер су певали страсти и идеје младог света. Леопарди и Бодлер, песници болесне душе, читаће се дуго, с више уважења неголи најбољи међу песницима, јер су занимљиви и кад нису лепи. Не треба се зато чудити ако људи двадесетих година немају о једном песнику исто мишљење које имају људи када су већ у четрдесетим или педесетим годинама. То је немогуће тражити од младих људи, чији је сав живот другачији, и све навике различније, него у њихових очева. Често два човека из две такве разне генерације имају више међу собом разлике, него два човека разних раса или разних континената. Под сунцем неба све су ствари другачије обасјане, и другачије обојене, и другачије изражене.

Лирски песници застаревају, јер се мења наш сензибилитет на сваком раскршћу историје. Ово ће с будућим временима, у којима ће се брзо живети а много стварати, ићи још брже. Свима данас многи велики лирски песници прошлог столећа изгледају хладни и равнодушни. И велики Гете, и велики Иго. Али ако су ова двојица дивова застарели, ипак има лирских песника, чак историјски од нас још удаљенијих, а који су нам остали душевно увек блиски: Сапфо, Тибул, Петрарка, Ронсар. Јер што једну песму сачува и направи вечном, то је њен интимни тон, интимна идеја о љубави и судбини, које су у основи непроменљиве и опште. Велики песници су узвишени, али не и интимни; они нас задивљују, али не заносе. У томе је њихова величина, али и њихова несрећа.

Нарочито бол, искрено изражена, сачува песму свежом кроз векове; јер су среће различне, али је бол увек иста. Религија и бол, то су два извора стварања, и две лепоте које никад не мењају своју снагу над људима. Све уметничко се зачиње у њима двома. Нема великог књижевног дела без великог бола. Све се родило из бола и крви, као и дете. У тамници је Сократ писао песме пре него што је дошао час да испије чашу отрова: написао је једну химну Аполону, и у стихове преносио Езопове басне.

10.

Разлика између песника и научника јесте и у томе што је сваки песник једна фигура за себе. Песниково је дело увек као једно усамљено острво, које изгледа да има своје сопствено небо и сопствено сунце, на чијем осветљењу зрачи његова сопствена лепота. Зато што је најређе и у књижевности, то је таква персоналност. Има врло познатих и много читаних писаца, чак и славних, који немају своје персоналности. Међутим, свако иде насилно да увери о томе да је личан и самосвојан.

Јер нема опаније страсти него што је књижевна манија, ни бестидније таштине него што је књижевна сујета. Има један бацил књижевне лудости који разорава мозгове откад људи живе, или бар откад пишу. Новац и слава, то су две најкобније похлепе; за новац се срља у срамоту, а за славом се срља у смешно. Цезари су писали стихове, а папе су биле литерати. Славни кардинал Ришеље је био рђав позоришни писац, и плаћао последњу галерију да му пљеска за време представе. И краљеви, као Франсоа I и Луј XIV, обојица велики љубавници, писали су епитре и мадригале. Познато је како је песник Боало одговорио Лују XIV, кад му је овај тражио суд о његовим краљевским стиховима: „Вашем величанству је све могуће. Хтели сте да напишете рђаве стихове, и успели сте". Овај сјајни владар, један од ретких људи који никад није био смешан, престао је после тога да пише стихове. Лудило за књижевну славу, одводило је у смешно и оне чија је слава била иначе осигурана у науци, или у политици, или у војничкој величини. Волтер, који је имао ироније за цео свет, био је најсмешнији у својој поетској лудости. Крволочније личне сујете није било. После премијере његове драме *Семирамида*, ишао је Волтер у тада елегантну кафану „Прокоп", прерушен у фратра, с молитвеником, с наочарима и периком, испод које се једва видео нос, и тако сакривен иза новина у једном углу слушао шта се говори о њему; и како кажу, напуштао кафану тек кад су се сви други гости разишли. Најзад, верујући да само Шекспир смета његовој слави, он је нападао Шекспира као плагијатора, који је своје драме писао према романима данског писца Сакса Граматикуса (*Клаудија*, *Гертруду*, *Хамлета*). Један енглески писац каже како је Волтер и свог пријатеља, пруског краља Фридриха Великог, толико био озловољио против Шекспира, да је овај краљ најзад прогонио чак и глумце који су Шекспирове драме играли на пруским позорницама.

Песме воле само деца и мудраци. Први у песничким мислима виде шарене слике, а други у тим шареним сликама виде дубоке мисли. Песме не воле људи рђавог срца и лошег васпитања. Простаци по правилу презиру поезију, и ако могу, прогоне песника. Нема у целој књижевности ниједног рода за који треба толико дубоко књижевно образовање, и тако изванредна природна префињеност, као за разумевање једне умне лирске песме. Али ако је многима тешко прочитати и разумети једну лирску песму, њима изгледа да је није тешко написати. После европског рата су наишле по свету читаве армије лирских песника небројеним девизама и програмима, нешто што се није видело од почетка света. Рекло би се да је сутрадан после европског рата наишао вал идеализма и човечанске љубави; и да је после моралне поремећености и бестидног грабежа, послао Бог војске песника да објаве ново и другачије човечанство. Међутим, посреди је била само књижевна манија, која је врло стара болест. Никад се у Европи није више писало, а никад се није мање имало шта да прочита. Никад у историји човекове мисли није било на површини више шарлатана, ни више трговаца прљаве хартије. А међутим, било је писаца који су се по примеру цркве могли назвати „светим оцима" једне књижевности.

11.

Осећа се да се још до нашег века није родио велики лирски песник. Онај којег данас називамо великим песником, само је писац кога треба одвојити од средњег. Има много лирских песника који су близу великог, али стварно није то још ниједан. Упоредите само како су недогледни врхови у другим гранама књижевности, као на пример велики творци епопеја и драме: Хомер и Софокле, међу паганцима, а Данте и Шекспир, међу хришћанима. Можда су такви и у роману Балзак и Толстој и Достојевски. Нема ниједног лирског песника на свету који може да издржи упоређење с огромном манифестацијом силе која излази из ових неколико генијалних имена. Питање је можда да ли уопште лиричар може бити од оноликог замаха и од онаквог обима колико су ти велики епски и драмски песници, или писци романа. Онамо се оперише крупним масама и великим судбинама, које изражавају цело човечанство једног времена, пројектирајући своју силу чак и у дубине других векова, и векова који су прошли, и векова који ће доћи. Лиричар је, напротив, затворен само у себе, и не излази из своје природе, из описа својих личних срећа и несрећа, својих личних идеја и сопствених емоција. Изгледало би да лирски песник и не може бити израз целог човечанства, чак ни кад је то највећи човек свог времена.

Природа није у једног човека усредсредила све своје тајне и све своје истине, па ма колико тај песник био њен изузетни и привилеговани човек. У човечанству има увек више него у једном човеку, ма којем и ма коликом. Међутим, то ипак само тако изгледа, јер само лиричар описује оно што је есенцијално и основно у човековој природи. Драма описује акцију и карактере, а роман даје догађаје и описе, а само лирика записује најтананије и најскривеније покрете човекове душе.

Лиричар ће постати великим песником само онда кад буде казао велике истине о трима највећим и најфаталнијим мотивима живота и уметности: о Богу, о Љубави и о Смрти. У песмама о Богу, велики песник би дао израз свему оном чиме је човекова душа везана за природу и њене тајне. У песмама о Љубави, казао би све оно што нас везује за ствари и бића у једној неизмерној лепоти атракције и снаге. И најзад, у песмама о Смрти, казао би све слутње о коначном циљу, и сву горчину неизвесности на нашем проласку кроз мистерије живота. До данас ниједан велики лирски песник није то дао у потпуности, ни Гете, ни Шели, ни наш савременик Тагора. Не само да нису дали своју сопствену поетску исповест о свима тим трима великим мотивима, него ни о једном једином нису рекли довољно.

За мене, драмско песништво, откад постоји, груписано је око три велика имена. Три велика драмска протагониста, иако неједнаки по свом генију, представљају целу светску драму: Софокле, као централна фигура античке драме, и Шекспир као централна поетска личност модерне трагедије, а Ибзен као највећи писац савременог духовног театра. Судбина човека је изражена помоћу драме кроз ову тројицу песника најпотпуније, чак ни у једном логичком и историјском развијању. Наиме, у Софокловим драмама божанства прогоне човекову расу с колена на колено, као лозу Едипову, и тај мрачни детерминизам значи стварно бој неба и земље. Међутим, у Шекспировим драмама више не ратује човек против наивног црнца, и зеленаш Шајлок против доброг Антонија; значи порок једног човека против беспомоћне доброте другог човека. Најзад, у покушају који је дао Ибзен, изграђујући један духовни театар свог времена, не ратује више ни божанство против људства, ни зао човек против доброг човека. Напротив, према овој драми се бије бој у самом човеку: једна наша сујета против једног нашег принципа, или једна наша прекомерна амбиција у сукобу с нашом слабом вољом. У овим драмама не падају људи ни од анатеме својих божанстава, као у Софоклу, ни од ножа и отрова својих суграђана, као у Шекспиру, него су све њихове катастрофе чисто унутрашње: мрачни атавизми и пороци, у сукобу с отпорном силом уверења или васпитања; кобна и неумитна битка између белог и црног у самој природи једног драмског лица. Једино због овог је Ибзен нов, и само због овога је Ибзен ипак највећа фигура друштвеног и духовног театра свог великог књижевног времена. Све што се написало у драми и комедији, мора, у погледу оваквог основног принципа драме, да буде груписано око ова три врха, неједнака по величини али блиска по судбини, у целом досадашњем драмском стварању.

Можда ће се велики лирски песник вечито чекати, а можда он никад неће ни доћи. Јер никад нећемо моћи осетити да је неко изразио све од оног што је главна тајна човекова на земљи. И кад највећи лирски песник буде дао највећу књигу, она нам ипак неће изгледати последња реч. Увек ће људи веровати да је човек виши од ма које човекове књиге. И увек ће имати право кад буде тако мислио.

12.

Има писаца који су изгубили много времена док су нашли сами себе. Ови су ми артисти били увек најмилији. Можда су још симпатичнији они који уопште нису успели да се икад коначно нађу. Вероватно чак да међу ове последње спадају људи од највећег талента: јер је таленат једно вечно неспокојство, и вечна борба духа с формом. Песник који је спочетка нашао свој пут, или је био геније којем је све могуће, или мали човек који је увек с мало задовољан. Људи малих својстава увек су господари себе, увек присебни господари своје речи и свог чина. Они увек знају шта хоће и шта могу, а то им даје једно осећање самопоуздања дрског и простачког. Али истински велики творци, напротив, хоће много, хоће одвећ, често чак и ван граница својих могућности. Хтети нешто ван своје снаге, то је највећа трагедија човекова. Ово је била и трагичност свих правих генија. Сваки је од њих био собом незадовољан, и сваки је на крају живота горко знао да своју најкрупнију реч није рекао. Писци носе у духу једно дело целог живота. Тако је Гете у врло старе дане писао други део свога *Фауста*, и наставио роман о Вилхелму Мајстеру, који је иначе био писао давно, а који је за сваког био већ свршено дело. Нема ниједне књиге за коју њен писац мисли да је сасвим готова. Најбољи је онај писац, који мисли да би свако своје дело требало да изнова напише.

Песник који себе увек тражи, то је творац, који неминовно већ тиме доказује да је у сталном развитку. Тражити себе постојано, то је непрестано пењање ка идеалу. Песници који су се одмах нашли, нису ни осетили ово мучење. Али зато нису осетили ни величанственост таквог пењања ка звездама. Они су проговорили чим су се родили, а све своје рекли чим су отворили уста. Имали су одмах и свој основни тон, и своју готову форму. Редак је случај Микеланђела који је извајао свог *Давида* пре тридесете године, а Торквато Тасо је цео свој славни епос био написао већ у својој тридесетој. Редак је и случај као што је био с три највећа лирска песника енглеска, Бајроном и Шелијем и Китсом, који су умрли као младићи, али оставивши ипак готова и савршена дела. Иначе, велики таленти су расли споро као велики кедрови на Либану.

Почетник, какво сјајно доба у каријери једног духа! Ту су све слободе покрета и простора; сви пркоси другима и себи самом; све несталности које долазе од нереда у жељама; и све противуречности, што излазе из збрке о томе шта се хоће и колико се може. Благословена ова трзања и ове бесанице младог талента, какве нису имали радост да познају многи творци задовољени брзим успехом, или површном славом, или бестидном идејом о својој величини. Почетник, али почетник од снажног дара! Прва његова књига, али макар у њој само једна песма од велике вредности; или бар једна строфа неке песме, али строфа коју песникови савременици имају потребу да науче напамет, јер лирски песник не живи ако не постоји на живим устима својих савременика, и ако га савременици не позивају у помоћ кад год имају да сами изразе најзагонетније случајеве срца и савести. Нема правих песника које свет није осетио чим су дошли на видело; нити има великих талената који остану у сенци, значи неразумљиви чак и најумнијим њиховим савременицима. Нема те речи коју је свет чекао да једном буде казана, а коју није разумео ако је најзад одиста и речена. Свет увек чека онога који ће донети истинску лепоту, после многих лоших писаца који муче и себе и друге. И овај увек одиста и дође. Микеланђело је извајао свог *Давида* из једног великог комада мрамора, којег је пре тога био покварио неки незналица.

Има нових сликара који првих година сликају само своје жеље и сујете, а не своја стварна осећања и уверења. Њихова дела се не знају ни где почињу ни где свршавају. То су заставници читаве измишљене војске нових људи, који су у његовој распусној машти силнији од свега што је икада постојало. Јер новом човеку није довољно само да буде победилац свог времена, него да поруши и све што смета нестрпљивој и бесомучној сујети. Међутим, ипак треба све дозволити младом песнику осим да нема талента. Млади Виктор Иго је извесно изгледао себи, после успеха своје драме *Ернани*, виши него велики Александар, улазећи у Персеполис, као победилац највећег царства на земљи. И обратно: било је и највећих међу песницима који су били увек незадовољни сами собом. Данте је певао о томе колико га је рад на његовом епосу омршавио; а Вергилије је хтео да спали своју *Енејиду*, да га Август није спречио, јер је песник веровао у свој неуспех.

Данас је најмање оних који себе траже, то јест који себе изграђују кроз живот. Истина, ново доба је дало великих књижевних таланата и крупних књижевних дела: тако је Балзак написао више него Данте, или Тасо, или Ариосто, и можда имао и талента колико ма који од ових највећих међу песницима. Међутим, који би песник Балзаковог доба, или нашег избезумљеног времена, могао концентрисати цео свој геније и цео век човеков на стрпљиву и напорну изградњу једне једине књиге као што је *Божанствена комедија*, дело с оном грандиозном архитектуром, и с оном невероватно тешком версификацијом. И дело у којем је један песник изразио и своју латинску расу и своју хришћанску религију, а себе самог изразио и као лиричара, и као епичара и као драматичара, све у исто време. Истина, онда су дани другачије мерени; људи су имали времена да пишу, чак и да читају; било је више озбиљности, и све што се радило, то је рађено за вечност: црква, слика, стуб, кладенац, поема. На делима Игоа и Балзака има траг журбе — и на *Легенди векова*, и на *Људској комедији*. Ниједна посебна књига Балзакова нема изглед да је писана за цело човечанство и за сва времена, ни по садржини, ни по облику. Једна фатална несрећа у стварању данас, то је та немоћ да се, као некад, један геније цео изрази у једној грандиозној и вечној књизи.

Сваки велики писац и артист треба да има своје централно дело, које представља есенцију целог његовог талента. Фидија је био пре свега скулптор свога *Зевса*, а Пракситељ свог *Хермеса*. Архитект Иктин је изнад свега творац Партенона, иако тај храм није по реду ни прво ни последње од његових дела. Микеланђело је сликар Сикстинске капеле и скулптор *Мојсија*, а за неке творац *Давида*. Шекспирово је можда централно дело *Хамлет*, а Гетеово *Фауст*. Балзак нема тог централног и есенцијалног дела; а неки покушавају да Виктора Игоа сматрају пре свега писцем *Легенде векова*, као књиге намењене за вечност. Централно дело одиста изражава једног писца често више него све друго уједно. Оно има изглед да ће одолети времену и кад се некад доцније књиге буду одвећ умножиле, и кад један велики писац остане познат или славан само као писац једне књиге, или чак кад од једне његове књиге буду људи памтили само неколико одломака. Међутим, има одиста једна опширност и проливеност која је карактеристична у литератури два последња века. Никад људи нису правили овакву злоупотребу речи и фраза. Антички писци нису имали наша средства за писање, ни наша пера и мастило, ни нашу хартију, ни наше штампарије, и стога, за њихову срећу, били су кратки. Кажу да су и велики антички беседници држали своје сјајне говоре не располажући при томе него с четири стотине разних речи. Волим једну сјајну изреку коју је казао Кардучи, италијански песник: „Ко једну ствар може да каже с две речи а он је каже с три, то није поштен човек".

13.

Људе од духа траже, али их не воле. Њима се диве, али их се боје. Оно што обични људи најмање праштају другом човеку, то није новац него таленат. Свако може очекивати да ће некад у животу пасти на његову главу златна киша, и да ће постати богат: јер нема веће утопије него што је идеја о будућности. Али свако зна да неће имати талента, ако га већ није имао кад га је желео имати. Зато се мање мрзе међусобно људи богаташи него људи од духа. Богаташи жале само што немају више злата, али људи од талента су несрећни и отровани и када неко има више признања него они. Животиња је саможива и прождрљива само кад је гладна физички, а човек је прождрљив и кад је најситији и најбогатији. Нема мере ни лека људском егоизму. Супериорност једног човека, ма које врсте она била, не тиче се само оног који је њом обдарен, него се тиче и сваког другог човека који с њим долази у додир. Зато она вређа или сујету, или интерес, или идеју о себи свих људи из његове околине. И зато су велике хероје убијали, велике краљеве прогонили, а велике писце мучили. Зато Дионисије, тиранин Сиракузе, не могавши постати песник као Филоксен, послао је Филоксена на робију у руднике; а не могавши постати беседник као Платон, он је тог филозофа продао као роба у Егину. Љубомора према жени изгледа истог порекла као и завист према човеку. Опазио сам да скоро исти човек који је љубоморан према жени, носи у себи отров зависти према људима. Скромност је зато названа врлином, јер само скромност може да у човеку прикрије његову супериорност над другим човеком; да укроти завист околине, и да не опомиње друге на њихову инфериорност. Скромност великих људи треба да буде у томе да сакрију као порок оно што је у њима божанско. Скромност је неприродно осећање, ако је искрено, а најсавршенија форма лажи, ако је извештачена. Цицерон је по својој природи био срамежљив, и излазећи на трибину он је, кажу, дрхтао већма него кад је у рату командовао легијама. Срамежљив је био и велики хришћански беседник, Босије, излазећи на амвон. Али се за Цицерона не може рећи да је његова срамежљивост значила скромност; напротив, нико у Риму није био толико разметљив као Цицерон. Био је нескроман и Катон Цензор, који је чак дозвољавао да се отворено сваки човек подичи ако има чиме. Кад су га питали зашто нису још Римљани поставили и његову статуу на Форум, он је одговорио: „Боље да се свет пита зашто нису поставили на Форум статуу Катонову, него да питају зашто су је поставили". Међутим, другом приликом је рекао, увређен: „Више Рим дугује Катону него што Катон дугује Риму". У ново доба нико није био разметљивији него Мирабо, ни надувен колико Виктор Иго. Можда је оволико био нескроман само још Валтер Скот који је са̂м о себи писао похвалне чланке.

Има скромност и скромност. Има људи који никад о себи не кажу лепу реч, али ту лепу реч нису казали ни о ма коме другом. Има чак људи који прећуткују и своје највише особине само да би могли с више права да о другом кажу највеће погрде. Велики људи су свагда били мученици своје славе. Још стари Хесиод каже на једном месту: „Велико име је опасно, лако се добије, с муком се носи, а тешко га напуштамо". Само људи великог срца цене људе великог ума. Има људи генијалних срцем, као што има људи генијалних умом; јер се срцем и ствара више него умом.

Многи славни људи били су чак поруга својих савременика. Јер ако мудрац избегава глупака, још већма глупак избегава мудраца.

Што глупаке највећма замара, то је да праве духовни напор; зато је уман човек за њих само доносилац патње. Човек уман има чак извесну болећивост према човеку без памети, јер му овај изгледа као дете бедно и недовршено; али човеку малоумном, човек мудрац изгледа само надувен, и кад је најскромнији, а агресиван, кад и најпасивнији. Чак му изгледа и лукав и опасан, и онда кад је потпуно безазлен и добар. Овакво осећање неповерења и антагонизма иде затим у страх, и прелази најзад у мрачну мржњу. Нема великана за мале људе. Велики човек вас суди по вашим врлинама, а мали човек вас суди по вашим манама. Великан нађе начина да вас и на тај начин увелича, а мали човек вас унизи и смањи. Ситан човек се бави само ситницама. Зато култ за геније не постоји код оних који су одвећ далеко од сваке даровитости, јер га они не посматрају изблиза, и не разумеју га, а према томе, и не цене. Колико се један геније све више пење на висине, утолико више ишчезава с видика за оне који остају увек у низинама. Само они који сами иду навише, знаду шта су то величине неког циља, и докле допру висине једног духа.

Обичан човек размишља: „Један је Платон, а ја нисам; други је Цезар, а ја нисам; трећи је Шекспир, а ја нисам; а четврти је Бетовен, а ја нисам. Чак је и Микеланђело био истовремено и архитект и сликар и вајар; а ја нисам ниједно. Према томе, као да велики људи постоје само зато да покажу другима како су мали и бедни. Зато, доле велики људи!" Овакво је осећање гомиле према великанима, које она увек прима преко срца, и одржава без сваке добре воље. Клицање гомиле у славу великана далеко је од тога да буде разумно признање и срдачна хвала. И кад год подижу споменике великим људима, идеја није дошла од обичних, него опет од сасвим необичних људи, необичних по њиховом уму или по срцу. Не само да велике људе за живота цене погрешно, или недовољно, него и после смрти. Ретко је која слава, било каквог војсковође, било каквог писца, остала да се у сваком веку не нађе велики број њих који су је осумњичили или чак упрљали. Сви су велики људи и за живота крваво платили своју славу. Сâм ученик Аристотелов, млади Александар, метнуо је у кавез филозофа Калистена, рођака Аристотеловог. Противници су протерали Дантеа из његове отаџбине и осудили га на смрт да буде сагорен на ломачи где га ухвате; а после грађанског рата у Парми, протеран је и Петрарка, који је затим отишао да очајава у Воклизу. Гледајте како на ваше очи бедно умиру највећи грађани ваше историје, били они највећи писци, или највећи хероји. Одиста, супериорност носи несрећу. Бомарше и његови другови били су бичевани у двориштима велике господе. Волтер је тражио од сењера Рохана сатисфакцију оружјем за неку увреду коју му је овај био учинио, а Рохан је, место сатисфакције, послао своје слуге који су Волтера сачекали и премлатили на мртво име. Истог Волтера, који је био пријатељ краљева и богаташа, и сâм сењер и богаташ, чак и неко време и маршал двора, избацио је из Версаја елегантни Луј XV, јер је Волтер имао обичај да краља чупка за рукав док с њим говори. Нашег песника Ђуру Јакшића премлатили су политички партизани у јагодинској кафани; а многи други су наши великани били прљани за живота кад нису пуштани да пре тога умру у беди. Свакако, и јесте тешко свесрдно и стално ценити неког који је духовно виши од нас. Завист је урођена сваком човеку, макар то једни крили а други у себи сузбијали. Чак и људи физички малени, потмуло мрзе човека физички крупног. Колико завист чини несреће међу људима, најбоље показује једна мудра кинеска изрека, која каже: „Кад си с богатим, прави се убог, кад си са здравим, прави се болестан; а кад си с паметним, прави се глуп". Једино су стари Грци сматрали уметника и писца као високог чиновника у држави; духовни великан је сматран као државни великодостојник.

Песника Софокла поставили су командантом ескадре против Самоса, кад је задобио једну књижевну награду; а Римљани су Лукула поставили за свог војсковођу зато што је важио као веома књижеван. Још само за време италијанске ренесансе постојало је овакво обожавање мисли и мислилаца. Славне папе Јулије I и Лав X биле су у великом личном пријатељству с великим мајсторима свога времена, први с Микеланђелом, а други с Рафаелом. Било је тада прошло доба Бонифација VII, и његове мржње на Дантеа, јер је већ хеленски дух отворио био у Италији периоду светлости. Папа је нудио сликару Рафаелу кардиналски шешир, а други би га људи можда доцније направили и папом. И као што су некад били другови тирана у Сиракузи један Платон, и Есхил, и Пиндар, тако су доцније на двору Лоренца Величанственог или Луја XIV дискутовали филозофију и поезију владаоци с великим људима, без којих они нису могли да живе.

Диван је случај што су антички Грци себе сматрали изабраним народом, не зато што су били најјачи, него што су били најпросвећенији. Овај култ духа у Грчкој био је у крви од памтивека. Прогонили су остракизмом само велике људе, и то не зато што су били велики него што су били одвећ популарни, и као такви опасни за атинску демократију. Међутим, никад није чињена неправда самим именима тих великих људи. Грци су свагда сматрали велике људе као нарочите љубимце богова. Тако су веровали да је бог Пан волео Пиндара и његове песме, и да је песник ту љубав вратио божанству кад му је спевао химне које су девојке из Тебе певале приликом његових празника. Плутарх тврди још да је његов земљак Пиндар и сâм чуо бога Пана како пева његову химну. Исто су овако били вољени од божанства и други великани. Тако су после смрти двојице песника, Хесиода и Архилоха, ишли богови на њихов гроб да им учине посмртне почасти; и да је сâм бог Асклепије направио гробницу за песника

Софокла коме је за живота ишао у госте и становао у његовој кући као лични пријатељ.

Великодушност не треба гледати у односу према несрећним и бедним, него према срећним и јачим од себе. Ништа се теже не прашта људима него баш оно по чему су они најбољи: велике среће или велике врлине. Кад би нам људи праштали наше врлине и заслуге, као што праштају недостатке и погрешке, где би био овај свет. Зато не страдају највећма они који су најгори, него баш они који су најбољи; и ма колико да ово изгледа апсурдно и фатално, то је неумитни закон људског друштва.

Међутим, било је великих људи који су били и људи великих срећа. Од песника су такви људи нарочито Пиндар и Петрарка. Пиндар је, осим Хомера, био највећа слава грчка, без разлике градова и племена; називан је божанством, и чињене су му почасти као полубогу. У највећем светилишту грчком, Делфима, имао је свој престо у храму Аполоновом одакле је сâм читао своје химне. Чак је његова слава излазила и ван граница грчке земље. Тако је Павзанија видео у храму Амоновом, у оази египатској, једну троугаону плочу на којој је била исписана химну коју је грчки песник онамо послао за божанство, и онде чувана религиозно. Краљ Аминта из Македоније и Хијерон тиранин из Сиракузе седали су песника Пиндара поред себе за време великих свечаности. Сви градови грчки давали су том песнику право госта, по решењу својих скупштина; а рушећи освојену Тебу, млади Александар је поштедео само кућу овог грчког рапсода као светињу свих људи.

Петрарка је, чини ми се, личио по срећи и слави овом великану старог доба. Три града су га позивала истовремено да га окруне ловорима: Париз, Напуљ и Рим. Он је примио понуду Рима, као града свештеног и императорског, и крунисан је у њему ловорима на сâм Ускрс 1341, кад му је било тридесет седам година. Један стари италијански писац, Моналдески, пише да је сав Рим био у гирландама и заставама, и да су са својих балкона римске жене бацале на Петрарку цвеће и проливале мирисе. Крунисање је извршено на Капитолу. Литију је отворило дванаест младих римских племића, обучених у пурпур, који су изговарали златне стихове Лауриног љубавника. За њима је ишло шест старијих племића из првих римских патрицијских кућа: Савели, Конти, Орсини, Анибали, Лапорезе и Монтанари. Сваки од ових је носио по један венац, сплетен сваки од другачијег цвећа. А на крају ове поворке ишао је један сенатор римски, окружен коњаницима и гомилом народа; а попевши се на Капитол, и седнувши на свечану столицу, сенатор је скинуо са себе ловоров венац, и у име Рима поставио га на главу Петраркину, с речима: „Нека буде таленат окруњен ловорима". После овога је наступило клицање народа. Најзад је свечаност завршена кад је песник изговорио један свој сонет, у славу античког Рима, и благодарно кликнуо народу и сенаторима. Слава је, уосталом, Петрарку пратила кроз цео живот. Сви владари малих државица италијанских, славни кондотијери и тирани, отимали су се на чијем ће двору песник живети: и Медичи, и Сфорца, и Малатеста, и Гонзага, и Колона. Роберто, владар Напуља, краљ Сицилије и Јерусалима, био је његов највећи обожавалац и пријатељ. У Венецији, приликом једне победне свечаности, на Тргу светог Марка, дужд Челсо поставио је Петрарку десно од себе у присуству свега племства и народа. А Галеацо Дандоло, удајући своју кћер за сина енглеског краља, позвао је био Петрарку да му буде највећи накит свадбене свечаности.

Али од свих песника, несрећних у погледу њихових односа са савременицима, чини ми се да су двојица њих били највећи бедници. Први је Овидије, којег је Август протерао из веселог и распусног Рима на хладне обале Црног мора, да никад више не види сјај ондашњег римског друштва, којем је доцније равно било само друштво Луја XIV, по елеганцији и галантерији; и да више не види ни римске жене због којих је морао и умрети на обали меланхоличног мора и међу варварима. Други несретник, био је француски песник Ежезип Моро, на чијем се гробу у Паризу и данас читају ове речи: „Овде лежи Ежезип Моро, песник — умро од глади". Итд. Неки велики човек је рекао за свој неблагородни родни град ове горке и страшне речи: „То је ваза, пуна змија, изнесена на сунце".

О ХЕРОЈИМА

1.

Сваки човек је херој. Још и више: сваки је човек херој у много случајева; чак и већма него једном дневно. Није човек херој само кад свој живот ставља на коцку, него је он херој и у небројеним малим случајевима племените храбрости. Али обично херојем називамо човека који сав жртвује себе за добро других; а такав човек је за старе народе био божанствен. Постојао је култ хероја као виших бића, чак и пре него што је постојао култ богова као бесмртних бића. Питагористи су били поставили хероје између богова и људи, и као посреднике између неба и земље. Највеће почасти су припадале Богу, организатору свемира, а одмах затим боговима који су највећа бића на свету, и која излазе из њега, као прва после њега, бесмртна и њему слична, и који су његови сарадници у организацији ствари. Али на трећем месту, после богова, долазе хероји, који су примили снагу од највећег бића, и зато не могу бити одведени у зло. Они окружују Бога као хор; вечно су добри и вечно озарени. Тек на четврто место долазе људи, који су мањи од богова јер су смртни. Херакле је направио дванаест чудеса која су сва учињена за добро људи, и зато је Херакле највећи херој античког света. И Тезеј и Белерефонт су исто тако хероји ослободиоци. Наш је Обилић херој ослободилац, дакле, херој свештеног карактера. Сви косовски хероји су истог рода. Код Троје ратују све ахајске војске, и цео грчки свет и сви грчки богови, због једне лепе Јелене; рат између Тебе и Фокеје био је исто тако због отмице лепе Тебанке Теане; а између Фокејанаца и Киреанаца због лепе Мегисте. Међутим, на Косову се бију војске српске за идеју небеску против идеје земаљске. На Косову су се бориле не само две војске него и две идеје: европска против азијске, хришћанска против нехришћанске, идеја права против идеје силе. Лазарево царство небеско, то је идеја о слободи. Да се наша војска одмах покорила Султану и Антихристу, то би била победа земаљског царства над небеским. Азијске војске тукле су се на томе пољу не за победу једног идеала, него за победу једне мрачне страсти. Они су били силни војници, али зато нису били хероји. Хероизам, то је снага у којој ратује божанство добра против божанства зла, Бог против Сотоне, правда против неправде. Херојство и храброст нису једно исто: храброст може бити без херојства али херојство садржи у себи обоје: и храброст која је слепа сила природе, и идеју која је сила свесног и доброг генија.

Има момената кад многе и највеће одлике човекове постану излишне, а кад живот тражи од човека само снагу железног карактера. Има и момената кад се више не мисли како ће се живети, него у каквој ће се лепоти умрети. Херој је пре свега карактер. Инстинкт за живот, који је урођен човеку, постане у њему мањи и слабији него човекова љубав за идеал, која, међутим, човеку није урођена, него само створена историјом.

Има људи који се не боје смрти, јер немају идеју о смрти; или који умиру лако, јер су очајници; или погину својевољно, јер немају осећање љубави за живот. Зато се умире често без великог бола за животом, мада је љубав за живот усађена у инстинкт. Храбрости су зато разноврсне. Има људи који су храбрији пред смрћу него пред животом. Има и људи који радије умру за једну заблуду, него што хтедну да живе за једну идеју. Затим их има који су храбри пред смрћу, а који су велики плашљивци пред јавним мишљењем. Постоји и храброст државника у моментима великих народних брига, као што постоји и смелост политичара пред одговорношћу. Ове су храбрости међу собом неупоредиве. Државник и политичар били би можда последње кукавице у бојној ватри, а храбар командант би можда увек радије примио да командује војском у боју, него да прими одговорност за једну ствар мира. Значи да смрт има своје хероје, а живот своје. Додајмо овде да има и људи који се не боје ни смрти, ни јавног мишљења, ни свог краља, али се боје своје жене код куће. Свирепи римски генерал Сула је био под тероpom своје жене Метеле; а Цицерон је слушао своју жену Теренцију кад је осуђивао на смрт саучеснике у завери Катилининој. Антонијева жена Фулвија је била душа тријумвирата, а Август је слушао Ливију. Сократ је умро као бог, без страха од смрти, а, међутим, трпео је за живота да му Ксантипа проспе на главу канту пуну сплачина.

Има дакле хероја и хероја, а има кукавица и кукавица. Нико није до краја ни једно ни друго. Према томе херојство не значи храброст тренутног прегнућа, него неограничена преданост идеји. Ово може бити идеја о отаџбини, или идеја о вери, или идеја о друштву, или, најзад, идеја о својој породици, домаћем миру, љубави за једну жену. Али човечанство зове херојима само оне велике духове који су умрли за највиши смисао о добру, а то је идеја за коју се боре његови сународници. Ово је најчешће идеал о отаџбини и вери. Наш херој Лазар је један од највећих и најлепше изграђених хероја човечанства, зато јер се борио за тај двоструки идеал који је он звао небеским царством. Постоји разлика између идеала и фикције, за које људи умиру често с истом лакоћом. Идеал, то је једно сазнање о највишој истини; а фикција, то је само пуста машта. Ка идеалу се иде памећу и науком, а ка фикцији се иде страшћу и перверзијом. Херој умире само за идеал. Зато храброст мора да има племенит и несебичан циљ да би се звала херојством. Само је таква храброст свесна и божанска; а другачија храброст је само несвесна и животињска сила.

Идеал грчки, то је мудрац, а то значи Атињанин који живи у чистој контемплацији, без моралног и физичког нереда што долази од уживања. Значи као Питагора и Сократ. А идеал римски, то је био грађанин, *civis*, који је пре свега патриот и херој, као Сципион и Катон. Немачки херој је Зигфрид, који се бори с огњем да би спасао немоћну девојку. Француски је херој ослободилац отаџбине од туђег ропства, а то је била Јованка Орлеанка. Српски је херој Лазар који гине за веру, и Милош који гине за своју војничку част, и Марко који умире од замора што се целог века борио бранећи нејаке. Херој хришћанства је мученик.

2.

Храброст, и кад је највећа, није дакле довољна да се назове херојством. Има људи неизмерно јаких, али по мрачној и бруталној сили, а не по свесној идеји. Највише је храбрих по атавизму, свирепости, сујети, болести, чак и по војничком васпитању. У једном јуришу на тврђаву, гину јуначки храбри људи свих ових категорија. Међу свима њима усамљен гине само онај херој, који има дух омађијан једино победом неке идеје. Поред њега пада човек који у том јуришу гледа само победу силе веће над силом мањом, а не силе више над силом нижом. И поред овога гине човек који из личне сујете убија, или пада убијен чак и против непријатеља који се боре за виши идеал правде. Ту исто тако гину и извесни људи у борби с другим људима, као што би у афричкој шуми погинули у борби са зверовима: из крволочног спорта или бруталне маније; више из обести него из разумне енергије и свесног херојства.

У римском пољу, и само за један дан, вежбаху се десет хиљада младих људи из свега царства да као гладијатори умру у циркусу за забаву Цезара и римске господе. Цезар је свако преподне бацао зверовима људе и с уживањем посматрао њихову смрт, а послеподне је ишао да у позоришту слуша љубавне стихове Марцијала и Теренција. Било је међу тим истим цезарима и људи који нису били иначе по срцу рђави. Веспазијан је саградио циркус само за престиж свога царевања; а и његов син Тит је ишао у тај циркус по потреби политичара; али је Домицијан, брат Титов, ишао већ по потреби своје навике и свога укуса. Према томе Веспазијан, Тит и Домицијан су била три различита човека. Једини је Домицијан био крволок. Само су кукавице крволоци, а он је једини од тројице био кукавица. Херој не воли крв и насиље. Херојство је племенито и чисто и невино, као Ифигенија. Херој не убија за своје задовољство, ни из личне освете, ни из личне сујете, него само из љубави за идеју правде и за добро других људи. Свирепи император Вителије говорио је да ништа не мирише на сунцу као лешина непријатеља; али племенити император тог истог царства, Марко Аурелије, говорио је: „Милосрђе је чувар државе". Кад су Анрију IV, честитом краљу француском, пребацили да код Рошела није био довољно строг према непријатељу, он је одговорио: „Ја сам урадио што сам хтео, а хтео сам само онолико колико сам морао". Наш херој Лазар је постао идеал народног хероја тек онда кад га је песник опевао према оваквом идеалу. Иначе, историјски, кнез Лазар је био само свирепи човек феудалног доба, себични господар, неумитни владар. Победивши војводу Николу Алтомановића, свог великог противника, отео му је

Ужице, а њега је ослепео. Али доцније, жртвујући свој живот и своју државу на Косову за небеско царство, постао је херојем за идеале народне, најпопуларнијим владаром историје, и, најзад постао је светац, као што би у античко доба био постао такозваним полубогом. Тако небо враћа земљи оно што она чини за победу светлости над мраком. Река Дирас је изашла из земље да помогне Хераклу да расхлади своју рану.

3.

Као што су одувек народи имали потребу за божанствима, тако су имали и за херојима. Људи су имитирали хероје, грамзећи за њиховом славом. Било је случајева да су они претварали хероје у богове, као Зевса, али и богове у хероје, као Херакла. Херој је био, по правилу, посредник између бесмртних божанстава и смртних људи; али су и сами хероји полубожанске лозе, јер је увек био какав бог њихов отац, или им је мајка била нека богиња. Истина, хероји су умирали, али затим живели својим загробним животом на Острву блажених. Неоспорно је да је сваки град славио најпре свог земљака хероја, пре него хероја каквог другог града, као што би у нас у Прилепу славили хероја Марка, а у Тополи хероја Карађорђа. Када се какав грчки херој враћао као победилац у свој град, онда га његови земљаци нису примали на капију града, него су у градском зиду отварали нарочити прозор кроз који је херој свечано улазио. У старом грчком епосу су хероји слављени само као борци, али су доцније постали предмет и верског обожавања. Људи су одувек осећали да великим људима није довољна слава, него да им је потребан и култ, а нарочито да великим краљевима није довољан престо, него им је потребан и олтар. Александар је имао у Олимпији статуу у изгледу Јупитера, а песницима

Есхилу и Софоклу посветили су култ и подигли олтаре на којим су приношене жртве. Сви су грчки градови побожно чували гробове својих хероја, онако као што хришћански градови чувају ћивоте својих светаца. Често су херојима на гробу подизани храмови, изговаране молитве, и доношене статуете и уљанице — сасвим слично ономе што чине хришћани данас хришћанским светитељима. Путописац Паусанија пише како је видео у Спарти славне гробове Бразиде и генерала Паусаније, чак и хероја Леониде, чије су кости биле донесене са Термопила, четрдесет година после славне битке. Видео је у Спарти и гроб лепе Јелене, и хероја Херакла, и песника Алкмана, и неколицине генерала који су командовали спартанским бродовима код Саламине. У Атини је, у дворишту Ареопага, видео гроб Едипа; у дворишту Академије, гроб Платона; а близу Керамикона, гробове Перикла и хероја Тразибула. Тако и по целој Грчкој.

И пре и после своје смрти, хероји су спасавали друге људе од њихових непријатеља, бесних животиња, или тешких болештина. Паусанија каже да су се Ахајци били забринули што се Тројански рат био прекомерно отегао, а врачеви су били тада објавили да ће рат бити завршен само кад Ахајци набаве једну стрелу Хераклову и једну кост хероја Пелопса, коју су ови одиста нашли али изгубили за време преноса морем. Некад доцније ударила је била болештина на Елиду, а врачеви су опет саветовали народу да иду и нађу кост хероја Пелопса која је била пропала у море, кад су је онако први пут носили у помоћ тројанским херојима. Значи да су стари грчки хероји били чудотворци, као, уосталом, и наши посвећени српски владари, краљ Првовенчани у Студеници, или краљ Дечански у Дечанима, или као кнез Лазар у Раваници. Ово се поређење између античких хероја и нашег култа за хероје намеће и нехотице. Многи наши хероји, истина, нису били посвећени у нашој српској цркви, чак ни највећи међу нашим херојима. На Косову није био посвећен Милош, него Лазар. Уосталом, и у Хомера има оваквих случајева: у *Илијади* су посвећивани као хероји само борци, слични Ахилу и Патроклу, али доцније су у *Одисеји* посвећивани даље само краљеви, слични крфском краљу Алкиноју. Најзад, српски народ можда није ни грешио што је херојство Лазарево ставио и изнад херојства Милошевог. Лазарево је херојство чистије и ближе божанству.

Други народи су обожавали своје хероје као инкарнацију Сунца, и такве хероје називали су херојима сунчаним. Имали су их Индијци у свом сјајном епосу *Рамајани*, као што су овакви хероји постојали и у Грчкој, и у Јудеји, и у Германији. Чудо је како и наш Момчило, који лети на свом крилатом коњу изнад Скадарског језера, није постао сунчани херој; а нарочито Марко, који је правио натчовечанска дела, убијајући црног човека који је имао три главе, и бацајући са Шар-планине свој топуз чак у далеко и невидљиво море. Херој из *Рамајане*, пореклом из краљевске сунчане династије, учи се код мудраца Вишвамитре магичном оружју да брани његов жртвеник, и тим оружјем задобија девојку Ситу, ћерку краља Виче. А кад су том хероју Рами украли Ситу, он прави савез с краљем мајмуна, и затим одлази с Великим мајмуном да с обале баци камени мост на острво Цејлон, где убија отмичара Равану и спасава своју жену Ситу. Али је отровна љубомора већ била помрачила његову душу, стрепећи да није отмичар Раван повредио чистоту његове Сите. Млада жена пристаје да одржи кушање, улазећи у огањ, док су је гледали краљ Вајсравана, и бог Индра с хиљаду очију, и Варуна, бог свију вода, и Брама, творац свију светова. Иако овај Рама није ослободилац људи, него само херој своје љубави, он је ипак сматран сунчаним херојем. И сâм велики Буда није по традицији био историјско него само легендарно лице. Његово рођење и живот и смрт су само један мит, и то најчистији. Овај се херој рађа из јутарње магле, улазећи одмах у страховиту борбу против демона тмине; он по небеском своду окреће „точак закона", јурећи на својим огњеним колима, док увече не потоне у помрчину. Сасвим слично грчком Фебу.

Херој је често поређиван са сунцем, јер собом носи живот и оплођава свет. Херој је увек добротвор, па било да убија бика на Маратону, или сабласт у Аргосу, или да тамани комарце у Алифери. И сâм Александар је себе сматрао добротвором људским и херојем митским, верујући најпре да силази од Ахила, а доцније и да је син Амона. У *Старом завету*, најкрвавијој књизи која је икад постојала, има много хероја. Али је цар Давид сматран у јеврејском народу за највећег хероја, а то је цар из тринаестог века пре Христа. Давид је, стварно, био један од највећих крволока старог века, јер је, између осталог, наслеђујући престо првог цара Саула, најпре мачем искоренио сву његову родбину. Али је Давид био и један од највећих монарха античког доба, творац славног Јерусалима, победилац редом свих непријатеља Израиља. Зато је и остао као први национални херој. Давид је био национални јунак, али не херој сунца. Био је и легендарни херој, али ипак само личност историјска. Међутим, Давид је имао и натчовечанске борбе, као борба с Голијатом, који изгледа као каква од оних немани с којима се борио Херакле, или као змај Питон којег је убио Аполон. Један леп мит о сунчаном хероју изграђен је о једном другом и мање заслужном јеврејском човеку, Самсону, који није био краљ него судија, што опет значи заштитник и вођ. Већ само његово име значи Сунце, а његов је мит пун и чист. Његове су косе сунчани зраци; а лишен такве косе, он пропада. Самсон врши херојски циклус од дванаест чудеса којим одговара дванаест знакова у Зодијаку. Као српски херој Марко, што пије вино с непријатељима Турцима, тако и Самсон иде међу непријатеље

Филишћане да с њима пир пирује. Путем наилази на лава кога растргне „као јаре", а идући даље, убија још и тисућу људи; и то једном магарећом вилицом. Кад га је у граду Гази издала његова вереница Далила, и кад су му одсекли косе, и бацили га у тамницу, Самсон је чекао да му косе поново порасту, после чега једним замахом обара стубове на кући својих непријатеља. На крову је било три хиљаде људи Филишћана, који су туде нашли заједничку смрт с овим јеврејским херојем. У чудној *Књизи о судијама*, библијска традиција и сама јасно истиче блиску везу овог хероја с божанством, јер се на његову молитву једног дана отвара стена, да из ње потече хладна вода, и утоли његову жеђ.

4.

Ниједна идеја о хероју није достигла врхунац као што је грчки мит о Прометеју; а ниједан песник од постања света није овог ненадмашног борца за идеал представио моћније него песник Есхил. Уопште херој, то је одиста дух који мења законе реда у природи, и који на тај начин удара на божанство: херој побеђује јаче од себе, и ставља срећу слабих изнад среће јаких, а то значи сасвим противно начелима саме природе. Прометеј је још иноватор, који се бори против старих предрасуда, носилац науке, мученик свог идеала. Рекло би се и творац нове вере, иако то у Есхиловој трагедији не каже Прометеј сâм за себе. Неоспорно, херој Прометеј је херој просветитељ, значи највиши сој хероја. Прометеј се бори против Зевса који је оборио с управе на Олимпу свог оца Хрона, и затим завео тиранију над свима божанствима, и најзад хтео и да уништи људство, како би створио затим друго и другачије. Али Прометеј, титан, долази овде као спасилац људи. Он је украо Зевсу величанство огња, којим се дотле служио бог Хефест, и дао га људима као највеће добро, јер је ватра извор све цивилизације. Сâм Прометеј каже, на уста песника Есхила, да све што људи знају и умеју, дугују само њему. Он их је научио да праве куће од цигала, и да подижу скеле, и да више не живе под земљом као мрави, не знајући за годишња доба. Да би, каже, умели људи и да мисле, показао им је како се неке звезде правилно подижу, а како неуредно залазе. За њих је пронашао и Број, „најдосетљивију ствар", и затим измислио поредак слова; а најзад је пронашао и „памћење, које рађа Музе". Први је он запрегао животиње да раде уместо људи, и саградио бродове, и научио људе лекарству, и показао им тајну прорицања помоћу снова и тамних открића, по лету птица и по спаљивању костију. Најзад, он је за људе пронашао у земљи туч и железо, злато и сребро, и научио их затим свима занатима и индустрији. Тако каже Есхил. Али зато је човекомрзац Зевс осудио Прометеја да буде прикован за стену у Кавказу, „где престаје последња стаза на свету", како пева исти Есхил; и сâм Хефест је хероја онда приковао. Прометеј је на Кавказу подносио поносито своја страдања, и трпео да му орао Зевсов тридесет година кљује тело. Он је боговима Урану и Хермесу, који су га једног дана посетили на Кавказу, говорио о громовнику с презирањем, уверавајући да ће Зевс најзад пропасти, и то од сопствене слабости, а да ће Прометеј напослетку тријумфовати. Он не престаје да истиче поносно како је спасао човечанство, јер му је дао ватру, коју је украо испод ногу громовника. Њега овде питају морске виле: „Зар ниси ништа друго урадио за људе?" „Још сам их спречио да икад могу предвидети своју смрт." „А чиме си спречио то зло?" „Усадио сам у њихову душу слепа уздања", одговара херој.

Много векова пре, и песник Хесиод је опевао истог Прометеја у својој *Теогонији*. Кад је херој Херакле после ових Прометејевих тридесет мученичких година, прошао кроз Кавказ, тај син Зевса и Алкмене с лепим ногама, убио је орла, и тако ослободио окованог титана Прометеја. Зевс је ово ослобођење дозволио само да би његов син Херакле имао још више славе на земљи. Затим се и бог богова коначно одрекао своје мржње против напаћеног титана, човекољупца Прометеја, сина Јапетова, који је био и брат Атланта што на другом крају Европе, „у пределу вечери", исто тако мученик, држаше на својим плећима стубове небеске. Прометеј је оличење љубави за људство, а то је и апотеоза стваралачког генија, који је геније само човеков. Многи су сматрали хероја Прометеја злотвором људи, јер их је научио радовима које им је сама природа одрицала, и тако их направио несрећним. Међутим, песници, који су одиста једини схватили овај мит у његовој правој и јединој лепоти, опевали су овог хероја као претка свих других античких хероја, и који је затим постао и предак свих хришћанских мученика. Прометеј је, неоспорно, највећи херој међу свима херојима света, јер није ни локалан, ни националан, него једини херој општечовечански.

5.

Два типична историјска хероја, и то хероја владара, то су македонски краљ Александар и француски цар Наполеон. О оба ова хероја владају, као и о свачем другом на свету, подвојена мишљења. Једни сматрају Александра само као мегаломана и авантуристу великог стила; као великог војника, али не и великог човека; као ученика филозофа, али не и пријатеља филозофа; као пријатеља хеленске културе, али не и као пријатеља хеленског народа и хеленске слободе. Нико о овом ученику Аристотеловом није говорио горе него мудри Сенека, учитељ Неронов. Он га зове лудим Александром. Други, сасвим обратно, обожавају, као Бога, овог младог краља и хероја. За Монтескјеа, није Александар један освајач римског типа, који све освоји да би све уништио, него, напротив, да би све сачувао; и није ишао да побеђује како би само покорио, него како би ослободио, дарујући слободу сатрапијама и просвету варварима. Што је одиста најчудније, свет се не пита где би данас било човечанство да је Александар отишао да хеленизира Европу, а не варварску Азију; и да просвети европска племена која су била тек почела живети; а не азијска која су била већ дегенерисана у својој сопственој цивилизацији, и потонула у најсрамнијим пороцима. Нарочито тај персијски народ, политички и морално сасвим пропао, и савршено неспособан за ма какав нови узлет, чак ни за какав нови рат против Грчке. Што је најгоре, после Александрове смрти, македонски генерали, нису се ни сећали да их је млади краљ довео онамо да хеленизирају варварске масе, него су одмах прешли у отмичаре, бијући се један с другим до истребљења. Узмите само борбу Антигоне против Еумена, и Птоломеја против Селеука, или борбе доцнијих македонских владара против Атине, како би је коначно збрисали са сунца. Због ових случајева није могуће, одиста, не бити усхићен иначе тако сјајном личношћу младог Александра. Јер нема људске величине ако у њој нема људске доброте; величина без доброте, то је само сила, налик на силу материје.

И за Наполеона постоје два разна мишљења. Тако историчар Хиполит Тен сматра Наполеона само типом италијанског кондотјера из доба ренесансе. За њега је то човек од самог инстинкта, који зато више воли акцију него идеал, служећи се људством већма него служећи људству, вођен слепом самовољом, а не принципима или љубављу. То је оличење егоцентризма, сујете, деспотизма. Он није ни Александар ни Помпеј, него источњачки завојевач, и човек који све гази да би се он сâм што више попео. Према овом мишљењу, Наполеон не би, одиста, био тип хероја, јер је био без доброте. Истина, није никог убио „изван бојног поља", али је гледао у крв људску без ужаса и без гађења, умирујући себе да ипак неће упропастити толико француских војника колико ће му француске жене народити француске деце. Да је могао сто година ратовати, он би сто година ратовао. Значи, Наполеон није био узвишен херој него само велики генерал. Али срећом, постоји о Наполеону и друго, и општије мишљење. Наполеон је био творац велике војничке легенде једног од највећих културних народа, легенде која је највећа после римске. Значи да је био и један од твораца Француске. Као херој, тукао је увек веће војске својом мањом војском, а као ослободилац, ишао је у земље мањих слобода где је био носилац великих принципа револуције. Можда је био још већи као организатор и администратор реда и правде. Изменио је у Француској поделу земље, судство и финансије, створио Народну банку, направио путеве и луке, канале и мостове, болнице и азиле, помагао уметност и књижевност, донео нови грађански законик, створио трговински полет какав се није видео од Колберовог времена. Значи да је он био херој — добротвор. А био је и херој — ослободилац Француске, јер је ту земљу спасао од анархије која је била настала после велике револуције, а тим отклонио можда и туђу окупацију.

Историја чини неправду и према Цезару, кад не говори о њему само као о војсковођи и себичном диктатору. Неоспорно, Цезар је имао све погрешке човека свог времена; био је често ближи Сули и Помпеју него Катону или Цицерону. Није имао много моралних скрупула, али није био зао, него чак и добар, често и добродушан. Био је у Сенату осумњичен да је учествовао у завери Катилине против републике, што изгледа и тачно. Али је и Цезар, као Наполеон, ишао да створи моћно царство од републике, која је тек била изашла из анархије Маријеве и тираније Сулине. Наполеон је обожавао Јулија Цезара, и често се питао шта би Цезар урадио да није био убијен. Истина, и поред свега тога, Јулије Цезар није херој чистог типа о каквом овде говоримо. Међу великим карактерима античког века стоји, можда, Епаминонда као једна од најсјајнијих физиономија чистог типа хероја: јер је био борац за општи идеал, без икакве примесе егоизма и личне таштине.

Свесна и просвећена храброст, то је највећи степен херојства. Чак и дужност, то су два највећа покретача за сваког хероја, а све друго може бити и само сујета и крволоштво. Метел, два пута конзул, диктатор и *pontifex maximus*, изгубио је вид што је улетео у велики пожар храма Весте да спасе паладијум. Српски краљ Стеван Дечански није хтео да ратује на земљи свог зета краља Михаила Шишмана у Видину, него је молио противника да свој хришћански мач окрене на неверне Агарјане који су већ прелазили Балкан. А овај је варварин одговарао само речима: „Хоћу с тобом да се бијем". Побожни српски херој примио је тај бој, на Велбужду, где је затим био убијен тај бугарски краљ, као што ће доцније бити убијен и на Косову други наш непријатељ, турски цар Мурат. Али српски краљ, после сјајне битке на Велбужду, која је дала српској држави хегемонију на Балкану, задовољио се само моралном и хришћанском победом над једним злим човеком, а не примивши никаквих других трофеја од Бугарске, која је већ била покорена, и бачена под ноге. Ово је један од највећих и најтипичнијих случајева класичног херојства у историји. На ово изгледа налик само један антички случај. Краљ Гелон у Сиракузи, који је потукао триста хиљада картагинских војника, закључујући с Картагином мир, није тражио услове друге него да се Картагина обавеже да неће више приносити на жртву богу Балу своју сопствену децу. Ово је несумњиво најплеменитији уговор о миру какав је икад направљен у историји, а краљ Гелон најхуманији победилац.

6.

Има много рђавих људи на свету, али из разлога који су врло различити: једни су рђави што су несрећни, други што су болесни, трећи су лоше васпитани, што су по природи саможиви. Број добрих је тако мален, да је право чудо како их ови рђави не поједу. Једна шпанска пословица каже: „Нека Бог поживи рђаве, јер их је много више". Човек је добар само по једном разлогу: ако је здрав духовно, а нарочито ако је здрав душевно. А рђав човек је рђав из више разлога, и на више начина. Међутим, оним добрим припада дужност да од рђавих бране не само себе него и идеал о добром. Ови малобројни добри људи праве корисне револуције, дају идеји сјајне хероје, и доносе добре законе. Они вуку собом ка идеалу неизмерну масу рђавих и глупих. Историју, истина, нису правили само добри људи, него заједно с рђавим и најрђавијим; али су све добре путеве људству прокрчили само добри људи, борећи се и против самих закона природе, који не познају добро, него само слепу силу. Зато ће бити спасено људство када буде разумело да је свакидашњи добар човек у ствари један свакидашњи херој.

Јер се често не може бити добар за друге људе, без штете за себе; нити се увек чинити доброта другом, а да се не учини себи понека неправда. Кад је Сократ рекао да је врлина највеће добро, и да само чинећи добро дело, човек чини и самом себи корист, ово је тачно само у начелу. Учинити себи добро са што мање зла за другог — ово је, према општем осећању у огорченој људској утакмици већ довољан идеал о добру. Кад људи не би били један другом злотвори, не би апсолутно било никад потребе да се говори о добротворима и доброчинствима, нити би милосрђе била прва човекова врлина. Али као што има људи глупих духовно, има их и глупих морално. Ово су најопаснији људи и најмрачнији глупаци.

Благородни људи не знају за опрезност, јер истински и по инстинкту човек племенит никад до краја не верује да зло одиста постоји. Опрезност је једна врста злоће према другом, колико је нужна мера према себи. Велика опрезност долази из неповерења у другог, а неповерење је потцењивање људи. Најбољи људи били су лишени овог инстинкта, и добри су људи зато и највећи и страдалници. Због овог су опрезност антички Грци сматрали и прокламовали сумом памети. Међутим, и кукавице не сматрају себе плашљивим, него само опрезним. Одиста, не зна се тачно где свршава кукавиштво, а одакле почиње права и мудра опрезност. Један пример опрезног човека изгледа ми да је био атински војсковођа и мудрац Фокион, који је набуситим а слабим Атињанима овог времена говорио: „Будите или најјачи људи, или пријатељи најјачих људи". Стари Грци, још из времена Хомеровог, сматрали су мудрошћу показати крајњу покорност према „много јачим".

И много доцније њихови потомци су дизали олтаре, и називали чак боговима оне којих су се бојали. После Фарсале је Јулије Цезар имао олтар у Атини, а Нерон је назван божанским, као и владари наследници Александрови, Деметрије или Антипатер.

Прави путеви зна се где почињу, и зна се где свршавају, а кривим се не зна ни правац ни крај. Добри људи не знају за криве путеве, јер они по њима не иду; само кривоумни људи најпре виде и изаберу криве путеве. Непоштен човек зато с великом брзином изврши зло за које поштен не зна него по чувењу, као нешто спољашње и потпуно страно његовој природи. Подао човек мисли да је надмудрио поштеног човека ако га је преварио; а он не зна да га је преварио само зато што поштен човек има илузију о другим људима, и што живи у чистоти својих мишљења. Ово је, уосталом, највећа снага поштених, али и њихова катастрофа. Један енглески писац негде је паметно рекао: „Кад би поштени људи имали дрскости непоштених људи, где би био овај свет". Када би умни и добри људи имали очи на тим кривим путевима, никад им лукавство не би нашкодило памети, и живот би био победа добрих.

Највећа врлина женина јесте душевност, а највећа врлина човекова јесте храброст. Плашљивост је узрок небројених погрешака човекових, често и самих његових злочина. Највећи број хероја били су у свему племенити и благи људи, а плашљиви су редовно врло рђави али и дрски људи. Плашљив човек, пошто је истовремено и зао, мање се боји хероја што је храбар, него што је частан; пошто добро зна да је частан човек одвећ строг у својим суђењима. Добар човек је прав као мач, али и оштар као мач.

Има један тип човека и хероја који постаје све ређи: то је господин, херој салона и друштва. Господин се рађа као и геније. Његово присуство изазива бојазан и дивљење чак и код оних који најмање цене и само господско осећање, а то је осећање независности и усамљености. У нашем Дубровнику су пучани поздрављали властелина речима: „Госпару, ја вас штујем", а некакав од те властеле је одговорио: „А ко си ти да ме поштујеш?". Овим је хтео рећи да плебејац нема ни толико права да племића поштује. Ово је ружна охолост скоројевића, али не племенити понос кућића. Истински господин је више него племић, јер је господство ствар расе а племство ствар класе. Лакше је бити краљ него господин; а најтеже је бити и краљ и господин. Било је силних императора који нису били господа. Најзад, лако је изгледати господин другом, али је тешко изгледати самом себи господин. Другим речима: најтеже је о себи самом имати добро мишљење. Господин у друштву и велика дама у салону, продукти просвећености и крви, налазе се помало у свим слојевима друштва; а у српском народу је господско осећање врло раширено у Херцеговини. То је ковница језика и земља рапсода, што објашњава велику творачку моћ тог дела наше историјске групе, јер се без једног господског осећања за живот не даје створити ништа узвишено за друге људе, најмање уметност. Осећање господствености је везано за даровитост и снагу моралну или духовну. Истински артисти су по правилу господа; од свих људи на земљи су најпоноснији артисти и мислиоци, којих је велики број изгинуо за част или за своје учење. Данте је био изгнан из своје Фиренце, и певао како је горко пењати се уз туђе степенице по страним земљама, али — ипак није хтео да прими помиловање флорентинске републике другачије него као безусловно; и умро је ван своје земље. Висока господственост славних уметника види се и из случаја када је енглески краљ Хенри VIII, имитирајући славног Франсоа I, позвао себи за дворске сликаре Рафаела и Тицијана, а они су то одбили, сматрајући његов двор и друштво недовољно културним. Микеланђело је одбио даваја гроб оца енглеског краља.

7.

Ко је могао мислити од Тацитових савременика, да ће они људи који сакриваху по катакомбама, бити наследници праве величине Римског царства; и да ће мученици бити већи од освајача света? Ко је могао мислити да ће од малих општина хришћанских у Риму, где су при земљаној уљаници у подземним ходницима читали посланице апостола, постати стубови престола нових императора? И да ће речи полукултурних проповедника однети победу над беседницима из Сената и с Форума? И да ће они који су главу посипали пепелом, и облачили се у кострет, бити судије оних који су у своју косу сипали мирисе и носили сенаторски пурпур? И, најзад, ко је знао да ће најсавршенији дотадашњи законик човечји, дело законодаваца који су били велики мудраци пагански, устукнути пред неколиким прописима хришћанске науке, и Десет заповести које су дошле из пустиње?

Људи ће увек живети, као и досад, са свега два или три општа принципа. Биће чак и убудуће народа који ће постати јаки само тим што су фанатизовани у једној утопији, колико су други васпитани у једној идеји. Али поред оваквих, биће увек великих народа који ће живети срцем цео свој историјски век. Није хришћанство било религија која је победила само зато што је штитила бедне; јер су те бедне штитили већ и римски закони, који су чак били и јаснији. Хришћанство је победило зато што су хришћани давали животе за своје речи, онако како то није чинио нико и никад пре откад је света и века. Јер ништа не уверава колико уверење. Све су друге вере биле поетске легенде или филозофске сентенције, а само је хришћанство била религија, сан и усхићење. Сви су други богови били другови или злочинци човекови, а само Бог, који се родио у духу једног младића у Назарету, био је цар неба и земље, уточиште и милост, највећа логика човекових осећања, и највиша музика срца. Није хришћанство победило што је праведно за сваког, него и што је логично за све; зато што су логика и доброта изражене овде у форми какву грчки филозофи нису умели наћи; у љубави човека за човека, какву Сократ није знао направити филозофијом, а коју је Питагора направио само школском доктрином.

И поред све наивности филозофске и научне, хришћанство је, као осећање, као ствар срца, веће него све што се пре јавило као веза међу људима. Поред све неписмености његових пророка, који нису знали за Анаксагору, ни за Платона, ни за високу реторику Цицеронову, апостолске посланице, било апокрифне или истините, садрже оно што никад дотле није имала људска реч: дух вечитог и инспирацију божанственог. Све је друго била реч људска и за људе, и у име људи; али је Идеал, који је у Назарету назван Богом, први пут стављен онде где ни паганац Платон није успео да стави своју Идеју идеја: на највећи степен сна и екстазе за добро. Добро заједничко и мир општи, то су ипак наши највећи мотиви и највиша привиђења. Хришћанство их је прво разумело и обукло у параболе милосрђа и пожртвовања, и то тако просто да изгледају плитке, и тако наивно да изгледају детињасте. Грци су знали за величину живота, Египћани за величину смрти, а само Јевреји за величину Бога.

Мењаће се култови и молитве, али ће истина о Добру и Миру међу људима бити занавек везана за хришћанство као најпотпунију истину о човековој срећи на земљи. Наивна космогонија хришћанска биће и даље апсурдум за позитивну науку, али хришћанска морална филозофија остаће и даље потпунија него Сократова, и него Зенонова, и него можда свих оних који се у стварима осећања буду обраћали науци већма него сну. Стари грчки култ су направили песници Хомер и Хесиод само као јерархију сила у природи, обучену у шарене бајке о божанствима, стављеним на Олимп као средиште свемира. Али већ први јеврејски пророци, који су били песници, дали су порекло младоме творцу хришћанства који је дао прву и једину религију основану на моралним а не физичким законима. Само је јеврејски народ био склон да верује у пророке као посреднике између Бога и људи и као божјом вољом овлашћене тумаче небеских заповести: Грци то по својој природи нису могли. Са својим филозофима су били склони само критичком посматрању живота, чистом рационализму и на сухој дијалектици. У таквој средини једна нова вера и морална идеја о сили која влада светом, није могла понићи. Проповеди на Језеру и на Гори освајале су свет, јер је у њима садржана истина срца која је вечна, а не разума који ствара исто онолико заблуда колико и истина. Хришћанство је религија љубави, што значи песма срца. Христос је показао да је Песник-херој једини господар и победилац у свемиру.

8.

Паганство је посвећивало хероје, а хришћанство мученике. Стари Свети оци кажу да мученик, већ тиме што је мученик за веру, постаје свецем своје вере; као што су Грци хероје правили боговима. Грчки бог и хришћански светац имају једно исто порекло и исту свештену мисију: први да брани човека, а други да умре за идеал. Мученици античког света, и кад су умирали за највише ствари, сматрани су и даље обичним великим људима, а само је у хришћанству онај велики који умире за веру, и само вера посвећује своје хероје.

Сама фигура Христова издигла се из идеје о самопрегорењу, и направила мучеништво једним високим начином да се умре за идеал. Мученик хришћански је једини који је ишао узастопце трагом за Спаситељем света. Овде је херојство за Бога, а не за отаџбину. Овде се умирало за божанство и за идеал, а за људе само уколико је било у питању њихово спасење на оном свету, а не за њихову славу на земљи. Као што антички херој иде у борбу против немејског лава или критског минотаура, тако хришћански мученик иде да буде херој у борби против мрака. Свети Игњатије, у својој посланици Римљанима, с усхићењем говори своју жељу да постане мучеником. „Ја сам пшеница господња, и треба да ме изломе зуби звери, да би се повратио у чисти хлеб Христов." Одиста, већ и по овој високој и несравњивој лепоти говора, ништа није превазишло хришћанске мученике. Можда су им по самопрегорењу равни још само мученици науке. Филозофа атомисту Томаза Кампанелу су шпанске власти у Италији осудиле као завереника на двадесет седам година тамнице, а филозоф, у свом главном делу, писаном у тамници, благодари Богу за овај случај, који га је одвојио од материјалних срећа, и целог наменио науци. Можда је и Ђордано Бруно овако мирно примио и своју мученичку смрт. Али не треба заборавити да су обојица ових мученика могли ово самопрегорење научити једино од хришћанске љубави за идеал. Хришћанство је дало први пример да човек дадне себе, целог, посветивши свој век само једној истини. Зато су хришћански мученици узори ненадмашног самопрегорења, врло честог у историји те вере, а врло ретког пре појаве хришћанства.

Ниједан херој антички, ни Херакле, ни Персеј, ни Агамемнон, ни Ахил, нико им није раван. Нико није ишао на губилиште с оном ведрином и узвишеном чистотом као хришћански мученик, који благодари судијама за смртну пресуду као за акт који му је дао само прилику да се скрушено искупи пред својим идеалом. Стога су кости мученика кроз цео средњи век преносили из града у град, а неки су их градови чак и крали од других да би усрећили свој народ. Наш Дубровник је имао у своје време четири мученика као своје заштитнике, а град Јајце у Босни имао је ћивот светог еванђелисте Луке. Срби су посвећивали своје заслужне краљеве, као што су Грци посветили краља Зевса, чији се гроб до у хришћанско доба показивао на Криту. Срби су једини европски народ који има култ хероја, као што су га имали некад и стари Грци. Бол и страдање за веру, то је извор величине хришћанске; да није било тих жртава, тешко би хришћанство победило пагански култ, ма колико да је он већ био профанисан. Мученик је био главни носилац еванђеља. Пагáнци су бацали у море или спаљивали на ломачи тела својих мученика, да се ништа не очува од поштовања за њега, јер је за њих херој морао увек бити победилац. А хришћани су, напротив, често око гроба мучениковог сазидали цео какав нови град. Император Теодосије носи на својим рукама кроз цариградске улице главу Јована Крститеља, да је положи у Евдомони, као највеће благо прве хришћанске престонице. Доцније долазе у исти град мошти светог Стевана, светог Лаврентија, светог Јована Златоустог, свете Агније, и свете Анастасије. Антички свет није разумевао како треба за љубав Јупитера да се један верник умори постом, бичевањем, неспавањем или тортуром на точковима. Само су хришћански учитељи направили бол божанственим, бол који су Грци презирали у свим њеним формама. Поред античког покојника није плакала ни говорила побожне речи његова родбина, него су кукале унајмљене нарицаљке; а његов гроб је био више један споменик, него нови дом једног сродника. Поред пута су лежали гробови и оних људи чија су тела била сахрањена на хиљаду миља далеко. Еурипид је имао свој кенотаф поред пута који је водио за Пиреј, недалеко од гроба песника Меандра, иако је Еурипид умро у Македонији, а не у Атици. У хришћанству је и живот изгледао само један повод за смрт. Хришћани направе свештеним чак и предмете оног који је умро за своју веру: вериге светог Петра, и решетке на којима су мучили светог Лаврентија.

У Грка је све ведро и насмејано, у Римљана све страсно и блудно, а у хришћана све страшно и кобно. Хришћани су одиста направили закон за упропашћење свих људских срећа. Али само за љубав идеала! Живот и смрт су иста ствар, говорио је и суморни Хераклит; али за грчку логику, живот је служио свима великим стварима, док смрт није служила ничему. За хришћане, међутим, и живот и смрт су служили само за херојство према вери. Античко херојство је било једнолико и просто: победити у борби за славу града, а хришћанско је херојство значило, углавном, страдати за своју цркву. Било је две врсте светаца: страдалници и покајници. Имали су скоро исту верску вредност: први није људске среће никад уживао ради вере, а други их се доцније одрекао с покајањем за љубав те исте вере. Свети Августин, најраскалашнији човек, био је такав покајник. Свети Антоније се одрекао љубави једне краљице, а свети Јеремија се осушио као мумија сагоревајући за женским телом. Одиста, лакше је било постати грчким херојем у борби са змијом из Лерне, или биком с Маратона, него хришћанским херојем у борби са женом, бар према хришћанским описима. Зато је хришћанство једна вера мученика, и један принцип самопрегорења и кајања. Само кроз то мучеништво и кајање спроводила се цела политика хришћанске цркве. Свети Денис носи у наручју своју главу за спомен на своје мучеништво, а света Луција носи своје очи на тањиру.

Грчки херој легендарног доба је био победилац натчовечанских бића: Медузе, Минотаура, бика из Маратона или змије из Лерне, и био је син какве богиње или каквог бога; али грчки херој историјског доба, то је мудрац, стављен као идол и узор савршенства. Мудрац Сократ је херој, не зато што се не уклања од непријатеља и што умире херојски за идеал частољубља, него што је био савршен у својим врлинама духа и карактера у исто време. Ово би се могло рећи и за Римљане. Њихов грађанин, *civis*, то је човек заслужан животом или смрћу за државу, пошто је држава била највећи идеал којој су служила и сама божанства. Сципион Африканац је херој, јер је победио Картагину, а стари Катон Цензор јер је спасао државу од рђавих краљева. Његов потомак Марко Катон је био и по врлини и по личној храбрости пример римског савршеног човека његовог доба. Цицерон је несумњиво не само највећи филозоф у то време него и херој римски. Не само што је био највећи беседник и писац него је узоран политички карактер, зато што је очувао републику стављајући под суд Катилину и његове другове. Као такав државник је добио и име Спаситеља. Био је некористољубив и чистих руку; и, најзад, убијен од тирана Антонија и Октавијана, непријатеља републике. Међутим, браћа Грах не могу бити названи херојима. Истина, били су најчеститији Римљани по свом животу; и државници који су извршили поделу земље, оснивали нове градове, извршили реформу судства. Били су и велики јунаци; пошто је Тиберије први истрчао на зидове Картагине, а у Нуманцији спасао двадесет хиљада Римљана; а његов брат Гај је у Шпанији исто тако био славан борац. Па ипак, они нису типски хероји, јер су најзад побегли пред непријатељем, иако, по целом изгледу, из обзира опрезности команданта него из страха за себе. Херој мора бити узор не само сјајном смрћу него и светлим животом, и обратно.

9.

Страх човеков на земљи је врло различит, а зато је различита и храброст. Постоји страх од смрти, од Бога, од животиња, од људи, од болести, од духова, од губитака материјалних, и најзад, од губитака части и угледа. На сваком кораку, и најхрабрији човек има дакле разлога да устукне и да застрепи. Страх и досада, то су две највише човекове несреће, а оне су раширене свугде. Страх је извор свих заблуда, а досада је извор свих порока. Емерсон има једну лепу реч: „Уради увек оно од чега те је страх". Ово је један савет нарочито за људе који измишљају бауке. Али човек би одиста, навикавајући себе на страх, пустио својој машти да ствара страшила сваког тренутка. Неоспорно, и храброст може постати једна навика као и страх. Сви смо ми имали или младост врло храбру, или велику храброст у старости. Колико сам лично видео, ретко је који човек имао кроз цео живот исти напон храбрости и исту снагу воље. Многи се људи варају у стварима смелости. У обичном јавном животу кукавице дају себи највише изглед одважних и бунтовних. Они увек све смеју. Али има људи који све смеју не зато што се ничег не боје, него зато што се ничег не стиде. Храброст правог хероја је срамежљива, а дрскост бестидних је увек набусита и убојита. Људи обичне памети, сматрају најдрскије људе за најхрабрије.

Одиста, откуд тај инстинкт хероју да погине за друге? Како то да љубав за идеал постане наједном моћнија и већа него урођени инстинкт за живот? То је само зато што је и љубав за идеал једна форма љубави, која је усађена у нагон колико и воља за живот. Јер стварно, само љубав и јесте једина сила мрачнија и страшнија неголи инстинкт за живот. Љубав у свима њеним облицима, то је једно свеобимно осећање, искључиво, неразумно, изнад живота и изнад смрти.

Платон каже овако: љубав, то је аспирација на бесмртност, жеља за продужењем живота; а жеља за славом, то је само једна форма ове љубави према потомству. Мизантроп је једини који не тражи славу, зато што не воли ни потомство, као што није волео ни своје савременике. Слава, то је жеља за љубављу, и то двоструком: да волимо и да нас воле. Херој на бојном пољу или научник на тешком раду оба су љубавници славе. Љубав за отаџбину, каже даље Платон, то је жеља за нечим вечним, у чему бисмо и ми постали вечним. Најобичнија форма љубави, то је љубав за жену, значи опет за потомство, у чијем бисмо животу и ми постали бесмртним. Љубав појединачна, колективна, комплексна, то су љубави за славу, за отаџбину, и за потомство своје лозе. Као нагон за вечношћу, та љубав је у основи наше природе: јер човек је нешто пролазно које свом снагом тежи да постане вечним. Према овој Платоновој идеји, највећи и најдубљи инстинкт човеков лежи баш у овој љубави за славом, чији су облици различни, али сви подједнако моћни и фатални. Љубав за славу, дакле, толико је исто инстинкт, као и љубав за живот. Ако је ово тачно, што каже Платон, онда је херој онај човек који се дигао одиста до савршенства божанског јер је ујединио живот и идеал у једној истој човековој судбини.

Прави несрећник, то је незналица. Тако је мислио и Сократ, а тако су мислили и многи после њега, нарочито Данте и Леонардо. Али прави херој је мудрац, пошто сваки порок истиче из незнања, а свака врлина истиче из знања. По самом Сократу, знати, то значи бити добар; и зато логика, то је истовремено и наука о моралу. Ако сте роб, онда сте незналица, и зато немате врлина, а због тога не можете имати ни права на срећу: јер мудрост припада слободи. Роб је сваки човек који служи страстима; и он је неизлечив, јер робује незнању. Све срамоте и несреће извиру из заблуда. Према свему овоме, како мисли мудрац, херој је човек свестан свог циља, значи једна велика филозофска воља; онолико воља филозофска, колико је мученик Христос једна велика религиозна воља. Међутим, за једног модерног мудраца, Емерсона, херој није ни филозоф ни побожан, него сав интуитиван; и зато што је херој само једна неизмерна дубока интуиција зато је он јачи и од разума. Према Емерсону, херој може бити и човек без науке, и без много памети, али с много свете ватре. Херој, то је онај човек, каже Емерсон, који је сав концентрисан. Он себе сматра јачим од свих противника садашњих и будућих. Од примитивног човека херој има љубав за борбу, а од мудраца има мржњу за уживање. Херој презире опрезност која обезглави више него што умудри. Некористољубив, он не гледа око себе, него само гледа пред собом. Он је искрен и прав, великодушан, умерен, непрорачунат. Емерсон замишља хероја безобзирним према противнику, колико и према противностима, с душом која се не да преиначити ничим па ни страхом. Емерсон има право. Ја сам познавао неколико српских хероја који су били равни Агамемнону или Ахилу. Сви су били благи као деца.

Херој је веран себи, сањалица, срдачан, весео, скроман, себи довољан, без сваке потребе за хвалу. Међутим, често се видело и храбрих људи који су били користољубиви, разметљиви, срачунати и осветљиви; али то су били само храбри људи а никако хероји. И разбојник може бити одлучан и лично храбар, колико и херој; разлика је само у циљу. Такав јунак без часног херојства, није се могао сматрати класичним грчким херојем, сином бога и човекове жене, или сином једног човека и човекове жене, или сином једног човека из ложнице с једном богињом. Чезаре Борџија није херој, а Савонарола је херој колико и Сцевола. Узмите за пример само ове античке карактере пуне благости херојске: Сократа и Фокиона у Грчкој, или П. Емилија и Сципиона Африканца у Риму. У српској повести, можда већма него игде, разликоваћете тако јасно славне хероје од славних разбојника. За разлику, многи су народи стварали око хероја мит по којем се они боре и с натприродним бићима, и с неманима: српски херој Марко Краљевић убија троглавог Арапина, а шпански херој Сид Кампеадор се бори с лавом.

10.

Херој се рађа, као и песник; али херојем се и постаје. Многи су људи починили права херојска чуда и постали славни, чак и вечни, иако нису припадали лози старогрчких хероја чији је отац био бог или мајка богиња. И у данашње доба је срамно бити кукавица колико и лопужа. Човек добре породице, или син велике расе, и са̑м сматра да мора бити јунак пред животом. Велики беседник Есхин је оптуживао на Пниксу генијалног Демостена, који није заслужио златни венац после боја код Херонеје, јер је из тог боја побегао. Антички човек, нарочито Атињанин, морао је бити интегралан; морао је бити и леп, а камоли не храбар. Римски војници Фабијеви нису полагали заклетву само да ће се храбро борити, него да ће и победити. Најхрабрији су војници модерног доба били Французи и они имају највећу војничку епопеју после римске. Многи њихови краљеви су били и лично славни војници и борци; чак је немогућно замислити Француза који није храбар. У Енглеској су храбра само господа. За Американце кажу да не познају страх. Срби су храбри само у рату, а најхрабрији су људи на земљи кад се боре у гомили. Европско племство је свој живот живело витешки, а оно је било права школа јунаштва; истина, није ту било свагда идеалног херојства. Тако борба између куће Валоа и куће Аустрија, која је трајала вековима, није била друго него борба око Италије која је служила страном богатом племству за пљачкашке ратове.

Данас је најтежа болест нашег времена болест персоналности. То се види у савременом друштву где је свако налик на сваког. Човек одиста персоналан има против себе и људе и конвенције, и на сваком кораку наиђе на нетрпељивост и на непријатељство. Праву и изграђену персоналност не трпи политика у којој се све покорава оштрој страначкој дисциплини; нити је трпи уметност, у којој увек једна нова генерација припада новој школи и новој моди. Нити је трпи морал, који уопште не трпи никакво ново тумачење; нити је трпи салон, где је персоналност увек тегобнија него забавнија. Па ипак, прави пут наше среће, то је учинити човека да подигне поверење у себе, што значи развијање персоналности до њених крајњих мера. Снажни људи никад неће инстинктивно ићи за старим грчким идеалом, а то је био мудрац, јер је мудрост сузбијање и ограничење личности. Зато треба развити личност више у форми хероја него у форми мудраца. Данас је друштво повезано већма него икад: религијом, патриотизмом, државом, странком, синдикатом, војском, клубовима, тајним ложама, породичним традицијама, покрајинским конвенцијама. Све ово неизмерно униформише човеков карактер и сузбија развијање персоналности. Човек који одиста има персоналан дух изгледа завереник против конвенција, непријатељ друштвених завета, противник већине, манијак, и изазивач. У друштву често најмудрији иду за најлуђим, и најразумнији за најстраснијим, јер их побеђују јаче воље а не јачи мозгови; зато људи који су моћни или умом или вољом лако завладају, а само људи који су другачији него остали, не завладају ником. Међутим, идеал је одвојити своју личност од терора групе, и сличити себи а не целом свету. У том можда није срећа човекова, али је у том сатисфакција елите, истина врло скупа; јер људе не вређа ако сте од њих бољи или гори, него само ако сте другачији него они. Одвојити се, значи одметнути се, и зато је одвојен човек сматран као одметник. Личност нашег времена је болесна; европски рат, у који је свако ушао без сопствене воље, и не знајући куд иде, оставио је таман траг у духу човековом колико и крвав траг у историји. Данас треба човека вратити к њему самом, дижући му поверење у себе; упутити га продубљивању своје личности и своје могућности, развити духовни егоизам личности насупрот материјалном егоизму гомиле. Уздати се више у себе него у друге; веровати у своју судбину и у своју главу; полагати на своју снагу колико и на своју мудрост; смети ићи увек до краја своје бразде; не одрећи се ниједног права у животу! Античка грчка резигнација је помагала бедним, али је обарала јаке.

11.

Има једна храброст према себи, али постоји и један прави хероизам према себи. Храброст према себи, то је способност појединих људи да се одрекну неколико некорисних или штетних прохтева; коцке или алкохола. Али херојство према себи, то је када човек себи не дозволи ништа што није у вези с најдубљим основама идеје о части и о општој срећи. Зато је херој по природи некористољубив, без свирепости према побеђеним, пун благости према мањим од себе. Прва разлика између разбојника с ножем и хероја с мачем јесте некористољубивост хероја, и затим његова немогућност да икад буде свиреп. Пауло Емилије је херој, а Тамерлан је пре свега разбојник. Према учењу питагориста, реч „херој" долази од речи „ерос", што значи љубав. Ово казује да су хероји заљубљени и љубавници, и да љубе божанство, и да све нас друге уче да га љубимо. Ово је дубоко дирљиво тумачење једне божанске лепоте у човеку, и зато није чудо што то тумачење долази из грчке школе. Хијерокле, један антички тумач Питагорин, каже да нас хероји уздижу из овог земаљског боравка у вечни град божанства. Исти писац каже да хероје називају и добрим генијима, јер имају натчовечанских знања, и разумеју науку о законима божанства.

Има и случајних храбрости, кад човек испадне победилац, али неочекивано, и као да је све радио у сну. Знам код нас људи који се чуде зашто их сматрају храбрим, и зашто су их као такве у ратовима одликовали, јер они се не сећају за време својих јуришања ни да ли су кога непријатеља оборили, ни како су се на неки положај пробили. Догодило се једном да је један културан српски официр питао војнике који је од њих убио којег од великог броја непријатеља што су лежали на бојишту, али се ниједан војник није сетио да је неког оборио. Човек храбар, неосетљив је за страх, као што је глув неосетљив за звук, или као што животиње хладне крви не осете студен. Наши Црногорци један другом честитају у боју добијену рану, као што другде честитају војнику добијену златну медаљу за храброст. Прва одлика једног ратничког народа, то је што не оплакује оне који су пали у боју као што се рида за онима који умру на свом огњишту. Српске народне песме опевају а не оплакују погинуле јунаке, јер их не сажаљевају него прослављају; а Спартанци су се облачили у свечано рухо, уместо у коротно, кад им је неко у породици погинуо за отаџбину. Македонски краљ Александар је говорио свом оцу краљу Филипу, који је после једне ране био изгубио око, а после друге ране остао хром: „Не љути се на рану, јер те она сваки час опомиње на твоју храброст". Херој већма цени, чак и већма жели, у боју добити рану него добити орден; а само сујетан и крволочан војник нема овакво осећање. Између хероја и кукавице има разлика, што кукавица мисли да ће погинути у првом сукобу и од првог зрна, и да ће се, у исто време, сви његови другови разбећи, а њега оставити самог на бојишту против целе непријатељске војске; а херој дубоко верује да њега зрно и не погађа. Хероји један другог истински обожавају, и то без сваке зависти, која је, уосталом, увек ствар егоиста или крволока. Прешавши с војском у Азију, Александар је потражио гроб Ахилов и оптрчао го око њега три пута, према једном старом култу за хероје.

О КРАЉЕВИМА

1.

У сваком друштву од десет лица, има једно лице које је краљ и једно које је луда. Због првог се удешавају сви разговори, а на рачун другог се сви смеју. Инстинкт владања је, стварно, урођен сваком човеку; и свако се бори да би потчинио физички или надмудрио духовно другог, како не би био остављен на туђу милост. Код најјачих постоји потреба да завладају множином људи и величином броја ствари. Скоро је заслепљујућа потреба владара да истовремено загосподаре људима, стварима, морима и животињама. Појединци су стављали на коцку целу велику отаџбину, и све своје саплеменике да би само они стали на чело других. Агрипина је сазнала од астролога да ће њен син Нерон постати владар али да ће њу убити, и она је одговорила: „Нека он само постане краљ, па макар и мене убио". Тако и после својих пораза, није Наполеон мислио ни на своју славу, ни на свој живот, него само на то да ли је осигурао своју династију. Историја је препуна злочина који су долазили из ове свирепе лакомости да један човек завлада другим. Папе су, поставши владарима, постали тровачи. Александар VI је приредио банкет да отрује госте вином свог сина Чезара, и том приликом отровао и себе.

Владари су или богомдани или случајни. Према томе се деле на творце и рушиоце, мудраце и лудаке, свеце и вампире, очеве и очухе, паразите и издајице. Али на хиљаду владара би се могло набројати на прсте оних који су били срећни, још мање истински вољени. Од свих људских благодети, извесно је најмање владати гомилама које су саздане од толико рђавих људи по инстинкту, злих из користољубља, глупих по природи, слепих због страсти. Уображена је била срећа највећих цезара да живе у затвору своје палате на Палатину, окружени копљима као разбојник, и шпијунима као издајник. Најчешће су им несреће долазиле од оних који су их чували; а свагда је било више шпијуна који су уходили њих него друге због њих. Редовно су имали оно друштво које им се само наметнуло, а никад оно које су сами изабрали. Кад су били с другим људима, били су свагда с горим од себе; а ако су се таквих људи клонили, они су живели затим међу фантомима самоће који су били опаснији саветници него и најгори људи.

Хиљаде породица биле су увек везане интересима за његову личност, и напуштале га чим се јавила опасност за њега као владара. Утицај жена био је више фаталан него срећан. Непотизам је била једна од највећих њихових беда, у духовном више него у материјалном погледу. Самим стицајем прилика, цезари су окружени људима који никад не говоре истину, или бар не целу. Они виде око себе и пред собом само две врсте људи, а обе врсте скрушене и ничице погнуте: једне који увек нешто моле, и друге који увек неког клеветају. Живећи изван живота осталих људи, они живе од оног што им се каже; и зато познају свет само кроз друге, и преко других. Нема начина да познају ни праве пријатеље ни праве непријатеље. Отуд је било много њих, чак и најбољих, који нису трпели око себе никог другог него ласкавце. Поштени дворанин у Версају, песник Боало, говорио је да се најзад и с Лујем XIV није имало шта говорити чим би се престало с ласкањем.

Људи су свагда били неправедни према краљевима. Сваки закон људи сматрају за насиље, а владара су увек сматрали као првог насилника. Чак и еванђеља и Коран су ширени огњем и мачем, иако су били закони љубави. Зато су стари законодавци Нума и Ликург објављивали да су своје државне законе примали с неба. Тако је радио и Мојсије кад је донео са Синаја највиши декалог, законе љубави и поретка међу људима. Нема народа који је један режим признао да је добар; а ако је признао, то је само кад је тај режим био прошао, или кад је дошао други који је увек изгледао гори. Кад је Солон, први законодавац атински, дао отаџбини своје законе који су били највећа политичка и друштвена реформа грчког света, он је одмах после тога напустио своју земљу док се људи навикну на њихово поштовање. Он је отпутовао на ушће Нила да код Канопе разговара с египатским филозофима Псенофисом из Хелиополиса и филозофом Сонхисом из Саиса. Људи су по својој природи противници дисциплине и реда и непријатељи сваког рада и напора. И најбоље и најхуманије ствари су људима морале бити наметнуте лукавством и насиљем. Исти овај Солон се једном доцније направио полуделим да би смео противно једном пропису изаћи на агору у згодном политичком моменту, задобити своје суграђане за један користан рат. То је да од Мегарана поново освоје освојену Саламину која је била пре тога повод тешких пораза, толико да је било смрћу забрањено ко о новом рату буде говорио.

Сваког човека одвећ силног други људи сматрају тиранином. За обичне памети сила и насиље иду напоредо. Сви они краљеви који владају вољом народа, и кад су били најбољи за своју земљу и грађане, не одржавају се љубављу него силом. Ово одведе често у тиранију, ако такав сукоб између притиска и реакције (механичког закона који је у основи свега у природи и међу људима) дегенерише у непријатељство. Због овог разлога и многи властодршци нису волели разумне људе, јер су им они изгледали најопаснији. Говорећи о Цезару каже Плутарх да исти Цезар није могао трпети Касија и Брута, али је делио власт с пијаницом Марком Антонијем јер није стављао у засенак, као што је Сенека најзад омрзнуо Нерону а Платон омрзнуо Денису. Страх од умних људи је у природи човековој, као и страх од свега и што је одвећ моћно и што нас премаша. И Христос је мрзео скрибе и фарисеје, а то је значило мудраце и интелектуалце, а волео је рибаре. О тешкоћама да се влада људима говори и Ксенофонт већ у првом чланку своје *Киропедије*. Он каже да су увек једне узурпаторе обарали други узурпатори, и да се зато свет много чуди онима који су се бар за кратко време могли задржати на власти. Човек, каже Ксенофонт, ни у кући својим млађима не зна заповедати; међутим, животиње хоће да иду за онима који се о њима старају, а људи неће; и животиње пасу на оном месту у пољу где их чобан одведе, и слушају шта им се забрањује, и никад се стадо не побуни против чобана, него му још даје и све користи које им он тражи. Ако су животиње зле, каже даље атински филозоф, нису против свог газде него против страних људи; а људи се, напротив, буне баш против оног који хоће да њима управља и њихове ствари у ред доведе. Ксенофонт најзад каже да је зато дошао до уверења да не постоји никаква животиња којом је теже управљати него човек.

Стари Грци никад нису били у стању да остваре велику државу ни нацију. То је најпре зато што су велику државу сматрали азијским типом монархије, налик на огромно Персијско царство где се нико међу собом није разумевао, и због чега је пропало; а о грчкој нацији није могло бити говора у земљама где је већина робова које нису сматрали људима. Платонова идеја о држави, то је полис са 5.040 становника, који на челу има филозофа, а где су заједничке жене и имања. Број житеља не сме никад прећи горњу цифру, и зато је било дозвољено да се новорођена деца изложе и напусте ако запрети опасност од претераног прираста. Ово је држава без грађанске слободе, без имања и породице, чији је циљ само усавршавање духа и улепшавање тела, а где је сва власт у рукама мудраца који је, сасвим природно, тиранин. Тек Аристотел тражи социјалне законе. Диоген и Кратет, киници, одричу чак и државу и отаџбину, и називају себе грађанима космоса. Али је интересантно да је Атина, у своје најбоље векове, била демократија у којој је краљ, *archont*, био више церемонијална личност која се губила у животу и историји иза правих шефова државе, а то су шефови двеју партија, народне и аристократске. Нико не помиње данас атинске краљеве за време четрдесетогодишњег Перикловог владања републиком. Истина у то време држава још није била предмет филозофије него тек после Пелопонеског рата. Велике разлике између атинске демократије и спартанске училиле су од Атине и Спарте два различита менталитета, који су најзад одвели у грађанске ратове, разорили Грчку, и припремили римску окупацију и пропаст грчког генија. За време Перикла је његов савременик Ксенофонт могао и сâм да се увери како је теже владати људима него животињама. У самој Атини су први људи некад као Темистокле, Кимон, Тукидид, Алкибијад и најзад тај исти Ксенофонт, били за спартански аристократски режим. Ксенофонт је послао био и своје синове на науке, а Алкибијад се био примио неке врсте спартанског амбасадора у својој сопственој земљи.

Од краљева се тражи увек више него од ма којег другог човека. Он мора бити истовремено војник, политичар, државник, салонски и друштвени човек. Мора разумевати све што се ради, говори и пише. Не сме дозволити да га други човек превазиђе ни умом ни храброшћу. А од тога нема ништа теже. Нарочито је тешко краљу сакрити своје недостатке; можда у овом и лежи сва судбина једног владара. Владар може бити политичар или песник. Политичар не разуме човека него гомилу с којом једино и рачуна и оперише; а песник не разуме гомилу која је за њега нешто конфузно, и хаотично и плитко, због чега се он радије удубљује у јединицу и њене небројене детаље. Било је филозофа који су били нарочито бирани за дипломате, као Корнеад за посланика у Риму, код Сената, или Данте за посланика у Риму код папе, или Шатобријан и Дизраели у ново доба. Али није било филозофа који је умео бити мађионичар гомиле. Гомила је увек у стању лудила; човек долази до памети и свести само кад се издвоји из масе. Гомиле и не живе од идеје него од страсти. Зато су модерне краљеве само устави и парламенти ослободили од одговорности и нарочито од мржње гомиле. Апсолутни владари старог доба били су силни али нису били срећни. Нарочито њихово непознавање гомиле која је у старом Риму била двострука (народ и војска) било је извор свих њихових катастрофа. Видео сам у пољу чобанина који је у свом великом стаду распознавао сваку своју овцу посебице; чак је знао којој припада које јагње, што је право чудо од памћења и посматрачке моћи. Имао сам чак и једног пријатеља који је волео лепе кокоши, и у свом кокошињцу их је увек имао најмање по двaестину; и не само да је свакој дао њено име, него је знао и која је од њих снела које јаје. Међутим, човек збуњује човека; никад човек, и кад је најпаметнији, не верује да познаје другог човека. Зато наш Његош, који је био и песник и владар, каже да је човек највеће чудо другом човеку. Платон је говорио да пас има једну супериорност над човеком што самим носом може да одмах препозна ко му је пријатељ а ко није, што човек никаквим средством не може постићи.

Вођи у народу нису зато никад ни најбољи ни најпаметнији људи, него људи нарочите памети и нарочитог морала. Вођ има памет која друге не засењује и морал који друге не плаши. Вођ, то је човек који влада вољом, континуитетом и тактом. Још кардинал Де Рец је говорио да дванаест векова у Француској постоје краљеви и да никад нису били тако апсолутни као у његово време, јер се централизација Луја XI видела затим и у Ришељеа и Луја XIV. Он каже да у старо доба (Каролинга и Капета) краљеви нису били ограничени законима и шартама као у Енглеској или у Арагону, али је постојао *le sage milieu* који је био као језичац на ваги између разузданости народа и распуштености краљева. О томе да је занат краљева најтежи од свих људских занимања, и мудри Монтењ то истиче говорећи „да је тешко одржати праву меру у једној сили тако безмерној". Ни народ није тачан судија у стварима у којима нас се свака појединачно тиче; и да су и супериорност и инфериорност подједнако готове на завист и порицање.

Једино су филозофи и песници били праведни према судбини краљева. Филозоф Фаворин је дао да га Цезар надмудри говорећи затим: „Мора да буде од мене мудрији човек који управља с тридесет легија". Многи су песници сматрали краљеве како је Данте сматрао папу Бонифација VIII. Иако је овај папа био свиреп и себичан владар, и нарочито и његов лични прогонилац, Данте га је ипак сматрао као католик поглавицу своје цркве и као заменика светог Петра међу људима. Да су песници били суревњиви и осветљиви, како би изгледали данас многи цезари у историји.

Од свих људи великог имена краљ је једини за којег и последњи његов грађанин мисли да има право да га суди, и уверен је да га увек суди право. Краљ је једини човек који се сматра кривим за погрешке других. Уосталом, људи се никад не задовољавају само правим кривцем. Сократ је имао међу својим ученицима два атинска велика племића и млада богаташа, Алкибијада и Критију, који су доцније оба постали политичари. Алкибијада су судили за увреде државним божанствима и за заверу против републике, а Критију су судили што је био на челу аристократске олигархије Тридесеторице коју су Атини наметали спартански победници. Атињани су зато и Сократа сматрали кривим што је васпитао овако наопако своје ученике; а глумац Мелит и адвокат Анит су мудраца на суду означили као коруптора младежи, тако да су Сократа одиста осудили на смрт људи из народне странке која је после тих крвавих осам месеци оборила поменуту олигархију.

Због ових насиља гомиле, владари су често глумили као да имају своју директну везу с небом; краљ Нума је слушао нимфу Елерију која је знала све божанске тајне, а млади Нерон је на Капитолу симулирао да му на ухо говори Јупитер чија је статуа стајала уз њега.

Ми најчешће волимо оне које познајемо, и највећма ценимо оне које не познајемо. Многи су се краљеви старали да мудрином за историју сачувају име ако је било сјајно, или да ублаже његове погрешке ако су постојале. Није само велики Александар завидео Ахилу што је имао свог Хомера. Хорације каже да је било и пре Агамемнона других хероја али их ниједан песник није опевао и они су остали у помрчини. *Vixere fortes ante Agamnona*... Август је био окружен песницима. Говорили су како у Риму од сјаја књижевног напретка није свет имао времена да мисли на самовољу и насиља цезарова. И сâм Луј XIV је сматрао за потребно да имадне свог личног историографа и узео је био за то песника Расина, најславније перо његовог доба, а овај се писац одмах бацио на посао читајући Лукијана, Тацита и Тита Ливија. Али је Расин био неподобан да опише краља, него је могао само да га опева. На једној маргиналији оставио је ову забелешку: „Видим да је историја нешто друго него поезија, јер песник позива у помоћ све богове да опева Агамемнона, а историја описује Филипа само онаквог какав је био". Расинов рукопис о Краљу Сунца је изгорео у једном пожару пре него га је ико био читао. Можда и боље, кад се зна колика је била сујета великог краља. Ко зна и колико би овај Филип био опеван више као Агамемнон него описан као прави Филип. И колико би то дело можда умањило Расина више него што би подигло славног Луја. Истина, не би то Расин био учинио из идолатрије или из страха, него баш сасвим простодушно: јер између највећег краља и највећег француског песника постојало је једно узајамно дивљење које није имало граница. Такав је однос био између императора Трајана и писца Плинија Млађег, од чега је остао *Панегирик Трајану*, ремек-дело овакве књижевности. Сличан је случај и Тацитов напис *Живот Агриколе*, његовог таста за којег је овај племенити писац имао најдубљу нежност и дивљење. Ако су многи владари избегавали писце, то је што су се бојали да не прокажу своје мане, и тако су оставили у помрчини и своје врлине. Шта је сам Сен-Симон, велики дворанин и писац, учинио за двор Луја XIV, који је остао славан јер су га прославили песници. Краљ је био и одвећ сунце да буде нетрпељив према славама других људи. Али што је најчудније, Колбер, његов министар трговине, увек главни члан краљеве владе, био је онај који је сматрао да један велики краљ треба да буде окружен само великим људима, и створио владару овакву духовну камарилу.

Жеђ за влашћу је страшнија него жеђ за водом. Колико су стари Атињани просули филозофског генија да од мудраца, који је стављен осталим људима као узор, направе пре свега човека који не грамзи за влашћу никакве врсте. Историја се одиста не може сматрати борбом белих против црних, ни битком добра против зла, него само јачих против слабих, људи којима су зло и добро биле споредне вредности. Ако је страшна потреба да се избије на власт, још је свирепија потреба да се власт сачува. Још Платон је говорио да ко задобије власт изгуби памет. Ја верујем пре да изгуби срце; знам одиста да сам губио једног за другим своје пријатеље како се који дизао на власт. Цар Константин, којег је црква посветила и назвала великим јер је престо направио хришћанским, дао је убити свог сина Криспа и у кључалој бањи угушио своју жену Фаусту. А његов син, император Констанције, уображени теолог, наредио је убиство целе своје породице из побочне линије, својих ујака и рођака, осим двоје деце: један је био сјајни Јулијан Апостат. Све за хришћанску веру. Међутим, овај је Констанције примио доцније аријанство за државну веру, и изазвао свирепи рат између хришћана и аријанаца око истине Христове. Зато не само народ него је и вера служила само у свађи међу великашима. Никад у историји није владао закон над насиљем, јер никад није имао право слаби него јаки. Гомиле иду за војводама а не за мудрацима, кад год је у питању велико решење судбине. Изузетак су чинили само стари Атињани који су за своје војводе бирали само мудраце.

И онде где има само двоје, увек једно влада а други подноси то владање. Малим људима не импонује правда него снага. Сва мудрост краљева је у томе да снага његове власти не буде само физичка него духовна и морална. Али су зато мали и слаби враћали само мржњом онима који су над њима вршили своју силу. Нико не мрзи колико роб; песник Езоп је мрзео јер је био роб, а филозоф Епиктет, који је такође био роб, имао је истинско презирање за гомилу која одиста увек или робује туђој памети или својој глупости. Одиста, оно због чега је краљ највећма клеветан и најчешће прогањан, то је глад у народу. Народи су увек гладни, или говоре увек о глади.

Римском народу, који је од Сената тражио да му се подели жито, Катон каже: „Грађани, тешко је говорити трбуху који нема ушију". Све тираније духа и савести су народи лакше подносили него изглед на глад, а највећи број краљева је страдао од злоће угрожених и гладних. И политичар највећма импонује несебичношћу. Цицерон је био срамежљив и врло славољубив, али је увек имао дубоко презирање за новац, и као претор и проконзул био пример некористољубља и хуманости. То је био један разлог због којег је, и поред свих недостатака, био у своје доба највећа фигура римског Сената. Само врло просвећени народи када су монархисти, траже да њихова монархија буде стабилна, што значи, између осталог, да има династију која је јака: то значи многобројна породица и имућна кућа. Најмање су снаге имали краљеви феудалног доба. У десетом веку је Француска била подељена на осамдесет великих имања која су имала на челу своје велико племство, кнежеве и грофове, који су били по снази равни француском краљу, наследни суверени и потпуно независне покрајине. Ти небројени владари, неки моћнији од свог краља, обучени у челик и опкољени тешким зидовима својих дворца, пљачкали су једни друге, убијали своје млађе, не одговарајући никаквој краљевској власти која је била потпуно празна реч; а црква, исто тако богата и моћна, била је деспотскија него племство и имајући снагу да екскомуницира, била изнад краљева. Тек Луј XI, четири века доцније, извршава централизацију земље оборивши једну за другом све ове главне кнежевине и грофовине, сваку на свој начин: кнез од Алансона осуђен на вечну робију, гроф од Армањака посечен, гроф од Анжуја опљачкан, гроф од Сен Пола и кнез од Немура посечени. А други су у масама бачени у воду зашивени у џакове на којима је написано било: „Пустите да се изврши краљевска правда". Али се краљ стално претварао сиротињом да би народ веровао у његово лично некористољубље. У почетку XIX века биле су најапсолутније државе у Европи Турска и Данска, али је турски народ био најнесрећније грађанство кад је дански народ осећао своју аутономију бољом од енглеског просвећеног парламентаризма. Социјалист Сен-Симон то објашњава тиме да је дански краљ био најсиромашнији од свих европских принчева, а султан најбогатији светски владар јер је у својој држави био једини сопственик који је могао да као једини господар узме све од сваког, што значи да није никад реч о форми владе него о форми својине.

Претерана срећа поквари људе исто толико колико и претерана несрећа. Кад Бог дадне људима сва добра овог света, онда они верују да им Бог више није потребан и раде све што је против њега. Ако их гром одмах затим не убије, они су онда сигурни да могу продужити само зло без икаквог јачег страха од опасности, и да је подао човек јачи од судбине. Александар је у Азији био рањен стрелом и тада је рекао: „Цео свет ми каже да сам син Зевсов, али ова рана што боли каже ми: ти си само човек". Наполеон, који је био толико омађијан славом Александра, после битке на Арколи поверова да је богом послат човек и да има право да од живота тражи све што највеће може дати, и право пошао тим путем. Можда одиста човек мора да има о себи мишљење несразмерно и својој снази и снази других људи па да пође за претераним плановима; потпуно логичан и уравнотежен човек не оде далеко. Можда треба веровати да су народу потребни велики људи али их ниједан народ не треба да често пожели. Мудрост, то је поредак; а мудрост у једном дану ипак учини више добра него што је учинило тог истог дана херојство каквог великог човека. Хришћанство је религија нишчих, и нигде не проповеда култ човека великог и изузетног међу осталим добрим људима. Питагористи су проповедали страх од краљева али и презирање за гомилу. Кажу да не треба мудар човек да остане у краљевом двору дуже него за колико се времена скува једна шпаргла, а за гомилу су говорили да је у сиротињи подла а у богатству бестидна, и да зато не треба сејати по улици јер је народ увек неблагодаран. А Анахарс је рекао мудром Солону колико се чуди што на грчким скупштинама мудри предлажу а луди решавају.

Од свих народа, италијански народ најлакше сноси тиранију. Цео средњи век су странци пустошили Италију и никад се није народ заједнички побунио против стране инвазије него су и папе и кнежеви правили споразуме са шпанским, француским и немачким краљевима у међусобним борбама и отмицама. Италија је рађала тиране од памтивека и живела под најгорим режимима откад постоји, не мењајући друго него тираније. Можда је једно горко завештање историје да су као највећи државници у прошлости сматрани ови људи: Медичи, Ришеље, Мазарен, Кромвел, Луј XIV, Фридрих II и Наполеон, као да се одиста не може постати великим човеком ако се најпре не оборе закони за мале људе. Сви ови великани су били тирани. И сви су се људи њима дивили. Али нема народа који би их данас себи пожелео. Народи заборављају велика њихова доброчинства али памте њихове грубости и злочине. Забораве и све пороке и разврате али се сећају насиља над животима и правима других људи. Кажу да су лако опроштене лудости Калигуле и распикућство Хелиогабала, али се памти крв коју су пролили. Никада људи нису праштали крволоштво и кад је оно било неопходно, чиме се показује да је живот човеков највише што други може да му отме или може да му спасе.

Један од најчешћих случајева, и најтежих за владаре, што увек гомила стоји на гледишту: какав краљ, таква влада и такви политичари. И обратно. И то не само у доба апсолутизма него и у доба слободних избора. Народи који за свашта чине одговорним краља или су некултурни или морално непотпуни. Било је чак народа који су вековима мрзели и прогонили своје краљеве. Такви су били Римљани који велики део своје пропасти могу да припишу овом инстинкту да стварају краљеве да их после убију, чему је извесно узрок нетрпељивости међу великашима, значи аристократски систем друштва. Сваки краљ који се хтео наслонити на народ против великаша изазвао је сукоб с *patres* и с боговима. Први краљ, Ромул, био је убијен за време једне пољске свечаности нарочито за то приређене. Други краљ, Нума, умро је код куће јер је био у служби патриција. Трећи, Тул, пријатељ плебејаца, погинуо је од племства. Четврти, Анк, полукалуђер, умире мирно код куће. Пети краљ, Тарквиније, био је убијен. Шести краљ, Сервије Тулије, пријатељ плебса, био је задављен на степеницама Сената. Седми краљ, Тарквиније II, крвави непријатељ патриција, аутократ, противник Сената, био је свргнут и оборено краљевство. Доцнији цезари су били у сталној борби са Сенатом и нису се смирили док га нису омаловажили, чиме су потресли све основе државе. И кроз цео средњи век папа и малих владара италијанских, видела се иста нетрпељивост за тиранина и кад су покорно трпели тиранију. Одиста, цела историја то је смена једне тираније за другом: борба између јаких за њихов рачун. Народ је увек био средство за рачун поглавице или великих породица. У петнаестом веку су папе радиле све да униште велике фамилије у Риму које су биле врло богате и моћне, јер је цела околина Рима припадала њима, а по свим путевима биле су кондотјерске чете двеју породица, Орсини и Колона, главних поседника римске кампање. Ришеље је тако исто радио против великаша, великих поседника у Француској, који су били изванредно моћни, сасвим као некад

Луј XI. У наше време рушили су велике породице у својим земљама и Пашић у Србији и Венизелос у Грчкој.

О ПРОРОЦИМА

1.

У човековом животу је извесна само прошлост; јер садашњост не постоји, а будућност ће тек постојати. Због такве неизвесности свог живота човек није престајао да разбија врата ћутања на великој и тамној тврђави судбине. Узнемирење и страх на земљи долази само од нечег што човек слути, а увек слути само оно што је страшно. Због тога су и сујевере биле јаче него вере. Вере, као што је хришћанска, почивају на начелима божанске правде, а сујевере се оснивају само на осећањима страха од фаталности; зато су само најсавршеније вере с нешто успеха сузбијале мрачну и необуздану моћ сујевере. За хришћанина је веровање у чудеса значило веровање у чудеса божја; али је за паганца то веровање значило само веровање у мрачна и фатална чуда у природи, пошто је, стварно, природа за пагански материјалистички свет остала до његовог краја увек у стању хаоса.

Зато је сваки човек пророк, јер по цео дан прориче или себи или другом. Он прориче мало и велико, добро и зло, право и неправо. Ово ће се догодити, а то неће! У овом ћете успети а у том нећете! Тако шапуће сваки човек на којег наиђете путем, или којег сретнете на степеницама. Ко зна да овај нагон за прорицањем није можда наш најближи додир с Богом. Пола човекових размишљања су начињена од оваквих зидања ни на чему; и оно што људи зову својим идејама, нису у великом броју ништа друго него осећање и такве пророчке опсесије. Најзад, добра половина целе људске енергије иде на прегнућа која су поникла само из химера ове врсте. Људи често своја сопствена прорицања, више него туђа, узимају за готове истине. Уосталом, авантура је урођено пијанство свих инспирисаних људи, и људи снажних по карактеру или по духу. Свет има природну потребу да увек иде за нечим што је само наслутио, јер никад обичне стварности нису биле сматране за потпуне среће. Света ватра, то је пламен који осветљава само путеве оних који стварно не гледају куд иду, али добро знају камо одлазе. Нико се не може ослободити потребе да верује у чудеса. Кад људи не би веровали у чудеса, не би било великих дела, нити би живот био извором непрестаних људских стварања. Најбољи доказ, што је веровање у чудеса чак више особина моћних људи него слабих. Зато велики људи увек изгледају другим људима манијаци. Они одиста не верују у немогућно, и никад се не осећају слабијим од оног што хоће да постигну.

Проричући себи неку могућност, човек заборави све друго око себе, и свом силином инстинкта иде ка том циљу, скоро затворених очију; и право, као копље бачено у простор. Пронаћи себи циљ, то је пронаћи свој пут у животу и одмерити своје место међу људима: то је истовремено једна човекова духовна моћ и његова морална дужност; јер ко не пронађе свој циљ, тај лута као слепац без очију, или као злочинац без моралног смисла. Међутим, људи све у свом животу остварују случајно; најмање је оних који знају куда иду, и да ли иду путем своје природе и свог талента. А они који су у себи пронашли свој циљ, врло често и стигну да га остваре. Јер између нас и нашег циља постоји једна нерасудна али сигурна веза, пошто ми никад нећемо дубоко пожелети осим оно што истински можемо и остварити; и увек наш циљ стоји у сразмери с нашом крајњом моћи, као да се наша жеља зачиње без нас, у одсуству нашег разума који и није права мера ни наше снаге ни туђег отпора. Најбољи су докази за ово хероји, јер њихова дела увек превазилазе меру разума. Хероји су људи изванредни, већ и зато што не знају за највећу људску беду, за страх на свету. Стога легендарни хероји убијају змајеве и аждаје, а и сами историјски хероји, у стварном људском животу, обарају гомиле и народе. Не разумевајући ништа од оног што их премаша, људи нису разумевали ни хероје. Због тога хероји из старе легенде имају оружја по правилу увек другачија него сви остали људи, и увек онаква каква им припадају према њиховој снази или величини њиховог циља. Чак најчешће имају она оружја која су сами себи сковали. Ахилу је оружје сковао сâм бог Хефест, а опис његовог штита у *Илијади* спада међу најсјајнија места у тој епопеји. Средњовековни херој Зигфрид иде у своју авантуру против аждаје која чува благо, њу убија а благо осваја; али затим напушта благо да би ослободио девојку Брунхилду што чека у својој огњеној планини хероја ослободиоца, хероја који се не боји чак ни огња. Циљ херојев био је свагда израз највеће човекове судбине. Историјски хероји Александар и Наполеон, бацајући под ноге своје читаве народе и њихова царства, чинили су то верујући да ослобађају некултурне народе и њихова царства од њихове сопствене несреће, и да их воде вишим циљевима.

Људи који верују у своје више судбине, увек верују и да су силнији од свих противника и од свих препона; а само кукавице верују да је од њих свако силнији, и да их све тешкоће премашују. Плашљивци нису обдарени пророчком моћи, јер у духу плашљивог човека постоји неред. Кукавица и глупак имају то заједничко што је један глуп вољом колико је други глуп памећу. Ни један ни други не познају основни закон мисли, а то је закон о пропорцијама, пошто све виде без сразмере и у збрци.

Због тог је пророчка моћ одлика само храбрих срца и ведрих духова.

Постоје четири велике беде човекове пред животом, и то човековим животом који увек тражи намере и акције, а то су: слабост воље, лична сујета, разочарање, страх од другог човека. Хероји живота за ово не знају, а кукавице живота, напротив, не знају него само за те беде. У здравом и моћном духу је први знак здравља, то је осећање мере равнотеже. Због тога су наше жеље увек у сразмери с нашим духовним и моралним здрављем. Многобројне жеље, то су увек многобројне моћи и још неостварена дела; неостварена али прецизирана дела. Ко има много жеља, тај има много снаге, а не само много маште или сујете. Престајање жеља, то је пропаст инстинкта и прва смрт човекова. Апатија и смрт, то је једно исто; а жеља и живот иду нераздвојно. Желети, то је живети. Жеља која је бесна и необуздана, то је већ жеља која је упола постигнут циљ. У једној битки се млади краљ македонски Александар борио гологлав, како би распалио у војсци жељу за такмичењем и победничку обест воље, пошто су његове трупе биле малобројне према непријатељским војскама. Шпански краљевић Дон Хуан је у битки код Лепанта стајао на својој адмиралској галији сав у злату као изливен, и с папином заставом у руци, да би међу хришћанима разбуктао жељу за победом, и то закона једне више воље.

Увек победа духа долази пре сваке материјалне победе. Наше су жеље свагда зависне или од наше сопствене воље ако је јака, или од нечије туђе сугестије ако нисмо довољно јаки. Човек који понови себи своју жељу стотину пута, он затим изгледа сав од ње изграђен, а то је прави пут ка циљу. То је одлазак Зигфрида да продре и у саму огњену планину. Човек зове уверењима и своје фикције о будућим стварностима, пошто човек много мање дугује свом разуму него својим инстинктима. Зато су све дубоке енергије произишле само из дубоких химера и пророчанских опсесија. Има људи који од почетка изгледају да носе своју судбину као го мач у рукама, и да ништа неће моћи омести њихове планове у животу. Ово је врхунац духа и воље који постижу само људи дубоких пророчких енергија. Цезар је победио у Галији, а не римске легије; а Наполеон је на Аустерлицу био јачи од обе војске које су се бориле.

2.

Пошто сваки човек прориче себи и другом, сасвим је у његовој природи да верује и кад други њему проричу. Зато ће прорицања бити сматрана за свете ствари докле траје сунца и месеца. Према томе, и постанак пророка је био један резултат историје људског срца, и духа. Најкултурнији народи античког доба, као египатски и грчки, дигли су били своја пророчишта до највиших религиозних установа. Амон је у Египту прорицао судбине људима и народима као и доцније Аполон у Грчкој. У Делфе су ишли не само Грци као у средиште света, него и краљеви из Лидије и цезари из Рима. Храмови страшног бога Сунца у Египту били су изворима највећих мистерија, као и храмови грчког бога Сунца. Велико пророчиште у Делфима није било прибежиште људи само слабих вољом и нејаких духом, него су онамо одлазиле и славне војсковође, као Темистокле, и велики филозофи, као Аристотел. Према таквим пророчанствима, иако једва разумљивим, управљале су се и саме државе; и ма колико сумња била урођена људима, већма него и вера, нико није сумњао у делфијска прорицања. Атињани су за време персијске најезде напустили свој град и склонили се на бродове код Саламине да Персијанце дочекају у једној поморској битки, а не у копненој, само зато што је тако тражило делфијско пророчиште. Тако је исто Питија прорекла и да ће слава македонске монархије достићи врхунац под једним Филипом; а тако се и догодило. Није уопште било античких прорицања која нису и погађала, а о таквим озбиљностима пророчанстава говоре све књиге Херодота и Плутарха. Зато није ни чудо што су Грци имали ништа мање него три оваква велика пророчишта, најпре у Додони, а затим у Делфима и у Самотраки, и сва подједнако света. Било је и врачева шарлатана, али је било и грчких врачева који су одиста и завек сматрани правим пророцима и тумачима божје воље. Било је међу таквим пророцима и људи који су прослављани као прави хероји. Паусанија помиње некаквог пророка Агију који је прорекао славном спартанском генералу Лисандру да ће у битки код Егоспотама заробити све бродове атинске, осим десет трирема које ће једино успети да побегну у Кипар, што се за длаку и остварило; а после овога је исти Агија за то добио своју бронзану статуу на главном тргу града Спарте. Зар и Ханибал није поверовао и сâм пророчанству Амоновом кад му је оно прорекло да ће умрети у Либији, што је тај херој разумео како ће умрети у афричкој Либији; значи као слободан човек и победилац, а не у једном азијском селу Либији близу Никомедије, као што је одиста и умро, и то бедном смрћу побеђеног. Ни Александар ни Цезар нису ништа предузимали док нису саслушавали врачеве; Александар је водио читаву гомилу таквих аугура, а Наполеон је саслушавао чак и бабе које су врачале у боб. Истина, ни грчки врачеви ни римски аугури нису сматрани светим лицима; први су били само погађачи а други само свештеници. Чак ни јеврејски пророци нису постали светитељима док их нису посветили хришћани, него су у *Старом завету* били само обичним посредницима између Јехове и његовог изабраног народа.

Многи су велики људи и сами за себе лично веровали да стоје у непосредној вези с Богом, и то не само Мојсије и Нума који су били законодавци него и Фидија који је био славни вајар. Свршивши кип свог Зевса од злата и слонове кости, за храм у Олимпији, кип који је био најпознатије вајарско дело античког века, уметник Фидија је запитао громовника да ли је задовољан његовим радом, а Зевс је на ово одговорио скулптору ударивши громом у патос храма, и осветливши на тај начин његов кип радосном небеском ватром. Тако пише о Фидији стари Паусанија.

Али ово су само врачања, а пророчанства су нешто сасвим друго. Човек носи своју тајну собом као закључан ковчежић или запечаћено писмо. Човек зна за ово откад је постао, и то га мучи и тера у сујеверу. У Аркадији је постојао један бунар у којем су људи, огледајући своје лице, увек сагледали оно што су тражили да сазнају. И српски херој Марко се огледнуо у бунару на Шар-планини и видео у води да му нема главе на рамену, по чему је и разумео да ће скоро умрети.

3.

Четири велика покретача и творца међу људима, то су песник, херој, краљ и пророк. А пошто сваки човек носи у себи елементе ове четири стихијске и необуздане творачке силе, човек је божанствен, рођен од Бога (*diogenes*), и богочовек. Песник дадне пророку своју лепоту говора, хероју дадне своју веру у славу, и краљу дадне своју љубав за људе. Али је пророк можда збир свих могућности ове тројице осталих покретача и твораца. У једно доба људске историје, пророк је био одиста све ово уједно. Он је једини био вођ и законодавац, песник и краљ; Мојсије и Хомер, Хума и Ликург. Пророк је онај који навештава победу добра над злом, победу чистог идеала над рђавом стварношћу, тријумф среће над несрећом, везу између неба и земље. Он кличе војскама да издрже битку до краја, песницима да нађу реч која је синтеза божанске мудрости, краљевима да буду над добром нишчих. Без пророка би свет потонуо у мрак и изгубио пут; и зато је Бог ставио у њега једну тоталну снагу какву у истој мери немају ни песник, ни краљ, ни херој. Пророци су први указивали на ствари за које су хероји гинули, којима су песници певали, и за које су краљеви стављали на коцку државе и народе. Они су људски дух стално подизали изнад малих срећа и изнад ситних несрећа. Они су највећи сањари и утописти, богоносци и животворци, гласоноше и предстраже.

Њихове личности су увек биле изнад свих историјских личности, а њихови су животи увек постојали фабулом и митом. Њихове речи нису сматране само за речи највећих мудраца, ни за речи најдубљих визионара, него као највише поруке с неба, и као највеће тумачење закона божјих.

Пророци су вечити борци за нешто што је више од свега оног за што се боре обични људи, или за које живе народи, а то је за виши закон. Пророци су били борци против идолатрије и заблуде, мрачњаштва и назатка, који су у крви и људима. Они су били највећи носиоци божанских завета и откривачи обетованих светова. Многи су пророци веровали и у религиозно братство као најчвршћу везу између оних који владају и оних који слушају. Христос је говорио о оном свету као о вишој стварности, а овај је свет био оставио Цезару. Пророци су били бунтовници против зла више него против злотвора. Христос је говорио да Богу треба дати божје, а Цезару цезарово, и зато римски суд у Јудеји није судио новог пророка као непријатеља римске државе, него га је, кажу, осудио на смрт јеврејски суд само као јеврејског јеретика. Хришћани су говорили о равноправности међу људима, и били су за слободу робова; али су истовремено говорили и да је свака сила од Бога. Они су проповедали послушност и покорност према јачем, јер је овај свет споредан а онај други је главни. Апостол Павле је чак проповедао да остане свако онде где се затекао, и да роб и слуга одају господару почаст, јер му она припада. Међутим, сви су подједнако одговорни пред небом. Свети Јустин је говорио императору да Бог тражи рачуна од оних којима је дао власт над људима, али светац не каже и да ли су великаши за злоупотребу одговарали на овом свету. Лутер, који је био пророк, пренеразио се кад је видео да је његова побуна против папе изазвала у Немачкој сељачки устанак против грофова. Штавише, тада је Лутер, индигниран због бунтовника, рекао ове занимљиве речи: „Сваки усташ крије у себи пет тирана". Јер је Лутер био скрушен пред владаоцем и онда кад је био највећи бунтовник према папи. Уосталом, овај компромис је можда био и главни узрок његовог успеха у тој борби. Најзад, хришћанство је било против отаџбине, зато што је она од овог света, а признавало је само једно идеално царство, а то је божје, које није од овог света. Избегавајући овако сукоб с цезарима, хришћанство није никако било револуционарно, бар наизглед. Одобравало је само дефанзивни рат, мада су све хришћанске доктрине стварно ишле за потпуним превратом тадашњег друштва.

Свагда је земља дала од себе знак радости кад се родио један пророк. У часу кад се родио пророк Заратустра, цела је земља обасјана, реке набрекле као после благодетних киша, шуме затрептале светлошћу и музиком, а звери и пламенови дошли да чују заповести пророкове. За тридесет година колико је тај пророк обитавао пећину, једна ватра је стално залазила у његов стан, као посланик Ахура-Мазде, чију је мудрост пророк објављивао свету. Краљ Виспа је и сâм примио веру од овог пророка, и ставио своје војске у службу његове свете речи, против Дева, лажних богова, који су онда пустошили Бактријану. Христоса су објавили анђели и звезде. Пророк Мухамед је био поздрављен светлошћу кад се родио, а истог часа су се и демони стрмоглавили из небеских сфера у црни понор. Земља се затресла из основе, палате краља Козроеса препукле, и четири куле на месту сурвале, а света ватра персијска, запаљена пре више од хиљаду година, наједном се угасила пред првим дахом овог новорођеног детета које је било пророк. Мухамед је сличан Мојсију и Заратустри, пошто је и он био рушилац идолатрије, као и ова друга двојица.

Иако су и песници и краљеви и хероји исти такви богољуди, ипак су пророци били једини који су говорили с Богом насамо. На молбу Мојсија, престао је да пада страшан град који је у то време пустошио Египат; и тек кад је, по наредби Господа, пружио Мојсије руку према Црвеном мору, порасло је то море толико да је потопило силне војске фараонове које су гониле Јевреје приликом њиховог изласка из Египта. Доцније је Господ преко пророка Самуила основао и краљевство израиљско. Значи да је било примљено као коначно веровање како Господ дејствује само кроз своје доглавнике на земљи, а то су пророци. Мухамед је сâм себе сматрао слугом једног вишег закона и више воље, али се он називао и божјим пророком. Мухамед је био убог човек, крпећи сâм свој плашт и своју одећу, али је био и силан војсковођа, који је сâм предводио своју оружану војску. Он спада међу највише животворце међу људима, јер је окупио у једну огромну религиозну породицу сва дотадашња незнабожачка племена, међусобно закрвљена. Ово је учинило да за хиљаду пет стотина година, откад постоји муслиманство, никад припадници ислама нису знали за ратове међу собом, нити су ратовали ни с другима него само да прошире велике истине пророкове.

Није уопште било дозвољено једном муслиману да убија другог муслимана, јер га је чекао иначе велики пакао како каже једна сура из *Корана*, која је пала с неба. У овом погледу, Мухамед је највећи миротворац какав се дао замислити. Само Христос који је први знао за општечовечанску љубав, превазилази својим човекољубљем арапског пророка.

4.

Било је великих песника који су били први пророци. Есхил је певао у свом спеву о Прометеју како ће Зевс, бог човекомрзац, најзад пропасти, и то пропасти од своје сопствене слабости. Зар песник није овде одиста био пророк? Зевса, човекомрсца, оборио је хришћански Бог који је био човекољубац, и којег се, као таквог, никад више неће до краја одрећи! Хришћанство је највећа победа прометејизма. Прометеј је предак свих античких хероја и предак свих хришћанских мученика; он је оличење стваралачког људског генија који своје законе доброте ставља насупрот природним законима силе. Прометеј је био прави Христос у грчком политеизму.

Песник и пророк изгледају често једно биће с два лица; јер песник, дижући се у својој чистоти изнад свих људи, најзад добије уверење о својој мисији међу тим људима. Почните одакле хоћете, од Хомера и Хесиода, који су написали прве свештене књиге грчког политеизма, до Есхила и Софокла, који су написали прве свештене драме. Оно што су били пророци у Јудеји и Арабији, у античкој Грчкој су то били песници. Велики рапсоди *Илијаде* и *Теогоније* су били они који су утврдили коначно грчку религију и одредили боговима њихова места на Олимпу у вези с њиховим занимањем међу људима. Све до ових двају великих рапсода, грчки политеизам је одиста био конфузан, и божанства су живела неодређено и без правог свог родословља; али после ових рапсода је наједном утврђен култ који је затим издржао, скоро без промене, до краја старог хеленског света. Чак и извесне новости, које су дошле фатално после Хомера и Хесиода (нарочито тенденција да се од аморалних божанстава направе божанства која разликују међу људима добро и зло, и према томе им одређују казне и награде, а то је орфизам), било је опет једно дело песника, који су испевали познате божанствене орфичке химне, те усхићене молитве и религиозне дитирамбе.

И Дантеова је *Божанствена комедија* једна проповед: да се ка срећи иде филозофијом, а ка савршенству теологијом. То су моралне алегорије изражене највишим религиозним језиком средњег века: јер пакао има онолико кругова колико, према хришћанској доктрини, има људских грехова. Његов пакао и рај су углавном високе слике идеја Платонових и Аристотелових, и многих замисли Диогена Ареопагита. Данте је уопште био пророчка личност (схваћен и ван своје поезије), а то је као патриот и државник. Није само из гордељивости и набуситости тај велики песник изјавио, кад је послат да преговара с папом у име флорентинске републике: „Ако ја одем у Рим, ко ће остати у Фиренци? Ако ја останем, ко ће отићи?" Велики песник је могао ово да каже само верујући у своју мисију. Данте, највећа личност средњег века, има и целим својим поноситим и страдалничким ставом све црте једне огромне пророчке фигуре. Уосталом, љубав за отаџбину, као и љубав за Бога, задахнула је често велике патриоте правом пророчком инспирацијом, правећи их визионарима. На једном месту каже стари Плутарх да је патриот Катон прорекао све несреће које ће Рим снаћи после његовог времена.

Било је тако и неких великих песника који су постали пророцима својих нација самим својим огромним делом које се с временом ставило у средиште националног живота, као нека духовна жижа која је у себи апсорбовала сва друга зрачења. Такав је био и Шекспир, који у својој личности сједињује све што енглеска раса има као свој посебни расни геније; Шекспир стварно везује међу собом све Енглезе растурене по свим континентима, и то већма него што те Енглезе везује и сама њихова енглеска црква или енглеско краљевство. У наша времена су највеће пророчке фигуре међу песницима били Достојевски и Толстој, својом еванђеоском хуманошћу. За Гетеа су говорили да није живео у свом времену, и да није разумевао ток историје, и да према томе није ништа предвиђао. Међутим, за Хајнеа се зна да је, пишући о Паризу, предвидео катастрофу Другог царства. Али је Шилер неоспорно био једна пророчка природа, јер је био апостол новог доба за немачки народ. Док је Гете писао своју драму о Гецу од Берлихингена, као конзервативац заљубљен у прошлост, Шилер је, напротив, написао своју драму о Валенштајну у којој се показује као пророк будућности.

Пророци нису могли постојати а да не буду и сами истовремено песници: они су *Старом завету* дали песнички језик и високи беседнички тон, зато што су били песници. Без те поезије би крвава *Библија* била нечитљива као књига, а немогућа као верски документ. Пророци који су говорили с Богом израдили су и прикладан језик за себе као посреднике између неба и земље.

5.

Пророци нису били само људи који су говорили само о оном свету, него, чак пре свега, о овом свету. То су не само велики моралисти него и велики политичари. Је ли Конфучије пророк? Несумњиво, јер је пророковао људима срећу на земљи ако буду поступили по законима вишег смисла, које је уосталом он сабрао сâм у своје четири књиге. Затим, он сâм, као Христос доцније, поставио је себе за модел и морални идеал свим другим људима. Био је и политичар, и то велики, јер већ у првој од његових свештених књига, званој *Велико учење*, цела садржина је испуњена мудровањем како се постаје добрим владаром и шта је добра влада. Он тражи од краља да сматра државу као породицу, али да зато најпре и сâм лично имадне све најбоље породичне одлике: искреност, верност, мудрост, љубав. Народ имитира краља у добру и у злу. Ако је краљ млад, треба да има према држави осећај синовљев, а народ ће га волети као што отац воли сина; а ако је краљ стар, треба да према народу има осећаје очинске, и народ ће га волети као што дете воли оца. Одиста, ако овог источњачког мудраца можете сматрати и пророком, то није једино због дубине његових размишљања, јер би по томе био само филозоф или песник; али је Конфучије пророк зато што је себе изједначио са својим учењем, и то начином свог личног живота, покушавајући да представља по свему узор најбољег човека на земљи. Такав, одиста, није био израђен лик Епикура, за којег су ипак његови ученици веровали да је оличено савршенство, а којег је и сâм стоик Сенека сматрао као бога. Међутим, Епикур је био најубогији и најбољи човек у Атини свог времена. Такав није био до краја изграђен ни Сократ, иако је био племенит, и умро за своје учење поносито као светац за своју веру. Такав је после Христа био само Мухамед који је направио једнобожачким Арапе, сурова племена која су дотле убијала чак и своју децу да умилостиве своје немилосрдне богове. Учећи варварска пустињска племена о једном Богу, који добре награђује а зло казни, Мухамед је наметнуо том народу један дотле непознати смисао о човечанској дужности. Најзад, Мухамед је као пророк добро изграђен, зато што је својим сопственим животом посведочио дубоки морал својих истина. Мојсије, који је младићем живео на двору силног фараона Рамзеса II, извео је из Египта прогоњене Јевреје после пет векова њиховог боравка на обалама Нила, и по томе би Мојсије био само један херој ослободилац. Али је он у пустињи Синаја први открио Јехову, и наметнуо затим ту једнобожачку идеју Јеврејима који су до Синаја дошли с њим као непомирљиви многобошци, и затим наметнуо им и десет божјих заповести, примљених с неба. А по овом је Мојсије пророк. Истина, Мојсије је направио свог Бога по облику фараона, чију је безграничну и апсолутистичку силу и сâм познавао живећи у Египту. Он је први сазнавао његове намере, као пророк, а спроводио те намере као свештеник. Али и као државник. Извођење Јевреја из Египта било је једно политичко дело. Мојсије, отишавши из Синаја на Јордан, ишао је тамо већ као државник, да освоји Ханан, обећану земљу, с разлогом да то чини што треба створити прву државу. То је држава у којој Јехова треба да имадне свој култ у свом изабраном народу. И наследник Мојсијев је наставио ту мисију, ратујући против небројених јудејских краљева као против многобожаца, који су у Ханану приносили жртве убијајући своју децу пред Балом, једним правим дивљачким божанством. Зато, дакле, ниједан пророк није био једино моралиста ни само обновитељ новог божанства, него и политичар и државник. Црква и држава су биле одувек нераздвојне као тотална организација духовног и материјалног живота човековог.

Пророци нису били свагда и потпуно оригинални творци, творци на начин песника. Све њихове доктрине су постојале већ много раније, било у савести самих њихових народа, или неког блиског људства. Ни Конфучије није ништа ново створио, него само сабрао многобројне моралне норме које су већ на две хиљаде година пре њега представљале етички идеал тог људства.

Стари су Грци све своје идеале сматрали науком о усавршавању, а грчка мудрост је значила збир свих тих великих начела. Мудрост, али не религија, коју су до краја задржали сујевером и бајком. Тако је исто и Конфучије, и то много пре њих, потпуно искључио Бога од сваког мешања у његову науку о савршенству. Уосталом, ако пророци нису свагда били ни главни творци свог учења, ни посланици божји, они су увек били инкарнација своје проповеди.

6.

Пророци су увек били људи своје расе, патриоти своје земље, највећи заточници своје цркве. Христос је одиста најмање изгледао расни јеврејски човек, а зато можда није чудно ни што је био противник патриотизма. У својој скромности, никад нисам до краја веровао да је Христос био јеврејске семитске расе, мада је био припадник цркве Јеховине. На једном месту каже и Ренан да је Палестина у то време имала јаке слојеве разних народа другачије крви: Сиријаца, Асираца, Грка, и Филишћана који нису били семитске расе. Христос је био чак личност која се не даје ни замислити у јеврејском свету; његов је Бог сасвим другачији него Јехова, а кад је покушао да измени Синагогу, он је њу само разоравао. Истина, Јехова је био неумољив Бог пошто је био Бог ослободилац свог народа из египатског ропства, значи командант својих војска. Он их је водио против многобожаца, према којим нема милости: као против Ханана, где је постојала свештена проституција, оргије при обредима и родоскрнављење. Неоспорно, Јевреји су једна од највиших раса које су постојале под сунцем: јер су Заповести Мојсијеве основа целог данашњег морала, примљене из Јеховине руке, због чега је добила Синагога и њено светло место у односу људства с небом.

По својој љубави за Бога, место страха од Бога, Христос има изглед античког Грка; по свом мистицизму, имао је изглед јеврејског пророка, говорио је као Месија и богочовек, какве Грци нису познавали. Али као личност, значи као срце, и као први носилац општечовечанске љубави, а не националне на начин јеврејски, он је хеленски човек. Ако је и један велики краљ, Александар Велики, био пошао да створи једно општечовечанско царство, и то је био сан једног грчког човекољупца. Зна се да су сви становници Палестине морали веровати у Јехову, зато је и Христос припадао тој вери, можда вери једне расе која је лако могла бити потпуно страна његовој крви. Поезију љубави и доброте коју је овај пророк проширио по целом човечанству није могао осетити човек с атавизмом *Старог завета*. У Христу је много хеленизма; а ко зна да то није био глас крви, пошто његова доктрина није поникла из једне учене главе него из једног великог срца. Зато није чудо ни што се дуго у грчкој Александрији измиривала вечна човекољубива филозофија хеленска с хришћанском љубављу, чему извесно треба захвалити што је хришћанство тако оплемењено и прилично очишћено од оријентализма допрло до нас. Хришћанство је рођено у Синагоги, али као реакција на њено учење, и као јерес према Јехови, а примило је много и од будизма које су проносили аскети. Христос је несумњиво богочовек, већ и зато што га досад за две хиљаде година највећи и најпросвећенији народи сматрају за таквог, али је његово учење, за људе који нису само теолози, ни само историчари, ни само верници, још и један резултат расе и крви, за које можда могу мислити научници према конкретним документима, ако их има, а сасвим друго осећати песници према доказима душевним и духовним; Христос је по свом начину говора и својој инспирацији љубави био већма антички Грк него савремени Јеврејин.

JУТРА СА ЛЕУТАРА
мисли о човеку

Велики брег Леутар који се диже изнад мог родног града Требиња, као модро платно између неба и земље, носи илирско или грчко име по речи „елефтерија", што значи слобода. Са овог се брега види на ведром дану, преко мора које је у близини, обала Италије. Тај велики видокруг није био без утицаја на мој завичај и његове људе.

Јован Дучић

О МИРНОЋИ

Највећи проблем човеков, то је спокојство у животу. Спокојство је стога једино што је он вечито тражио, и једино што никад није нашао. Све велике вере и филозофије ишле су за тим да човеку најпре улију у душу спокојство. Другим бићима је довољно да имају храну и пребивање па да буду спокојна, и чак радосна, а једино човек може постићи и сва богатства и све благодети, па да ипак остане неспокојан. Ништа човека није на свету потпуно задовољило како би га затим и успокојило: вере и филозофије су донеле понекад утеху и охрабрења, али никад спокојство и мирноћу.

За античке Грке, мир је човеков био могућ у једном од ова два принципа: у апатији, а то значи у одсуству узбуђења; или у атараксији, а то значи у одсуству сваке страсти. Уопште, мирноћа за старински грчки свет била је врхунац не само филозофске себичности него и врхунац уметничке лепоте: мирноћа у лепоти и лепота у мирноћи. Ништа није било лепо што није пре свега било и мирно. Само је истински дубоко оно што је апсолутно умирено: дубоке воде су мирне, и дубоке шуме су спокојне, али ни дубока мисао се не може замислити друкчије него мирном. Славни француски кип Роденов, назван *Мислилац*, не би античким Грцима изгледао одиста мислиоцем већ зато што је рађен у онаквом ставу гладијатора. Кад човек мисли, његово је тело све лабавије и клонулије уколико више мисли; а човек дубоко замишљен има изглед да се сав спиритуализира, и да уопште престаје бити материјом. Чак и велики бол није Грцима изгледао довољно велики, ако се видео на лицу пађеника. Аристотел је предлагао једном вајару да свог рањеног хероја Менетија наслика као да спава, а не као да пати од своје ране. Другом приликом су Атињани вратили са Акропоља један сличан кип зато што је рањеник показивао на лицу телесни бол, који су стари Грци увек сматрали ружним а не величанственим. Немир се сматрао чак непријатељем уметничког стварања. Све се велико зачело у спокојству и у тишини: грчка архитектура, грчка скулптура, и грчка философија. Спокојство, дакле, значи синоним апсолутне лепоте.

И смрт је требало сакрити као какву ружну ствар. Грчки геније није престајао да тражи све облике спокојства, које је затим сматрао божанственим. Није било ниједног мудраца који није говорио како спокојство и мудрост значе једно исто. Узрујаност и срџбу, напротив, сматрали су лудилом. Атински говорници на Пниксу били су за време говора окренути мору, да би им мирноћа простора и пучине инспирисала спокојство у размишљању. И своје руке су атински говорници морали држати испод тоге, како не би правили покрете и тиме узрујавали и сами себе. Једна статуа на Саламини показивала је некад и Солона у таквом мирном ставу. И данас видимо у Латерану један кип Софокла, атинског песника, такође с руком испод тоге, што одиста његову величанственост само употпњује.

Средњи век је говорио да ће човек своје спокојство које је изгубио још пре свог рођења, наћи опет само у вери и у молитви. И хришћанство је било религија мирноће, јер је било, у основи, религија самоодрицања. Свет је сматран тренутном обманом, после које ће тек доћи вечни мир и небеско спокојство. Људи су тако ишли за вером која одриче живот као унижавајуће искушење, а ишли су за њом не због њене компликоване догме, коју обичном памећу нико није умео довољно да разуме, него пре свега због идеје о спокојству кроз човеково самовољно одрицање од свих добара на овом свету. Црква је учила да треба примати све ударце судбине као заслужене и Богом послане, и да треба окренути и други образ, ако нас је непријатељ већ по једном ударио. Опраштати сваком осим себи, било је битно хришћанско учење о томе како се добија небеска милост, што значи како се постиже спокојство на свету.

Сви су филозофи веровали да филозофија даје мир, и да бити мудрацем значи бити срећним, пошто је мудрац једини који познаје величину самоодрицања. Чак и Монтескје негде каже како госпођа Ди Шатле није хтела спавати како би научила филозофију, а он јој је рекао да, напротив, треба научити филозофију да би научила спавати. Одиста, само су узбуђење и страст два непријатеља човековог живота, јер они живот загорче и скрате. Зато сва срећа лежи у равнотежи између страсти и апатије. Император Марко Аурелије је саветовао да треба бити у хармонији са свемиром, не знајући да ће једном доцније астрономи одиста и рачунски доказивати колико хармонија и свемир значе једно исто, и да ће закон Њутнов о гравитацији представљати и једну форму људске мисли.

Човек раздражен и љут, јесте стварно луд и глуп; јер страст залуђује и заглупљује, одузимајући човеку моћ хуманости и моћ спокојног размишљања. Само човек миран, изгледа увек господарем и себе и других, достојанствен и поносит. Човек господин мора пре свега бити миран. Има једна мирноћа господина која је блиставија и од најлепших речи. Ако човек пун темперамента доноси често људима пуно радости, ипак само човек спокојан доноси мир. Француз може да вас замори духовитошћу, али вас никад Енглез не замори својом мирноћом ни кратким реченицама, реченицама у којима често нема ничег особитог, и то сасвим намерно: да би оне биле подношљиве, зато што би пре свега биле неузбудљиве. Љубазност Енглеза и није никад у речима него у његовом целом односу и држању, што је код Француза или Талијана, који су блистави и издашни у речима, често сасвим противно. Монтескје је право рекао да Енглез није никад довољно учтив, али да није никад неучтив.

Спокојство даје узвишен изглед и људима и стварима. Како је изгледала величанствена смрт Гетеова када је у моменту у коме је осетио да му се примиче велика сенка смрти, затражио само мало више светлости. Таква је била узвишена и смрт Шилерова. Када је песникова пријатељица, госпођа Волцоген, запитала овог песника у таквом истом моменту, како се осећа, Шилер је одговорио: „Све мирније".

Човек је неспокојан само кад је у друштву другог човека, нарочито кад је у друштву више људи заједно, а скоро никад кад је сâм. Миран разговор је једино могућ удвоје. Ако у разговору учествује више њих, онда не само да је разговор обично неспокојан и страствен, него и неискрен и извештачен, чак и међу људима који су иначе међу собом најискренији. Свагда у нашем животу има неко трећи који смета нашем спокојству, као што трећи смета у браку. За миран живот треба што мање људи и што мање речи. Стварно, речи све искваре, и извитопере, и упропасте, и профанишу. Неки руски писац је рекао: „Изречена реч је лаж". Размислите, одиста, па ћете се сетити како сте често били готови да с неким дођете до споразума, или чак и до пријатељства, да нису најодном пале неке речи, и да није избило неко треће лице. Уопште, све што се утроје говори, тај говор не престаје да стоји у вези најпре са оним трећим: да се задобије његово мишљење, да буде по његовом укусу, да буде на страни којег од оне двојице који дискутују. Он је ту да суди, одмери, пресуди. Овај Трећи, то је Свет; то је Начело и Правило, Разлог и Морал. Због њега, вероватно, често разговор постаје блиставијим, али и плашљивијим, а стога и лажнијим. Још ако је та трећа личност случајно нека лепа жена! Љубав је, по правилу, једно осећање злоће, сујете и егоизма; љубав је страст, а у страсти је човек увек зао, ако није чак и глуп и луд. Према свему томе, непостижно је спокојство дркчије осим само удвоје.

Када филозоф Платон каже да само љубав доноси мирноћу, онда реч љубав треба овде разумети у космичком смислу, јер се реч љубав у овом случају тиче мирноће елемената у свемиру, а не спокојства у сујетном и себичном човековом духу. Свакако, човекова љубав за жену јесте најмање у стању да дадне мирноћу коју човек тражи за своје стварање. Жена је ватра која обасја али и сагори. Нема перфидније комбинације него што је једна љубавна интрига, нити има разорнијих привиђења него што су љубавна страховања. Зато су највиши људи били у љубавима најнесрећнији. Антички људи су били, извесно, љубавници колико и ми сами, али с више мирноће, пошто су волели ређе и зато дубље. Данас Американци искључују подједнако сентименталност и сензуалност, и представљају зато најмирније људе.

Све су дубине у природи мирне, а тако су исто мирне и све дубоке ствари у човеку: уверења, вера, херојство. Античка љубав је била мирна јер је била здрава, а била је здрава зато што је углавном била физичка. Једино је цивилизацијом и размишљањем човек компликовао сва своја осећања па и љубав. Спокојство античких љубави види се најбоље по пустоловинама њихових богова, у којима нема ничег претераног, ни мрачног, ни паћеничког. Грци су кроз своју материјалистичку религију, која је представљала хармонију елемената, успели да унесу мирноћу чак и у љубав. Међутим, модерно друштво је у љубав унело сујету, што значи не принцип мира него принцип расула. Некад је у љубав уношена лепота, а затим вера, док је данас у љубав, углавном, унесена сујета, значи једна страст најтеже укротљива од свију страсти.

Да је људство рођено неуравнотеженим и лудим, то се види код човека у наглој срџби и у брзом очајању, а код жене у физичком неотпорном моралу. Нарочито су у стању лудила велике гомиле. Због овога је лакше завести и преварити цео један народ него преварити једног мудрог човека. У задње време је избачена реч психоза, којом се објашњавају све обести масе. Човек се мора одиста издвојити из гомиле да би могао нормално мислити. Гомиле поруше споменике којим су се и саме до јуче клањале, и градове које су саме с тешком муком изграђивале. Гомила је неверна и апсурдна. Кад су боловали тирани Клаудије и Калигула, римски народ је због тога падао у такав бол, да је запретио како ће масакрирати Сенат, верујући да је посреди нека завера против Цезара. Кад се родио француски дофен, гомила париска је проводила дане и ноћи под прозорима двора, кличући Лују XVI, избезумљена од радости, макар што ће доцније та иста гомила с мржњом испратити овог несрећног краља на гиљотину. Човек се толико мења према моментима и случајевима, да није увек ни поуздано паметан, ни постојано глуп или луд. Један исти се човек због тога клати из крајности у крајност, када то ни сâм често не примећује. Споменути цезар Клаудије је у Галији забрањивао приношење људи на жртву боговима, а у Риму је сâм наређивао да се убија и гладијатор који се сасвим случајно оклизнуо и пао на арени.

Тако се често догађа и да нам јучерашњи пријатељ постане сутра највећим непријатељем, као што се догађа и обратно. Човек увек иде тако већма за својом несигурном природом, него за једним сигурним разлогом. Човек се сваки дан за понешто каје што је учинио, што најчешће значи да је човек у извесном моменту био неспособан да потпуно савлада урођено лудило, и уради оно што је најмање желео да уради. Свакако, здрави су само људи који су без страсти, а таквих је најређе. Зато људи најчешће направе оно што су највише избегавали, и изговоре оно што су највише желели да прећуте. Стога не хватајте људе у погрешкама, праштајте увреде, и не памтите речи. Од стотину ствари које човек уради, он их је највише урадио у лудилу, или у бунилу, или бар случајно, али свакако најмање промишљено.

Често сам говорио сâм себи: „Од оног што сам малочас изрекао, не би ли боље било да сам прећутао бар половину? А од оног што сам сада смислио да кажем, не би ли боље било да ништа од тога свега уопште не кажем, или чак да изговорим нешто сасвим противно?" На овај начин је овакво кушање самог себе често и мене извело на прави пут, пошто човек иде за страстима, које су увек будне, и навикама, које су механички увек активне, више него за разумом. Главно је у свом животу и својим речима пронаћи неки тајанствени конац који води по замршеним путевима наших страсти и навика; јер човек погреши баш у тражењу самог правца, више него што погреши и у самим детаљима. Оперишите са контрастима, и увек ћете погодити пут. Главна је ствар *grosso modo*, десно или лево, бело или црно. Стога није ни питање зашто је Александар у Персији или у Индији урадио ову или ону ствар, него је главно да ли му је уопште требало ићи у Азију, место да је покушао ујединити Европу, и цивилизирати је у благородном грчком духу.

Према томе, пошто човек или најчешће уради или најчешће каже сасвим противно од оног што је сâм желео, значи да је човек по инстинкту луд, и да су већина његових срећа или несрећа случајне. Због овог ни најдубље религиозни људи нису успели да буду добри колико су то желели. Први хришћански императори нису били бољи од паганских. Константин није био бољи него Тит, ни Теодосије бољи него Марко Аурелије. Напротив. А да је човек велики део живота у стању лудила, доказује и то што нема човекове злоће која није помешана с добротом, нити има човекове доброте у којој нема и злоће. Религија једина умерава човеково лудило; јер и зло и добро су били у природи пре него што су били у религији.

Макар што је човек увек чезнуо за спокојством колико и за светлошћу и ваздухом, ипак је он сâм радио највише против њега. Све човекове мане иду за тим да човека обеспокоје, а највише његов необуздани језик. Одавно је речено да искреност не значи рећи све што човек мисли, него не рећи никад оно што не мисли; а чак су најопаснији људи који кажу све што им је на срцу и на памети — што на уму то на друму. Јер они не говоре истину или заблуду зато што су искрени, него зато што су слаби, и што не владају собом. Многи људи не смеју да са својом истином остану насамо, као што дете не сме да остане у празној соби. Има често и више племенитости да неке истине прећутимо него да их отворено кажемо; а многе вам истине људи кажу не из доброте да би вам користили него из цинизма да би вас унизили.

Уљудност је један начин да се избегну потреси и неспокојства. Требало је много векова док су људи измислили реч уљудност. Истина, углађеност изгледа простим људима хипокризија, а вероватно да често има ту и доста тачног, пошто човек мора показивати да многе ствари не види, да би преко њих прешао. Извесно, у углађености има пуно и уметности, што значи пуно финоће и доброте. Зато је човекољубиви карактер уљудности био цењен кроз сва времена. Најкултурнији народи су увек били и најуљуднији. Учтивост Кинеза и Персијанаца била је њихова највиша расна одлика, а они су сами стављали уљудност и изнад доброте. У Венецији седамнаестог века, кад су анонимна писма била довољна да неког отпреме у смрт, непрестано су била у дејству два позната Друштва за уљудност. Само у друштву учтивог човека, може човек наћи спокојство. Народ без осећања уљудности, а таквих има и међу највећим, то није народ него гомила. Значи да се по уљудности најбоље разликује друштво од руље. Само је господин у стању да вам каже похвале у лице, а само простак мисли да је себе обезоружао ако је о другоме казао пријатну реч. Господин је навикао да лако дадне слатку реч, као што лако испусти златну пару, а фукара све плаћа у марјашима, и увек мисли да је све преплатио.

О МРЖЊИ

Човек не мрзи другог човека него само ако га се боји, и зато мржња и страх иду напоредо. Ако се човек, напротив, не боји свог противника, онда га и не мрзи, него га презире. Стога су људи који пуно мрзе уопште страшљивци, и имају женску ћуд и осетљивост; а други, сасвим противно, имају особине мужевне и поносне. Први су у сталном узнемирењу, јер се осећају слабијим од своје опасности, а други су неузбудљиви, јер се осећају недомашним.

Зато би какво господствено васпитање човеково предвиђало најпре живот без мржње, а то значи живот без страха. Мржња је сама по себи осећање ниско и ружно, зато човек поносит не може да носи мржњу, као што не би носио на леђима џак ђубрета. Мржња заслепљује и најпаметнијег, тако да овај обневиди за све врлине које би могао имати његов противник; а ово значи унижење колико за срце толико и за разум оног који мрзи. Сматрајући опасним и најбезазленијег, он сматра најгорим и најневинијег. Мржња тако изопачи и најшири ум, поремети и најбоље образовање, и исквари и најчистије срце, да унесе неред у целу човекову природу. Због овог мржња направи неког немогућим у друштву, а несносним чак и у његовој сопственој кући. Мржња, дакле, најпре погађа оног који је носи.

Има страшљиваца који у мржњи према неком човеку омрзну и његову породицу, и његов народ, и његов град, и његову земљу, и његовог пса пред кућом. А како мржња расте уколико више расте страх из којег је поникла, човек најзад почне да живи у борби с привиђењима. Што је човек силнији по свом друштвеном положају, његове мржње бивају све многобројније, а за други свет све опасније. Како уплашен човек верује да је сâм себи недовољан, он у страху и мржњи почини преступе или злочине које иначе никад не би починио да није мрзео. Који човек није осетио страх пред људима, није имао ни страх пред животом. Мрзети, то, дакле, значи осамити се, и искључити из свега, и одвојити од свачег општег.

Јевреји су били народ који је у својој историји највише истицао обест своје мржње. У *Старом завету* има најсвирепијих примера мржње за човека. Наређује се војсци да пређе противничку границу и онамо побије све људе, жене, децу, и животиње, и да посече сва стабла, попали сву жетву, отрује све бунаре. По наредби самог Мојсија, поклано је цело људство у Ханану. И у синагоги, за време Христово, више се подизала граја и свађа него што се неговала молитва и проповед. И сâм Христос је проклињао Јерусалим, и прорицао да у њему неће најзад остати ни камен на камену. Истеривао је људе из храма Давидовог и тукао трговце.

Има и других раса, чак и највећих, које су постајале човекомрсцима, а увек зато што су биле склоне паници. Италијан је најбољи човек на свету док не поверује да му је неко опасан непријатељ; али од тренутка кад поверује у такву опасност, Талијан не бира средства да упропасти онога кога се плаши. Пошто је Талијан и по природи страшљив, његова је политика добрим делом саздана од мржње. Такав је био и у античко доба. У старом Риму, и кад је био најпросвећенији, мучени су људи као у каквој азијској покрајини која је била најнекултурнија. Најхрабрији и најплеменитији страни владари довођени су у

Рим везани за кола њихових тријумфатора, бацани у страшне тамнице као што је била језива тамница Мамертино која се и данас види, и онамо стављани на паклене муке. Неколико цезара су остали примерима мржње и крволоштва. Нерон је правио илуминацију на брегу у Ватикану, спаљујући тела хришћана, којом је приликом погинуо и апостол Петар, распет наопачке, као што је и апостол Павле просечен мачем, као злочинац. И у бедним и немоћним хришћанима гледао је силни император своје главне непријатеље. Уосталом, Рим је одувек био најпре град мученика, а тек затим град хероја и светаца. И доцнији Латини су били овима слични. Шпанци су освајајући Америку, искорењивали читаве урођеничке народе; а Французи су правили Вартоломејске ноћи, масакрирали Јевреје, и то по заповести самог Луја Светог, и по наредби Краља Сунца. Патарени су искорењивани по заповести самог светог Доминика.

Има међу људима и мржња које су расне, као што су мржње расне код извесних животиња. У зоолошком врту, ако отворите два кавеза, изићи ће животиње које ће једна другу растргнути; али ако отворите нека друга два кавеза, животиње које изиђу из њих притрчаће једна другој да се играју као деца. Овакви инстинкти урођене несношљивости или љубави живе и међу људима, ако не разних раса, а оно неких разних унутрашњих конструкција. Међу овима, никакав споразум и додир, противан расним инстинктима, није могућ у животу. Овакве мржње, ствар тамних импулсија, постоје чак и међу људима једног истог народа. Можда се питања мржње ипак своде, бар углавном, на нашу главну тезу: да је мржња у својој битности производ страха слабог према јаком.

Било је великих људи који уопште нису знали да мрзе, али то су били хероји: Јулије Цезар, Александар Велики, Наполеон. И овај случај потврђује мишљење да мржња није осећање храбрих него плашљивих. Јулије Цезар је мање мрзео Цицерона него што је Цицерон мрзео њега. Римски диктатор, истина, потцењује Цицерона у свом описивању рата у Галији као свог команданта, макар што је Цицерон са пет хиљада војника у тој истој Галији некад бранио месец дана један положај од непријатеља десет пута многобројнијег. Цезар је очевидно презирао код Цицерона извесне лоше одлике личне, али га није мрзео. Александар, крив за убиство свог друга Клита, имао је оправдање да је то урадио што је злочин извршио само у пијанству. Наполеон није прогонио по заслузи ни најгоре своје непријатеље. За погибију војводе Ангијенског кривио је Наполеон себе самог, макар што се добро зна да му је тај злочин подметнуо Талејран.

Народи распаљиве маште су у њиховим мржњама били најсвирепији, пошто где је пуно маште има одвећ мало разума. Жалосно је и помислити да су баш две најпобожније европске земље, Шпанија и Италија, узеле биле инквизицију за једно морално и правно средство. Немци су имали анабаптистичке ратове такође свирепе и крволочне. Немци ће бити увек свирепи због романтизма који је у књижевности највећа одлика, али у политици највећа мана њиховог карактера. У политици је романтизам опасно осећање, и води расулу кад се унесе у државни живот. Ренан је зато говорио да је несрећа васпитати једног владара у осећању романтизма. Као доказ, Ренан спомиње како је још стари Светоније, биограф Неронов приписивао злочине свог владара, који је имао и добрих својстава, његовој усијаној машти. Каже да је машта, и поред брижљиве наставе Нероновог учитеља, филозофа Сенеке, била искварила дух овог владара толико да је Нерон после тражио и у најстрашнијим злочинима своје највеће књижевне сензације.

Мржња, као осећање подсвесно и несвесно, изазвано страхом, који је најчешће заблуда, увек је и осећање глупо. Међутим, ни сами филозофи се нису могли отети мржњама, пошто је и њихово осећање страха често било јаче него и светлост њиховог ума. Софисти су одвели Сократа на губилиште. Страшан је такође пример мржње Волтерове према Русоу. Нису од мржње били искључени чак ни неки најхрабрији међу људима. Шпански цар Карло V и француски краљ Франсоа I били су обојица прави средњовековни витезови, али то није сметало њиховој отровној међусобној мржњи. Уопште, тешко се одбранити да понеког не мрзимо, и онда кад нам се чини да се никог на свету не бојимо. У свима нама постоји некакво мрачно уверење да је ипак неко од наших познаника потајно наш непријатељ, и да неко увек прикривено ради на нашој пропасти, или бар да постоји неко ко би се искрено и од свег срца радовао нашој несрећи.

У сваком случају, збрка двају осећања мржње и презирања, значи страха и пркоса, извор је и антагонизма у којем живе читави народи, и у којем се праве читаве историје. И стари Грци су увек били више кавгације него мегданције; а и стари Латини, као и нови, више су волели сплетку него отворену борбу. Никада једна цивилизација није била довољна да људе потпуно облагороди. Ово је била у стању да учини једино религија. Нигде се мржње не развијају колико баш на каквом народном збору, заузетом уопште озбиљним и сасвим општим бригама. Сваки је парламент поприште не само најбесомучнијих сујета него и најразузданијих мржњи. Стари Грци нису због тога држали своје скупштине друкчије него под отвореним небом и пред широким морем, као што је и суд Ареопаг одржаван на једном мањем брегу, у подножју Акропоља, имајући пред собом хоризонт атински. Овакви светли видици требало је да атинским беседницима укроте урођене људске потребе да увек од неког страхују, и да увек неког мрзе. У свакој људској скупштини се већ првог тренутка јасно оцртавају све разлике међу људима који је сачињавају. Посланик који је професор по занату, увек налази друге људе за недовољно школоване и за незналице; свештеник, за недовољно побожне и недовољно човекољубиве; официр, увек поставља и један проблем савести као какву парницу у којој је главно да једна странка добија а друга изгуби; и најзад, политичар по каријери, обрће свако питање на могућност концесије и компромиса. Постоји данас наука о психологији раса немачког научника Вунта, као и о психологији класа талијанског психолога Нисефора; али људи су подељени и на много више група него што су ове расе и класе. Они се деле на нације, на племена, на вере, на сталеже, на занате, на навике, на васпитања, на образовања. Због оволиких разноликости и неминовно избијају мржње и неспоразуми које је затим немогућно сузбити. Људи мрзе не само оног који је од њих бољи или гори, него још више оног који је од њих дркчији; што значи да мржњи нема краја. Друкчији човек, увек значи загонетан, двосмислен, и, према томе, подмукао и опасан. Друкчији од других људи може бити и човек по боји коже, косе, очију, стаса, обима, али све ово укупно мало значи. Прави „друкчији човек" може бити различан од општег типа пре свега по образовању, а нарочито по васпитању, што значи по навикама и укусима. А ово је затим прави антипод. Погледајте које сте људе у свом животу мрзели, и ви ћете видети да никог нисте мрзели због његових врлина или његових мана, него највише зато што је био друкчије изграђен неголи ви или ваши најближи. Ако овде није мржња поникла директно из нечијег страха пред јачим, она је поникла право из неизвесности о нечијим склоностима, и из неразговетности нечије природе, а то је увек извесна несигурност која може да постане и страхом. Зато поново тврдимо да мржња потиче пре свега из страха.

Зато треба пријатељовати најпре са старим друговима који су увек јасни. Тако се треба и женити из свог града или чак и из своје улице, јер човек сматра добром женом најпре ону која му је пре свега разумљива. А треба бирати и владара који није ни пуно бољи ни пуно гори него његов народ. Најопасније је и за сваког од нас бити неразговетним за друге људе, и тако изгледати подозривим. Нарочито ово вреди за јавне људе. Народи никад нису ценили оне који их превазилазе. Највећи владари су највише зла починили својим сопственим народима, више него и туђим; и, одиста, за њихову величину су сами њихови народи први платили својим најскупљим губицима крви или злата. Зато су увек цењени најплеменитији а не најсилнији људи. После Луја XIV, Француска је била финансијски банкрот, а после Вилхелма II Немачка је била разоружана. Чак и после Наполеона Француска је била, војнички, пропалица. Генијални људи су починили исто толико зла колико и добра.

Србин је, извесно, од свих народа на Истоку, најмање склон мржњи. Не мрзи ниједан народ око себе. Ако уопште кога мрзи, то је онда свог суседа, каквог свог брата Србина преко улице, или оног Србина на горњем спрату, или оног Србина на доњем спрату. Турци су оборили његову средњовековну државу, рушили његове куће и цркве, одводили у ропство његове жене и децу, и чак многе продавали на пазару. Међутим, Србин ни данас не одриче Турчину чак ни оне сјајне врлине које овај није никад ни имао. И Хрвата је сматрао својим братом! Не мрзи ни Бугаре који су увек били пријатељи његових непријатеља, и увек ишли да се на његов рачун усреће и порасту, не приближивши се ни људима своје православне вере, ни људима свога словенског племена, ни људима своје туркоманско-уралске расе. Србин никад није престајао да и њега сматра братом, не задовољавајући се да га зове бар рођаком. Протерао је једног свог краља, краља Милана, зато што је овај био дигао руку на Бугаре, у једном рату који је био бар политички разумљив. Овај недостатак отрова у Србину, отрова који је, међутим, природа дала и најлепшим животињама и најлепшим биљкама, чини Србина више слабим него јаким. Јер доброта често ослаби човека више неголи злоћа. Историја Срба нема ниједне странице мржње и фанатизма. Никад у својој старој држави није Србин знао ни за верске ратове, ни за инквизиције, ни за Вартоломејске ноћи, ни за суђење тортурама. Бар у историји и у народним песмама нема никаква помена о таквим начинима, којима се, међутим, средњи век служио скоро по свима хришћанским земљама. Српски народ је чак једини историјски народ који је своје краљеве посвећивао у маси као светитеље, а које и данас слави међу првим свецима, док су у феудално доба барони и народ били, напротив, крвни непријатељи својих владара. Има у нас спомена о историјској мржњи према једном једином лицу, а то је била једна краљица грчког порекла, Јерина, прозвата „Проклетом". Уосталом, и та је мржња више легендарна, него историјска. Само су незналице писале да су код нас Срба у мржњи убијани владари. Познато је да је умро насилнички једини српски краљ, Стефан Дечански, у граду Звечану, који је био испуњен јужњачким грчким и цинцарским светом. Међутим, краљ Урош, син Душанов, није био убијен ножем краља Вукашина, као што прича легенда, пошто је доказано историјски да је, напротив, Вукашин умро раније него што је умро сâм Урош, његова тобожња жртва. По мом мишљењу, нема у Европи историје која је, кад се очисти од шарених легенди, и осветли историјским чињеницама, показивала толико побожности и човекољубља колико историја православне српске државе. Ово је и утолико чудније кад се зна да је средњовековна Србија црпела своју културу из ближње Византије и Италије, двеју земаља пуних завера и злочина сваке врсте. И мали српски Дубровник је био више православно ведар, него католички мрачан: то је била једина католичка држава у којој није био спаљен ниједан жив човек.

О ПЛЕСУ

Човек пева и кад је жалостан, али игра само кад је радостан. Никад човек не заигра у тузи, као што, напротив, у тузи засвира или запева; јер несрећа одузме телу његов покрет, а покрету његов ритам. Стварно, плес је екстаза, врхунац узбуђења, излажења из себе у простор, испољење колико и реч у песми, и колико звук у музици. Све што је радосно игра на сунцу, и све игра у ритму и у хармонији. Стога људски плес и треба да личи на покрет какав постоји у природи: на лелујање жита, на таласање мора, на титрање водeног млаза, на треперење лишћа, на игру крви.

Свакако, за плес увек треба расе, здравља, темперамента, снаге. Плес је исто толико производ расе колико и музика, слика и песма. Плес, то значи препуна чаша снаге и воље за живот. Има народа који знају играти и других који не умеју и не могу. Међу европским народима знају да плешу само Шпанци и Руси. У Шпанији озбиљно играју као што су некада у Грчкој озбиљно филозофирали. Шпански су плесови једино играње које је рођено у страсти и у бесу крви. Шпанска играчица је у стању да изрази у свом балету целу лествицу људских осећања и страсти: љубав, завист, прохтев, наивност, љубомору, нежност, блаженство, преданост, оданост, освету, обест, мржњу, сећање, бол, носталгију, заборав, апатију. Шпанци играју док се други народи само клате и тетурају. Једино црнци боље играју од Шпанаца, а ово стога што су црнци увек деца, и умеју да се забораве како би се затим цели предали покрету. Они су и највећма природни, јер су још врло блиски природи; и далеко од културе, од које долази сва збрка и сва збуњеност. Стварно, дивљаци и полудивљаци су игру и измислили: игру ратничку, и свештену, и љубавну. А они су је измислили пре позоришта и пре пантомиме, можда и чим је човек чуо око себе музику ветра и воде за којом је затим пошао његов покрет. Значи, чим је осетио право постојање живота и лепоту у животу.

Плес није за цео свет, јер је плес или уметност или је накарада. Требало би да у једној дворани игра свега неколико парова, као што само неколико најспособнијих лица игра један позоришни комад. Јер ритам је богом дан и урођен као и слух, а зато могу играти само они којима је ритам већ у крви. Плес је пре свега ствар темперамента; а по томе како неко игра, види се какав је његов темперамент: сангвиника, колерика, флегматика или меланхолика. Већма познате карактер једног човека по томе како игра него по томе како мисли и говори. Није стога ни чудо што Мађар игра чардаш, Француз кадрил и менует, Чех полку, Србин коло. Није чудо ни што су људи нарочитог духа били познати и као славни играчи: један Епаминонда и један Луј XIV. Није чудо што су извесне личности игром хтеле постизавати своје циљеве: лепа Салома да отрује љубављу душу једног пророка, и мудри Ришеље да, прерушен у буфона и с прапорцима, игра сарабанду, како би задобио наклоност краљице Ане.

Игром се опију духови већма неголи музиком, јер је покрет виши и од звука, а опојнији и од стихова. Кад су грчки рапсоди били већ заморили грчки свет непрестаном песмом о тројанским херојима, дошле су у Атину, већ за време Солона, жене из Фригије и из Либије да уз двоструку фрулу и цитру играју страсне и заносне плесове из својих крајева. Грчки кипари су вајали с усхићењем играчице у лепоти њихових покрета, у мекоти драперије, и у изразима очараних лица, која су толико одвајала од дотадашњих иконографских лица грчких божанстава.

Све је играло у старој Грчкој, и људи и богови, и шумска и морска бића, и сатири, и силени, и нимфе и меаде. Ксенофон у *Банкету* описује игру на свадби Бахуса и Аријадне, а кипари вајају у својим метопама играчице чак и за накит грчких храмова. Играју пуно и Египћани, мада су толико везивали уметност за божанства и за смрт. Нема одиста ни културног ни некултурног народа који није страсно играо. Једини су Кинези одувек сматрали плес за срамоту. И хришћанство је плес сматрало грехом.

Покрет је увек напредовао с цивилизацијом. Тако први скулптори нису знали за лепоту покрета. Такозвано фронтално кипарство зна само за човека укочених удова, који стоји лицем у лице с гледаоцем. Лепота Фидијиних фигура и јесте највише у таквој тек пронађеној лепоти ставова и покрета; а овај Анаксагорин ученик прожео је тако кроз покрет и ритам своју материју духом који је његов учитељ први ставио у средину и космичког и уметничког живота. Никад више после тога није покрет престајао да међу људима представља врхунац лепоте и зрачења. Један антички песник је говорио да је плес истовремено и слика друштвених нарави и слика душевности једног времена.

Одиста, покрет је то остао и до данашњег дана. Свет се згражава нашим играма почетком двадесетог века због њихове раскалашности и делимичне незграпности, и по овим двема би данашњи плес одиста био слика свог лошег времена. Међутим, ако данашња модерна музика и плес, позајмљени од америчких црнаца немају мелодије, они зато имају ритма. Такозване црначке „заветане" бесне су од животног ритма. Савремени човек је већ био пресићен лепотама века који је прошао. Тај исти човек не може више да и даље слуша са уживањем или бар са стрпљењем

Росинијеву музику у *Севиљском берберину*. Тако нико не би могао данас ни да гледа, а камоли и да сâм игра, стари прециозни менует. Данашњи је човек и иначе изишао полулуд из рата, избезумљен од машинерије, од крвавих утакмица, од хуке граната, а то одиста не иде напоредо с фином Росинијевом музиком, а још мање с љупким менуетом. И некадашња романтична девојка би сад у друштву изгледала ђурка, а некадашњи романтични човек би данас изгледао магарац. Херој нашег времена изгледа циник и рушилац, и зато таквом човеку треба музика што лупа као што лупа на гвозденом мосту хука борних кола и тешких батерија. Слика времена у којем живимо, то је онај црнац у оркестру који се кези на публику поред бубња, правећи паралитичарске покрете и животињске гримасе. Несумњиво, он представља слику времена које неће имати континуитета, као што није имало ни историјске логике, али је тај црнац дошао међу нас као производ једног болесног раздобља. Плес је, дакле, једна слика савремених нарави, као и свака друга уметност човекова. Не заборавимо да све ипак није коначно пропало ни у данашњој дегенерацији плеса: с црначким плесовима и музиком дошли су и носталгична мелодија са Хаваја и сентиментални танго из Аргентине, два можда најлепша и најнежнија остварења која је икад дала комбинација покрета и звука.

У српском народу се најгоре игра у областима где су испеване наше најбоље и ненадмашне епске песме. Херцеговци и Црногорци не играју боље на сунцу него Хотентоти на својој месечини. Њихова се игра састоји од скакања с једног места на друго, бацајући се одоздо навише, са врло мало ритма, а нарочито уз врло мало мелодије. У тешкој прошлости туђе тираније није одиста било места радости ни експанзији које иначе представља плес у свом историјском развијању. Уосталом, српско „коло" је потпуно ненационално; оно се игра и као „фарандола" у западној

Француској, као што се под другим именом игра на Мадагаскару. Свакако, коло није поникло у пределима наше епске песме. Наша епска област зна само за ратничке игре које су се паралелно развијале с том епском песмом, а оне се састоје у поскакивању и у покличима. Ратничке игре су уопште можда с побожним играма и први почетак уметности играња. После ових двеју долази љубавна игра, као менует, или танго, или валцер, а то већ значи коначно усавршавање човековог плеса.

Покрет је и једно крупно наслеђе човеково. Демостен је говорио једном пријатељу да човек који иде претерано брзо јесте исто тако непристојан према друштву као човек који говори неуљудно. Одиста, нама се чини да би по покрету каквог човека могли познати да ли је то лице читало Дантеову поезију, или грчке филозофе, и да ли су његови преци били господари или слуге; јер човек који још ни по чему не личи на свог оца или на своју мајку, често на њих потпуно личи по покрету или држању тела. Нарочито се стога господско наслеђе у каквој породици види по покрету и ставу физичком: плебејац корача друкчије него господин, чак и онда кад је умнији од господина. Има људи и жена најлепших лица или најлепшег стаса, и који чак иначе имају и префињене укусе у свему другом, али ипак немају лепе покрете тела, ни држање главе, ни положај руку и ногу. Војска и спорт могу много да исправе урођене млитавости и грубости људског тела, али зато им одузимају и од урођене финоће и личне изразитости.

Човека од расе и од фине породичне крви, скоро већма познате гледајући га с леђа него гледајући га с лица, као персијски ћилим. А то је по кораку, мирноћи, ритмичком гибању, и по поноситој линији од главе до пете. Све животиње виших раса, почињући од арапског коња до лава, имају пре свега изванредне покрете. Има и људи чији је покрет тако пун лепоте, да му телу не можете више наћи никакав недостатак. Човек, и док седи и док говори, већ самим својим ставом тела изражава и своју моћ осетљивости, и своју мисаоност, и своју духовитост. Ово значи и да умни и отмени људи сасвим дркчије седе него што седе људи безначајни или људи прости. Код жене се по самом покрету може познати да ли има урођене чедности, или је морално покварена, као да ли је господственог или је неотменог духа. Има финих жена које носе главу као најлепше птице, као што има људи који носе главу као вепар.

Не знам ниједног великог песника ни уметника који је пуно луловао за плесом, али су и чувени играчи већином били лишени сваког другог талента. Као да је савршен покрет одиста сам себи довољан. Било је и великих артиста који чак нису волели музику, као Иго и Готје и Иредија; а није волео музику ни Хајне, мада је о њој писао. Није марио за плес или за музику ни Гете, који је чак и сам свирао на клавиру. Је ли то стога што музика речи не иде заједно с музиком чистог тона? Међутим, антички народи су овакву равнодушност за музику сматрали човековом инфериорношћу. Стари су Римљани сматрали такву равнодушност и просташтвом, пошто су за грубог Марија говорили како је такав простак зато што не зна ни музику. Истина, не треба овде ни претеривати. Има и инфериорних људи који су ипак врло музикални; а чак и неке животиње играју на звуке музике, или и саме певају, пуштајући макар и нескладне али радосне гласове ако однекуд зачују глас каквог инструмента. Најзад, музика је прилично ствар спола, као и плес; сви музикални људи, а нарочито жене, сполно су веома узбудљиви, а често и перверзни; јер музика потреса нервни систем и распаљује машту. Толстој је ово показао у трагичном случају који је описао у једном малом али изванредном роману.

Људи хладни и бесполни играју и свирају увек доста рђаво, или уопште не свирају, а најчешће и не играју. Да плес и музика физички узбуђују човека, види се по томе што индијске бајадере играју ласцивно и кад играју религиозне плесове. Међутим, у данашње доба плешу и бабе и дедови у истом јавном локалу у којем плешу и њихови унуци, нарочито у Енглеској и Америци. Данас се углавном плеше највише из конвенције, маније, сујете, перверзије, или куртоазије, већма него и из страсти за играњем. Када би човек играо с другим човеком, а жена с другом женом, више се уопште не би ни играло, што ипак значи да се у плесу највећма тражи телесно узбуђење. Одиста, такво узбуђење које здрав човек има при игрању држећи у наручју топло и голишаво тело младе жене, њен врео дах по образу и по уснама, често код неких лица прелази из уметности у телесну опсесију, и у бестијално настројење. Сладуњави менует је место страсти имао грацију; али данашњи фокстроти иду само за поступном деградацијом жене. У данашње доба један Дон Жуан не мора више да прави романтичне серенаде, ни да се бије на двобојима, да би задобио једну лепу жену, пошто му је данас довољно једно вече у безумној глазби и у дивљачком плесу, чак и наочиглед свију, да скоро јуришем задобије и дух и тело женино. Данашња је младеж ово добро разумела, а зато ће плес удвоје, једном уобичајен, и остати за сва даља времена. Уосталом, увек је довољно да неки порок постане обичајем целог света, па да га нико више и не сматра пороком, него чак да га најзад сматрају једним свештеним друштвеним обичајем.

Лудило сујетне жене за плесом превазилази све друге човекове сујете и сва остала лудила. Има жена које су том манијом за плесом упропастиле или себе или друге. Лукреција Борџија је игром бацила у порок и своје најближе сроднике, а двадесетогодишња Беатриче Сфорца је пала мртва од претераног играња. Тако је Пушкинова жена, не само својом лепотом него и својом игром, била задобила своју тужну славу која је великог песника најзад отерала и у смрт. Кажу да је и Сократ волео да игра; али ко зна шта је мудрац био нашао у плесу. Можда је нашао само најсавршенију меру ритма у природи, као што је Гете на голим леђима жене пажљиво бројао слогове својих хексаметара.

О ЉУБОМОРИ

Љубав се састоји од изузетних и противуречних душевних и духовних потреба: волети и бити вољен; осетити страст и пробудити страст; и најзад, патити због неког и желети да и он пати због нас. Истина, права љубав за другог искључивала би сваку љубав и обзире према себи; јер иначе љубав не би била посреди него сујета. Да је љубав једно искључиво и тотално осећање, види се по томе што човек често убија себе кад није у стању да убије у себи једну љубав одвећ тегобну. Међутим, има у човеку једна себичност која од љубави чини једно осећање често искључиво и цинично: а то је кад зажели да због њега неко пати, макар у свему другом желео том истом створењу највеће блаженство на овом свету.

Љубав и туга су нераздвојни, а нису нераздвојни љубав и радост. Стога је бол једино мерило љубави. Ако смо неколико пута у животу били заљубљени, а овакав је случај одиста свију људи од срца, онда се најдуже сећамо љубави која нам је највише бола нанела. И највећи број самоубистава, догађа се из љубави. Убијају се људи и жене чак и онда кад ни најмање нису уверени у своју љубавну несрећу. Љубав је толико дело човекове маште, да се чак љубавне несреће нарочито измишљају, како би човек затим мучио и себе и друге. Многи су људи извршили самоубиство да би причинили бола оном кога су волели, чешће него и зато да би самом себи смрћу олакшали.

Љубав је стога увек једно осећање благог и пријатног лудила. Осећање љубави је свакако парадоксално колико у физичком, толико и у духовном погледу. Стари песник Калимах пева како љубавну заклетву, „апоинимос", богови и не узимају у обзир, „јер љубавна заклетва уопште и не улази у уши богова". Антички народи су заљубљеног човека сматрали болесником, а најпре зато што заљубљен човек мучи личност коју воли да би себи угодио или бар олакшао, увек мислећи да више даје него што прима. Љубавни злочини су одиста сваковрсни и свију обима. Кад је једна жена признала кнезу од Фераре како воли његовог брата зато што има лепе очи, овај је кнез наредио да ослепе тог његовог брата. А кад је доцније слепац донекле преждравио и прогледао, и покушао да се освети, брат га је овај пут затворио у тамницу на тридесет година. Замислите и то да се ово догодило у исто доба када је на двору тог кнеза од Фераре писао Тасо свој побожни епос *Ослобођени Јерусалим*.

У античко време мало се помињу убиства из љубави. Ни у српским народним песмама их нема много. Међутим, римски песници пате од љубоморе више него и од љубави. Тибул је био тужан као какав Словен, Катул врео као Арап, Хорације ведар као Грк, Овидије жовијалан као Парижлија, али су у својим љубавима сви ови песници били ипак људи свога времена а не нашега, и волели на свој начин. Тако је меланхолични Тибул волео и певао Делију, једну јавну жену, али и Сулпицију, ослобођену робињу, и најзад Неру, баш праву робињу, и опевао их као да су биле кћери конзула или сенатора. Све су жене римских песника ишле у исти регистар, као равне једна другој. У античко доба није било ни спомена о љубавним утопистима, као што су били на пример наши романтичари који су мешали месечину и вино и жену у исти свој љубавни занос и сентиментално лудило. А није било таквих љубавних утописта стога што су, нарочито римски љубавници, љубили више физички него душевно. Сентиментално боловање Вертера се не даје ни замислити изван Вертеровог столећа.

Сујета игра у женским љубавима велику улогу, а понекад и главну. Највећи број жена не иде за човеком који се њима самима допао, него најпре за човеком за којег се зна да се допада другим женама, нарочито њиховим пријатељицама, или чак њиховим непријатељицама. Овај случај је врло занимљив у погледу женских осећања: жене воле људе славне међу женама, већма него људе славне међу другим људима. Жене које воле људе славне међу другим људима, сасвим су различне од оних жена које воле људе чувене као допадљиве или завођачке у кругу других жена. Чини ми се чак да је врло чудна ова збрка осећања у једном истом сполу.

Жена уопште има више моћ нежности и разнежености, него правог срца и доброте. Многи људи ово не умеју да разликују ни до краја живота. Жена је по природи заљубљена само у лепоту, али и ту више главом него срцем. Женина замисао је увек већа од остварљивог, јер је жена у свему артист, пун маште. Ово сведочи да њен дух није ни створен за суђење и мерење могућности, него, напротив, да њена машта спречава чак и њен урођени инстинкт да слободно у нешто продре и да нешто јасно разабере. У женином животу због њених духовних и физичких ненормалности, уопште није ништа предвиђено, испитано, ни одмерено, чак ни онда кад нам она изгледа сва лукава и цела срачуната. У женином се животу све сврши за петнаест дана њене вруће и луде главе. Да жена нема нешто интуиције, она никад не би погодила ни врата на која излази из своје куће. А жена која зна шта хоће, по карактеру је обично мушкобања, као што је жена која увек зна бар оно што неће, по карактеру увек дете.

Кад пишемо о женама, ми обично мислимо само на младе жене. А лепота младости је баш у томе што о животу нема идеју

| 365 |

него илузију, и што је снага крви увек у надмоћи над стварношћу. Младост ничему не зна праву цену: ни љубавима, ни богатству, ни генију, ни раду, ни самим својим младим годинама. Младост женина је још и толико обеснија над младошћу човековом, да би млада жена сама себе скрхала и упропастила када би ишла једино за својом сопственом главом. Срећом, њу спасавају родитељи, школа, страх од лошег имена, материјална опасност. Значи све оно што млад човек лако и сâм обиђе, и поред чега целог живота живи, сачувавши и своје име, и своје имање, и довршивши своје школовање или занат, и постигавши и име и славу, увек без криза, а често и без странпутица. За младу жену, напротив, нарочито после њених двадесет пет година, сви су путеви клизави, све степенице одвећ нагнуте, све низбрдице вратоломне, сви људи завереници, све друге жене непријатељице и змије.

Макар извесне жене и имале доста врлина, никад их ниједна нема довољно. Женине су погрешке обично малобројније него човекове, али обично веће него човекове. Жена направи највише погрешака баш настојећи да буде непогрешна и безгрешна. Кажу да на Малабару на Мадагаскару жене не лажу, зато што раде све што хоће, и што живе како знају, не дајући ником никаква рачуна, нити знајући да уопште треба за што одговарати у загробном животу. Међутим, када жене одиста не би лагале, пола би њиховог чара отпало; јер што је у нашем душевном животу најчудније али и најчаробније, то није ни љубав, колико љубавна интрига. Када би се између човека и жене све свршавало са „да" и са „не", извесно не би било више љубави на свету.

У љубави се треба борити као стари Скити на бојном пољу: бежећи од непријатеља. И Наполеон, несрећни љубавник, мислио је да је победио у љубави онај који је први побегао. Одиста, бежање је једини начин да човек разазна у љубави да ли је још господар своје памети и своје снаге, отпутовавши куд хоће, и ослободивши се кад му је воља. Али оног часа кад човек заљубљен осети да су му ђонови постали тежи од олова, он је побеђен. А то је често и довољно да га жена више не воли; јер жена не трпи побеђеног и окреће главу од своје победе. Жена се не даје, него се подаје; и увек хоће да сама има утисак, чак и изглед, да је отета и силована. Код жене је интрига љубави увек већа него љубав.

Човек ће увек волети и обожавати жену, пошто је то у снази његовог инстинкта творачког. Човек је од свога сна увек градио и своју стварност. Жена је увек највиша инспираторка човекова. И човек увек тражи да неког обожава. Атињани су још за Плутарха обожавали на Акропољу некакву богињу, заштитницу Атине, за коју Тертулијан каже да је била само једно парче безформног дрвета. Међутим, жена је уопште лишена осећања обожавања; она воли крвљу а не памећу. Мухамедова жена је прва поверовала да је Мухамед одиста пророк, и прва је прешла и на ислам, када су спочетка само Јевреји примали тај наук новог пророка. Али се ово догодило стога што је Хатица била пуних петнаест година старија него њен млади муж — пошто је њој било педесет пет година када је њему било тек четрдесет, и када је почео своје пророчке проповеди.

Љубав је уопште једно страдање романтичара, значи људи вреле маште, више него великог срца. И жена је ретко она која воли човека најпре срцем. Чак она може бити заљубљена свим другим (маштом или сполом), и када није заљубљена срцем. Оне дају радије све друго него власт над самом собом. Зато су жене врло ретко заљубљене и када су најлакомије на човека. Жена увек воли неког човека више него његову љубав према њој, и зато женине љубави тако често наличе по добру или по злу на човека кога воле. Жена уопште не бира човека према каквој идеји коју тобож има о љубави, а код многих жена често човек и љубав стоје одвојено једно од другог у њеном животу. Жене романтичне и идејне чине сасвим обратно, пошто иду за својим фикцијама, али су оне врло ретке. Света Тереза из Авиле је била врло романтична и врло заљубљена, и писала песме, и написала један роман, а једног дана пошла и изван града с братом да би је ухватили Арапи и одсекли јој главу, као што се то читало у романима оног доба. Тако су у животу ове светитељке љубавно и религиозно осећање били два извора једне исте реке, и то кроз цео њен живот. Уосталом, дубока љубав је једна мистика као и вера. И Данте и Петрарка су дивинизирали своје Беатриче и Лауре, значи своје љубави. Истина, ниједна жена-писац није покушала да слично учини пишући о људима које је волела.

Занимљиво је да се људи разумеју најбоље са женама у које нису заљубљени. О љубави с таквим женама говоримо увек убедљиво и разумно; а и оне су саме усхићене да најзад чују речи о таквим крупним стварима срца, без икакве задње помисли онога с ким разговарају. Жена воли пријатељство више него човек. За жену је једини одморан и добар човек онај који не покушава да је залуђује и осваја кад она ово не жели. Незаљубљен човек често изгледа без чара, али и без злоће; хладан, али и хуман.

Жена и када је најпаметнија, осећа да има у њој нешто комичног за човека који мисли. Осећа да овај има за њу нешто сажаљиво и помало презриво. Човека вређа њена безмерна физичка слабост; њено лукавство замењује мудрост; њена стална глума одузима чар изненађења; а њена се сујета одвећ истиче место њене душевности. Неспоразум између два спола је природан, и зато вечит. Нема жене која не покушава да човека обневиди и заслепи на једној великој хрпи питања. Она верује и да је не би волео кад би успео да све у њој добро прочита. Због овога је код жена, и кад су најбоље, интрига љубави већа него љубав.

Као и све друго што живи изван човека и у човеку, љубав такође има своје обољење. А то је онда љубомора. Љубомора је еленемат мржње у љубави, пошто је мржња увек производ неког страховања. Не разумевајући жену, човек полази најпре од њених погрешака, пошто се човек највише плаши оног што најмање разуме. А пошто овако љубомора представља једно болесно стање љубави, љубомора значи љубав која је полудела. Човек у стању љубомора прави лоша дела, мучи и убија друге, значи да уопште дејствује сасвим као умоболник. Љубоморан човек живи у кући с духовима и вампирима, у шуми живи са аждајама, на води и кад је мирна, живи у олујама. Он се у својој љубомори ни на једном тлу не осећа друкчије него што би се осећао на вулкану или земљотресу. Кад би љубомора трајала целог живота човековог, тај би живот морао трајати врло кратко. Љубомора, прелазећи у привиђења, направи човечји дух химеричним, поремећеним, сумњалом и човекомрсцем. Љубоморан човек постаје опаким, и најзад опасним.

Ако је жена љубоморна, она то није толико због страха да не изгуби човека којег воли, пошто верује да ће увек још неког волети, него је љубоморна од страха да јој га не буде отела нека друга жена. А ово би за њу значило двоструки губитак; сопствену цену код какве своје супарнице. Женина је сујета, међутим, често јача и од њене љубави. Из овог излази да је женина завист према каквој другој жени већа и компликованија неголи њена љубав према човеку. Човек, кога жена прогони својом љубомором, често и не слути да то није само због њега, него да је ту посреди, често више него ишта друго, и супарништво једне жене према другој. Пуно женских љубави постоје на овој основи или пропадају из ових разлога.

Било би природно веровати да је човек, који је љубоморан према женама, следствено и завидљив према људима, јер би тако значило да љубомора и завист имају исти извор у човековој природној себичности и грамзивости. Међутим, наићи ћете на људе љубоморне према жени, а који, међутим, у односима према људима, немају ни трага какве зависти. Завиде можда још једино онима који имају жене верније него што њима изгледају њихове сопствене. Према томе, изгледало би да љубомора и завист имају разне изворе. У сваком случају, љубомора је ствар сполног нереда, а завист је ствар моралног нереда.

Љубомора постоји и где нема љубави. Неко је љубоморан и пре него што је постао заљубљеним, а остао је љубоморан чак и после него што је био заљубљен. Значи да је љубомора једна форма наше мисли и нашег осећања. Свакако, ако је љубомора слична каквом огледалу, она је слична неком мутном стаклу, конкавном или конвексном, али свакако стаклу које увек показује или нешто увеличано или нешто умањено, али увек нешто обезличено, и никад у правој размери. Љубоморни би људи требало и сами да разумеју да они живе у моралној поремећености, пошто, стварно, љубомора значи пре мржњу него љубав.

Љубоморан жели неком лицу у које је заљубљен зло и несрећу, чак и онда кад је иначе томе истом лицу у стању да радо жртвује све своје што има, чак и свој живот. А живот можда пре и брже неголи ма ишта друго. Према томе, љубомора је одиста једна форма лудила. И то форма лудила најпре стога што ум љубоморног лица све види без пропорција, а закон пропорција јесте главни закон мисли. Љубомора не зависи ни од тога да ли је тај лудак човек иначе по свом духу талентиран или чак генијалан, пошто љубоморан човек врши своја зла не према мери памети, него према мери лудила. Бајрон је у својим љубоморама бацао жене са степеница.

Треба праштати погрешке несрећницима, али не и неваљалцима, јер никаква религија ни правосуђе не предвиђају милост за непоправљивог. Ако једна љубав није у својој основи најпре доброта а затим и доброчинство, онда она дегенерише у игру фантазије, у физичке нереде, у бестијалну себичност, пошто човек који у стварима срца не иде за тим да неког усрећи, много пута иде за тим, да напротив, неког унесрећи. Јер срце, ако није вођено разумом и добротом, може да исто тако слепо мрзи колико уме и да слепо воли.

Племенит човек мери у својој љубави колико он воли друго лице, а не колико је сâм вољен. Истина, оваква појава, изгледа скоро ван људске природе, и скоро божанска, а стога и врло ретка. Свакако, љубоморан човек обично није племенит, пошто све пребројава и премерава код другог лица пре него код самог себе; и увек верује да је све преплатио, и да је у свему преварен. Уосталом, љубоморна лица не врше самоубиства, него, напротив, убијају друге, јер је љубомора у битности једно осећање злочиначко.

Љубомора би доликовала више жени него човеку, јер је љубомора ситничарска, себична, невеликодушна, и чак малодушна. Жене су по самој својој природи завидљиве, пошто су у стању и да одболују ако друга жена има бољи накит, тоалету, успех у друштву, макар јој и најмање завиделе на умнијем човеку него што су њихови. Пошто је тако љубомора производ страсти а не разума, страст је стога једино мерило свију ствари у љубомори. Ако је још посреди и физичка страст жене за једног човека, онда већ није посреди ни љубомора, него лудило, и чак беснило. Жена у оваквом случају опрашта другој жени и све благодети, и високе врлине, и ретке особине, чак и богатство, ако није посреди извесни човек. Само на овој тачки мркне њена свест и наступа духовно расуло.

Међутим, човек је нетрпељив и према свему што га лично премаша. Има људи који нису суревњиви само на нечију надмоћ над њима самим, него су суревњиви и на сваку величину другог човека. Чак и на ону величину која би била од највеће користи за опште добро, за отаџбину, за друштво. Завист човека према човеку превазилази све друге пороке људског карактера. Знао сам чувених адвоката који су били отровно суревњиви према каквом великом лекару или према каквом славном официру. И знао сам политичара који су завидели и балеринама, ако им се пљескало јаче и дуже него њима. И знао сам музичара који су завидели атлетима. Љубомора и завист, дакле, нису стога ствари мишљења и оцена, него су подједнако ствари духовног поремећаја.

Нарочито је човек према жени увек неправедан. Не дозвољава ни да она има мане које обично имају сви људи, а камоли да нема врлине равне најбољим човековим врлинама. Од жене се тражи увек неприкосновеност и непогрешивост какве се иначе траже само од краљева. И мудри Анри IV, како пише Сили у својим *Успоменама*, желео је у једној једној жени наћи свих седам врлина које је сâм сматрао највећим: лепоту, мудрост, благост, духовитост, плодност, богатство, и племићко порекло.

Љубоморан човек никад нема среће у љубави; а најчешће се сматра несрећним и кад има највише успеха. Грчки мудраци су очевидно сматрали љубомору противну свакој мудрости, а доказ, што грчка трагедија нема љубоморних лица као шекспирска драма. Неколико великих љубавника атинских, које спомиње Плутарх, не показују нигде ни знака какве љубоморе према женама које су волели, макар што је стара атинска породица имала свој гинекион можда не пуно различан од источњачког харема. Али је у Грчкој цењена углађеност колико и сама садржина; и све што није било отменим, није сматрано ни племенитим. Грчки ученик, стоик, римски цар Марко Аурелије, чија је жена Фаустина била развратнија и од Јулије и од Месалине, награђивао је њене љубавнике као и остале грађане и своје пријатеље; а самој Фаустини је подигао храм, и унајмио свештенике да јој пале тамјан и приносе жртве. Филозофија античка је укроћавала љубоморе, и нарочито истицала великодушност и доброту као племените одлике, једине достојне човека. Ако се није пуно говорило о љубомори, много се у античко доба писало о љубави. Тако се зна да су љубавници Марко Антоније и Клеопатра поставили њихове две статуе на сâм Акропољ. А лепа Бахис са Самоса одбијала је персијске сатрапе да би волела грчке песнике. За учену Хипатију се рекло да је троструко светитељка, што би се данас казало да је носила три ореола: била је славна својом науком, затим својом лепотом, и најзад својом врлином.

У великом броју случајева љубоморе су разумљиве, и сумње су оправдане. Лепу је жену тешко сачувати као што се ружне жене тешко отрести. Чак је извесно да човек кога његова жена вара, а он то неверство не осећа, и не слути, није сâм потпуно здрав, пошто му недостаје морално чуло, које је код поштеног човека осетљиво колико уједно и свих пет физичких чула нашег тела. Човек одиста морално здрав, мора бити одиста и морално осетљив. Људи који су варани, било од жена било од људи, то су личности морално атрофиране. Постоје личности, дакле, морално глупе, и онда кад су у свему другом духовно потпуне. Ово недостајање моралног чула, моралне осетљивости, моралног инстинкта, код извесних људи, и врло честих, иде и даље од самог жениног случаја. Такав човек је обично глуп и туп такође и за сва виша питања части и чистоте. Аморална личност је слепа и глува као пећинска риба.

У једном поремећеном односу између човека и жене, обично обоје немају исте пороке, или бар не у једно исто време. А ово ни онде кад су обоје по природи подједнако порочни и лажни. Тако, на пример, ако је он по навикама љубавник свију жена, она обично не иде за тим истим пороком него за каквим другим; она је тад можда карташ. А ако је он карташ, она је свађалица, или распикућа, или туђа љубавница. И тако даље. Истина, најобичнији је случај да се жена свети неверном човеку тиме што и сама постане неверном. Свакако је најређи случај да у једном дому пребива једно од њих чисто, а друго нечисто. Свет се међусобно и иначе много више заражује духовно него физички.

Међутим, жена добро зна да ни најбољи љубавник није никад за њу везан онолико колико је за њу везан њен сопствени муж, чак и кад је рђав. Љубавникове свирепе љубоморе и подле сумње и отровне речи су обично увредљивије него и мужевљеве; јер, пре свега, љубавник увек процењује љубавницу као окушану издајницу; ни та жена нема начина да пред љубавником протестује у име своје врлине, као што то може да протестује пред својим мужем. Затим, постоји, зачудо, извесна солидарност, чисто мушка, између превареног човека и оног који га је преварио. Ретко се догађа да баш сâм љубавник не изврши најгору освету за оно што је његова љубавница учинила своме мужу.

Запамтите, да уопште нема на свету два лица која једно друго до краја разумеју. Макар сви саздани по обличју божјем, свак је саздан ипак на свој начин. Свако од нас има не само друкчије лице и стас, него и друкчији покрет, друкчији глас, али и друкчију душу. Зато се људи никад не разумеју. Људи верују да су се међусобно добро разумели, само ако су се међусобно споразумели. Значи, ако су сагласни само на појединим и споредним питањима, која немају често никакве везе с њиховом људском битношћу. Доказ, што на хиљаду случајева, нема ни два или три случаја где људи једно другом верују до краја, и без резерве, и где често најмања сумња не потресе из темеља цео однос међу њима. Нико се, напротив, не разуме до краја, и свет живи без стварне везе једно с другим. Ово је једно жалосно осведочење сваког од нас који смо дуго живели и пуно видели. Стога би изгледало да је само лакоумност према људима и такозвана слепа љубав према женама, једини услов да се на земљи живи без ужаса.

О љубави према женама, даномице се пише и говори већ вековима; а међутим, обрните се око себе да видите с колико се мало љубави живи на свету. Нису само краљеви они који се често не жене из обзира према свом срцу него према неким интересима који са срцем немају ничег заједничког. Овакви обзири према свему другом осим према љубави постоје у браковима, кад се тиче бар седамдесет одсто и обичног света. Човек и жена су чешће у браку ортаци него љубавници. Када би се чак човек и жена узимали само из љубави, њихови би бракови најчешће били фантастични; а када би се и у браку љубав између њих двоје одржавала више срцем него обичном навиком, резигнацијом и користољубљем, онда би највиши број бракова постао химеричним, без везе са стварношћу живота, и најзад очајним. Када би добош ударио пред прозорима жена, објављујући да ће свака од њих лично имати за живот осигурану ренту, и лепо пребивалиште на неком лепом острву, или у неком великом граду, питамо се колико би њих остало даље везаних љубављу за свог човека, да га истог часа не напусте. Љубави су најкраћег века баш у самом браку. Не заборавите затим да има на свету пуно људи и жена који никад нису о љубави ни размишљали, колико ни о музици, или о архитектури, али који су ипак зато заједно целог живота, руку под руку, често чак и без икаквих особитих криза, а много пута верујући и у своју срећу.

Љубавници сматрају да ништа не карактерише једну љубав колико њен почетак, или још више њен свршетак, ако до њега дође. Почеци љубави су увек нерешљиви и конфузни, зачети под импулсијом спола и маште, али су свршеци скоро увек промишљени и припремани. Зато, ако је крај једне љубави био болан и узвишен, онда су посреди човек и жена великих моралних особина. Ако ли нека љубав, напротив, заврши хладном речју, и још хладнијим давањем руке, ово значи да је посреди љубав која је увек била без садржине и без човечности. Праве љубави залазе као сунце после каквог празничког и тријумфалног дана, захватајући цело небо, и обасјавајући целу земљу: као да се та љубав тек рађа, а не да замире. Брутални растанак није најгори, него је најгори растанак нежан и пун промишљених обзира, јер су то растанци двају љубавних рачунџија који неће један другом да поклоне ни часак свог сопственог неспокојства. И тако горку сузу замени слатка реч. Овде се намећу чудни примери нарочито међу љубавима извесних великих људи према женама.

Песници, и највећи, који су писали о женама за којима су лудовали, оставили су нам понеке своје преписке са тим женама, преписке углавном досадне, беспредметне, незанимљиве, без стила, без убедљивости. Они су најчешће у тим својим писмима нелогични и неразговетни. А неразговетни зато што се љубав не казује него доказује, и што је љубав изнад речи, и нема потребу од речи. Колико се двоје већма воле, утолико мање умеју да говоре о својој љубави. А песници су у својим изражавањима били брбљиви и беспредметни. Гете, Иго, Бајрон, и толики други, оставили су нам само таква досадна љубавна писма. Наполеон је писао Жозефини капларским сентименталним језиком. Руски цар Никола I је наредио да се после Пушкинове смрти сагори већи део песникове преписке, како не би остало ништа што би овог великог песника умањило пред потомством, него само оно што би га уздизало. Међутим, жене су, напротив, обично велики мајстори у писању писама својим љубавницима. Госпођица Де Леспинас има неколико великих супарница које су и саме оставиле своје славне преписке на љубавном језику.

Има жена које нису ничије, и жена које су свачије, и најзад има жена које су по природи само жене једног јединог човека. Али има и жена које су пре свега мајке своје деце. Замислите, дакле, колико има мало људи који у својим љубоморама и ограниченом познавању женских карактера умеју разазнати ове различите категорије женских природа! Погодите између ових која је ваша, а која вашег непријатеља, а која је способна и да буде, у извесним случајевима, и свачијом женом! Утолико, дакле, страшнија изгледа љубомора човекова ако она не погоди преступницу, него пријатељицу или мајку!

О СУЈЕТИ

Људи су већма везани међу собом њиховим манама него њиховим врлинама. Зато је и сујета један од првих основа на којима почива друштво. Сујетни људи највише се састају и највише се међусобно везују, иако такви састанци и такве везе никад нису испуњене никаквом љубављу према неком другом, него само слабошћу према себи. Чак је врло ретко да се људи пуно зближују по врлинама, пошто врлине не траже никакву експанзију, и довољне су саме себи. Људи се обично зближавају према истим манама свога карактера, макар што би се требало према њима, напротив, један од другога одалечавати. За мане би се могло рећи сасвим противно него што се говори за врлине: мане никад нису саме себи довољне, и, за несрећу, траже експанзију. Тако човек који је наклоњен коцки, прво ће упознати све коцкаре у свом граду, као што ће добар научник упознати најпре све добре научнике, а добар уметник, све добре уметнике. Женскароши траже женскароше, колико и саме жене. Оговарач тражи оне који и сами воле оговарање и интриге. Стога ако људи не траже увек себи равне, они неизоставно увек траже себи сличне.

Сујета, која је једна крупна и фатална погрешка човековог карактера, најнеспокојнија је и најактивнија од људских погрешака, а могло би се рећи и да сујета лежи у центру свију човекових мана, док друштво углавном и пре свега, постоји за сујету. Салон је велико тржиште људских сујета пре него и поприште човекољубља, или поприште утакмица у одликама и такмичења у добрим намерама. Никад човек нема толико на памети да нешто важно или добро каже другим људима, колико увек има на уму да себе сваком представи важнијим него што је у ствари. Сујетан човек, то је онај који жели да себи дадне изглед баш онаквог какав није: не можда увек ни бољег ни лепшег, него најчешће само друкчијег него какав је он стварно. Ово је и стога што нико није до краја собом задовољан. Нема никога, ни најлепше жене нити најумнијег човека, који не би нешто на себи преиначили када би то могли. Човек се брзо навикне на све благодати које му живот донесе, али затим не ужива у срећи која је већ у његовим рукама, него одмах чезне за срећом уображеном, коју сматра већом. Ако је човек рођен меланхоликом, то може бити ствар самог случаја, али је у животу човек меланхолик, а често и несрећник из неке жалосне али природне потребе да све умањи и унизи од оног што му је Бог дао, и да свагда преувелича цену оног што нема. Нерон је хтео да буде песник, а Калигула певач. И неколико је других највећих краљева и војсковођа уображавало да имају још неку особину коју су желели имати, а коју стварно нису имали. Ако и најхрабријег војника запитате колико има рана на свом телу, он ће или скромно одговорити да нема ниједну, или ће рећи да има једну рану више него што има.

Само људи изузетних врлина не јуре за друштвом, и могу да живе усамљени: ови су свагда љубоморни на своју чистоту, и увек довољни сами себи. Порочни људи се напротив, и по правилу, не могу, као ни порок, осамити. Херој је усамљен, а неваљао увек тражи јатака, као што и човек кукавица тражи плачидруга. Стварно, сујета је већином особина плашљивог човека, пошто плашљивац не може да живи насамо: и то не само изолиран у самоћи, него ни изолиран у самој истини. Плашљивац није никад у себи, него увек напољу, нарочито у речима.

Међу птицама је најсујетнији паун, а међу људима Француз. Многи људи су сујетни и онда кад су свесни своје праве вредности, чак и онда када знају да су најумнији у свом друштву, или најбољи у свом граду. Француз хоће да му се пљеска и кад је уверен у себе већма него у ма кога другог. И Луј XIV и Виктор Иго били су болеснички сујетни. Србин је сујетан само у такмичењу с другим Србином, а Грк у надмудривању са женама.

Човек ништа толико не премерава и не пребројава колико самог себе: а себе мери или према другом човеку или према неком узору на који би желео да највише личи. Виши човек, напротив, не мери себе према другом, него само према самом себи: то јест према томе да ли је данас бољи него јуче, и да ли је ове године савршенији него што је био прошле године. У ствари, ово и јесте најпоузданији начин не само да човек себе правилно одмери него и да постигне своје усавршење; јер оваквим поређивањем не крњи ништа од своје персоналности, као што би се извесно крњио поредећи себе с другим људима.

Жене су углавном сујетне на своју лепоту, много више него и на своју доброту, а нарочито много више него на своју врлину. Ово је стога што је, одиста, лепота главно оружје којим жена све постиже у животу, и то постиже најлакше, и најбрже; јер је лепота неоспорно магијска реч пред којом се сва врата широм отварају. Међутим, жена мисли да је доброта чини плитком и нарочито неотпорном и слабом, а за врлину мисли да је то одлика која је само отуђује од другог света, нарочито од људи.

Стварно, сујета је осећање женино више него човеково. Ако је човек сујетан, то је зато што и у њему има пуно женскости, као што је човек најбољи спортиста кад у њему има и највише детињастог. Једино је жена у стању да због сујете све остало стави на коцку: част, породицу, имање, здравље. Више него и сполна страст, сујета за допадањем и освајањем јесу главни повод пропасти многих жена. И људи се служе сујетом жениним, већма него својом снагом и лепотом, да неку жену задобију за своје прохтеве и своје обести. Уопште, нема жена скромних. Људи, и кад су најбогатији, често зажеле да живе скромним животом; а кад су и најпаметнији желе да живе далеко од света. Код жена су ови случајеви скоро искључени. Ако ипак жена свог човека прати често и у скромности и у усамљености, то је обично по невољи и из послушности, а не по својој природи и вољи. Иначе, ако жена има тешке огрлице од бисера или дијаманата, носила би их и дан и ноћ; а ако је она и лепотица у телу, показивала би се без устезања гола целом свету.

Великаши који владају државама обично истакну своју сујету тиме што за своје пријатеље траже најпре ласкавце. На њихову несрећу, ови ласкавци затим њима првим завладају, чак завладају и кад такви великаши иначе господаре целим осталим светом. Ласкавци су многим сујетним великашима дошли глави. У овом су и жене сличне властодршцима: ни жене не траже поштоваоце него удвараче. Сујетан човек не тражи да га цените него да му се дивите; он није, као ни плашљивац, никад у себи него увек ван себе, и зато сав потчињен другима. За време Луја XIV црквени писци су писали да они који краљу ласкају, јесу стварно издајице краљевства; и да они који повлађују краљу у његовим лошим страстима служе само за несрећу свог владара. Источни мудраци су саветовали својим краљевима друговање са славним људима, јер људи који већ и сами имају славу међу људима, немају потребу да буду краљевске улизице. Такође су исти мудраци саветовали краљевима да не помажу људе омрзнуте у народу, пошто оваква помоћ више шкоди самом краљу него што помогне омрзнутом.

Зато одавно људи мисле да за једног паметног краља више вреди и озбиљан противнички напад него нечија неозбиљна похвала.

Сујету националну зову шовинизмом. Србин је сујетан што је Србин, Мађар што је Мађар, а Јеврејин што је Јеврејин. Француз иако највећи човекољубац, сматра све народе нижим од себе, а мудри Енглез сматра Француза смешним човеком. Реч да неки човек „изгледа као Француз", јесте најпакоснија енглеска реч. А једини народ који данас себе сматра изабраним, и који је чак о томе већ написао читаву литературу, то су Немци, који немају осећање смешног.

Сваки човек, углавном, добро и сâм знаде колико заправо има снаге, знања или врлина. Чак и када се прави да је бољи него што јесте. Он ретко вара себе, и кад обмањује све друге људе. Човек зна добро по једном унутрашњем тачном мерилу колико вреди и колико може; и то зна тачно и до краја, као што зна већ одока колико метара може скочити на пољани, или колико може килограма на леђима понети; јер је осећање мере уопште урођено, као што је урођен и слух и вид. Једино себе самог човек вара у томе што не достиже сопственом памећу да схвати колико је још остало знања и других благодети ван његовог домашаја, нити да оцени колико су опсежне добре особине других људи. Према томе, човек не греши никад у односу према себи, него само у поређењу према ономе што стоји изван њега. Другим речима: кад се неко издаје за оно што није, он није сâм у то уверен, него је варалица. Често и разлог његове претеране сујете према другима долази од његовог страха од других људи.

Нарочито врло мало надувених људи искрено мисле о себи да су одиста господа, ако то одиста нису. У том погледу многи људи глуме, често целог живота као на даскама. Сујета је ипак често и једна заблуда у којој сâм човек држи самог себе, не познавајући вредност других људи. Али сујета је често и најближа лажи.

Сујетан човек је стварно један велики лажов, било у односу према другим људима, било у односу према себи самом.

Сујета умањи великог човека, а малог човека унакази. Сујета је и једно осећање слабих људи, пошто се они увек боје надмоћности, што би значило и да сујета и малодушност иду напоредо. Најзад, ово значи и да сујета стоји већма у вези с човековим карактером него с човековим интелектом. Сујета је и зато много чешћа код стараца него код младића. Софокле је у својој двадесет осмој години победио једном својом драмом на утакмици у атинском позоришту старога песника Есхила, а славни се старац после тога одселио тужан из Атине на Сицилију. Тако је и стари Волтер мрзео Шекспира и Таса, бојећи се да га први не надмашује као драматичара, а други као писца епоса *Анријаде*. Ни највећи хероји нису могли избећи сујету. Дошавши с војском до на извор самог Инда, Александар се онде жалио колико је себи јада направио само из сујете да би се допао Атињанима. Сујетном човеку је Бог одузео највеће добро: спокојство. Јер спокојство се једино постиже самоодрицањем, бежањем од самог себе, прибегавањем нечем вишем него што смо ми сами.

Прави великани су обично били скромни. Ариосто је давао савете Рафаелу за његову слику *Парнас* у Ватикану и овај то радо примао; а Расин је био срећан што је могао да своја дела чита Боалоу. Други су велики људи били сујетни чак на потпуно женски начин, као француски песник Малерб, који је веровао да све што напише превазилази ма шта друго што је на свету написано; или Оскар Вајлд, који је сâм за себе написао како мисли да све што је из његовог пера изишло, јесте савршено ново и необично, говорећи како је поносит што и најмањи човек у његовој земљи зна за његово велико име. Многи писци су опет били у младости врло скромни, бар према својим претходницима, а доцније, напротив, доста надувени. У младости је Ламартин говорио како би желео писати као Русо, а Виктор Иго је такође у младости за себе говорио: „Шатобријан или ништа".

Сујетан човек не може да избегне судбину ни жалосног ни смешног, ма колико да нема ниједног човека који не живи бар у некој сујети и заблуди о самом себи. Калигула је, поставши царем, поверовао да је постао Богом, и направио себи храм на Палатину, и у том храму чак сâм себи служио службу, и приносио жртве. Сујета је неоспорно једна форма лудила, пошто је често владала чак и целим народима. Тако су Египћани себе сматрали за изабрани народ, као што су то затим урадили Јевреји, а као што то и данас неколико народа европских држе за себе. Међутим, оба ова стара народа, и Египћани и Јевреји, пропали су најпре стога што су сами себе издвајали из заједнице људске. Ову заједницу међу људима су, стварно, први проповедали хришћани, и баш ова идеја о човечанској заједници била је главни разлог успеха хришћанства. И Грци су себе сматрали изабраним, истина, само што су се сматрали најпросвећенијим; међутим, Јевреји су сматрали своју *Библију* једином истином. За Египћане, опет, такође врло верски фанатичне, сваки је странац био нечист, и најзад, за Римљане је био некултуран ко год није знао за њихове државне законе. Који је год народ себе ма на који начин овако усамио, он је и сâм себе најзад искључио из живота и најзад био прегажен. Ово исто важи углавном за поједине људе који болују од сујете. Сујетан човек је на сваком месту један тужни самотник.

О СТРАХУ

Једни су писци тврдили да је човеку урођена доброта, а други да је човеку урођена злоћа. Међутим, изгледа да је човеку урођено једно једино осећање, а то је страх од живота. Човек се на овом свету боји свега, и великог и малог, инсекта колико и лава, злих речи колико и злих болести, хладноће колико и врућине, старости колико и сиротиње. Он се боји ући у пусту шуму, и остати у празној соби. Човек је због тога страха рођен незадовољним и меланхоличним. А постао је и престрављеним од оног тренутка када је опазио да је окружен животињама јачим од себе, међу којима он једини нема ни њихов оклоп, ни њихове рогове, ни њихове крупне зубе, ни њихове страшне канце, а да је на зими без топлог крзна, и да је меког трбуха.

Зато и данас све што човека премаша, њега природно и ужасава. Он воли власт, али зато да би он владао другим, а не други њиме; и он поштује законе, али не зато што они оличавају идеал хармоније и правде, него пре свега што њега самог бране од јачега и лукавијег него што је он сâм. У свакој човековој храбрости има пола страха.

Међутим, од свега на свету човек се највећма боји другог човека. Довољно је да ноћу види изненадно на зиду улице сенку другог човека, па да премре од страха. Он се плаши и каквог непознатог гласа у шуми, и нечијег корака у споредној соби. Човек се боји чак и човека слабијег од себе, и непаметнијег од себе. Плаши се и нечије претње, и кад унапред зна да је она неостварљива. Он је вечито на опрези, чак већма него и ма која друга животиња, као да одиста увек постоји неко који и дан и ноћ само ради о његовој пропасти. Свако зато крије од других људи своју тајну, и нико не верује да је довољно закључао све своје браве.

Све се друго мењало у духу човековом, али ово стање страха је остало непроменљиво, и само је човеков страх све више растао временом и човековим развитком. Као пећински човек, осетивши да су све друге животиње биле оружаније од њега, и данас се човек у природи осећа тако исто слабим, ако не слабијим. Макар и био први пут оружанији од свију других животиња, човек ипак не верује да је оружанији и од каквог другог човека. Нарочито му туђе лукавство задаје страх, бојећи се замке и сплетке. Због овога човек види непријатеља и онде где он не постоји. И због овог, његов живот постане тегобан и онда кад иначе кроз његов живот тече, као Нил кроз Мисир, река радости која оживљава и расцветава све по његовим путевима.

Тај страх од живота, урођен човеку, или бар наслеђен од његовог првог претка, престрављеног у планини или поред реке, јесте и главни извор човекових злочина. Нико не уме за себе тачно проверити да ли је вољен или омрзнут међу другим људима, а због тога се и најмудрији човек поведе за првом претпоставком, и пође за првим утиском страха. А страх залуђује и помућује. Стога је човек једина животиња која напада и кад не мисли да је угрожена; а мрзи и воли без повода и разлога. Зна се да ни нечији највећи пороци нису довољни да неког омрзнемо, или нечије највеће заслуге да га заволимо. Чак често мрзимо баш најпоштеније, а нерадо слушамо и најпаметније. Пошто тако лежи у човековој природи да и воли и мрзи без разлога, он је на тај начин остао и без мерила и без начела а због свега тога саплетен и поремећен у свима својим опредељењима. Он је стално играчка своје страсти која га само слаби, а никад није господар разума који би га храбро водио правим путем. Због те пометње, човек је по природи пун злурадости и уверен да је, ако зло погоди другога, сâм избегао нешто од каквог зла које му је претило.

Зато се људи никад не тргну ако кажете за неког да има пуно својих мана, али се увек заинтересују ако кажете да неко има једну ману. Свако притрчи да чује каква је то једна мана; јер човек који има једну ману, слабији је од човека који их има стотину. Истина, догађа се и да често неког заволимо баш због те његове главне мане, али и да другог омрзнемо и због његове главне врлине. Уосталом, једна мана и једна врлина, то и јесте скоро све што чини садржину човекове личности. Само нешто што је једно, може стварно значити и нечим централним. Тако на пример за Платона имамо на уму да је био велики мудрац, а не и аполонски леп и краљевског порекла, макар што је био и ово обоје друго; а за Волтера да је био велики писац, а не и велика циција, какав је био познат; и најзад, за Наполеона, да је био храбар војник, а не и чувени слабић међу женама.

Право је чудо како антички писци уопште не помињу неке епидемије и друге телесне несреће које су постојале у њихова времена, а, међутим, помињу све духовне пороке и погрешке карактера од којих људи и данас страдају: наиме, сви они пишу о мржњи, зависти, злурадости, цицијаштву, осветољубивости и љубомори. Има и случајева да је и сâм један писац о свима овим људским лошим страстима говорио у исто време. Сâм песник Овидије говори о зависти у Аглаури, о нередима страсти у Мири и Цинири, о љубомори у Кефали и Проклеу, о мржњи у Меади која раздире Пантеју, и о злоћи Медеје када је Јасон напустио. Све су ове страсти античког човека и други стари писци сликали начином како их и ми данас описујемо, односно како их и сами видимо у природи. Ово одиста значи да човек мења кроз историју само телесне болести, које се и не памте и не бележе, али да је човек остао неменљив у својим духовним и душевним погрешкама, поводима толиких човекових несрећа.

Можда се још најмање мења човекова љубав за сплетку и његов укус за оговарање. Нико није избегао слабости да радо слуша сплетку, или да је и сâм прави. Ни атински мудраци нису у том погледу били бољи од нас. Наиме, свако је у старој Атини знао да је Аристотел био највећи грчки философ, али су његови савременици радо истицали да је Аристотел био стасом мален, ћелав, мутав, прождрљив, и увек у друштву куртизана. Волтера су пребијали на мртво име због његовог гадног језика. Његов пријатељ Фридрих Велики и сâм се тужио на свој сопствени зао језик, говорећи да му је он много шкодио, али додајући и да му је таква његова сопствена пакост ипак прибављала пуно уживања.

Човеков страх од живота је толики да би од тог страха и умро, кад му не би био истовремено исто толико урођен, и његов оптимизам и воља за живот. Човекова исто оволико моћна љубав за живот и љубав за ствари, две импулсије непрестано живе у човеку, показују да кад њих не би било, човек би отишао у очајање и лудило. Када човек не би веровао и у нешто друго и јаче од самог себе, без тог оптимизма не би никад ништа ни почињао. Човек тако верује у Бога, у случај, у правду, у своју срећу, у туђу несрећу. Да војници унапред овако слепо и лудо не верују да ће победити у боју, ништа их не би могло натерати да уђу у ватру; а да сваки од њих не верује и да ће смрт избећи њега а друге место њега оборити, никад их никакав човек не би натерао да пођу напред.

Осим тога, као што човек природно верује да ће ипак друге људе у борби надбити, исто тако увек верује и да ће друге надмудрити. Стога нико не би своју памет мењао ни с најмудријим човеком, пошто нико за себе не верује да је глуп, као што нико за себе не сматра ни да је ружан, ни да је рђав, чак ни да је плашљив. За сваки свој недостатак, човек увек има једно истинито или уображено оправдање, које његов дух подигне до утехе, и до сатисфакције, а чак и до личне похвале. Ако је глуп, он верује да је други глупљи; ако је ружан, верује да је ипак привлачан; ако је непоштен, верује да је такав само стога да би спречио друге да буду још неваљалији; а ако је плашљив, верује да је само опрезнији од других. Чак и филозофи песимисти, као ружни Шопенхауер, били су сујетни на своју лепоту. Стендал с великим трбухом и кратким ногама, веровао је да је леп зато што је бар имао лепе руке и лепе зубе, говорећи да човек с лепим зубима и с лепим рукама не може уопште никад бити ружан. Стварно, човек је своје добро сам измислио; а измишљајући све своје особине према ономе што је сâм желео у животу имати, он никад није ни умео разазнати до краја какав јесте у ствари. А нарочито какав другима изгледа. У овом је погледу човек савршено истоветан жени.

Никад не познајући довољно самог себе, чак често ни онолико колико познаје остале људе, човек се налази окружен небројеним страховањима, пошто услед овог верује да га увек његове опасности одиста премашају. Човека нарочито збуњује што се свуда налази с људима који му изгледају друкчији него он, и што ни два гласа човечја не личе један на други. Сваког збуњује то што су људи толико различни по њиховим навикама и укусима, и то по начинима и укусима више него и по идејама. Када би одиста најлепша жена била за сваког подједнако најлепша, због ње би избио нови Тројански рат; а кад би најумнији човек свима изгледао неоспорно најпаметнији, људи би га исти час или прогласили краљем или му судили, као Сократу. Из разних укуса долазе за половину и разлике у идејама. Човек је можда рођен паметан, али извесно, никад до краја у нешто уверен. Људи су увек различни баш онолико за колико су идеје увек истоветне.

Можда је права срећа што поједини људи не знају како о њима мисли остали свет. Човек живи целог живота и у обманама о себи, и у предрасудама о другима, а то можда чини суму његове среће на овој земљи. Један велики део света живи на тај начин спокојно у својој лажи као свилена буба у својој свиленој чаури. Песник Софокле каже у једној својој драми да се срећа и налази у одсуству разума; а један доцнији мудрац, хуманиста Еразмо, иде још и даље: он тврди да нема човечје среће без човечјег лудила; и да су баш лудилом често људи постигли веће циљеве неголи својом памећу.

Свакако, највећа зла ураде људи не из љубави за зло, него само због страха од живота; другим речима: више наших погрешака долази од страха него од глупости. Докази су многобројна наша кајања, и наше честе грижe савести. Сваки је човек по природи луд, али, извесно, сваки човек није по природи зао. Он је, како рекосмо, само по природи плашљив. Али пошто људи по природи мрзе оног којег се боје, значи да је херој, једини који се никог не боји, зато и једини који никог не мрзи. Херој место мржње може да носи презирање, значи једно осећање виших и бољих међу људима; а исто тако значи и да је плашљивац једини природно рђав, пошто је неспособан да презире. Истина, хришћанство не дозвољава ни презирање, као што не дозвољава ни мржњу. Према томе, религија љубави осуђује подједнако и мржњу и презирање. Али пошто херој никад не иде за тим да другом учини зло у свом презирању, као што уради зло плашљивац у својој мржњи, значи да је презирање ипак једно племенито и више осећање. Само чисти могу да презиру.

Човеково урођено лудило, које се сузбија једино вером и културом, излази из сваке крајности у коју он оде: тако је човек луд кад одвећ пије, или одвећ говори, или одвећ пуши, или одвећ једе, или одвећ ради. Сваки је човеков напон страсти једна мера његовог лудила. Човек је нарочито луд у срдњи. Стари Грци су прекидали седницу своје Скупштине чим би неки говорник прешао у љутњу, јер су га због тога наступа сматрали у стању лудила. Међутим, најбоље ћете човека ценити по ономе што он уради баш случајно и несвесно, а не по оном што уради размишљено и намерно. Јер да кажемо у парадоксу: слепа природа јесте једина видовити разум. Човек радећи само по инстинкту, ради следствено својој природи. Инстинкт, то значи природа дефинисана и морал опредељен. Само идући за слепим нагонима, човек одиста иде за самим собом; а, напротив, идући за разумом, он иде за извесним општим принципима, што у највише случајева значи да иде за туђом природом а не за својом главом. Могло би се стога рећи: случајност, то су божје појаве у човековој природи.

У свом страху од живота, човек иде често за извесним идејама, чак и кад су непомирљиве међу собом. Живећи у самим противуречностима, он и природно иде за многим идејама нелогичним. Иако изгледа да човек не разабира јасно правац којим иде, ипак тај правац често погоди, каткад и с великом прецизношћу. На једном месту Леонардо да Винчи каже како нема ничег у разуму што пре није било у срцу, и да је стога човек увек свестан зашто нешто воли а због чега нешто мрзи. Исто тако, можда подсвесно, зна и куда треба ићи кад и не види јасан пут. Значи противно од оног што каже Паскал, говорећи о осећањима, да срце има своје разлоге које разум не разуме. Међутим, људи су у стварима срца поверовали обојим од ова два противуречна гледишта. Они претпостављају извесне противуречности и самим начелима која су одвећ убедљива, зато што је у животу више противуречности неголи логике.

Каже се да врана врани очи не вади, и то људи сматрају истином; али се каже и противно: да змија змију једе, што се такође сматра истином. Значи да у страху од живота, човек лута кроз противуречности до краја свог века. Уопште, човек је лаком на готова туђа мишљења, добра или лоша, свеједно; јер је човек по природи инертан и болеснички лењ, и никад не би ништа урадио кад на то не би неким разлогом био натеран, па нерадо трља главу да себи све сâм објасни. Две трећине човекове памети састоји се од таквих већ готових туђих мишљења и уверења, навика и амбиција, које су постале већ неком јавном својином као друм или парк, тако да човек никад не види шта је у њему одиста његовог сопственог, а шта је присвојио од тог општег и свачијег. И сва људска историја саграђена је на тим противуречностима, да увек тражимо да неко други (лица, друштво, држава) брине нашу главну бригу. На заблудама, на маштама, на сујетама, на неистинама, почива и пола целокупног живота људског. Нико није ковач ни своје среће ни своје несреће.

Немогућно је изрицати право суђење о људима и догађајима из далеке прошлости, због чега и људска повест све већма узима само изглед романа о људима. Магбет, који је био савршен владар, насликан је као злочинац; а Лукреција Борџија, најбоља супруга и мајка, насликана је најстрашнијом вештицом и убицом. Све је на свету исковано у огњу страсти, а то значи у лудилу, пошто све оно што је могућно, човек сматра и вероватним, а најзад и стварним. Лакоумност лежи у основи размишљања понекад и најпаметнијих. Човек нема само смртни страх од других људи него и од истина, ако му нису пријатне. Овако збуњен и изгубљен, човек постаје престрављеним очајником, и зато злобним.

Чини ми се да је Мухамед рекао у својој књизи да нема ниједне тврдње која се другом тврдњом не даје оборити. Оваква једна слободна идеја одиста високо уздиже арапског пророка. Међутим, један европски филозоф каже сасвим обратно: да је велика мисао само она која се противном тврдњом не даје поколебати. Ја пак верујем да никад једна истина не може бити потпуном истином за све људе, тако различне по духу, по души, и по страстима и склоностима. У великим стварима живота људи чак иду више и за туђим навикама, него за својом природом. Уопште, човек страхује од тога да икад буде у нешто потпуно увереним, као и у нешто потпуно неувереним, знајући да се принципима робује дубље и тегобније неголи људима. Зато су и највећи духови падали из крајности у крајност.

Ова немоћ и страх од истине долазе једино из човековог страха пред животом. Стварно, и цела филозофија се дели само на два противна гледишта: спиритуализам и материјализам, две противне и противуречне тврдње о једном истом проблему.

По природи овако неуравнотежен и луд, човек је испунио свој живот небројеним страховањима, тако да је он ослобођен ове панике само у кратким интервалима између тих страховања. Ја ипак верујем да сва наша несрећа не долази од других људи; и да се треба бојати више комараца ноћу него људи дању; али, напротив, верујем да све несреће човекове долазе само од његових лутања и страха.

Страх је иначе, углавном, производ човекове маште која је увек једно болесно стање духа. У непрестаном маштању и страховањима од свега око нас, ми доживимо више него што доживимо у стварности, и то кроз цео дуги човечји живот. Највећи део наших несрећа биле су зато чисто имагинарне или безмерно претериване; а читаве катастрофе којих сте се бојали да их не доживите, никад нисте ни доживели. Због тог имагинарног света, наш живот изгледа начињен од хиљаду живота, а наша судбина од хиљаду судбина. Машта изврће чак и наше природне духовне особине. И кад смо најбољи, ми у својој машти често починимо највећа безакоња и права чуда: заклали смо неког свог непријатеља, поотимали другима њихове жене, запалили нечију државу. Ми смо можда већ по природи свију бића на земљи, и у дубини својој, преступници колико и чистунци, злочинци колико и хероји, лакрдијаши колико и мудраци. Најјачи је зато онај човек који успе да победи себе а не друге; а најбогатији је онај који се без лутања више шета у дворани своје сопствене природе, него на краљевским степеницама. Уосталом, само удубљивањем у своју личност, човек успе да боље позна и природу других људи, и одмери своје односе према стварима, и, најзад, да бар донекле потисне из себе наш урођени мрачни страх од живота. Што човек дуже времена живи у друштву, он све више живи у страху; и осамити се, то значи, у многом погледу, лечити се од страха. Усамљен човек је једини човек ослобођен; и самоћа је једино место где се не страхује. Усамљен човек се и најмање боји губитака, пошто усамљенику најмање треба. Пећински човек се једино бојао јаче животиње него што је он, док данашњи друштвени човек живи у страху од хиљаду привиђења. Углавном, извор све његове беде на земљи, јесте страх више од привиђања него страх од стварних могућности.

Човеков страх, према томе, долази отуд што он одвећ често помишља на могућност у којима би и Херкул постао неотпоран и беспомоћан. Једино је овај страх разумљив кад се тиче његове болести или његове старости. Ове две беде које човек ретко избегне, чине главни извор страха и највећу човекову трагедију на земљи. Међутим, има пуно људи који скоро никад не доживе какву тешку болест а још више њих не дoживе ни старост. Несреће су зато врло ретке, бар много ређе него што се мисли, и зато је страх од несрећа већа беда неголи праве људске катастрофе, и многобројнији неголи наши непријатељи. А страх, као извор мржње, јесте коб коју можда ништа не превазилази. Страховати, то значи умирати по сто пута дневно.

О РАЗОЧАРАЊУ

Многи људи имају осећање да су у животу били више пута разочарани неголи очарани. Чак људи уопште изгледају рођени са извесним нерасположењем према животу. Они целог века гледају с тугом на оно што је прошло, и са страхом према оном што ће доћи, а оба су ова осећања тегобна. Још и постоје неке ведре идеје о животу док смо у младости, која је сама по себи радосно пијанство маште, нерава, спола, мозга; а постоји у младости чак и илузија општа и свеобимна: само млади верују да је цео живот леп и сви људи добри. Доцније, сваких нових десет година, човек почиње све у животу поступно мењати: идеје, одела, врсте забава, врсте жена, волећи с временом што раније није ни подносио. Човек је углавном подељен на деценије по пуно својих страсти, укуса и навика. Међутим, општа идеја о животу коју нико нема, тегобна или ведра, ипак није зависна ни од дужине његовог века, ни од ширине његовог искуства. Та идеја је скоро увек меланхолична. Човек не престаје и да кроз сва своја доба и све своје промене, сматра људски живот тегобом и искушењем. Има и неколико религија које су проповедале како је живот једна казна над човеком. Хришћанство га чак сматра испаштањем праотачког греха.

Прво што човека озловољи према животу, то је несумњиво његова борба за опстанак. То би значило да човека најпре озловољи према животу рад који је у највише случајева напоран, често и веома мучан, а нешто изван човековог инстинкта, и против инстинкта. Кад људи не би морали гладовати не радећи, никад се не би прихватили посла. Дивљаци у шуми не раде него само лове, као и животиње, једино зато да не би умрли од глади. Само је с цивилизацијом рад постао поштованим, чак сматран и свештеним; а у Италији сваки рад сматрају уметношћу; „Лаворо" и „Лаури", то су две речи које иду заједно. Друго, човека озловољи према животу његово осећање да је све пролазно, а, према томе, и све бесциљно. Одиста, све што човек уради, то временом сâм поједе или сâм пообара; а свако зна да све што су једни пре нас урадили, други су то доцније опорекли или поништили. Ни жеља за новим, која би изгледала нагонском, није друго него, напротив, производ историјски. Значи изграђивање укуса и навика, а не нагон. Пре свега, укус да све раније сматра погрешним, а све ново добрим. Углавном, укус за новим долази из досаде, и по мржњи за туђе дело. Треће: човека озловољи према животу његов страх од смрти, од болести, од сиротиње, од старости, од људи, од животиња.

Због ова три главна повода за разочарање, а често и за очајање, часови правог човечјег спокојства, самопоуздања и оптимизма, изгледају малене и ретке оазе у великој пустињи човековог живота. И код највећих људи, код оних који су највише постигли својим генијем или својом храброшћу, постојали су часови оваквог урођеног разочарања који су код неких ишли до очајања. Нико није себе држао потпуно срећним зато што је нешто велико остварио, чак се није осећао стога ни довољно задовољним. Ипак најболније човеково разочарање, то је кад изгуби веру у своје сопствено дело. И сâм Христос, говорећи како је уверен да је он лично видео истину, а то значи познао Бога, истицао је како није уверен да је успео научити и друге да би и они Бога препознали. После овог, Христос је умро у очајању. Данте је хтео у једном тренутку разочарања да баци у ватру рукопис своје *Комедије*, коју су људи назвали доцније *Божанственом*. Наполеон је после пораза код Лајпцига попио отров, као што је тако урадио и после Ватерлоа, верујући да је изгубио битке против Европе, и после тога постао на свету излишним.

Велика је несрећа што се други људи упињу да и најбоље међу нама увере како их сматрају најгорим, и како је њихова заслуга ташта, а њихово дело без вредности; али је још жалосније што и најбољи међу творцима понекад поверују у такве туђе речи брже него и у своју истину. И највећим духовима је тешко у ма шта веровати без сваке резерве, па и у саме себе. Гете је с болом говорио како од створења света није нашао ниједну религију којој би пришао целом душом. Одиста, наћи своју религију, то не би значило само наћи своје спасење на оном другом свету, него пре свега бити спасен на овоме. Човек као Гете није се ни могао осећати срећним, ако у својој срећи није осећао присуство божје.

Верујем и да нико други на свету није био испуњен пуним спокојством, ако није пре свега био испуњен и осећањем верским. Ништа не може стати насупрот урођеном човековом очајању, осим идеја о Богу. Најлакше живи на земљи онај човек који верује у илузију верску, а можда такав човек најлакше и умире, чак и кад се сматра грешником, пошто прави верник верује да хришћански Бог не само суди него и прашта. У непрестаном вртлогу сумња и слутња, у паници која је урођена човеку и кад је херој — пошто нико није херој на целој линији — верско осећање је једини прозорчић на који улази светлост у човекову тамницу. Илузија или истина, Бог хришћански, принцип нематеријалистички и морални, то је несумњиво и нешто највише зашто се човек може да ухвати у часу кад га тло под ногама изневери. Побожан човек није никад сâм ни у празној соби, ни у пустињи, ни у тамници, ни на дасци поломљеног брода на пучини. Стари Грци до петог века су имали веру материјалистичку, обучену у раскошне бајке; али је затим, са сектом орфиста, грчки свет поверовао у детерминизам, што значи у божанско разликовање добра и зла, и то не више само детерминизам у космосу него и предодређеност у бедној судбини човековој. Велико је питање да ли ми имамо одиста тачну идеју о такозваној паганској радости. Никад ни стоичка идеја о дужности није можда могла дати човеку радост коју му је затим дала хришћанска идеја о божјем присуству на сваком месту. Стога једини хришћански Бог јесте одиста бог ослободилац свију очајника.

Ка разочарању су склони људи према њиховом темпераменту, а не према њиховом интелекту; јер је разочарање увек ближе крви и осећању него духу и памети. Ово се најбоље види код заљубљених, који никад не знају ни зашто су очарани, ни зашто су разочарани, јер заљубљеници живе у болесном напону маште и потпуној разузданости нерава. Неоспорно, по својој природи и по својој крви један је човек склон ведрини, а други је човек склон тузи; јер стварно, људи се рађају или само оптимисти или само песимисти. Наше васпитање и мудровање често нас уздигну и оснаже, али често и оборе и сломе. У битности, душа човекова је најмање променљива, док је дух увек у променама, чак и противуречним. Обично се мисли да су по крви ватренији и ведрији јужњаци који живе на сунцу, него северњаци који живе под ниским небом и без сунца. Али ово није ничим доказано, и зато је тачно само донекле. Разочарање је стога раширено по целом свету. У Петрограду се живело радосније него у Напуљу једног истог времена. Ескимљани су веселији него Египћани. Шпански писац Унамуно написао је једну лепу књигу *О трагичном осећању живота* код шпанског човека. Одиста, Шпањолац не уме бити срећним, нити уопште има смисла за срећу, и поред свог афричког сунца и својих океанских звезда. Кад је Шпанија била и највећа и најбогатија, Шпанац је био најтрагичнији, а чак и најубогији. Он је то осећање урођене туге изражавао и у својој цркви и вери које су хладне и језиве, и у музици која је болна, у плесу који је плах али загонетан, и ватрен али тужан, најзад и у свом сликарству које је трагично, и у историји своје државе, где је све гледано без усхићења. Церемоније су замењивале радост, а помпезност је замењивала љубав и усхићење. Шпанац никад није створио салон, ни саградио каква јавна места за свој народ, него је све урадио само за своје краљеве и за своје калуђере. По идеји о животу и о срећи, у Шпанији нема ничег блиског ни латинској Француској ни латинској Италији. Афричко шпанско небо више сагорева него озарава, а шпанско тло и само изгледа само наставак афричке пустиње. Истина, ако је и Петроград некад био весео, Русија је такође одувек била најпре земља меланхолије. Постоји онамо верзија о „руској рани", болној рани с којом већ дође на свет сваки човек ове словенске матице. Сва је руска музика тужна, а сва књижевност плачевна. Можда је још Француз једини успео да одржи равнотежу између среће и бола, и то успео својом животном мудрошћу колико и сухоћом своје маште. Чак можда и његовом површношћу идеје о пуној срећи. Француз је најмање човек носталгије и утопије.

А пошто разочарање, о којем је овде реч, није толико ствар уверења колико ствар осећања, оно је зато најчешће и знак слабости карактера. Јаки карактери нису уопште склони разочарању; они не верују лако да се могу преварити у својим мишљењима, нити да их други могу завести, или надбити. Јаки људи увек верују у своју срећу већма него у туђу. Има стога и таквих људи међу њима који верују да ни смрт неће на њих да наиђе обичним људским случајем, и да их у рату метак пушчани не бије и не погађа. Такви су људи често јачи него и силе у природи: не боје се ни воде, ни ваздуха, ни ватре. Такав вас човек запита: „Видите ли ону звезду?" „Не видим." „Е, ја је видим, а то је главно." Ако му кажете да је нешто немогућно, он већ поверује како то значи да је то само њему могућно. Неоспорно, и човек овог века, а нарочито човек последњих ратова европских, ненадмашан је у давању мере људске снаге и воље. А кад се човек одиста не боји ничег, онда је и јачи од свачег. Уосталом, за сва велика прегнућа главно је прегорети све оно што се већ има, а ово се лако постигне поступним прегоревањем. Човек се направи кукавицом, само навикавајући се на стално веровање о себи да је од сваког и свега слабији.

Разочарање, најкобније осећање, то је прав пут у очајање и у пропаст. Има много људи који уображавају поноре којих нигде није било, и замке где оне никад нису постојале. Ово су обично велики мученици маште и срца, људи који се боре са самим привиђењима. Најмања непријатност изгледа им почетак крупне несреће; а најмања болест им изгледа катастрофа на помолу. Има безброј људи који стога ништа крупно не смеју почињати, страхујући од тешкоћа које и не постоје, и од непријатеља којих и нема. Један начин да се избегне разочарање, то је узимати људске среће само за онолико што оне стварно значе: за игру судбине, за ствар случаја, за нешто које лежи изнад наше заслуге. Али за ово одмеравање треба не само пуно памети него и јаке воље.

Сањалице су карактером јаче него такозвани реалисти. Они су мање склони разочарању, макар живели више у фикцијама него у истинама. Сањалице су били откривачи континената, ослободиоци народа и светитељи своје цркве. Сан је друга стварност и највећа стварност; јер данашњи сан, то је сутрашња истина. Код људи од акције снага траје само докле траје њихов напор воље, а код сањалице снага његовог сна траје докле траје и његов живот. Зато је божански снажан човек мисионар који поверује да су сан и стварност једно исто, и да стога он и његова мисија такође значе једно исто. Сањалица ставља свој сан изнад живота, а све друге људе укупно сматра мањим од своје фикције. Зато нико није силан ако није и носилац неке више мисије, све су друге енергије људске, а једина је ова божанска. Један од двојице твораца хришћанства апостол Павле каже хришћанима: „Да бих добио Христа, сва сам друга блага на свету упропастио". А ма колико различан од апостола Петра, свети Павле се никад није хтео од њега одвојити ни разликовати, пошто их је љубав за Христа везивала дубље него што их је ишта друго могло међусобно одвајати.

Има и народа рођених за висока стања осећајности: Срби су пуни узбуђења, Талијани екстазе, Французи одушевљења, Немци романтизма. Међутим, други народи с њиховом силином осећају само мржњу, огорчење, осветољубље: Мађари, Бугари, Цинцари. Има и народа који место виших душевних стања живе у моралним стањима која нису ни дефинисана, и која изгледају површна, непотпуна, лакомислена, епидермична. Оваквим сматрају Румуне. Енглези сматрају да пре свега добро друштвено васпитање изискује не показивати своја душевна расположења, ни узбуђења, ни екстазу, ни одушевљење, ни романтизам. Зато их други сматрају хладним и себичним, кад су они само дискретни. Енглез је зато увек једини господар себе, и није случајно што је господарио половином других народа на земљи. Енглез је већ као морнар најмање склон да верује у тренутне несреће, и стога најмање склон разочарању. Немци су по природи склони песимизму. Шопенхауер и Ниче су песимисти и мизантропи.

Да се човек не разочарава у људе, пошто је то најкобније разочарање, најбоље је не делити их друкчије него сумарно: на добре и рђаве, на беле и црне, пошто људи стварно и нису друкчији. Све остало је, осим позитивно и негативно, у карактеру човековом углавном споредно, делимично, променљиво. Човек који је одиста добар, никад неће нагонски учинити никакво зло, а човек који је одиста рђав, никад неће нагонски пожелети да учини неком ни најмање добро. Луј XII није никад био друго него добар, а Цезар Борџија није никад био друго него покварен и зао. Трећи тип, то је морално глуп човек, онај који не разазнаје добро од зла. Овај је можда и најопаснији, али је он и најређи. Човек целог живота може да прави доброте или злоће, али је питање да ли је учинио пуно ситних добара, а само једно крупно зло, или пуно ситних зала а само једно велико добро. Да бисте га пресудили, треба знати да се човек једино разазнаје у оном свом крупном и битном потезу. Препоручујем вам да од једног човека имате стога на уму увек његов најјачи потез у животу, некакву његову нарочиту акцију, доброту или злоћу, и да се определите према томе, јер је човек у томе главном потезу ставио и изразио и целог себе. Остале су ствари у његовом животу биле случајне, или прорачунате само мозгом а не инстинктом. Онај један кончић који пролази кроз човекову афирмацију међу осталим људима, то је оно што је било јаче и импулсивније од сваке његове воље и намере, и зато битније и карактеристичније од свега. Ја сам увек покушао да сваком човеку нађем такав његов главни потез, главни случај његовог живота, и по њему сам скоро успевао да сазнам с ким имам посла.

Једино што спасава човека од разочарања, што значи и од очајања, то је опет немање страха ни пред људима ни пред догађајима. Наполеон је мислио да на овом свету има свега две алтернативе: заповедати или слушати туђе заповести. Стварно, трећа и не постоји. Човек је одиста рођен или да носи седло или да носи мамузе. Васпитати себе у храбрости, то не значи васпитати себе у разузданости, а још мање у свирепости.

Уосталом, храброст и свирепост се чак и искључују међусобно. Храбри људи никад нису свирепи, а свирепи људи никад нису били хероји.

О РОДОЉУБЉУ

Да ли патриотизам значи само човеково топло осећање за земљу у којој је рођен? Или патриотизам значи пре свега врелу љубав за народну традицију и језик? По речи *patria*, одиста би патриотизам значио осећање за тло свог племена, али по речи род, од које смо ми Срби направили лепу реч родољубље, то осећање би значило љубав за традицију и језик. Уосталом, ово обоје излазе на једно исто: пошто се и племенско тло обележава границом духовном а не физичком. Стварно, отаџбина, није ни тло, ни племе, ни језик, него колективни дух једног народа. Било је увек, а има и данас, пуно народа који живе на заједничком тлу, и говоре истим језиком, а не сматрају се истим народом. У старом веку је таква била и Грчка, подељена на разне земље, а Римљани су сматрали другачијим народима чак и насеља у римској Кампањи. У средњем веку су биле слично без јединства Италија, Немачка и Шпанија. Оне су међусобно ратовале као туђе једна другој. И данас двадесет држава и народа шпанског језика у Јужној и Средњој Америци деле себе на исте начине.

Колективни дух једног народа, то је производ заједничке прошлости, историје, заједно подељених срећа и несрећа, победа и пораза. Колективни дух зато представља истодобно и материјалну и моралну област: заједничке жртве у крви за исте принципе и за исти идеал. Патриотизам је стога једно велико породично осећање стечено историјским условима живота, осећање које захвата од првог до последњег човека целу масу народну, ма колико она била бројно крупна, насупрот осећању духовне блискости према суседним земљама и народима, које сматрају затим далеким и туђим, или њима непријатељским. У многим народима је постојао због овог колективног духа заједнички не само трон него и олтар. Један Народ, један Бог, један Краљ — то је био идеал и неких од старих држава. Патриотизам је одувек сматран и божанским осећањем у човека. Град Атина је имала своју сопствену богињу Атену која је чувала њену државу, другу него што је била богиња Атена којег другог града. Ако је један од тих градова био победилац или побеђен у каквом међусобном рату, онда се заслуга за победу или кривица за пораз најпре приписивала богињи, а тек затим оружју, а по потреби, тај је град и понекад обарао своје старо божанство, а себи бирао друго и ново. Међутим за хришћане су њихова Богородица или Христос подједнако обожавани у срећи и у несрећи, пошто добар хришћанин сваку своју несрећу сматра погрешком својом, а не божјом; или сматра све у свом животу казном и наградом небеском за заслуге или грехе своје или предачке. Из овог се види такође да је патриотизам у старом веку био свештеног и божанског карактера, а не људског.

У средњем веку су краљеви замењивали античка државна божанства: краљ је значио отаџбину, а краљева жена, син и кћерка носили су често у мираз и делове своје отаџбине или право наследства на њу. Ратовало се за краљеве и династије колико за веру и отаџбину, чак и пуно више. Истина, средњовековна монархија је сматрала себе саграђеном на камену Цркве, и од ње недељивом. Отуд је и власт папе била изнад власти краљева, нарочито онда кад су и саме папе биле постале и сувереними државе. Српски краљеви и цареви средњег века били су самодршци, аутократори, на начин византијски, и на својим саборима на којим су заседали племство и свештенство, представљали су с владаревом личношћу поменути колективни дух нације у његовој изразитој потпуности. Решаване су државне ствари на тим великим саборима на начин на који је цела отаџбина сматрала себе пуним учесником у тим зборовима. Цар Душан, главни законодавац наше старе државе ништа велико није решавао без сабора у Скопљу, Серезу и код Битоља. У та времена је одиста српска држава била и најјача држава на европском истоку. Бугари, напротив, никад нису постигли свој такав колективни дух државни. Због овога су се у њиховој средњовековној историји увек виделе по педесет година напретка и сјаја, да после те периоде увек наступи једно дуго раздобље помрачења и назатка. Увек је стара Бугарска била склона хаотичним кризама, због којих су свој државни систем подржавали ратовима а не културом. Ни Румуни никад у својој историји нису имали колективног духа, и никад нису постигли једну организовану државу ни трајнију династију, због чега нису имали не само сопствену античку латинску културу него ни средњовековну православну културу. Верујем стога да је на европском истоку српски патриотизам био најпросвећенији и најсвеснији. Династија Немањића, која је личила на дистастију флорентинских Медичија, по сјају и љубави за културу, и по низу својих владара све бољих за бољим, трајала је у том сталном напредовању колико и ма која европска династија средњег века. Може се рећи без зазирања да није било Срба, с том изванредном силом њиховог колективног духа, уопште Јужни Словени не би били сачували своје име ни језик. Али и да, нажалост, Срби нису имали сваког столећа по неколико својих тирана и зулумћара, они су до данас могли постати великим народом на оној страни Европе. Мисионарску задаћу српског народа међу свима осталим на Истоку, омело је увек по неко коло штеточина, себичњака, злочинаца, који су у више махова доводили и саме Србе до криза, чак и до расула.

Има људи који су по својој природи лишени осећања патриотизма. Овакви људи пређу из своје земље у другу земљу равнодушно као што дивља звер пређе из Конга у Судан, или као што птица пређе са гране на грану. Могло би се рећи да извесни људи немају патриотског осећања колико други немају осећања верског, или трећи осећања уметничког. Ово је једна велика несрећа човекова. Има само два осећања која су два највиша духовна богатства, поред којих и најсиромашнији човек не може бити потпуно убог: то су патриотизам и вера. Ко воли своју отаџбину, он увек живи у широком простору, на великом сунцу, у великој заједници, као што човек који искрено верује у Бога није никад ни сâм ни безнадежан. Без ова два осећања, човек је пропалица.

Највећи међу патриотима обдарен је извесном видовитошћу, јер су људске истине увек истине срца. Његов је видик увек безмеран пошто је патриотизам, кад је потпун, истовремено и племенит. Непатриот, то је, напротив, најпре глуп а затим лош човек. Никад људи нису били велики владари и генерали ако нису најпре били и велики патриоти, макар по таленту били даровити стратези, па чак и даровити законодавци. Да Александар Велики није имао велику идеју о људској заједници, не би због свог дела, започетог на чисто филозофској бази, ишао у Азију да ту идеју спроведи у персијским сатрапијама. Тврдња неких историчара оног доба како је Александар ишао у Персију само зато што је био дао свом оцу заклетву да ће се Персијанцима осветити за њихове инвазије у Грчку, и за њихово оскрвњење грчких божанстава, не одговара одиста ни уму једног Аристотеловог ученика, ни моралу једног од највећих војника старог века, моралу којим је био у свим делима инспирисан овај изванредни човек. Наполеон је, напротив, био најпре генерал и владар, а тек затим, и узгредно, француски патриот, што му се у многом погледу и осветило.

Патриотизам, то је, углавном, једна утопија, као и све велике унутрашње човекове истине, као и сама човекова идеја о срећи на земљи. Зато, и кад је најздравији, патриотизам је за половину мистичан. Швајцарска и англосаксонска Америка су државне творевине пониклe из практичног правног осећања, а не из историјског и племенског, али су и оне саме, временом, постале мистичним творевинама човековим. Тако, на пример, што код њих господари култ закона колико другде господари култ силе: у Америци се верује у закон државни колико се другде верује у божју правду. А сваки култ је мистичан у својој основи.

Зато теократија, систем владавине најназаднији и најгори, имала је понегде своју власт над људима какву никакви други политички системи нису могли имати. Индијанац сматра свога Брамана јединим Богом, опредељеним чуваром светих књига, највећим племићем, и најјачим грађанином. Само помоћу Брамана живе и остали људи на земљи, а без њега би сви помрли од глади и болести. Они су божанског порекла, творци ватре и воде. Они су јачи од богова, пошто они обарају богове и њихове олтаре; а важнији су и од краљева, пошто Брамани убијају и краљеве. Никад нису престале да буду теократијама Индија и Египат, расаднице свих величина. У Египту је фараон био увек рођени син Озирисов, зачет у ложници тога божанства с владајућом царицом. Тако су небо и земља били под истим жезлом. Египатска светилишта Саис и Хелиополис свагда су били стога важнијим државним средиштима од фараонске престонице, и ништа се није чинило без одобрења свештеника, а камоли против свештеника. Значи, у Египту се све радило слично као што се све радило и у Индији, једино заповешћу мага и

Брамана. Једини су Грци били у старом веку без теократије. Чак и без оне привидне као што је била теократија у Риму за време побожног краља Нуме. Ако су грчки свештеници у Делфима имали власт над духовима старог грчког света, то је било већма њиховим врачањем него политичким системима и филозофским доктринама. Најзад, у Грчкој није ни могао постојати државни режим који би, као у каквој теократији, био заснован на идеји да је човек рођен робом стога што је рођен грешним, носиоцем праотачког греха. У Грчкој је, напротив, и сваки роб могао постати слободним човеком, поставши културним, и тиме правно једнак и највећим људима своје земље. У Грчкој није могла постојати ни друга религија, него она какву видимо у Омиру и Хесиоду, пошто су грчку веру правили песници који су свагда били пророци слободе.

Наша српска средњовековна држава сматрала је такође себе, по примеру других истодобних држава, изграђеном на камену Цркве, али је ипак остала и заувек остала далеко од пресудног утицаја свештенства. Макар што је врховно српско свештенство у Немањићкој држави долазило из високог племства, бар добрим својим делом, ипак није никад оно излазило из оквира чисто верског. Свети Сава је био блиско везао Цркву и државу, и користио се лично многим својим везама и искуствима на путовањима по Истоку, али се никад није полакомио за световном влашћу, ма колико да је очигледно био велики државник. Наш црквени календар поред грчких и сиријских и латинских светитеља, има и своје сопствене народне светитеље, најпре међу својим владарима, а тек затим међу својим мученицима. Систем државе је до краја остао материјално независан од система Цркве. Међутим, блиска веза олтара и престола и у другим народима, била је извор великог патриотизма, кад год су олтар и престо стајали у међусобној равнотежи и доброј хармонији.

Противно се увек видело у противним случајевима: онде где олтар и престо нису били сагласни, или где су један другом били противни, патриотизам народни је био доведен у конфузију, и свршавао у расулу.

Љубав за тло народно, која се обично зове патриотизмом, није свагда главни мотив овог осећања, и није свагда ни у вези с правим родољубљем. Људи често оружјем бране заједничко тло и кад нису духовно блиски. Има такође и највећих патриота који оду у туђу земљу да тамо проживе цео свој век међу страним светом, а чак не губећи тиме ни трунку патриотске љубави за земљу свог порекла и рођења. Ово је врло чест случај с Енглезима, који су познати као највећи родољуби, али истовремено и као највећи космополити. Енглез напусти своје старо острво и одсели се на сасвим други континент, често чак и у једну младу и полукултурну средину, али само као што би у Лондону напустио свој кварт да се пресели у неки други кварт у његовом граду. Енглез лакше напушта Енглеску него енглеске навике: навике како једе, пије, чита и прави спортове. Он живи у Египту, и у Новој Гвинеји, и на Хавајским острвима, или на ма којем другом парчету света, лако и без напора: јер Енглез носи собом своју Енглеску где год дође и где год живи. Он је увек присутан у својој земљи, можда зато што је Енглеска флота на свим видицима света.

Отаџбина старих Грка је била у ксенофобији, а отаџбина старих Римљана је била, напротив, у идеји о заједници међу људима на основи римских државних закона. Свети Павле се с гордошћу називао римским грађанином, а кад је био оптужен, лично је отишао у Рим да му тамо суде закони његове државе. После Римљана су једини Енглези и Американци стигли овако далеко у човекољубљу и слободољубљу. У Индији би идеја о заједници међу људима била можда изражена само у Нирвани, пошто та провалија природно искључује све границе материјалне и моралне, па према томе и међе тла и разлике међу људима. Иначе *Књига Мануова*, индијска *Илијада*, јесте дело у којем се отаџбина не казује ниједном јасном речју, макар што је њу написао овај Син божји, који је и сâм себе сматрао Богом. Како одиста и да се схвати идеја отаџбине у тој земљи где у гомили господара и робова, бедни парија долази међу божјим бићима тек после слона и коња.

Идеја данашњег просвећеног човека о отаџбини полази одиста само од идеје о слободи. Отаџбина и патриотизам су у човековом идеалу истоветни, али су тако исто нераздвојни појмови држава и слобода. Оваква би идеја била и једина која би данашњег човека одвајала од човека старог века. Између два данашња човека, који су подједнако слободни грађани какве потпуно правне државе, постоји цела линија заједничких одлика, јер такво васпитање у идеји о праву и законитости природно искључује све ситне обзире и личног и расног егоизма. Швајцарски слободни грађанин има једно чуло више него какав Балканац. Слободни Француз ближи је слободном Енглезу него ма који други европски грађанин, ма колико одударао француски револуционарни патриотизам од енглеског конзервативног патриотизма. Нетрпељивост међу античким народима била је већа него и нетрпељивост међу данашњим народима. Она је извирала не од оваквих заједничких идеја о слободи као главном услову за живот, него из разлога верских или културних. Грци и Персијанци, и Јевреји и Египћани подједнако су држали сваки себе изабраним народом, а друге су сматрали варварима, или чак и нељудима. Египћанин није смео јести кашиком којом је пре њега јео Јеврејин или Грк, који су сматрани нечистим, нити се Египћанин женио Гркињом коју је сматрао расно порочном. Али ова осећања нису никад полазила од правних разлика међу народима. Персијски цар

Дарије, покоривши Вавилон, каже Херодот, разапео је затим на крст три хиљаде грађана угушујући победу Јонаца, чије је остале синове претворио у евнухе, а њихову земљу опљачкао и разделио. У таквим земљама није било патриотизма, пошто није било ни најмањег смисла о човечанској заједници, која је први пут дошла на свет појавом хришћанства. Разлика између ратног права старих народа и ратног права данашњих ратујућих народа јесте производ само идеје о човечанској слободи уопште, идеје која је културним револуцијама добила најзад главно место међу свим човековим осећањима и уверењима.

Патриотизам је растао с цивилизацијом. Он се најпре појавио као осећање племенско. До деветнаестог века је оно било осећање територијално и државно. Кажу да је патриотизам осећање рођено после битке на Валми кад су Французи одбранили револуцију од удружених странаца, који су дошли да их покоре. У средњем веку су народи ратовали за краљеве који су представљали главног човека једне људске групе на једном извесном тлу; ратовали су и за веру; ратовали су и за пљачку. Француски ратови у Италији, до Франсоа I, били су често пљачкашки. Немачка је ратовала у Италији због сукоба круне с папском митром. У српској историји су ратови увек били државни и национални, а никад верски ни династички. И Душанова припрема да заузме Цариград имала је свехришћански циљ: да спречи прелазак Азијата у хришћанску Европу, због чега је и добио папину титулу капетана хришћанства. Ратови српски у ново доба, били су опет ослободилачки, национални и државни, без труна верске нетолеранције или пљачкашке намере. Стога патриотизам који полази од идеје о слободи, а то је увек идеја о човекољубљу, јесте дело новог доба. Ово осећање је и једино што данашње људство одваја од тираније старог века, где су народи били састављени углавном од робова, који су радили за друге и припадали другима, и због чега идеја о нацији и о отаџбини, у нашем смислу, није могла ни постојати. Патриотско осећање, дигнуто до највише финоће и човекољубља, то ће бити идеал будућег људства. Просвећен човек не може истински волети своју отаџбину, ако њоме владају тирани, а не може ни мрзети туђу земљу, ако у њој господаре слободни закони. Било је одличних духова који нису могли живети у својим земљама као у тамници или на вечној робији, ако су сматрали њихове законе погаженим. Русо и Бајрон су бежали сваки од своје отаџбине зато што нису одговарале њиховим идејама о срећним земљама. Шопенхауер је сматрао својим униженим што је био Немац, а Ниче је био несрећан што није био Француз. Идеја о отаџбини била је у духу ових великих људи виша него и идеја о њиховој сопственој земљи. Ово значи да идеја о отаџбини узима у нашем духу већма границе једне моралне области него физичке.

У нашој српској држави, од почетка њеног новог живота, био је безмало увек на челу по један човек склон апсолутизму: после Вучића је дошао кнез Михаило, доцније краљ Милан и Александар Обреновић, а после Живковић, ма колико људи лично поштени и храбри. Држава наша до Уједињења никад није била у пуној мери правна сем периоде владавине краља Петра I (1903-1918). Краљ Александар није, колико ни његов отац Петар, никад сањао да буде диктатором, чак ни најбољим, а камоли најгорим, нити је желео да обара уставе на које се био заклео народу, а, међутим, доведен је за мало времена до тога да туђе погрешке плати својом смрћу. Апсолутисти су увек чинили да наша земља сваких десет година долази у кризе у којима је изгледало како стоји пред својом коначном пропашћу: 1828-'38-'48-'58-'68-'78-'88-'98-1908-'18-'28-'38, и то астрономском тачношћу. Често су нашом земљом управљали политички спекуланти и бирократи. За четрдесет година колико сам учествовао у животу своје земље, редак је био министар који се раније био одликовао као научник, као беседник, као писац, као утемељач неке институције и зачетник једне идеје. Почесто све је ишло подражавањем и плагирањем малим досеткама, малограђанским сплеткама и плашљивим новотарењем.

Међутим, једној земљи нису потребни ни јаки људи, него јаки принципи, ни диктатуре најбоље и најпросвећеније нечије воље, него диктатуре добрих државних закона. Такозване људе „јаке руке" траже само слаби и сервилни народи, а просвећени траже само јаке институције и неумитне законе. Енглеска од Кромвела није више знала за диктатора, нити је Француска већ цело једно столеће имала иједног узурпатора. Несрећна је земља која има на управи сваки час по једног Спаситеља. Да је Робеспјер живео у доба Лењина или Хитлера, и он би био човек момента и њихов савезник. Један Немац је писао некад за Робеспјера: „Он свугде у себи види божјег изабраника, и баца на све и на сваког страшни поглед презрења. Ако оде до краја за својом главом, догодиће се катастрофа." Доцније се чак сазнало да је Робеспјер био копиле у једној породици поједеној сифилисом.

Стари Грци су веровали да је корисно само оно што је праведно. А зато што су онда неки песници говорили противно, Платон их је прогнао из своје републике. Макијавели је такође у његовој републици тврдио о правди противно од Платонове идеје, али зато доктрина макијавелизам представља данас за сваког просвећеног човека појам једног старог и пропалог друштва. Неки антички филозоф је тврдио да је и Хомер говорио како су Зевс и Минерва саветовали Тројанцима да прекрше своју заклетву о примирју, али су затим други филозофи ово порицали, нападајући и самог песника *Илијаде* да је у овој ствари говорио безбожну неистину.

У Француској кажу да је величина њихове историје дело четрдесет француских краљева. Могла би и Немачка тврдити да је њена величина дело четрдесет њених научника. И Италија би могла тврдити за своју историју да је дело четрдесет њених тирана. Најзад, и Палестина је била дело њених четрдесет пророка и законодаваца, од којих је Соломон био мудрац, а Давид песник. Али у српском народу све је одиста дело само његових хероја, а све је његово зло долазило од његових кукавица, који су били узурпатори. Нашој младој земљи је била потребна најпре заједница у идејама, да би затим постојала заједница у принципима, а ми то никад не постигосмо. Треба пожелети ово бар онима који у нашој земљи буду долазили после нас: друштво хомогено и културно. Културни људи су често за више него једно столеће опстанка наше државе, напротив, у нас остављани по страни, а у врховима су стајали удворице краљева и јатаци безочних тирана. Културни људи су у неко време и сматрани за опасне. Некакав Милоје Липовац тражио је већ 1828. године да се искорене сви писмени људи у Србији, пошто они шире незадовољство и трују народ.

Углавном, само тираније прогоне знамените људе, пошто тиранин све апсорбује у самог себе. Кад се рекло да музе ћуте онде где ударају мачеви, то је значило у ствари да све велико замире у земљи у којој нема унутрашњег мира. Интересантна је била Цицеронова љубав за краљеве, и то за римске краљеве који су први створили стару римску државу, макар што су и сви редом били затим поубијани или протерани. Цицерон, који је видео страшну тиранију свога доба, замишљао је, напротив, чак и примитивну римску краљевину као земљу патријархалне чистоте. Тиранин, каже Цицерон, може бити и милостивим господарем, али да су и поред тога ипак сви остали у држави само нечије бедне слуге, а да слуга не може никад бити задовољан нити се од њега може друго очекивати него покорност. Робови се, међутим, могу бунити само као бедни и унижени војници Спартакови, а не као просвећени грађани Француске револуције, што значи да тиранија убија у човеку чак и инстинкт свесног и здравог бунта. То јест буне се само они који нису слободни довољно, а не они који нису слободни никако. Тиранија, то је помрачење чак и свести о правима и законима.

Патриотизам српски огледао се на бојном пољу увек према оном колико су били слободни режими у његовој земљи. Држава старог краља Петра је била најслободнија какву смо у историји икад имали, и стога су се његови војници показали најхрабријим у Европи. Још је и стари Катон говорио да само правда везује људе, а неправда да их раздваја.

Једна је истина свакако непобитна: само су несрећни људи увек незадовољни, али, углавном, и зачудо, само људи срећни дижу револуцију. А то је стога што по свом инстинкту човек тражи увек суфицит, пошто нормална срећа није ником довољна. Властодршци се и сами труде да својим народима дају слику државе онакву каква одговара њиховој идеји о срећи и величини. Италијани уверавају свој народ да је њихова држава увек слична оној која је са четрдесет својих легија владала некад од Балтика до Нила и Еуфрата; Немци, да је њихова држава тесна за један народ који је виши него ма који други на земљи; Срби, да је њихова земља налик на нашу патријархалну задругу где млађи слуша старијега, и где нико не краде; Французи, да је њихова земља буктиња која иде пред свима осталим народима; а Енглези, да је Енглеска најбржи брод за Индију, највећа банка на земљи, најугоднији бар и голф-клуб, најпоштенија кућа самих лордова и спортсмена, и где за све ово нико нема један од другога већу заслугу.

Енглези су и сами добро познали у својој историји да народи нерадо признају туђе заслуге, колико год радо истицали грешке и најзаслужнијих. Зато они најмање величају своје историјске људе. Али ово нарочито знају Французи, чији су најогорченији каламбури ишли увек на адресу највећих међу њима. Творац величине француске монархије био је Ришеље, узурпатор свих права монархових, а, међутим, не само да су за време његовог живота биле коване најљуће завере против њега него су га и сутрадан после смрти спомињали као злочинца, и затим кроз цео један век, као вукодлака. Уосталом, у сваком народу, и за време свих режима, има увек више незадовољних него задовољних, па макар режим био и најбољи; јер човек по својој природи верује да од доброг има и још боље, и да је зато увек потчињен, и увек преварен. Сенека говори негде како је једног дана расправљао у Сенату да би римски робови требало да носе другачије одело него слободни људи, али да се брзо осетило и у Сенату каква би опасност претила кад би и робови затим почели да броје своје господаре, и да тако по оделу брзо разазнају колико има једних а колико других.

О КАРАКТЕРУ

Једно од најплеменитијих осећања човекових, то је моћ индигнације. Има људи који се не могу ни усхитити ни индигнирати, а само изабрани људи могу да се усхите пред великим, и згнушају пред ниским. Ова два осећања, усхићење и индигнација, иду напоредо. Простаци знају једино да се обрадују и ражалосте, или само разљуте, и затим само разоноде, а једино човек господских осећања може да подједнако реагира, и то до физичког потреса, исто тако на оно што је сублимно, као и на оно што је недостојно. Моћ индигнације долази стога од човекове велике моралне чистоте, и од његовог високог смисла за живот и његових највиших начела. Господин, то је увек витез, који по својој природи никада не зна за цинизам.

Жена не уме да индигнира, него само да се увреди, зато што у жени има више охолости него поноса, и више укуса за формализам него за суштину. Према томе, осећање индигнације је углавном особина мушкараца. Енглез је пун частољубља и лако увређен, али зато нико неће ни толико штедети туђе частољубље, ни теже казати другоме увреду него Енглез. Човеку чистом по духу не падају уопште недостојне ствари на памет, као да оне и не постоје, и као да стварно нису многобројније од добрих и чистих; јер пут части је увек само један, и увек врло кратак. Кад су тражили католици Карлу V да спали кости Лутерове, он је с индигнацијом одговорио: „Ја ратујем против живих, а не против мртвих". Тај шпанско-германски цар је био оличење средњовековног витештва, и он је веровао да витез треба да буде не само најхрабрији него и најчистији. Међутим, његов син Филип II, на његовом би месту, изгорео Лутера и живог и мртвог.

Осећање индигнације, то је одиста сигурна мера колико се у извесном човеку не могу никад побркати зло и добро. Осећање индигнације, то је брза реакција здравог духа на једну злу идеју, као што је реакција здравог стомака брза на покварен ваздух или на устајало јело. Макар ствар била и ситна, ако је недостојна, она често узима у духу човека отменог и племенитог обим једног целог животног начела. Многи људи, индигнирани у својој чистоти, бацили су се због те индигнације у самоубиство чешће можда него због и ма чега другог. Кад какав владар нема овог високог осећања о начелима, може он и људима владати али га никад људи не могу волети. Спиноза је с индигнацијом одбио проклетство Синагоге, али је с истим гнушањем одбио предлог француске камариле да своју *Етику* посвети краљу Лују XIV, који му је за ово и сâм обећавао пензију. Индигнација, то је, дакле, једно осећање хероја.

Главно је за срећу човекову на свету имати једно урођено господско осећање живота. За господовање, нису потребне паре, јер је господско осећање независно од материјалног богатства. За господовање треба имати духа пре него новца; и господовање значи најпре један виши живот и душевни, и духовни и морални. Обични људи сматрају срећом само суфицит који им претече од оног што значи материјално богатство; а простаци сматрају богатство и господство једном истом ствари, док су то, међутим, често и најчешће, две ствари сасвим супротне. Господином може бити само човек од господске и господствене расе, а, према томе, господско осећање живота јесте једно крвно наслеђе, као боја очију, косе и коже. Није дакле главна несрећа што је неко сиромах, него је несрећа ако су његове страсти фукарашке. Најбољи људи носе своје злато не у џепу него у срцу. Једно унутрашње сунце целог њиховог живота обасјава и позлаћује све на свету чега се дотакне њихова рука и њихова мисао. Овакви људи су обично и религиозни. Истинско религиозно осећање иде за улепшавањем човековог карактера више него икоје људско умовање. Уосталом, има три врсте побожних људи: они који одиста верују, а затим они који од Бога само страхују, и најзад, они који га љубе, такозвани теофили. Први, који одиста верују, то су људи који имају потребу да се увек цели унесу у ово натчовечанско осећање, стављајући своју веру не изван разума, него изнад разума. За њих логика човекова није врхунац у космосу, пошто постоји и логични живот у природи, који чини да свака звезда изгреје у свој сат и сваки цвет процвета у свој дан. Таквом је човеку већ само овакво сазнање довољно да буде побожним. Сматрајући како је овим самим осведочењем већ нашао свог Бога, он му даје затим и људски физички облик, пошто је најсавршенији. Други од верника, они који од Бога само страхују, то су савести непотпуне и себи недовољне, које закључују да свугде има неко који господари, па чак и у свемиру, и које сматрају да и разбојник треба најпре да се прекрсти да би његова пушка погодила. И, најзад, верници трећи, побожњаци или богољупци, који су већ и у старо време били познати и добили овакво име (теофили). Ово су обично сентиментални духови, који сматрајући Бога највећом добротом и највећом лепотом, они у свом срцу створеном да све гледа кроз љубав, дају прво место Богу. Он затим постане извор свих њихових усхићења и свих узлета. Никакве помисли код оваквих верника на космогонију нити какве везе са самом догмом. Увек више љубави него праве вере. Богољупци су могли да певају Богу цео дан, да за њега посте, и да се шибају, и да за њега умиру с радошћу, али ипак и не знајући за своју удаљеност од праве вере, овако удаљени од саме догме.

Сви побожњаци имају једну исту дубоку основу да живот схвате на велики начин, и да ништа не ураде без везе са својим идеалом, који једино налазе у чистоти вере. Могло би се, одиста, категорично тврдити: да човек који верује у Бога, верује у све друге величине око себе; а човек који не верује у Бога, тај извесно не верује ни у што друго.

Један велики проблем у карактеру човековом, то је искреност према себи самом. Одиста, човек никога не вара колико себе самог. Он је посведневно прва играчка своје сопствене амбиције, сујете, сензуалности, пасивности, шкртости, распикућства, дрскости, страха, глупости. Он нема никад довољно памети да сâм провери своја осећања, и да сâм одмери своју праву снагу. Због тога и измишља принципе, и импровизира осведочења како би пред светом сакрио своја лоша дела иза њих, а нарочито да би сâм пред собом оправдао своје поступке. Човек по својој природи лаже сâм себе, прикрива, изврће, маскира. Нико не може избећи оваквим случајевима самообману. Нарочито сваки човек живи у заблудама како одиста увек ради по неким начелима и по доброј савести. Зато су и многи тирани мислили за себе да су спаситељи, дрски злочинци да су стварно хероји, а праве кукавице веровале да су само пример мудрости и опрезности. Човек на овакав начин себе самог, пре него друге, обмањује и у љубавима и у мржњама. Нарочито никад ни сâм није довољно сигуран с колико разлога некога мрзи или некога воли. Љубави и мржње подједнако су због овога и назване слепим. Ја верујем, поред тога, да ипак на свету има више љубави него мржње. Природа је склоност човекова да између себе и осталих људи радије постави равнодушност него заинтересованост. Човек се, по природном страху од живота, клони и љубави и мржње, пошто оне подједнако компликују човеков живот.

Али свако има неодољиву овакву потребу да обмањује своју машту хиљадама шарених претпоставки, као и хиљадама противуречних слика. Од њих се, уосталом, и састоји човеков унутрашњи свет. Човек је уопште лаком да верује најпре у оно што му је најмилије, и зато углавном и пресуђује ствари увек према симпатијама и антипатијама, а не према осведочењима. У томе и лежи хиљаду кобних замки и жалосних обмана.

Пошто човек већма воли идеју коју има о себи, него што воли и самог себе, он стога има и страх од правих истина. Човек је сâм себе створио више него што га је створила и сама природа; а оваквог каквог је он себе изградио, он верује и да је изграђен погодно свим приликама у којима мора да живи. Значи, човек најпре живи у лажи о својој сопственој и правој природи. Уосталом, кад би човек био искрен према себи, не би никад могао бити ни лажан према другом. За искреност према себи, која човека никада не би завела на странпутицу, потребна је пре свега једна урођена храброст, снага карактера, укус за начине, идеја о животу, и љубав за друге људе. Значи врло много. Има једна неоспорна истина: ако се и најпаметнији човек често превари, поштен се човек никад не превари. Поштење је једно велико око и велико ухо, увек отворени и будни у човеку. Поштени људи су стога најчешће и мудраци, пошто без поштења не може бити мудрости, која се састоји од истина.

Неоспорно, добра ћуд, коју зову и нарав, утиче, колико и лична философија, и на саму дужину нашег живота. Људи ретко умиру од старости, и обично умиру од болести; а болести су телесне и моралне. Нико није сигуран у дужину свог века, пошто од болести умиру и млади колико и стари. Свакако, дуже живе доброћудни и племенити, него зли и лоши. Али не и по правилу. Ни карактери ни ћуди не опредељују људима колико ће дуго живети. Три су велика човека живела исти број година, иако су били потпуно различити по својим карактерима и ћудима: Волтер је живео осамдесет четири године, а био је веома пакостан; а Виктор Иго је исто тако живео осамдесет четири године, а био је врло сујетан; и најзад, Гете је живео такође осамдесет четири године, а био је ведар и олимпијски далек од свих малих људских пакости и сујета. Према томе, ови разни људи и овако различити карактери, нашли су можда баш у самим себи и својим навикама и ћудима потребне могућности за дуг живот: Волтер је то можда нашао у својој пакости, Иго у својој сујети, а Гете у својој олимпијској ведрини.

Запамтите да никад није у човеку потпуно усамљена једна његова велика врлина или једна велика мана, иако је сваки човек, углавном, носилац или једне нарочите врлине, или једне нарочите мане. Другим речима, поред једног великог недостатка у карактеру, или једне велике одлике, увек постоје још узгред неки други недостаци или неке друге племените одлике. Скоро увек једну велику одлику прати још нека велика одлика, или какву ману, прати бар још нека мања мана. Наиме, ако је неко храбар, онда је и несебичан; ако је издашан, онда је и искрен; ако је чедан, онда је и дискретан; ако је побожан, онда је и оптимист; ако је уравнотежен, онда је и племенит и љубазан. Као и обратно: ако је неко лажов, онда је и лопов; ако је себичан, онда је и тврдица; ако је неправедан, онда је и свиреп; ако је лењ, онда је обично и циник; ако је фанфарон, онда је сигурно и варалица; и најзад ако је брбљив, онда је често лењштина.

Мали и свакидашњи живот обично сведе све људе на приближно исту меру по многим њиховим особинама карактера. Због тога људи често приписују све што им се догоди у животу, не својим одликама или манама, него лудој срећи и голом случају.

Права је несрећа што ниједан човек не познаје довољно зашто је одиста створен, и колико је одиста способан, а зато никад не може знати ни шта га чека у животу, ни колико је он сâм господар своје судбине. За време ратова, приметио сам да су неки људи, раније сасвим непознати и неопажени, наједном у рату постали херојима, чувеним и славним. Први који су тим својим одликама били изненађени, били су ти сами хероји. Одиста, извесни су људи малени само у малим приликама, а велики само у великим приликама, што је случај с многим народима. Једино се можда човеков талент, од свих његових особина, не даје никад прикрити, пошто он избије, најзад, и неодољиво, или у речитости, или у акцији, или у мисаоности, или у књизи, или у мрамору, или на платну, или на железу, или на каквом практичном делу. Има људи на које већ спочетка падне један млаз светлости с неба, и која му више не даје да се икад изгуби у помрчини. Кажу да се не да прикрити ни богат човек, јер се нечије богатство доста брзо и лако наслути и прокаже. У Срба има изрека: „Пара лаје".

Не даје се прикрити ни лукавство, чак ни кад је најсуптилније. Лукав човек се изда не само речима него и лицем, и покретом, чак и предисањем. Уосталом, само су глупаци лукави, а само интелигентни људи могу бити наивни. Лукавство није извор некакве идеје о животу, а наивност сама по себи увек представља извесну идеју о стварности, макар обично идеализирану, и обично направљену према нечијем сопственом духу, нарочито извесном темпераменту. Наивни су они људи који о животу имају бар своју илузију, а лукави су, напротив, осуђени да увек изобличавају и деградирају праву истину. Наивност је сувишак здравља и снаге, а лукавство је, напротив, перверзија, и страх од људи и од живота. Наивност, то је младост срца, чак и кад је човек у његовим позним годинама. Наивност, значи улепшавати све око себе. То је сан у коме је све лепше него у истини. То је направити унутрашњи критеријум већим и од спољних доказа. Наивност је, дакле, особина лепих душа. Најдаровитији људи обично су и наивни људи. Чак су такви и највиши творци. А пошто ови имају увек право, значи, срећом, и да је на свету ипак више добра него зла.

Најнесрећнији су у животу тврдице. За тврдицу је неки стари филозоф рекао како је вечити сиромах, пошто му никад није довољно оно што има. Додајте овоме да тврдица није ни само тврд на пари, него и на лепој речи, и на праведној помисли и на добром савету, и на корисној услузи, значи на свему што иде на туђе добро. Ништа у историји једног друштва или једног народа нису привредили људи тврдице, а пуно су порушили, и нарочито пуно покварили. Волтер, безбожан и лихвар, био је тврдица јер је рђав човек; он је мрзео скромност и великог Русоа, а удварао се сујетним владарима и ситним дворанима. Цицијаштво није узрок него последица урођеног зла у човеку. Циције су носиоци једне несрећне људске природе која је поремећена, и која може да иде до преступа и до злочина. Чувајте се циција више него и распикућа! Циција је пре свега порочан човек, ма у којем смислу личног морала. По пороку цицијаштва познаје се и синтетичан случај нечијег карактера, а не само једна изолирана духовна погрешка. Циција, на пример, ништа стварно не воли, и никог стварно не трпи; он је несрдачан и непаметан; а кад изгледа и интелектуалац који у нешто верује, он је хладни и безочни церебралац који је нешто само срачунао и пребројао. Он вам даје обично руку ледену, реч несадржајну, осмех мрзовољан, пријатељство иронично, а непријатељство пуно страховања и сумњи. Циција је, углавном кукавица...

Као интегралан човечји карактер, помиње се свети Григорије Велики. Био је учен, храбар, скроман, побожан, великодушан, савршени тип светитеља опредељеног да буде херој свих врлина. По својој вољи, он би одиста био остао до смрти калуђером у ма каквом убогом италијанском манастиру, да га други људи нису поставили за заменика светог Петра на његовом престолу у Риму; а прикривао би и свој велики талент, да га нису означили једним од четворице такозваних доктора, или Светих очева, хришћанске Цркве, поред светог Амброзија, светог Јеронима и светог Августина. И многи су се песници одликовали лепотом својих карактера; јер, неоспорно, поред великог ума неопходно је потребно за једног великог творца имати и пуно духовног поштења. Данте је био такав частан и поносит човек. Он је одбио да се врати у Фиренцу, ако та његова отаџбина не утврди најпре на својим судовима да је био из ње неправедно протеран. Гете је био такође врло частан и врло поносан. Шекспир је био чак и пример изванредне честитости. Истина, Хајне је био морална наказа, као што уосталом и сâм признаје.

Свакако, најсрећнији су у животу уметници, али прави уметници, творци, а не професионалци и шарлатани. Уметничко стварање представља један ненадмашни извор среће човекове, јер прави уметник не може никад бити потпуно несрећан. Неоспорно, мало их је правих међу толиким уметницима. За стварање треба пуно снаге и пуно крви, јер је уметност ствар крви и спола колико и духа и главе. Уметници су велики љубавници. Грци су говорили за неког неплодног да нема олују у стомаку. Олуја, то овде значи крв и спол; јер само љубећи силно и сполно, ми стварамо. Слике славних љубавница из ренесансе сликали су уметници у својој љубавној грозници. Пракситeл је вајао лепу Фрину као *Венеру Книдску*, најлепшу Венеру старог века, лудујући за лепотом ове куртизане за којом је, уосталом, и други цео свет лудовао. Чак лудовао и за том њеном статуом, којом су многи хтели да се ожене. Спол је мучење из којег избија стваралачка искра. Због тога је уметницима и често допуштен извесни морал који не би био допуштен профаним људима. Човек воли и уметност најпре сполом; спол је једино што плоди.

Због овога су и уметнички карактери веома лични, затворени у своју природу, и најзад нетолерантнији него карактери других људи. Уметници су заковани за своју сопствену природу и зато врло искључиви. Чак и онда кад су и сами под утицајем својих претходника, а ово су скоро увек. Вагнер долази од Бетовена и Глука и Баха, старијих музичара; Дебиси долази од Бодлера и Верлена и Вајлда, од песника; Ередија се инспирише историјом; Теофил Готје сликарством. Данас уопште књиге више личе на живот, неголи живот на књиге. Бетовен није у својој музици описивао свој лични живот, као што је то радио један Шопен, који је опевао сваку своју срећу у љубави као и сваку женску превару. Међутим, сви су ови уметници били и врло лични, чак најличнији, јер су сви извлачили своју уметност из понеке своје сопствене историје. Нарочито је ова уметност производ љубавних доживљаја. Познато је и да су и највећи хришћански мистици говорили о Богу и Богородици љубавним језиком; а ни *Библија* није могла остати без *Песме над песмама*, најлепше лирике о профаној љубави и о плодним жељама. А човеку је све најпре човечје и сполно, што не значи ни развратно ни нечисто, пошто ништа није ни развратно ни нечисто што је у суштини најпре природно и здраво. Код најбољих духова, уметничко стварање је било у најближој вези са свакодневним животом.

Човек који мрзи људе, мрзи и истину; и обратно; ко мрзи истину, тај је неминовно и човекомрзац. Љубав неког човека за његове пријатеље, јесте и најсигурније мерило за хиљаду других његових осећања. Човекомрзац је нетрпељив у свима својим односима према друштву. Човекомрзац се најпре прокаже тиме што верује да је увек он једини који има право. Али је он зато и први који одмах поверује у једну заблуду и један порок. Он је неправедан у свему што ради. Човекомрсци су били обични рушиоци и у историји и у Цркви. Човекомрсци су многобројнији у друштву него што се то верује, и нарочито него што се то види. Људима који су склони да буду човекомрсци, место човекољубиви, требало би најпре забранити да буду ово троје: краљевима, судијама и учитељима. Човекомрзац је по правилу увек тужан.

Пуно људи уопште и не зна шта је радост, а зато не зна ни шта је доброта; јер без радости нема доброте, нити ико има права да од несрећника тражи доброту. Извесни људи су радосни док су у нарочитом физичком расположењу, и напону здравља и крви; али духовна радост је друго него физичка радост, што не треба бркати: духовна радост долази од уверења о добру и од лепе идеје о животу, значи од осећања благородства и човекољубља. Физичка радост је чисто животињска.

Има људи које мрзе њихови непријатељи, али има и људи које ни њихови пријатељи не воле. Може се сматрати срећним онај човек који осећа да га други бар радо подносе. Први услов да вас неко и заволи, то је свакако да му дискретно најпре прикријете ваше најбоље одлике; и то бар за онолико за колико опрезно прикривате ваше мане. Треба нарочито прикривати своју супериорност из деликатности према недостацима других. Енглези ово сматрају добрим васпитањем. Ако људи најзад добро осете сву вашу супериорност, учините све и да вам је опросте, као што треба урадити да вас не сажаљевају одвећ за какву вашу невољу. Знајте да вас људи не могу волети осим ако верују да ви сами себе претерано не волите. Они ће бити и услужни, само ако буду сигурни да ви пуно не очекујете од њихове услужности. Симпатије међу људима не долазе увек због истих идеја или уверења, као што ни антипатије не долазе једино због разлике њихових васпитања или њихових ћуди. Људи се, напротив, зближавају ни сами не знајући на каквој су се ситници заједнички загрејали. Свакако, зближују се по њиховим одликама. Извесно је да је деликатност најсигурнији начин којим се пријатељства постижу, а нарочито и да се она временом одрже. Нарочито треба запамтити да нико не воли да се диви другоме већма него себи, нити да дође у подређен положај, ни према највишем међу људима. Због овог је потребно лагати добронамерно и претварати се недужно. Стари Римљани су имали реч „благодетна лаж", *pia fraus*. Тако човек избегне истицање међу пријатељима ко од њих стоји на првом, а ко на другом месту. Људи се зато највише зближавају на ономе што је у њима заостало од детињег и младићког. Младићи једини не суде другог према ономе што их од њега разликује, него према ономе што их зближава. И најмудрији људи не треба да забораве ово: у свакој шали има пола истине, али и у свакој истини има пуно шале. Пријатељства се највише кваре међусобним изналажењем разлика и разних крајности. Никад не треба имати чешће право него што га има други. Треба чак дати људима прилику да вас хватају у грешкама, и да вас жале.

Постоји одиста комедија људи и комедија живота, а сазнање о томе олакша много разбијање главе да се неке необјашњиве ствари брзо објасне. Има, међутим, људи који, напротив, по својој несрећној природи одвећ све уопштавају, и све пажљиво каталогирају, морализирају и интелектуализирају, чак и кад су посреди најпростије случајности или најобичније игре ситних људских страсти. Тиме постигну само да свој живот испуне самим ђаволима више него и што је Шпанија испунила своје небо свецима. Покушајте, напротив, узимати већи део људи за комедијаше, за снобове, за манијаке, за лудаке, а најчешће и за глупаке, и онда ћете за половину олакшати свој сопствени терет живота. Не узимати одвећ озбиљно чак ниједан велики део самих озбиљних ствари и потпуно озбиљних људи. Ово правило не би било увек ни лошом намером, ни лошим рачуном, него једном мером опрезности према ономе што је у њима одиста превртљиво и променљиво. А према томе и опасно, не само за лаковерног и невиног, него и за човека закованог за саме принципе и тврда уверења.

Нема, извесно, никакве врлине која превазилази љубав човека према човеку. Има једна генијалност срца која превазилази генијалност ума. Један грчки филозоф саветовао је својим Грцима да не побеђују друге народе зато да би убијали и уништавали непријатеља, него да би умудрили своје противнике како би их затим направили својим савезницима. Зар није овако поступио и ученик Аристотелов, млади македонски краљ, кад је чак покушао да измеша у Азији грчку и персијску крв, а да у Европи уради то исто, посејавши по њој персијске колоније. Један други сличан историјски пример човекољубља који памтим, то је случај Фламинија, античког и првог римског освајача Грчке. Он је у Делфима принео на жртву грчким боговима сребрне штитове својих генерала, међу којима и свој сопствени, што је требало да значи како је принео жртве Аполону, не као римски победилац, него као грчки генерал. Ово је и доказивао одмах тиме што је вратио грчким земљама све њихове грчке законе. Сâм Плутарх, који је био Грк из Херонеје, пише како је Фламиније одиста поступио на начин да Грци, онда у свом моралном и државном расулу, заволе Римљане, не као освајаче, него као своје добротворе.

Покушајте и ви у животу да свог непријатеља направите својим пријатељем, и видећете како од непријатељства до пријатељства нема ни корака. Од двојице закрвљених супарника, ниједан не носи своју мржњу другачије него као нешто тегобно, и горко, и неприродно, и које га смањује у његовим сопственим очима. Треба понекад уклонити само једну малу предрасуду или претпоставку, па да истог часа падне зид који је изгледао до неба висок између два човека, чак и онда када је повод за мржњу обојици изгледао природан и неизбежан. То је стога што се људи најмање сукобе због противних уверења, а највише због лоших нерава. Сетимо се и овде мудрих старих Грка, који су тврдо веровали да се свему нађе лека зато што је душа и одвећ блиска телу. Они су, на пример, веровали и да се музиком лече и тешке телесне болести. Тако је филозоф Теофраст говорио да блага музика флауте учини да престану болови реуматизма, а Демокрит је говорио да се музиком даје лечити и од уједа змије.

У старој Атини, где пишем ове редове, неколико се векова говорило о доброти и човекољубљу колико и о космосу, а више него и о космосу. Добар човек је сматран мудрацем, значи врхунцем људског савршенства, пошто су све друге одлике излазиле из човекове моралне хармоније. Тако је моралист Платон сматрао, како прича Плутарх, племенитог Аристида већим од Перикла, Темистокла или Кимона. Злоћа и завист, међутим, биле су и у Атини у друштвеним нaравима, колико су то биле и филозофија и уљудност. Сплетка и подвала су цветале и на Агори, и на Акропољу, и у Ареопагу. Зар нису Демостена оптуживали како је плаћен писао за неку парницу и тужбу тужиоцу и одбрану оптуженом, и да је примао мито из Персије, и да је давао паре на интерес, и да је из битке код Херонеје побегао од Филипа против кога је изговорио своје славне Филипике! Узмите други још страшнији случај: Анаксагора, који је после физичара Талеса и Демокрита и Хераклита први унео у атинску филозофију појам о духу као регулару ствари у материји, и тиме дао сасвим нов поглед на космос и на живот, био је предмет најцрњих клевета својих земљака. Овај филозоф, који је о Богу најдубље мислио и најмудрије говорио, био је осуђен на смрт. Знајући за овакву поквареност људске природе, грчка филозофија у њено највише доба, била је за већу половину баш пре свега наука о моралу. Шта се све у Риму није рекло за Јулија Цезара! О Наполеону се говорило да је љубавник своје рођене сестре. Истина, праведник се не мора бранити него кривац, нити се мора доказивати поштење него непоштење, али људи често полазе од обратног. Зато нема интриге која се посеје, а која не изникне и процвета.

Мени се чини да се карактери израђују више у друштву неголи у породици и у школи. У једној јединој породици се каткад нађе онолико чланова по карактеру различитих колико их не бисте нашли ни у каквом целом граду. Веспазијанов син Домицијан је био крволок, а кћи Јулија највећа блудница у Риму, али је његов други син Тит био један од најплеменитијих императора. И народ не каже: реци ми чији си син да ти кажем ко си; него каже: с ким си, онакав си. Зато није никад било опстанка ни за какву државу без једног претходног оплемењеног друштва, у којем су поједини карактери и поступци могли да се израде и кристалишу; а то је без једне аристократије, била она крвна, с наследством добрих традиција, или духовна, са својим напредним идејама и добрим сведочењима. Само у простачким масама се не цени традиција појединих знаменитих породица. Само лоши и никоговићи верују да свет од њих почиње. Велике старогрчке фамилије сматрале су себе потомцима Зевса или других олимпијских богова и полубогова, односно хероја. Тако се сматрало да су Перикле и Алкибијад, његов рођак, и Платон, филозоф, силазили у крајњој линији од Зевса. У Риму, у доба Цезарево, неколико породица познатих још из доба краљевског биле су и даље поштоване као најугледније римске куће, на пример Катони и Брути. Одиста, за четири поколења Катони су давали само велике војсковође и чувене конзуле. Најзад, и демократија је дело господе, а не сељаштва: у старој Перикловој демократској Атини је шеф народне странке био, и то за четрдесет пуних година, аристократ Перикле, док је, напротив, шеф аристократије био пучанин Тукидид.

Има и европских друштава које су кроз дуги број векова задржале углавном своје првобитне црте, бар основне, и наизглед немењиве. Тако данас сматрају Италијане и Грке исправним у свему другом осим прве у политици, а друге у трговини. Истина, обоје њих уносе подједнако трговину у све појаве свог живота, зато што су ово пре свега и два прастара трговачка народа. Грци су били најпре трговци и колонисти, и то све од Црног мора до Балтичког, и од Јоније до Картагине, па су тек онда били скулптори и филозофи атински; а Римљани су заузимали азијске и афричке обале из трговачких и економских разлога више него из војничких и цивилизаторских. Још и данас су Грци морепловци, као у доба Златног руна, а ни Италијани нису узалуд земљаци Колумбови. Стога у њих двоје постоји подједнако осећање да се на свету све купује и све продаје; зато они и политику која је наука о животу споразумом и радом, уносе чак и породични свој живот и у своје домаће прилике. Италијани су ипак у поређењу с Грцима чистији у породичним наравима, и сполно здравији и непорочнији, док је Грк издашнији, и благороднији, и храбрији. Грк је поднео утицај човекољубивог православља. Први је само учтив, други је и срдачан. И један и други су ипак несумњиво деца својих предака, пре свега по њиховим моралним странама нарочито по вербализму и по спиритуалности. Како су њихови преци трговали и ратовали с нижим и некултурнијим од себе, а према томе увек само експлоатисали друге и ниже народе, и ови то не могу ни данас да избегну.

Европљанин у колонијама постаје безобзирно егоист, чак и свиреп, какав никад не би био у својој рођеној земљи. Осећање поред себе човека нижег него што је он са̂м, даје и физички јачем и човеку културнијем прохтеве да га најпре потчине и подјарме, као што упрегну или узјашу потчињену животињу, коња, магарца, ламу, северног јелена, ноја, камилу или слона. Значи све оне што је у историји успео бацити под јарам, зауздати и запрегнути. Морал у колонијама је морал из рата и с бојишта, где се живи у насиљу; а не морал из мирног града, где се живи по традицији друштва. Приметио сам да Енглез који се враћа из Индије, после десет година проведених тамо, није више поштен као што је био кад је отишао у Индију. Чак и наш човек који се после неколико година враћа из Француске, Енглеске, Италије, за половину је другачији него што је био раније. Ако су два рођена брата учила на страни, један у Француској, а други у Немачкој, или један у Италији, а други у Русији, једва ће и сами после њиховог школовања наћи међу собом коју заједничку црту на којој би били сагласни, као што су били пре тог школовања.

Има народа које је историјски живот направио у једном нарочитом облику: неке апсолутним и одсечним, а друге гипким и еластичним. Ови други, то су Италијани, који се лако прилагођавају свим практичним решењима, што чини и да они изгубе сваки рат, али добију сваки мир. Ако су слаби на бојном пољу, они су безусловно хероји на већини других поља утакмице и борбе. Све у њиховом животу показује огромно наслеђе и високу школу. Уосталом, већ у тринаестом веку дати *Божанствену комедију*, то је било више него и дати готске катедрале и Велику шарту. Дух прилагођавања је једна велика одлика и једно јако убојно средство италијанског човека. Отуд је он битно човек опортунизма а не принципа. Ко год буде другачије рачунао с Италијаном он ће бити преварен, и он ће са̑м себе преварити. Француз је, напротив, више него иједан народ, дух апсолутни, јансенистички: бело или црно, али никако и бело и црно! Римска црква је дело комбинације јелинске радости и латинске строгости, а француска галиканска црква је скоро духовно нешто друго. Јансенист Паскал није могао да трпи никакву радост, и чак је носио појас с клинцима који су га пробадали по телу кад год је покушао да се смеје. Језуити су били устали против овог апсолутног јансенистичког духа у француском католичанству, као против опасности за саму Цркву. Калвин је прототип ове расе француске која је сва у правој линији апсолутне, директне, прецизне, круте. Босије је такође био апсолутан. Зато се у Француској увек мисли да ко није уз Француску, тај је против Француске. У француској уметности је, такође, линија увек прецизна, недвосмислена, немагловита. Право је чудо како су у Француској постојали иначе највећи контрасти који су се уопште игде видели: и Паскал и Луј XIV, и Волтер и Тријанон, и музика Рамоа и Лилиа, и галантерија и револуција, и најдуховитија козерија и најхеројскија војска на свету.

Пуно су извесне грешке крутог и ортодоксног француског карактера криве што је Француска налазила тешкоће да свој утицај није проширила на своје најближе саплеменике Шпанце и Италијане, макар и изванредно тегобне у саобраћају с другим светом. Међутим, ником колико њима не би било боље дошао француски либерализам и француско васпитање у човекољубљу. Изолирана и мрзовољна Шпанија, славна земља конквистадора, великих артиста, и великих светаца, више него ико због тога заостаје за својим временом. А за самом Француском заостаје управо за онолико времена колико је био од нас дугачак пут од петнаестог до двадесетог века људске мисли и душе. Није чудо да је Шпанија тек године 1808. званично укинула инквизицију, дотле сматрану моралним средством шпанског правосуђа. Шпанац је очигледно лишен афективних особина савременог човека. Он с пуно муке задржава суровост свог карактера који је изграђен од арапског темперамента, искључивост духа јеврејског и неподношљивост латинског. Постоји у побожној Шпанији извесни цинизам какав се не даје ни замислити на нашем озлоглашеном Балкану. Нема крвавијих страница него у шпанској историји кад је реч уопште о односима између друштва и човека. У нас су лудаци убијали краљеве, а код њих су мудраци убијали народе, и свети Доминик у Пиринејима колико и Фернандо Кортез у Мексику. Има цинизма у Веласкезу и Гоји, а нарочито у Рибери. Мурило га нема, јер је овај „сликар неба" подлегао у Венецији утицају човекољубивог хеленизма. Да су Италијани и Шпанци прихватили били Француску револуцију, француски би либерализам оплеменио и ону страну шпанског и италијанског карактера којој је средњи век остао још у укусу и у нaравима. Тако италијанска дипломатија и данас ради у духу венецијанском, више него у духу напредног ризорђимента: отров уместо мача, шпијун уместо војника, поп уместо жандара, подвала уместо закона. Због овога је непомирљивост између њих и неколико других европских народа скоро непремостива. Шпанац опет пати од једне духовне болести која је јака као лепра: од његове охолости. Због ње се праве грађански ратови, пале цркве и књижнице, и обарају краљеви. Нигде се код Шпанца не види докле иде понос, а где почиње његова обесна охолост. Кнез де Беневенте, бојећи се некад да му цар Карло V не нареди да угости у својој палати неког кнеза Бурбонског запалио је своју палату пре него би извршио ту наредбу.

Има тегобних раздобља у историји када на цео свет падне неки облак туге и слутње. Почетком деветнаестог века цео је свет био песимистичан; и поезија, и музика, и философија, све су биле подједнако жалостиве. Револуција француска, прва своје врсте, и ратови Наполеонови, опет први своје врсте од доба Јулија Цезара, били су одиста потресли народе у самим темељима. Макар несреће и биле старе међу људима колико и саме среће, ипак се свету често учини као да неко зло никад није раније постојало. „О, поштење, ти си само празна реч", говорио је још Марко Брут, набадајући се на мач што није могао спасти законе Римске републике. Многи су великани, правећи и највећа дела, често и сами помишљали да је све пропадљиво и ташто на овом свету. Побожни песник Данте говорио је за свој божанствени епос ове речи: „Ова књига ме је направила мршавим за пуно година", чиме је хтео рећи да његови напори нису допринели никаквом трајном остварењу. Највећи људи су често били и највећи очајници. Слава никад није била у стању заменити човекову срећу.

А има периода у којима међу људима побесне инстинкти рушилаца јачи него инстинкти стваралаца, да затим наступи хаос и расуло. Узмите само Пелопонески рат, када су Атињани све порушили по Пелопонезу, а њихови противници из Пелопонеза све обарали по Атици. За неколико оних година Периклова Грчка је видела своју флоту запаљену, зидове својих градова порушене, сјајну демократију оборену, туђу тиранију успостављену, хегемонију наметнуту, што је укупно значило смрт грчке цивилизације и крај старог грчког света. И наша генерација присуствује таквом расулу европском. Нема величине без љубави човека за човека. Нема ни добрих идеја ако нису најпре прошле кроз човеково срце. Уосталом, друге идеје људи никад нису ни разумели. Сви су велики мудраци били људи добре и побожне душе. Сократ је веровао у богове своје државе, и код своје куће жртвовао домаћим божанствима, а чак и на самрти помињао божанственост Ескулапа, говорећи како му треба тог дана жртвовати петла. Међутим, треба, одиста, имати и одвећ много срца и самоодрицања па хвалити друге људе за врлине и дела каква ми сами немамо. Али је понекад и још теже хвалити их за те благовести ако их већ и сами имамо. Урођена људска завист остаје несавладива. Највећи број људи прећуткују сва признања, верујући да признавањем другоме његове заслуге или величине крње пуно од самих себе. Ни цркве ни филозофије нису биле у стању да искорене него само да укроте главне црте човековог урођеног лошег инстинкта.

Сва људска осећања имају своје датуме када се које појавило у историји: верско, патриотско, национално, уметничко, државно. Тако и у самој уметности имају људска осећања свако своју периоду израста и развитка: симболистичко, натуралистичко, романтичко, итд. Према томе, изгледало би да смо ми данашње људство са осећањима толико многобројним и компликованим, нараштај који показује збир дугог броја етапа духовне и душевне еволуције европског света. Ко зна, међутим, да ли је та еволуција и близу коначно завршена. Ван Европе постоји понегде још свет који подсећа на прве странице повести људског духа. Требало би те примитивне народе проучавати да видимо откуд смо пошли. Тако и сад има народа који не знају за смех као у Кордиљерима; и народа који не знају за чедност, као у Полинезији. Историјска генеза осећања показивала би пут који се прешао и куда одводи. Ни стари Грци нису знали за нежност, ни онда када су знали за љупкост; јер је нежност производ хришћанства које је иначе повисило целу скалу људских осећања.

Изгледа да је осећање душевности једна чиста словенска ствар, као што је духовност ствар латинска. Али ново, то је душевност. Неосетљивост и замрзлост грчке скулптуре која је оличење ослобођеног духа, а не заточење човекове душе његовим таштим срећама и несрећама, доводи словенског човека у забуну.

Словенство изгледа и зато оволико истински хришћанским што је све у душевном више него у духовном, што је младо, новорођено, неконвенционално. Уосталом, Словени једини нису имали свој стари век. За нас је Богородица обожавана као Мајка, а не као лепа Венера која у наручју држи једног малог Амора. И Христос је за нас леп као мученик и херој, а не као ефеб из литије за Елизеј. У скали осећања како су кад наступила кроз своја раздобља у историји представљаће можда словенско осећање, кад се очисти од стране заразе, једну од најлепших етапа у историјском развитку људског срца.

Једна поразна ствар за човеков карактер, то је досада. Досада због старог и свакидашњег, можда дубља него и чежња за новим и бољим. Увек сам ишао на путовање већма стога да оставим дотадашњу средину него и да бих видео и да бих познао неку нову. Досада, то значи бити самом себи недовољан; то је и осећање одвојености од свакога и свачега, које постане искључењем из живота. С порастом досаде, човек се најзад осети и да је цео живот стао против њега. Стога ово осећање постане непријатељем човековог мира и акције. Нема лека против досаде ако се она једном настани у човеку као код своје куће. Она изопачи човеков дух убијајући његову веселост и љубав за живот. Најдубље су досаде баш код оних људи који имају начина да досаду избегну уживањем и блеском, забављањем и весељем. Досада не долази од преситености и монотоније, него је досада једна оболелост душе. Често се спомиње „досада краљева" за коју се верује да од ње није ништа било ни дубље ни мрачније. Песник који је имао често и дубоке досаде, то је био Петрарка. Он је путовао далеко од своје куће да би заборавио Лауру, због које је патио од туге али и у тешким досадама. Оне су га тиштале нарочито у граду Авињону, „најдоcаднијем месту на свету".

Досада не само што убија човекову вољу, него му изобличи и карактер и измени навике.

Стога има људи који, кад не могу мењати земљу и градове, они мењају друштво у свом граду, стан у својој улици, спрат у својој кући, уверења, жене. Има људи и који су по природи номади, и који се тешко могу негде и у нечему дуго да скрасе. Они су нарочито жртве досаде која иде у очајање. Међутим, знам и просвећених људи који целог живота нису изашли из своје провинције да не би мењали своју собу или преконоћ своју постељу, ни живели у кући чији су прозори окренути другачије него на његовом уобичајеном стану. Један од ових непокретних људи био је филозоф Кант, који канда никад није изашао из свог Кенигсберга. Ни Рембрант ни његов учитељ, сликар Сихерс, нису никад изашли из равне Холандије, ни видели планине, а ипак су и он и његов ученик сликали пејзаже с беговима. За филозофа Диогена има позната легенда да је живео у једном бурету. Сократ је тражио људе, а Нума, три века касније, бежао је од људи.

Да ли је досада урођена човеку или је производ културе? Свакако, туризам, путовање из досаде, навика је само нашег столећа. Први путници су били трговци. Из грчких градова на Црном мору ишли су на балтичке обале први далеки путници да купују ћилибар. Али и грчки филозофи су путовали на Исток да уче источњачку мудрост, као Ксенофонт, а можда и Питагора, а доцније са Александром, путовали су по Азији филозофи Тирон и Ксенократ. У Египат су путовали Солон и Херодот и Платон и Дионисије из Халикарнаса. Ово су ипак била путовања за студију а не путовања из досаде, за забаву и разбибригу. У средњем веку се путовало због ратовања и грабежи, осим гомиле мисионара који су ишли да шире божје слово. Знадем и за идилично доба у нашој дојучерашњој Србији кад ни лети нико није путовао, осим болесници по бањама. У Европи су донедавно постојале само две земље у које су западњаци ишли на путовање. У Швајцарску лети да се расхладе, и у Италију зими, да се загреју. Али и ова су путовања била због здравља, а не као данас због чамотиње. По броју локала за забаву и по броју спортова види се да ниједно доба није знало за црњу досаду колико данас.

Примитивни човек није знао за досаду, јер је био луталица, идући из шуме у шуму за храном. Никад није осванио онде где је дан раније био замркао. Путовање је и у природи: и све неприпитомљене животиње путују, да и не говоримо о птицама селицама које прелећу читава мора и о јегуљама које из приморских река иду чак у океан за плођење. Покрет је уопште потреба света што живи, због чега да није страха од неизвесног, човек би узнемирено можда и данас лутао светом као и први људи. Чама и досада, дакле, изгледају да су у природи човековој. Човек је само животном потребом и историјском навиком постао негде устаљен. Први људи, престајући бити ловцима, везали су се по нужди за земљу и домаће животиње, и заковали за кућу. Данас је већина људи прирасла за своје тло, али ипак мењајући бар ситне ствари и догађаје, увек у страху да не би умрли од досаде. Налазим на једном месту у Стендаловој књизи ове речи: „О, ти људи из провинције, шта све чамотиња не уради од њих". Ја верујем, напротив, да су досаде у провинцији мање и ређе него у великим градовима. Нигде човек није толико изгубљен колико у огромној гомили света.

О УЉУДНОСТИ

Кад не би постојала врло лаичка реч поштење, која садржи у себи све човекове врлине, онда би требало на првом месту ставити учтивост. Она олакшава живот и себи и другом, омогућује додир и кретање у друштву. Отклања човеку све велике и мале несугласице, чак и природне репулсије које постоје у разлици карактера међу људима, и у урођеној антипатији епидерма међу расама, културе међу класама, и темперамента међу племенима. Учтив човек носи олакшање и радост. А човек и најбољи, ако је лишен учтивости, носи тегобу колико и грубост и злоћу. Најгори су они људи који верују да сва своја осећања треба отворено показивати свакоме. Ја бих рекао да је оваква отвореност, напротив, и нечовечна. Треба другима једино показивати отворено наша добра осећања, а опака осећања, ако већ није неко у стању да уопште избегне, треба их бар прикрити. Пакост је двоструко зла кад се још и отворено истакне.

Само учтив човек може бити господином. Иза нечије највеће спољне углађености, може да се уочи глупост и неваљалост, ако се оне вешто не заклоне за учтивост. На свету има много више и умних и добрих него учтивих и уљудних. Учтивост је један дар божји који се тешко постиже; а учтивост не значи снисходљивост и сервилност коју свуда лако сретнемо, него, напротив, учтивост је један понос који долази из човекољубља, из културе, из намере за добрим. Она спада међу људске обавезе и дужности, какве се убрајају међу свете. Хајне је говорио, мислећи на трагичну смрт Луја XVI, како ће Немци из Потсдама, ако такође једног дана поведу свог краља на гиљотину, утрошити хиљаде љупких речи поклоњења и пуно церемонијала да га попну на кола која ће га одвести на губилиште. Толико ће држати више до осећања форме него и до осећања правде.

За простака је учтивост једини начин да изгледа помало господином. Колико је за отменог човека учтивост један природни начин изражавања, као и његов говор, толико је за човека по природи неотменог, учтивост један добар рачун, пошто се учтивошћу постижу везе, каријере, имања и бракови. Мора неко по срцу бити неизмерно добар да би му се извинила урођена опака ћуд и груб начин; а треба неко да буде само учтив, па да већ тиме буде за половину господином.

Оно што највећма онемогућује уљудност, то је дух ироније који је усађен у природу неких људи, чак и неких раса. Иронија је у старо доба сматрана божанског порекла кад је погађала лоше људе и ружне идеје, али иронија која сече самовољно и без вишег повода, јесте одиста порекла ђавољег; јер сарказам није у својој основи друго него порок и просташтво. Песник Архилок је човека, који му није дао своју кћерку за жену, епиграмима натерао да се обеси. Аристофан је у својим комедијама нападао Сократа и допринео да га одведу на губилиште. Волтер је у својим делима нападао хришћанство и пуно допринео да је Француска револуција била узела и атеистички изглед. Стари Грци и данашњи Французи познати су по природи као иронични и свађалице. На старој атинској Агори живело се од затрованих речи; а из љубави за духовиту заједљивост у Француској су падали и људи и установе. За време доброг Луја Филипа карикатуре су тамо обарале министарства. Највећи скулптор свих векова, Фидија, завио се био лежећи на поду у своју тугу да умре од глади, натеран зајадљивошћу атинских интриганата, који су га нападали да је покрао један део злата намењеног за декорацију његове богиње Атене у Партенону. Један француски историчар осамнаестог века слао је неком маркизу сваки јутро по један опак епиграм да га прочита већ при доручку, док несрећни маркиз није тридесети дан умро отрован тим речима.

Марцијал је био другачији ироничар него Јувенал, јер је Марцијалова иронија била нижег порекла, а његова духовитост злонамерна. Међутим Јувенал, који је своје сатире написао у дубокој старости, кад све страсти постану благим, био је и моралист колико и тихи Епиктет или ведри Сенека. Марцијалови епиграми су били досетке о људима, а Јуveналове сатире су биле студије о нарaвима, и то нарaвима покваренoг друштва његовог доба. Укус за сарказам је имао своје славно доба у Француској. *Quodlibet* је цветао у неколико затрованих периода француског друштва. Из љубави за духовиту речитост и вешту досетку, много је света из јакобинског друштва отишло на гиљотину. Има речи које су и највеће и најбоље људе направиле смешним и немогућним, и најзад их упропастиле. Људи као Наполеон и Виктор Иго имали су и цео свет завидљиваца који су их обасипали таквим злим речима, пакосним доскочицама и затрованим сарказмима, због чега ови великани никад нису успели да буду довољно обожавани у свом столећу.

Стари Грци су, међутим, обожавали свог песника Пиндара, који је као какво божанство седео на једном престолу у самом Делфијском храму, а Гете је био у Немачкој обожаван и кад се дивио Наполеону, непријатељу и победиоцу његовог народа. И Хајне, који је био, као и сви Јевреји, отрован сарказмом, пише да је приликом прве посете Гетеу имао осећање да стоји пред Зевсом, и да му стога треба говорити грчки.

Нарочито су генијални људи морали подносити неучтивост својих савременика. У Риму су на Форуму лепили на споменик Јулија Цезара погрдне натписе како је тај диктатор победио цео свет, али да је њега победио Никодем, краљ Витиније, његов љубавник. Ни доцније у Риму нису епиграми били друго него посластица великог друштва. Ни сâм Ватикан се није понекад могао одбранити од њих ни унутра ни споља. Позната је латинска изрека да је човек за човека вук, али да је поп за попа архи-вук (*lupissimus*).

Када би још епиграми били наперени само против опаких људи, они би учинили добро свету, као што је био случај са сатирама Јувеналовим које је писао у старости, али је епиграм, напротив, и скоро по правилу изражавао обест малих духова против великих људи и великих ствари. Езоп је зато платио главом, а сењер Рохан је у свом дворишту дао слугама да добро ишчибукају тур Волтеров. У Србији је племенити стари краљ Петар био за време свога краљевања предмет сарказма једне новинарске цинцарске мафије, која га замало није довела до пропасти.

Иронија, као најпотпунији начин неучтивости, својствена је великом друштву у мржњи против малог друштва. Али и обратно. Јер ако господа налазе код сиротиње пуно ружних навика и неуљуђених начина, и ови мрзе код господе њихову префињену поквареност и њихову стилизовану пакост. Езоп је био роб, као и Епиктет, и оба су били огорчени и жучни. То није први ни последњи пример злураде осионости понижених и увређених. За четири године мог последњег боравка у Риму, берберин ми је сваког јутра доносио у Палацо Боргезе по једну нову анегдоту о Мусолинију која је увек била пуно затрована иако ванредно живописна, а за које се каже да их је сâм италијански диктатор дао сабирати по граду за своје лично задовољство старог атлете и кавгаџије. Уосталом, између данашњег сарказма римског и париског има једна велика разлика по форми. Париски сарказми су у брзим репликама, а римски у кратким али сочним анегдотама. И Београд је на другој страни Европе једини град у којем има ироније и сарказма. Његови хумористични листови никад нису сматрани одиста хумористичним, ако нису најпре били саркастични до цинизма. Београд има ванредно развијено осећање смешнога. У том граду су увек могли да се осиле и најгори и најплићи међу властодршцима, али никад људи који су били смешни. У том погледу је Београд понекад био мали Париз на Истоку.

Лепа је дубровачка реч „складност", која треба да значи учтивост. А складност би природно значила и хармонију. Одиста, полазећи од оваквог тумачења, учтивост би била неоспорно један израз хармоније у човековој природи. Човек нехармоничан, или нескладан, не може бити ни учтив, пошто учтивост значи цео један збир добрих начина који се међусобно употпуњују, и који најзад успеју да одиста неког уобличе и усавршe до потпуног друштвеног човека. Друштвен човек, то не значи ни учен ни духовит човек, него најпре углађен и уљуђен, без грубости и без одалечења од једне опште усвојене форме.

Онај који буде до краја разумео лепоту финих начина лако уобличи и своја осећања, и усаврши своје моралне особине. Форма је увек последњи израз садржине. Али и садржина добија своју потпуност тек када дође до свих благодети лепе форме. Један прави естет није у стању да буде опак и зао, јер је пакост сићушна, а зло ружно. Додајмо томе и да се учтивошћу задобијају успеси и положаји, а неучтивошћу губе репутације и каријере, због чега се ка врлини иде полазећи са спољне форме, понекад колико и са унутрашње садржине.

Мислим да је учтивост, као и све друго, дошла са Истока. Зна се за Персијанце да су на двору свога краља морали најпре направити тридесет поклоњења пре него што приђу владару, и да је церемонијал био претеран по изразима учтивости, колико и по изразима одaности. Сократов ученик филозоф Ксенофонт, који је међу Персијанцима дуго живео, говори у свом делу о Персији са пуно поштовања и признања за такве њихове отмене начине. Можда је та уљудност и у Персији пореклом из Кине, најпрефињеније земље у свим родовима уметности. Мислим да су Византинци примили своје осећање форме или уљуђености од персијског друштва, а затим га пренели у све земље око себе. Познато је гнушање које су у Цариграду изазивали крстоноши својом неучтивошћу и другим начинима којим су тамо поступали, проваливши у префињени Цариград, као доцније у Италији сјајних Медичија што су изазвали индигнацију груби војници Луја XII. Византијски писци, осим Пахимера који је путовао само кроз наш свет око Солуна и Охрида, који је већ био онда већином цинцарски, значи одувек отрован, сви други без изузетка Византинци говоре о храбром српском свету с пристојном пажњом. Међутим, о Бугарима, и из њиховог највећег доба, говоре са ужасом као о варварима из степе. Нешто налик на начин као Волтер што у свом *Кандиду* описује Немце, као грубље и дивље, називајући их Бугарима. Италијани, који никад нису праштали Хрватима њихова јунаштва у Ломбардији против ризорђимента, покушавали су да их представе најгрубљим људима, говорећи да су долазећи тамо као аустријски војници, појели све свеће у цркви светог Марка у Венецији. Византијски логотет Теодор Метохит, који је долазио у нашу Приштину из Цариграда да преговара с краљем Милутином о браку краљевом с малом Симонидом, ћерком Андроника Комнена, пише свом цару како је српски краљ човек благ и побожан, и према њему нарочито пажљив, али додаје да су зато Срби велики интриганти. Морамо се чудити сами себи кад је чак један Византинац четрнаестог века био згранут нашом љубављу за интригом.

Верујем да су од свих људи у нашој земљи, Херцеговци по природи најучтивији, и најмање склони сплеткама. Њихова убога покрајина направила их је скромним, побожним, умереним. Ту је, како се уопште мисли, најбоље постигнута равнотежа између човекових врлина и мана. Ја мислим и да је управо у тој земљи поникла наша реч „уљудност", која би значила највиши степен обавезне учтивости, највиши облик отменог израза, крајњи домашај благородства и доброте. Србин из те земље није ни по својој природи само учтив него и топао и срдачан, љубак и добростив. Складност и хармонија тог карактера чине да је он и опрезан и пажљив, истовремено кад и поносан и решљив. У херојској Црној Гори код широких маса има ова иста црта, макар што је некадашња крвна освета и политика двора уносила извесну збрку у њихове расне природне склоности и витешка надахнућа. Црногорски сељак је као и херцеговачки, по природи господствен и јуначки, колико то одиста није ниједан други европски сељак, огорчен феудализмом против свакога који је виши од њега.

Лепа је једна реплика госпође Де Флери цару Наполеону, кад је неопрезно запитао да ли и даље пуно воли мушкарце. „Волим их кад су учтиви", одговорила је госпођа цару на ово неучтиво питање. Жене су уопште врло осетљиве на питања учтивости. А оне највише и негују учтивост. Најзад, оне се њом највише и бране. Човек је учтивост научио од жене. Ако су мушкарци успели да најзад изгубе грубе навике солдатске и страсти простачке, то је благодарећи жени; јер и данас људи на окупу, где има присутна макар само једна једина жена, учтивије говоре него што би говорили и у присуству једног кнеза. Људи из ренесансе били су страховито груби. Кад је Микеланђело једном срео Рафаела како силази низ степенице Ватикана рекао му је: „Ти идеш увек као кнез са Истока којег прати свита поклоника". А благи Рафаело му је одговорио: „А ти увек идеш са̂м, као џелат". Познато је да су жене волеле Нерона, иако највећу моралну наказу у историји. Његова прва жена Помпеја, учена и отмена, обожавала га је, а друга жена Актеја, невина и побожна није га никад преварила и плакала је над његовим лешом кад је цео свет био од њега побегао. А волеле су га и обожавале ове жене стога што је Нерон, како сви савременици признају, иако крволок, био далеко од тога да буде и простак. Жене су увек опраштале људима све друго осим просташтво.

Човек зато најбоље задобија жену учтивим начинима и финим речима. Само болесне жене воле код људи грубост, сматрајући је нарочитом физичком снагом. Најотменије су жене падале само за фине обзире и деликатне пажње човекове. А највећи људи су губили своје жене, ако су дозволили да их и најнезнатнији превазиђу у учтивом опхођењу. Жена је по природи артист своје врсте, волећи боје и музику, цвеће и свилу, лепе предмете и сјајне церемоније. Оне се подају више због разлога естетских и формалних, него из разлога телесних и душевних. Као неукротив формалист, жена никад не прашта јачем од себе његову наклоност ка грубости и безобзирном тону. Ружну реч памти дуже него што би памтила и физички ударац. У браку је стога први услов среће, крајња учтивост међу двојима. Они који су свој брак упропастили, рећи ће вам колико је каква неучтивост била већма повод њихове несреће, него ма шта друго. Ако лепа реч отвара железна врата, ружна реч одиста затвара сва остала врата у животу; и то непоправљиво. У средњем веку су ритери гинули бранећи сиротињу и цркву, а у нашем добу се падало на двобојима највише због ружне речи. Краљеви су губили своје престоле вређајући поједине људе око себе, више него вређајући државне законе. Један наш писац пише ових дана, сасвим узгредно, како верује да је Обилић ударио цара Мурата ножем зато што му је султан пружио ногу да је пољуби, а не руку да је стисне, што је више духовито него тачно.

Људи који пуно говоре о људима лоше, остаре од своје злоће; а људи који радије говоре о идејама и о стварима, остану вечито млади: јер човек, кувајући отров, увек отрује најпре себе самог. Стога су песници увек млади. Једино света ватра одржава дух и тело у лепоти и бесмртности, какву су имали лепи грчки богови. А света ватра, то другим речима значи љубав, свеобимна и неугасива љубав за све врсте лепоте и величине.

Глупак, ето вам готовог непријатеља. Од глупог пријатеља никакве користи, него само штете и напасти: јер не само да нас не разуме него нас увек зло разуме. А правећи грешке, увек је по природи склон да оптужује другог а не себе.

БЕЛЕШКА О ПИСЦУ И ДЕЛУ

Јован Дучић, један од најзначајнијих песника српског модернизма, рођен је у Требињу. Тачан датум његовог рођења још увек је предмет расправе. Претпоставља се да је рођен 15. фебруара 1874. године.

Основну школу похађа у месту рођења, а када се породица преселила у Мостар, уписује трговачку школу. Жељан даљег школовања, упућује се у учитељску школу у Сарајеву где завршава прву годину. Школовање наставља у учитељској школи у Сомбору где је и матурирао 1893. године.

Исте године добија посао учитеља у Бијељини одакле убрзо бива протеран од стране аустроугарске власти због патриотских песама *Отаџбина* и *Ој, Босно*. У Мостар се враћа 1895. године, где до 1899. ради као учитељ. Ту, заједно са Алексом Шантићем и Светозаром Ћоровићем, 1896. године оснива књижевни часопис „Зора".

Након што је 1899. протеран и са учитељског места у Мостару, уписује студије права на Филозофско-социолошком факултету у Женеви. У оближњем Паризу сусреће се са модерном француском поезијом парнасоваца и симболиста који постају његови песнички узори.

После завршених студија у Женеви, 1907. враћа се у Србију где бива изабран за писара у Министарству иностраних дела, а тада почиње и његова успешна дипломатска каријера. Године

1910. постављен је за аташеа у посланству у Цариграду, а затим и у Софији. У периоду од 1912. до 1927. године био је аташе, секретар, а након тога и отправник послова у амбасадама у Риму, Атини, Мадриду и Каиру, те делегат у Друштву народа у Женеви.

Привремено је пензионисан 1927. године, али након две године бива враћен на место отправника послова у амбасади у Египту.

Редовни члан Српске краљевске академије постаје 1931. Годину дана касније постављен је за изасланика у Будимпешти. Од 1933. до 1941. био је изасланик у Риму, а затим и први југословенски дипломата у рангу амбасадора у Букурешту. Из Букурешта је затим пребачен у Мадрид где је био опуномоћени посланик све до распада Краљевине Југославије. Након што је Шпанија признала тзв. Независну Државу Хрватску, Краљевина Југославија прекинула је дипломатске односе са том земљом, па се у јуну 1941. Дучић сели у Лисабон одакле је након два месеца отпутовао у Сједињене Америчке Државе, у град Гери.

Преминуо је 7. априла 1943. од последица шпанске грознице и упале плућа. Дучићеви посмртни остаци похрањени су у порту српског манастира Светог Саве у Либертивилу, да би коначно, према његовој последњој жељи, били пренети у Требиње 22. октобра 2000. године и уз највише почасти положени у крипту цркве Херцеговачка Грачаница на брду Црквина изнад Требиња.

Збирка филозофско-књижевних есеја *Благо цара Радована: Књига о судбини* једно је од најзначајнијих и најчитанијих дела српске књижевности. Ова ризница филозофске прозе садржи Дучићева поетична промишљања о значајним аспектима човекове судбине као што су срећа, љубав, пријатељство. Својом целином представља непроцењиво књижевно благо којем се генерације читалаца увек изнова радо враћају.

Медитативно-филозофска проза сабрана у књизи *Јутра са Леутара: Мисли о човеку* логичан је наставак претходне збирке. Сакупљене на једном месту, у њој се налазе Дучићеве мудре мисли о различитим животним појавама, али и апстрактним појмовима — мирноћи, мржњи, плесу, љубомори, сујети, страху, разочарању, родољубљу, карактеру и уљудности. Помоћу грчке и римске митологије, историјских догађаја, биографија знаменитих личности и великог броја народних умотворина, писац читаоцу утире пут ка истини за коју сматра да води до слободе, која је, по његовом мишљењу, заправо тријумф човека над сопственим слабостима.

САДРЖАЈ

БЛАГО ЦАРА РАДОВАНА

Увод 3
О срећи 7
О љубави 58
О жени 102
О пријатељству 138
О младости и старости 184
О песнику 220
О херојима 269
О краљевима 302
О пророцима 317

ЈУТРА СА ЛЕУТАРА

О мирноћи 337
О мржњи 346
О плесу 355
О љубомори 363
О сујети 378
О страху 385
О разочарању 396

САДРЖАЈ

О родољубљу 405
О карактеру 419
О уљудности 443

Белешка о писцу и делу 453

Јован Дучић
БЛАГО ЦАРА РАДОВАНА
ЈУТРА СА ЛЕУТАРА

Лондон, 2024

Издавач
Globland Books
27 Old Gloucester Street
London, WC1N 3AX
United Kingdom
www.globlandbooks.com
info@globlandbooks.com

Насловна фотографија
Peter Herrmann
(https://unsplash.com/photos/
a-doorway-leading-to-a-set-of-stairs-NqD-Jz6PUHg)

www.ingramcontent.com/pod-product-compliance
Lightning Source LLC
Chambersburg PA
CBHW070455120526
44590CB00013B/656